Édouard BLED
Directeur honoraire de collège à Paris

Odette BLED
Institutrice honoraire à Paris

Lauréats de l'Académie française

COURS SUPÉRIEUR
D'ORTHOGRAPHE

*Cet ouvrage convient particulièrement bien
aux classes de 4ᵉ, 3ᵉ et B.E.P.*

Nouvelle édition révisée

HACHETTE
Éducation

Édouard Bled
avec la collaboration d'Odette Bled

- **Mes écoles**
  (*Éditions Robert Laffont, Coll. Vécu/Hachette, Livre de Poche*)
  Roman d'une famille, de l'école, d'une époque.
  Ouvrage couronné par l'Académie française.
  Prix Fabien, 1979

- **J'avais un an en 1900**
  (*Fayard / Hachette, Livre de Poche-France Loisirs*)
  Roman des générations qui se sont succédé depuis 1900 avec les grands événements qui ont marqué notre histoire.
  Ouvrage couronné par l'Académie française.
  Prix Montyon, 1988

- **Poèmes d'Hier et d'Aujourd'hui**
  (*Hachette. Littérature, 1992*)
  Recueil de poèmes écrits entre 1914 et 1991.

Coordination éditoriale : GENEVIÈVE SINTAS
Mise en page : CALLIOPE i.é.

ISBN 2.01.0187091

PRÉFACE

Cet ouvrage est destiné à ceux qui, déjà avancés dans leurs études, ont encore une orthographe mal assurée. Le plan du livre est celui de nos précédents ouvrages. Mais aux trois parties, **Orthographe grammaticale**, **Conjugaison**, **Orthographe d'usage**, nous en avons ajouté une quatrième qui se rapporte au **langage**.

Nous avons pensé que les élèves devaient trouver dans un livre fait pour eux les remarques sur lesquelles les professeurs attirent souvent leur attention. Très simples, elles pourront leur donner le goût de la tournure correcte et des nuances et les engager à porter plus de respect à la langue française.

Pour permettre aux professeurs de faire un choix, nous avons multiplié et varié les exercices, souvent composés d'exemples empruntés aux meilleurs auteurs. Nous avons consulté avec beaucoup de profit le dictionnaire *Littré* et le *Dictionnaire de l'Académie française*. Dans les cas douteux, nous avons adopté l'orthographe indiquée par l'Académie.

É. et O. Bled

La ponctuation – les points

La ponctuation précise le sens de la phrase. Elle sert à fixer les rapports entre les propositions et les idées.

Elle sert à marquer, à l'aide de signes, les pauses et les inflexions de la voix dans la lecture.

Les principaux signes de ponctuation sont : **le point, le point d'interrogation, le point d'exclamation, la virgule, le point-virgule, les points de suspension, les deux-points, les guillemets, le tiret, les parenthèses.**

1. **Le point** marque une grande pause dans la lecture. Il indique la fin d'une phrase. Il se met aussi après une abréviation.

La nuit toucha la forêt. Les sapins relevèrent leurs capuchons et déroulèrent leurs longs manteaux. De grandes pelletées de silence enterraient le bruit du torrent. (J. Giono)

C.Q.F.D.	T.C.F.	N.B.
Ce qu'il fallait démontrer.	Touring Club de France.	Nota bene.

2. **Le point d'interrogation** se place à la fin des phrases qui expriment une demande.

Quel esprit ne bat la campagne ? (La Fontaine)

Quand nous reverrons-nous ? et nous reverrons-nous ? (C. Péguy)

3. Le **point d'exclamation** se met après une interjection ou à la fin d'une phrase qui exprime la joie, la douleur, l'admiration…

Ô rage ! Ô désespoir ! Ô vieillesse ennemie ! (Corneille)

Oui ! Ça y est ! Il a réussi son examen !

Attention

La phrase impérative se termine par un point ordinaire.

Va, cours, vole et nous venge. (Corneille)

EXERCICES

1. Mettez les points comme il convient.
Une étoile sortit du rocher et recommença à planer un petit vent âpre ébouriffait ses plumes d'or longtemps elle resta seule pendant qu'autour la nuit s'approfondissait alors les grandes constellations se levèrent une qui avait des éclats rouges se tint toute droite sur la queue comme un serpent une autre prit son vol en triangle comme les canards sauvages une planète palpita comme la lanterne du bûcheron sous les arbres des vertes, des bleues surgissaient des endroits les plus sombres on entendait le vent racler le ciel autour des étoiles elles prenaient tout de suite l'éclat le plus vif comme le jet d'une source de feu.
(JEAN GIONO : L'Eau vive, Gallimard.)

2. Écrivez correctement ces abréviations et traduisez-les.
S.V.P. – T.C.F. – T.G.V. – O.N.M. – S.N.C.F. – O.N.U. – U.S.A.

3. Mettez les points d'exclamation comme il convient.
Oh l'Angélus d'Échillais, entendu dans ce jardin, par ces beaux soirs d'autrefois Oh le son de cette cloche, un peu fêlée mais argentine encore, comme ces voix très vieilles, qui ont été jolies et qui sont restées douces Quel charme de passé, de recueillement mélancolique, ce son-là venait répandre dans l'obscurité limpide de la campagne.
(PIERRE LOTI : Le Roman d'un Enfant, Calmann-Lévy.)

4. Mettez les points et les points d'interrogation, s'il y a lieu.
Et voici que, laissant livres, plume et papiers, je regarde avec envie ces batteurs de blé, ces simples artisans de l'œuvre par excellence qu'est-ce que ma tâche à côté de la leur ce qu'ils font est nécessaire mais moi… saurai-je si, dans ma grange, j'ai porté le bon grain saurai-je si mes paroles sont le pain qui entretient la vie saurai-je si j'ai bien dit sachons du moins, quelle que soit notre tâche l'accomplir d'un cœur simple, avec bonne volonté.
(ANATOLE FRANCE : La Vie littéraire, Calmann-Lévy.)

5. Mettez les points qui conviennent.
Pensez-vous pouvoir retrouver ce document
Quel plaisir éprouver à se promener par ce mauvais temps
Sortez avant que la colère ne m'emporte
Quel beau chien vous avez Est-il bon chasseur
Quel bruit fait-on là-haut est-ce mon voleur qui y est   (MOLIÈRE)
Que de livres et vous les avez tous lus, Monsieur Bonnard   (A. FRANCE)
Vous sera-t-il possible de m'accorder un entretien bientôt
Ah qu'elle était jolie la petite chèvre de Monsieur Seguin   (A. DAUDET)
Reviens, range bien tes affaires, et ferme la porte en sortant
Quelle belle route et mes voyageurs, quels braves gens   (O. MIRBEAU)

La virgule

La **virgule** marque une petite pause dans la lecture. Elle sert à séparer, dans une phrase, les éléments semblables, c'est-à-dire de même nature ou de même fonction, qui ne sont pas unis par l'une des conjonctions de coordination **et, ou, ni.**

La virgule sert à séparer :

1. Les **sujets d'un même verbe**.

    Les veaux, les jeunes volailles, les agnelets batifolaient.   (L. HÉMON)

2. Les **épithètes d'un même nom**, les **attributs d'un même nom** ou **d'un même pronom**.

    Il criait d'une voix longue, confuse, croissante…   (A. DE VIGNY)

    L'homme était petit, trapu, rouge et un peu ventru.   (MAUPASSANT)

3. Les **compléments d'un verbe, d'un nom, d'un adjectif**.

    Je craignais ses remontrances, ses railleries, ses objurgations, ses larmes.   (A. FRANCE)

    Son plumage avait la couleur des prés, des bois, du ciel et des fleurs.

    Ses réponses étaient pleines de restrictions, de sous-entendus.

4. Les **verbes ayant le même sujet**.

    Les hirondelles se jouaient sur l'eau, au tomber du soleil, poursuivaient les insectes, s'élançaient ensemble dans les airs, se rabattaient à la surface du lac.   (CHATEAUBRIAND)

5. Les **propositions de même nature**, plutôt courtes.

    Dehors, le vent soufflait, les girouettes tournaient, la pluie fouettait les murs, les volets claquaient.   (ERCKMANN-CHATRIAN)

6. Les **mots mis en apostrophe ou en apposition**.

    Mes enfants, vous n'êtes pas attentifs à votre travail.

    Au bruit du portail, Pataud, fidèle gardien, dressa ses oreilles.

7. Les **propositions intercalées ou incises**.

    Donnez-moi, dit ce peuple, un roi qui se remue.   (LA FONTAINE)

    Mon oncle, j'en conviens, mon oncle encouragé par mon frère, m'aida beaucoup.

EXERCICES

6. Mettez les virgules comme il convient.

La pluie le vent l'orage chantent à leurs oreilles les enseignements sacrés. (J. Giono) – La mer s'était couverte de voiles rousses vertes jaunes bleues éclatantes dans le grand soleil de l'été de voiles décolorées roses ou réséda. (M. Elder) – Les pavillons les flammes les voiles achèvent la beauté de ce palais de Neptune. (Chateaubriand) – Toutes ces chaumières étaient pareilles basses enterrées sombres. (P. Loti) – Je n'avais pas peur mais je sentais une inquiétude étrange une angoisse profonde animale. (M. Pagnol) – On ne voyait pas la mer on l'entendait on la sentait. (G. Flaubert)

7. Mettez les virgules comme il convient.

Les chevaux se cabrent creusent l'arène secouent leur crinière frappent de leur bouche écumante leur poitrine enflammée. (Chateaubriand) – Tarascon sort de ses murs le sac au dos le fusil sur l'épaule avec un tremblement de chiens de furets de trompes de cors de chasse. (A. Daudet) – René sarclait ratissait bêchait brouettait tondait plantait coupait taillait ouvrait les jets d'eau le soir... (P. Sollers) – C'était Brusco le disciple et le compagnon des bandits annonçant sans doute l'arrivée de son maître. (P. Mérimée)

8. Mettez la ponctuation qui convient.

Veuillez agréer Madame Monsieur l'expression de ma considération distinguée – Avec mes remerciements recevez cher Monsieur l'assurance de mes sentiments les meilleurs – Dans l'attente de votre réponse je vous prie d'agréer cher client l'expression de mes sentiments les plus cordiaux – Recevez Monsieur le Directeur mes salutations respectueuses – Veuillez croire chers amis à notre meilleur souvenir – Je vous expédie ce jour par courrier rapide les ouvrages documents et relevés qui vous font défaut

9. Mettez la ponctuation qui convient.

Une page est-elle tournée Il y a une semaine les centaines de milliers de réfugiés kurdes progressaient dans la montagne affamés épuisés l'esprit hanté par les morts abandonnés au cours de ces nuits glacées Tragique l'exode avait pourtant parfois quelque chose de joyeux à l'image de ces enfants qui voyageant à l'intérieur d'un camion-citerne sortaient de la cuve en éclatant de rire à la lumière du jour Les hommes les femmes les enfants grelottaient de froid et de fièvre avançaient en haillons et s'acharnaient sur les camions de vivres.

(*Le Monde* : «Martyre dans la boue», D. Le Guilledoux, 15 avril 1991.)

10. Faites des phrases sur les modèles donnés page 7.

La virgule (suite)

1. On ne sépare pas les pronoms relatifs **qui** et **que** de leur antécédent, sauf quand la proposition subordonnée peut être supprimée sans altérer le sens de la phrase.

    Près de nous, des pigeons qui picoraient le pain qu'un promeneur leur avait jeté prirent leur vol. (A. GIDE)

    J'espérais que l'admiration, qui rend l'homme meilleur, les disposait à me restituer quelque chose. (E. ABOUT)

2. Une proposition subordonnée complément d'objet n'est jamais précédée d'une virgule.

    On dirait que la plaine, au loin déserte, pense... (A. SAMAIN)

3. Lorsque dans une succession d'éléments semblables, les conjonctions de coordination **et, ou, ni** sont utilisées plusieurs fois, il faut séparer ces éléments semblables par une virgule.

    Et l'un offrait la paix, et l'autre ouvrait ses portes,
    Et les trônes, roulant comme des feuilles mortes,
    Se dispersaient au vent. (V. HUGO)

    Autour des champs, on n'aperçoit ni arbre, ni haie, ni muret.

EXERCICES

11. **Mettez les virgules comme il convient.**

Je savais que nous étions venus là pour une chose qui s'appelait la mer. (P. LOTI) – La maison que j'habite dans la ville indigène n'a pas de fenêtres sur le dehors. (J. ET J. THARAUD) – Monsieur puisque vous le voulez je vous dirai franchement qu'on se moque de vous. (MOLIÈRE) – En apercevant le matériel de guerre du Tarasconnais le petit monsieur qui s'était assis en face parut excessivement surpris. (A. DAUDET) – Rien ni les fondrières ni les marécages ni les forêts sans chemins ni les rivières sans gué ne purent enrayer l'impulsion de ces foules en marche. (J.-K. HUYSMANS) – Les taureaux de Camargue qu'on menait courir mugissaient. (A. DAUDET) – La lune qui s'est levée nous montre partout des pavots et des pâquerettes. (P. LOTI)

12. **Faites des phrases sur le modèle des exemples donnés dans la leçon.**

Le point-virgule –
les points de suspension

Le point-virgule marque une pause moyenne dans la lecture.

Dans une phrase, il sert à séparer :

1.   des propositions liées plus ou moins étroitement par le sens.
     Le couteau avait tranché l'écorce ; la résine s'écoulait lentement.

2.   les parties semblables ou les propositions d'une certaine longueur dont
     les éléments sont déjà séparés par des virgules.
     *Je me trouvais triste entre les rideaux de mon lit ; je voulais me lever,
     sortir ; je voulais surtout voir ma mère, ma mère à tout prix...*   (P. LOTI)

Les points de suspension indiquent que la phrase est inachevée, marquent
une interruption causée par l'émotion, la surprise, l'hésitation... ou un arrêt
voulu dans le développement de la pensée pour mettre en relief certains éléments de la phrase.

*«Messieurs et chers administrés... Messieurs et chers admi... Messieurs et
chers...»*   (A. DAUDET)

EXERCICES

13.   Mettez la ponctuation qui convient.
Par un mauvais chemin la voiture a longé des dunes de sable puis s'est arrêtée
sur un talus au-dessus de la plage
Que c'est bon de déplier ses jambes engourdies de courir sur le sable doux voilà
tout le monde en maillot de bain Miette ne court pas elle marche avec de petits
pas un peu raides et Line et Lou sont pleins d'attentions pour elle
Tiens prends ma bouée en caoutchouc tu vas voir comme tu flotteras bien
                                    (C. MEFFRE : *Les Vacances de Line et Lou*, G3.)

14.   Mettez la ponctuation qui convient.
Le Moulin
Le moulin tourne au fond du soir très lentement
Sous un ciel de tristesse et de mélancolie
Il tourne et tourne et sa voile couleur de lie
Est triste et faible et lourde et lasse infiniment

Depuis l'aube ses bras comme des bras de plainte
Se sont tendus et sont tombés et les voici
Qui retombent encor là-bas dans l'air noirci
Et le silence entier de la nature éteinte   (E. VERHAEREN)

Les deux-points – les guillemets le tiret – les parenthèses

1. **Les deux-points** annoncent :

a) les **paroles de quelqu'un.**
Zadig disait : «Je suis donc enfin heureux ! »   (VOLTAIRE)

b) une **énumération.**
Tout l'intéressait : le jardin, les meubles, les tableaux, les livres.

c) une **explication, une justification.**
Excusez mes lenteurs : c'est tout un art que j'expose.   (A. FRANCE)

2. **Les guillemets** s'emploient pour encadrer :

a) une **citation,** les **paroles de quelqu'un,** une **conversation.**
Ce jour-là était un très beau jour de «l'extrême hiver printanier», comme dit le poète Paul Fort.   (G. DUHAMEL)
Broudier cria : «Hé ! Bénin, je descends ! »   (J. ROMAINS)

b) une **expression ou un terme qu'on veut mettre en valeur.**
Et l'on vit «le roi de la piste» dépasser ses adversaires.

3. **Le tiret** marque le **changement d'interlocuteur.**

«Reste-t-il du pain d'hier ? dit-il à Nanon.
– Pas une miette, monsieur.»   (H. DE BALZAC)
Il marque aussi la **mise en valeur d'un élément de la phrase.**

Ce dur travail de restauration – un plaisir pour lui – prenait tout son temps.

4. **Les parenthèses** servent à **isoler une idée, une réflexion** qui pourraient être supprimées sans altérer le sens de la phrase.

Pour faire un bon facteur (il y a facteur et facteur, c'est comme dans tout), il faut savoir des choses…   (M. AYMÉ)

EXERCICES

15. Mettez les deux-points et les virgules, s'il y a lieu.

J'entendais tous les bruits du hameau le hennissement des mules les cloches des vaches les cris d'enfants. (J. Giono) – La fusée s'enflamma tournoya illumina une plaine et s'y éteignit c'était la mer. (A. de Saint-Exupéry) – Un seul bruit maintenant arrivait à ses oreilles la voix du perroquet. (G. Flaubert) – Toute la famille est là le maître avec ses fils et son gendre les apprentis la vieille ménagère et les marmots. (A. Theuriet) – La nuit n'était pas fort sombre quelque part dans le ciel la lune devait courir derrière l'amas de nuages. (G. Duhamel) – Kyo habitait avec son frère une maison chinoise sans étage quatre ailes autour d'un jardin. (A. Malraux)

16. Mettez les guillemets et les autres signes de ponctuation.

Justin fourra dans sa poche d'un geste tragi-comique sa casquette de collégien et dit l'air faussement accablé c'est bien j'obéis (G. Duhamel) – Quand il n'y a personne pour les entendre les troubler les distraire Cécile et Laurent se racontent leurs inventions (G. Duhamel) – Pasteur définit la recherche scientifique et dit à ses élèves et à ses disciples N'avancez jamais rien qui ne puisse être prouvé d'une façon simple et décisive (Vallery-Radot) – La terre chauffée tout le jour par un soleil pesant par un gras soleil comme disent les moissonneurs exhalait une odeur forte et chaude (A. France)

17. Mettez les tirets et les autres signes de ponctuation.

Radegonde avança à grands pas sonores et se planta au milieu du salon droite immobile muette les mains jointes sur son tablier Ma mère lui demanda si elle savait coudre elle répondit oui madame faire la cuisine oui madame repasser oui madame faire une pièce à fond oui madame raccommoder le linge oui madame
Ma bonne mère lui aurait demandé si elle savait fondre des canons construire des cathédrales composer des poèmes gouverner des peuples elle aurait encore répondu oui madame

(Anatole France : *Le Petit Pierre*, Calmann-Lévy.)

18. Mettez la ponctuation qui convient.

Je viens de me pencher étonné d'apercevoir au pied d'un orme à l'écorce disjointe au feuillage roussi donc en train de mourir comme tous ses frères de France ce champignon rare et bizarre un clathre petite merveille ajourée colorée mais puante Claire en a profité pour braquer ses jumelles sur un grimpereau escaladant à la verticale avec une facilité dérisoire un tronc qu'il échenille Mais la voilà qui se retourne et murmure Tu entends

(Hervé Bazin : *L'Église verte*, Le Seuil.)

Exercices de révision

19. **Remplacez chaque trait par un signe de ponctuation.**

\ Ah çà \ Nanon \ je ne t'ai jamais vue comme ça \ qu'est-ce qui te passe donc par la tête \ es-tu la maîtresse ici \ tu n'auras que six morceaux de sucre \
\ Eh bien \ votre neveu \ avec quoi donc qu'il sucrera son café \
\ Avec deux morceaux \ je m'en passerai \ moi \
\ Vous vous passerez de sucre \ à votre âge \ j'aimerais mieux vous en acheter de ma poche \
\ Mêle-toi de ce qui te regarde \
Malgré la baisse du prix \ le sucre était toujours \ aux yeux du tonnelier \ la plus précieuse des denrées coloniales \ il valait toujours six francs la livre pour lui \ l'obligation de le ménager \ prise sous l'Empire \ était devenue la plus indélébile de ses habitudes \

(HONORÉ DE BALZAC : *Eugénie Grandet.*)

20. **Mettez la ponctuation qui convient.**

Quand le Français voyage…

Je me rappellerai toujours ma visite au stade de Delphes Moins en raison de la majesté du site tout imprégné encore du mystère de la Pythie qu'à cause de la réflexion d'un Français-de-Croisière qui après avoir embrassé du regard ce haut lieu un peu pour lui un peu pour son Kodak un peu pour la France déclara à sa femme Tu ne trouves pas chérie que ça rappelle le stade Jean Bouin
Cette very strange réminiscence fit surgir dans ma mémoire cent observations de Français à travers le monde de ces Français qui retrouvent le passage du Havre à Milan la Côte d'Azur en Floride et Vézelay à Saint-Jacques-de-Compostelle Quand un Anglais contemple la baie de Rio ou Saint-Pierre de Rome il pense à Saint-Pierre de Rome ou à la baie de Rio Moins simpliste un Français profitera de la circonstance pour évoquer la baie de Naples et la cathédrale de Chartres
L'Anglais qui part en voyage emporte dans sa valise son nécessaire de toilette son parapluie voire s'il vient en France un petit réchaud spécial pour son thé Cependant le douanier qui visiterait son crâne n'y trouverait rien à déclarer M. Taupin oublie parfois sa brosse à dents mais s'arme toujours d'un volumineux trousseau de comparaisons contre lequel toutes les douanes du monde jusqu'ici sont demeurées impuissantes
Il y a quelque temps je visitais Bruges avec les Taupin C'est fou dit M. Taupin ce que cela me rappelle Venise
Six mois plus tard comme notre gondole ayant passé le pont des Soupirs nous menait vers le petit théâtre de la Fenice Oh Tounet s'écria Mme Taupin regarde ce coin-là Est-ce qu'on ne dirait pas Bruges

(PIERRE DANINOS : *Les Carnets du Major Thompson*, Hachette.)

Principaux cas
où l'on met la majuscule

Mettons toujours une majuscule :

1.   Au **premier mot d'une phrase.**
     L'orage menace. Un vent violent se lève.

2.   Au **nom propre** (ou au nom commun pris comme nom propre).
     Du Jardin du roi, Buffon fit le Jardin des plantes.

3.   Au **nom** ou au **titre** d'une **œuvre artistique** ou **littéraire,** d'un **journal,** d'un **magazine.**
     *L'*Aiglon *est un drame en vers, d'Edmond Rostand.*
     *L'*Auto *a été le premier journal sportif,* L'Équipe *lui a succédé.*
     Tous les mois, je reçois Le Monde de L'Éducation.

4.   À certains termes de politesse.
     Madame, Mademoiselle, Monsieur…

5.   Au **nom, précédé de Monsieur ou de Madame, qui marque un titre**, quand on s'adresse au possesseur de ce titre.
     Madame le Premier Ministre.

6.   Aux **noms d'habitants, de peuples, d'ethnies.**
     Un Parisien, des Tziganes, des Anglo-Saxons…

7.   À certains **termes historiques ou géographiques.**
     la Ligue / la Grande Armée / le ballon d'Alsace / les Gémeaux / le mur des Fédérés / le col de la Perche

8.   Aux **noms de bateaux, d'avions, de rues, d'édifices…**
     la Belle-Rose / *la* Croix-du-Sud / *le* Concorde / *la rue des Lions / le Panthéon*

9.   Au **premier mot d'un vers**.
     Lorsque l'enfant paraît, le cercle de famille
     Applaudit à grands cris. Son doux regard qui brille
     Fait briller tous les yeux.   (V. Hugo)

10. Aux **noms d'animaux ou de choses personnifiés.**
     Ô nations ! Je suis la Poésie ardente.   (V. Hugo)

EXERCICES

21. Mettez les majuscules comme il convient.

Les groupes de vieux saxe et les peintures de sèvres, étagés dans les vitrines, disaient des choses passées. tout sommeillait. elle alla soulever le coin d'un rideau et vit par la fenêtre, à travers les arbres noirs du quai, sous un jour blême, la seine traîner ses moires jaunes. le bateau passa, l'«hirondelle», débouchant d'une arche du pont de l'alma et portant d'humbles voyageurs vers grenelle et billancourt. elle le suivit du regard, puis elle laissa retomber le rideau et, s'étant assise, elle prit un livre jeté sur la table, à portée de sa main. sur la couverture de toile paille brillait ce titre d'or : *yseult la blonde*, par vivian bell. c'était un recueil de vers français composés par une anglaise et imprimés à londres.

(A<small>NATOLE</small> F<small>RANCE</small> : Le Lys rouge, Calmann-Lévy.)

22. Mettez les majuscules comme il convient.

Les pionniers de l'aviation sont : wilbur wright, santos-dumont, blériot, latham, garros, védrine, voisin, farman. – Le pont-neuf fut construit sous henri IV. – La guadeloupe est formée de deux îles : grande-terre et basse-terre séparées par un étroit bras de mer, la rivière salée. – Depuis 1945, les français ont élu comme présidents de la république : vincent auriol, rené coty, charles de gaulle, georges pompidou, valéry giscard d'estaing, françois mitterrand. – m. le ministre de l'agriculture inaugura l'exposition, il était accompagné de m. le préfet, de m. le député et de m. le maire.

23. Mettez la ponctuation et les majuscules comme il convient.

voilà mille ans à senlis hugues capet était élu roi de france ainsi mettait-il un point final à une rivalité séculaire entre carolingiens et robertiens et devenait-il le fondateur d'une prodigieuse lignée la plus longue d'europe qui assumerait le destin de la france jusqu'à la révolution en associant son fils à la couronne hugues capet instaurait surtout pour trente-deux rois à venir une monarchie héréditaire à laquelle serait désormais indissolublement liée la notion de droit divin conférée par l'église

(G<small>EORGES</small> B<small>ORDONOVE</small> : Hugues Capet, Pygmalion.)

24. Dans ces expressions, mettez les majuscules, s'il y a lieu.

la grande armée	la banque de france	le tigre bondit
une grande armée	un billet de banque	le tigre et l'euphrate
le cap gris-nez	l'aube est radieuse	je rends la monnaie
le nez du clown	l'aube et la marne	l'hôtel de la monnaie
le roi-soleil	l'hiver est rude	l'électricité s'éteint
le soleil brille	le bonhomme hiver	la fée électricité

25. Nommez cinq écrivains du XVIIIᵉ siècle, du XIXᵉ siècle, du XXᵉ siècle.

Les accents

Les accents sont aussi importants que les lettres. Il y a trois accents : l'accent aigu, l'accent grave et l'accent circonflexe.

L'accent aigu se met sur la lettre **e** (e fermé) [e].

épingle / général / propriété

L'accent grave se met sur la lettre **e** (e ouvert) [ɛ] et sur **a** et **u**.

crème / lumière / trèfle / à / çà / là / où

L'accent circonflexe se met sur la lettre **e** (e ouvert) [ɛ] et sur **a, i, o, u**.

chêne / bâton / gîte / cône / flûte

Les accents modifient la prononciation de e, a, i, o, u.

E accentué devient é [e], è [ɛ], ê [ɛ].

lévrier / lèpre / chêne

A, i, o, u portant l'accent circonflexe deviennent longs.
L'allongement est plus sensible dans â et ô que dans î et û.

bateau / bâton – cime / abîme – polaire / pôle – chute / flûte

Les accents **peuvent remplacer une lettre disparue,** généralement un **s,** quelquefois un **e,** un **a** ou un **u.**

forêt (forest) / *sûreté* (seureté) / *âge* (eage ou aage) / *piqûre* (piquure)

Les accents **distinguent certains homonymes.**

a (verbe) / *à* (préposition) – *mur* (nom) / *mûr* (adjectif qualificatif) – *sur* (préposition ou adjectif qualificatif ayant le sens de aigre) / *sûr* (adjectif qualificatif ayant le sens d'assuré)

Les accents distinguent certaines formes verbales.

il chanta (passé simple) / *qu'il chantât* (imparfait du subjonctif)

EXERCICES

26. Mettez les accents comme il convient.

C'etait une bete tres rare, une bete des anciens ages dont l'espece decroissait depuis des millenaires. (J.-H. Rosny Aîné) – Nous jetames quand meme nos lignes. Elles etaient a peine dans l'eau que nous vimes paraitre un garde. (G. Duhamel) – Il semblait vraiment que le moulin se rendit, ce jour-la, compte de son importance. (P. Arène) – On part au petit jour, dans la fraicheur glacee. (J. Cressot)

27. **Trouvez dix mots où l'accent rappelle une lettre disparue. Indiquez un mot de la même famille qui a conservé cette lettre.**

HOMONYMES DISTINGUÉS PAR L'ACCENT

28. **Mettez l'accent sur *a*, s'il y a lieu. Indiquez entre parenthèses la nature de tous les *a* de l'exercice.**

On a plaisir a suivre chaque matin ce sentier étroit. (A. France) – Il y a a peine huit jours que je suis installé, j'ai déjà la tête bourrée d'impressions. (A. Daudet) – Mon oncle a une vache dans son écurie. Je coupe son herbe a la faux. Je porte moi-même le fourrage a la bête. (J. Vallès) – Rien qu'a voir le loriot, on juge tout de suite qu'on a affaire a un gourmand. (A. Theuriet) – Je m'attachais a ce foyer, a tous ses recoins, a toutes les pierres de ses murs. (P. Loti)

29. **Mettez l'accent sur *ou*, s'il y a lieu. Indiquez entre parenthèses la nature de tous les *ou* de l'exercice.**

Au milieu du trou apparaît hors de l'eau une gueule grande ouverte d'ou sort un gargouillement profond. (P.-É. Victor) – On me reconduisait en voiture, ou à âne, ou à pied jusqu'à la rivière. (P. Loti) – De droite à gauche rien que des herbages ou des troupeaux de bœufs se promènent. (P. Loti) – Pourtant, par une sorte de flair ou de méfiance, je ne puis m'empêcher de penser : «Toi, mon petit Nicolas, tu n'es pas tranquille.» (P. Gamarra) – Je parcourus des champs, des bois ou tout était immobile. (B. Constant)

30. **Mettez l'accent sur *la, ça, des,* s'il y a lieu. Indiquez entre parenthèses la nature de ces mots.**

La porte est toujours la, drapée de toiles d'araignées. (R. Escholier) – Des parfums ! des qu'on poussait la grille, on était accueilli par la douceur du réséda. (J. Cressot) – Ça et la, entre les fougères, de petites sources suintaient. (P. Loti) – Crois-tu qu'on laisse une maison ouverte au bord du chemin, comme ça ? (C.-F. Ramuz) – Bonnes vêpres, maître Cornille ! lui criaient les paysans ; ça va donc toujours, la meunerie ? (A. Daudet)

31. **Distinguez le sens des mots ci-après, selon leur accentuation (utilisez le dictionnaire si nécessaire).**

boite / boîte – chasse / châsse – cru / crû – du / dû – fut / fût – tète / tête – haler / hâler – mater / mâter – roder / rôder – bailler / bâiller – tache / tâche – pale / pâle – foret / forêt – cote / côte

32. **Mettez l'accent, s'il y a lieu.**

Il paie son *du*. – Je mange *du* fromage. – Nous avons *du* refaire notre travail. – J'ai *cru* vous entendre. – L'arbre a *cru* dans de mauvaises conditions. – Le chambertin est un grand *cru*. – Un fruit *cru*. – Ils ont l'air *surs*. – La cuisine sent le melon *mur*. – Ce potage devient *sur*. – Elle est *sure* de son succès. – Le chat saute sur le *mur*.

Le féminin des noms

- un apprenti / une apprentie
- le Français / la Française

RÈGLE GÉNÉRALE

On forme généralement le féminin des noms en ajoutant un **e** au masculin.

CAS PARTICULIERS

1. Les noms terminés par *-er* font leur féminin en *-ère.*

   le sorcier / la sorcière – le boucher / la bouchère

2. Certains noms doublent la consonne finale.

   le paysan / la paysanne – le chat / la chatte

3. Certains noms changent la consonne finale.

   le loup / la louve – l'époux / l'épouse

4. Les noms terminés par *-eur* font leur féminin en :

   -euse.

   le coiffeur / la coiffeuse

   -ice.

   l'inspecteur / l'inspectrice

   -esse.

   le docteur / la doctoresse

5. Certains noms en *-e* font leur féminin en *-esse.*

   le pauvre / la pauvresse

6. Certains féminins ne sont pas construits avec leur masculin.

gendre / bru	*bouc* / chèvre	*lièvre* / hase
mari / femme	*cerf* / biche	*mâle* / femelle
parrain / marraine	*cheval* / jument	*sanglier* / laie
bélier / brebis	*jars* / oie	*taureau* / vache

Remarque

Certains noms d'animaux ne marquent que l'espèce ; pour préciser le sexe, on ajoute le mot *mâle* ou *femelle.*

un bouvreuil mâle / un bouvreuil femelle

une belette mâle / une belette femelle

EXERCICES – Utilisez votre dictionnaire.

33. Donnez le féminin des noms suivants.

cousin	cavalier	berger	champion	paysan
Niçois	cuisinier	écuyer	chien	poulet
ami	écolier	passager	musicien	infirmier
ours	fermier	conseiller	Breton	candidat

34. Même exercice.

Auvergnat	marchand	habitué	concurrent	Flamand
hôtelier	héritier	pâtissier	romancier	laitier
boulanger	horloger	messager	maraîcher	étranger
lycéen	patron	pauvret	colonel	citoyen

35. Même exercice.

tricheur	directeur	pécheur	voyageur	nageur
pêcheur	aviateur	enchanteur	ambassadeur	bienfaiteur
voleur	électeur	vengeur	éducateur	danseur
skieur	moniteur	demandeur	acheteur	empereur

36. Même exercice.

abbé	prince	âne	maître	ogre
chanoine	duc	tigre	Suisse	poète
prêtre	comte	diable	hôte	traître

37. Même exercice.

Andalou	jouvenceau	Turc	neveu	daim
chameau	ambitieux	Grec	canard	jaloux
fugitif	religieux	héros	époux	sportif

38. Même exercice.

grand-oncle	fils	Maure	agneau	faisan
compagnon	jars	merle	singe	favori
perroquet	porc	mulet	confrère	lièvre

39. Donnez le masculin des noms suivants.

la cycliste	une cannibale	une fabulatrice	une mulâtresse	une bossue
une métisse	une pouliche	la cantatrice	une daine	la manucure
la préfète	une impie	la contractuelle	une martyre	la chamelle

40. Recopiez et soulignez les mots ou indices qui éclairent sur le genre du nom entre parenthèses ; indiquez ce genre.

Pendant l'(entracte), suffisamment long, l'(intermède) chanté offert aux spectateurs paraissait divertissant. – Cette (pianiste) réputée habitait l'(impasse) la plus discrète du quartier. – L'(enfant) s'était glissée au premier rang, curieuse de voir les (cyclistes) prêtes au départ signer les derniers (autographes). – (Dentiste) experte, (Claude) restait souriante et rassurait sa (malade) effrayée.

Noms homonymes au sens fixé par le genre

aide : celui qui aide, qui prête son concours à un autre.

aigle : oiseau de proie / homme supérieur / génie / décoration.

aune : arbre, à bois léger, des régions tempérées humides.

barde : poète chez les Celtes.

cache : papier noir servant à cacher une partie d'un cliché.

carpe : os du poignet.

cartouche : encadrement d'une inscription / ornement sculpté.

coche : voiture / bateau.

couple : réunion de deux personnes unies par le mariage ou l'amitié.

crêpe : étoffe de laine légère et frisée / étoffe de deuil.

critique : celui qui juge une œuvre.

enseigne : officier de marine, officier qui porte l'enseigne.

foudre : grand tonneau / grand général conquérant.

garde : celui qui garde / surveillant / soldat.

garenne : lapin sauvage par opposition à lapin de clapier.

gîte : lieu où l'on habite / lieu où dort le lièvre.

greffe : lieu où sont déposés les minutes des jugements, des actes de procédure.

guide : celui qui montre le chemin / celui qui conseille.

livre : volume broché ou relié.

manche : partie par laquelle on tient un instrument.

manœuvre : celui qui travaille de ses mains / ouvrier qui sert ceux qui font l'ouvrage.

mémoire : état de sommes dues / relation écrite de certains faits.

aide : celle qui aide / secours, protection, assistance.

aigle : aigle femelle / étendard, drapeau, armoirie.

aune : ancienne mesure de longueur valant 1,188 m.

barde : tranche de lard / armure.

cache : lieu secret propre à cacher ou à se cacher.

carpe : poisson d'eau douce.

cartouche : étui cylindrique contenant la charge d'une arme à feu.

coche : entaille.

couple : réunion de deux choses de même espèce.

crêpe : sorte de galette frite à la poêle.

critique : art de juger une œuvre.

enseigne : drapeau / pièce ou tableau indiquant la profession exercée.

foudre : phénomène électrique dans l'atmosphère.

garde : action de garder / celle qui garde / troupe d'élite.

garenne : lieu planté d'arbres où vivent les lapins sauvages.

gîte : place qu'occupe un navire échoué / inclinaison d'un navire.

greffe : bourgeon détaché d'une plante pour être inséré sur une autre / l'opération elle-même.

guide : lanière de cuir pour conduire un cheval attelé.

livre : ancienne unité de poids.

manche : partie du vêtement qui couvre le bras.

manœuvre : ensemble de mouvements d'une troupe / action de manœuvrer.

mémoire : faculté de se rappeler les idées, de se souvenir, de retenir.

masculin

mode : terme de grammaire : forme d'un verbe, manière d'être.

moule : modèle creux qui donne une forme à une matière en fusion.

mousse : apprenti marin.

œuvre : terme d'architecture : ensemble de tous les ouvrages d'un auteur, d'un artiste.

office : fonction / service divin / service administratif.

ombre : genre de saumon.

page : jeune noble au service d'un seigneur.

paillasse : bouffon / bateleur.

parallèle : cercle parallèle à l'équateur / comparaison entre deux personnes ou deux choses.

pendule : corps mobile autour d'un point fixe à oscillations régulières.

physique : apparence extérieure de l'homme / opposition au moral.

poêle : fourneau / dais / drap couvrant un cercueil.

politique : homme d'État / ministre / celui qui s'applique à la connaissance du gouvernement des États.

poste : lieu assigné à quelqu'un / appareil de radio.

pupille : mineur et orphelin placé sous la direction d'un tuteur.

solde : terme de comptabilité : marchandise vendue au rabais.

somme : sommeil, moment assez court que l'on donne au sommeil.

souris : sourire fin, léger, gracieux.

statuaire : celui qui fait des statues.

suisse : gardien d'une église / petit fromage blanc frais.

tour : machine / mouvement circulaire / promenade / contour / farce.

trompette : celui qui en sonne.

vague : grand espace vide / ce qui est indécis, indéfini, indéterminé.

vapeur : bateau mû par la vapeur.

vase : récipient.

voile : étoffe destinée à couvrir ou à protéger.

féminin

mode : manière de faire / coutume, usage qui dépend du goût.

moule : mollusque bivalve de forme oblongue.

mousse : plante cryptogame / écume.

œuvre : ce qui est fait à l'aide de la main / production de l'esprit / ouvrage d'art.

office : lieu où l'on prépare tout ce qui se met sur la table.

ombre : obscurité.

page : un des côtés d'un feuillet de papier.

paillasse : matelas bourré de paille.

parallèle : ligne droite ou courbe dont tous les points sont également distants d'une autre ligne.

pendule : horloge d'appartement à poids ou à ressort.

physique : science qui étudie les propriétés des corps.

poêle : ustensile de cuisine muni d'une longue queue.

politique : art de gouverner un État, de diriger les relations avec les autres États.

poste : administration publique chargée du transport du courrier.

pupille : orpheline / ouverture de l'œil par laquelle passe la lumière.

solde : paie des militaires et de certains fonctionnaires.

somme : quantité d'argent, total / charge d'un animal.

souris : rongeur / muscle du gigot.

statuaire : art de faire des statues.

Suisse : république fédérale de l'Europe centrale, capitale : Berne.

tour : bâtiment élevé, rond ou à plusieurs faces.

trompette : instrument de musique.

vague : eau de la mer, d'un lac, d'un fleuve soulevée par le vent.

vapeur : nuage / exhalaison gazeuse.

vase : bourbe.

voile : toile forte attachée aux vergues d'un mât.

EXERCICES – Utilisez votre dictionnaire.

41. **Employez successivement les noms suivants au masculin et au féminin. Précisez-en le sens à l'aide d'un complément.**
Ex. : *le mousse du chalutier / la mousse du champagne*

mode	livre	page	manche	poêle	enseigne
crêpe	tour	voile	pendule	vase	mémoire

42. **Employez les noms suivants avec un adjectif qualificatif.**

un garde	la greffe	une ombre	un aigle	un physique
la garde	une aide	un somme	la poste	la politique
une charge	un guide	une cache	un livre	une enseigne

43. **Remplacez les points par l'article qui convient.**
Mère Barberin donne une tape à la queue de … poêle et fait sauter … crêpe. (H. Malot) – L'ombre tranquille viendra d'… crêpe noir envelopper la ville. (Boileau) – … critique est aisée et l'art est difficile. (Destouches) – Victor Hugo a des relations de plus en plus suivies avec … critique du *Globe* [Sainte-Beuve]. (P. Audiat) – … garde meurt et ne se rend pas. (Cambronne) – … garde coiffé d'un chapeau tyrolien sortait de sa maison. (R. Bazin) – … poste est le lien de toutes les affaires, les absents deviennent, par elle, présents, elle est la consolation de la vie. (Voltaire) – Et l'armée des Fédérés s'était installée sur … poste avancé tout près de la frontière.

44. **Même exercice que 43.**
Des jardins de roses sort tout à coup … tour élancée. (A. de Vigny) – D'abord je faisais … tour des terrasses surplombant l'abîme des bois. (P. Loti) – L'enfant, essuyant ses larmes, fit … souris malin et moqueur. (Fénelon) – … jeune souris de peu d'expérience crut fléchir un vieux chat. (La Fontaine) – … mémoire de ce sage vieillard était comme une histoire des anciens temps gravée sur le marbre. (Fénelon) – Le ministre loua très fort les sentiments qui avaient dicté … mémoire, mais il en remit l'exécution à plus tard. (R. Vercel)

45. **Remplacez les points par un déterminant qui convient.**
Il a ramassé … mousse sur les talus. – Le lièvre ne quitta … gîte qu'à la tombée de la nuit. – … voile à l'avant de la goélette avait souffert de la tempête. – «Chevalier, où est-donc passé … page ?» demanda le roi. – Je conjugue ce verbe … mode indicatif. – Au dernier conseil, le gouvernement a défini … politique agricole. – … page a été récemment déchirée. – Endurant, … guide poursuivait l'ascension d'un pas régulier. – La souris sortit de … cache pour filer sous le meuble. – … greffe n'a pas réussi. – J'ai déchiré … manche droite. – L'étudiant a remis … mémoire au jury.

Noms féminins
sur le genre desquels on hésite

• **Disons : une anse, une azalée, une oasis, une oriflamme.**

acoustique	ankylose	ecchymose	équivoque	orbite
acné	antichambre	écharde	gent	paroi
agrafe	antilope	écritoire	gemme	patère
alcôve	apothéose	égide	glaire	penne
alèse	artère	encaustique	immondice	primeur
algèbre	atmosphère	éphéméride	impasse	primevère
amnistie	autoroute	épigramme	mandibule	réglisse
anagramme	chrysalide	épigraphe	octave	sentinelle
ancre	ébène	épitaphe	odyssée	scolopendre
anicroche	ébonite	épître	omoplate	vésicule

EXERCICES

46. Cherchez dans un dictionnaire le sens des mots ci-dessus qui ne vous sont pas familiers.

47. Ajoutez un article indéfini et accordez l'adjectif.

azalée *panaché*	agrafe *doré*	alèse *blanc*
anse *tressé*	écharde *fin*	antilope *léger*
ancre *rouillé*	ébène *dur*	amnistie *général*
gemme *précieux*	épître *long*	oasis *perdu*

48. Mettez les noms au pluriel, employez-les avec un adjectif.

alcôve	artère	anicroche	ecchymose	autoroute
épitaphe	primevère	omoplate	mandibule	oriflamme

49. Accordez les adjectifs en italique.

L'orbite de l'œil est très *grand* et *bordé* de brun chez le putois rayé. (Buffon) – On n'entendait que le bruit confus d'innombrables poules picorant les immondices *desséché* des rues. (P. Loti) – Nos écritoires sont *gelé*, nous ne respirons que de la neige. (Mᵐᵉ DE Sévigné) – Accoudé à une petite fenêtre aux *épais* parois, je contemplais les lointains verdoyants. (P. Loti) – On pouvait, à travers l'atmosphère *embrumé,* apercevoir déjà quelques points lumineux dans le ciel. (Frison-Roche) – Des massifs de plantes vertes changeaient le chœur en un jardin vivace que fleurissaient de grosses touffes d'azalées *blanc.* (É. Zola) – Quand l'alcôve était *habité,* un grand rideau de serge cachait l'autel. (V. Hugo) – Sans doute l'enseigne *peint* était-elle déjà *cloué* au-dessus de la porte. (B. Clavel)

Noms masculins
sur le genre desquels on hésite

• **Disons : un alvéole, un chrysanthème, un éclair, un effluve.**

aconit	argent	coryza	hémisphère	mausolée
ail	armistice	edelweiss	hospice	myrte
akène	arôme	élysée	hyménée	obélisque
alcool	artifice	élytre	hymne	orbe
amalgame	asile	emblème	incendie	ouvrage
ambre	asphalte	emplâtre	indice	pétale
amiante	astérisque	épilogue	insigne	pétiole
amphibie	augure	épisode	interstice	planisphère
anathème	autodafé	esclandre	intervalle	pleur
anthracite	automne	escompte	ivoire	rail
antre	balustre	girofle	jade	sépale
apogée	camée	hallali	lange	tentacule
apothème	contralto	haltère	légume	tubercule
appendice	coryphée	harmonica	lignite	volatile

EXERCICES

50. **Cherchez dans un dictionnaire le sens des mots ci-dessus qui ne vous sont pas familiers.**

51. **Accordez les adjectifs en italique.**

des alcools *frelaté, parfumé, fruité, léger, fort*
des asiles *sûr, réconfortant, sacré*
des armistices *partiel, restreint, général*
des argents *poli, étincelant, ciselé, vieilli*
des automnes *doux, pluvieux, ensoleillé, clair*
des indices *voyant, matériel, concret, élevé, bas*
des antres *profond, noir, obscur, abandonné*
des chrysanthèmes *échevelé, frisé, recroquevillé, épanoui*
des effluves *printanier, chaud, embaumé, délicieux*
des épilogues *heureux, inattendu, imprévu, long, réconfortant*

52. **Mettez au pluriel en ajoutant un adjectif. Attention au genre.**

asile	alvéole	edelweiss	omoplate	pétiole
paroi	ouvrage	agrafe	ivoire	sépale
haltère	atmosphère	hymne	arôme	obélisque
épisode	indice	mausolée	éclair	encaustique
intervalle	insigne	interstice	pétale	tentacule

Exercices de révision

53. Donnez le féminin des noms suivants.

un lévrier	un âne	l'hôte	un chevreuil	un sanglier	le poète
le singe	le porc	un acteur	un auditeur	le vendeur	le bœuf
un exilé	le fils	le linot	l'aviateur	l'épicier	le renard
un spectateur	le champion	un contrôleur	le détenteur	le lièvre	un rat
le devancier	un gréviste	un paon	un jumeau	un agent	le préfet
un baron	le candidat	le tuteur	le comte	le poney	le lauréat

54. Accordez les adjectifs en italique.

des mandibules *acéré, puissant*
l'artère *sclérosé, fémoral*
les alvéoles *hexagonal, obturé*
des intervalles *régulier, inégal*
les alcools *industriel, rectifié*
l'edelweiss *clair, duveteux*
les décombres *fumant, enlevé*
les hospices *accueillant, religieux*
des crêpes *noir, soyeux*
des artifices *trompeur, mensonger*

des mœurs *léger, corrompu*
l'asphalte *mouillé, scintillant*
des effluves *capiteux, nauséabond*
de l'argent *beau* et *bon*
les pétales *fané, effeuillé*
les haltères *soulevé, pesant*
des représailles *dur, acharné*
des incendies *ravageur, important*
des ombres *frais, profond*
des insignes *distinctif, glorieux*

55. Pour fixer le genre des noms suivants, écrivez-les au pluriel avec un adjectif qualificatif.

incendie	rail	ivoire	scolopendre	emblème	arôme
écharde	oasis	anse	armistice	primevère	ancre
hospice	offre	argile	automate	paroi	emplâtre
pulpe	abîme	épisode	artère	globule	épitaphe

56. Remplacez les points par l'article qui convient.

Il y avait sur la table … écritoire en bois de rose. (LAMARTINE) – … myrte et le laurier croissent en pleine terre comme en Grèce. (CHATEAUBRIAND) – Les seules déformations tiennent d'abord à ce que ce document littéraire est … panégyrique. (G. DUBY) – Les fontaines répandaient une odeur semblable à celle … girofle et de la cannelle. (VOLTAIRE) – L'homme a accroché à … patère son chapeau, et, en même temps, il s'est dépouillé de toutes les rumeurs du dehors. (SAINT-EXUPÉRY) – Le blessé semblait étrange. Ses yeux étaient pareils à … jade. (J.-H. ROSNY AÎNÉ) – Toutes les fleurs, tous les fruits étaient représentés ; ce sont les figues, les pêches, les poires aussi bien que … réglisse et les genêts d'Espagne. (BALZAC) – Cet enfant va être transporté de Paris à Lyon par … coche. (VOLTAIRE) – Elle ressemble davantage à … mousse ravaudant un filet qu'à une petite fille appliquée. (COLETTE) – Il est homme à nous faire … esclandre. (É. AUGIER) – Trois salamandres, farcies d'… superbe anthracite, produisaient une chaleur tropicale. (J. DUTOURD)

Pluriel des noms

• **le chien / les chiens – un rabot / des rabots**

RÈGLE GÉNÉRALE

On forme généralement le pluriel des noms en ajoutant un **s** au singulier.

CAS PARTICULIERS

1. Les noms en **-au, -eau, -eu** prennent un **x** au pluriel.

    un tuyau / des tuyaux – le seau / les seaux – le feu / les feux

    * Quatre noms : **landau, sarrau, bleu, pneu** font exception et prennent un **s**.

    les landaus / les sarraus / les bleus / les pneus

2. Les noms en **-ou** prennent un **s** au pluriel.

    le verrou / les verrous

    * Sept noms : **bijou, caillou, chou, genou, hibou, joujou, pou** font exception et prennent un **x**.

3. Les noms en **-ail** prennent un **s** au pluriel.

    le chandail / les chandails

    * Sept noms : **bail, corail, émail, soupirail, travail, vantail, vitrail** font exception et changent **-ail** en **-aux** (sans **e**).

4. Les noms en **-al** font leur pluriel en **-aux** (sans **e**).

    le cheval / les chevaux – le mal / les maux

    * Quelques noms : **bal, carnaval, chacal, festival, récital, régal** font exception et prennent un **s** au pluriel.

    Seul **idéal** fait **idéals** ou **idéaux.**

5. Les noms terminés par **s**, **x** ou **z** au singulier ne changent pas au pluriel.

    le poids / les poids – le silex / les silex – le nez / les nez

EXERCICES

57. Mettez les noms suivants au pluriel.

arsenal	préau	vantail	sou	chou	étau
récital	détail	biniou	bal	proue	fléau
soupirail	coucou	écrou	bail	corail	adieu
cerceau	hôpital	journal	rail	portail	époux
fabliau	toux	flux	houx	lis	verrou
lapereau	faux	thorax	onyx	talus	caillou
crapaud	voix	index	moyeu	riz	remous
acajou	prix	hibou	idéal	vœu	corniaud

58. Mettez les noms suivants au singulier.

des animaux	des vaisseaux	des monceaux	des blaireaux
des cardinaux	des escabeaux	des quintaux	des cerceaux
des souriceaux	des soupiraux	des travaux	des vantaux

59. Mettez les noms en italique au pluriel.

Les cimes des *ormeau* s'alourdissent de chatons roses. Les *sureau* plus hardis déplient leurs premières feuilles. (E. POUVILLON) – Quatre *noyer* commençaient à pousser des *feuille* et semblaient des *émail* incrustés dans le mur de la ferme. (R. BAZIN) – On lui enseignera sur place à connaître les *caillou*, le jardin, les *champ*. (M. DRUON) – Les *cheval*, inquiets, bougeaient leurs *oreille*. Une vapeur rose sortait de leurs *naseau*. (H. TROYAT) – Des *reflet* de lumière font briller la surface des *canal*. (T. GAUTIER) – La vitrine à droite contient des *journal* illustrés, des *bocal* de sucrerie. (J. ROMAINS) – Les *vantail* de la porte offraient encore quelque restes de peinture. (T. GAUTIER)

60. Corrigez éventuellement l'orthographe des mots en italique.

Les côtes forestières de la Guyane, ses *acajous*, ses *manguier* bleuissent à l'horizon. (R. VERCEL) – L'île dresse ses palmiers royaux et ses *bambou*. (R. VERCEL) – De nombreux icebergs brillent comme des *bijous*, resplendissent comme des *joyaux*. (J.-L. FAURE) – Par les *trou* de ses grosses chaussures à *cloux*, ses orteils passaient. (E. MOSELLY) – Les *pneu* commençaient à mordre sur le sol ferme. (G. ARNAUD) – De gros *pieux* enfoncés dans le sable protègent les murs contre la houle. (CHATEAUBRIAND) – À l'usine, les *ordinateurs* sont le cerveau de *robot* qui déchargent l'homme des *travails* les plus pénibles ou les plus dangereux. (M. NORA) – Les *chacal* s'éparpillèrent dans la nature avec des jappements effrayés. (FRISON-ROCHE)

61. Mettez les noms en italique au pluriel.

Les *fanal* promenés au ras du sol éclairaient les *essieu*, les *châssis*, les *attelage*. (C. FARRÈRE) – Les chemins étaient pleins d'*homme* portant des *faux*. (J. GIONO) – Les *silex* du chemin jetaient des étincelles. (E. MOSELLY) – Le soleil dessinait des *fleur* sur le feuillage rigide des *houx*. (R. DE GOURMONT) – Un geste de la main aux *camarade*, puis Saint-Exupéry met les *gaz*. (R. DELANGE) – Voyant les *canal* déborder, les hommes se mettaient à monter les meubles dans les étages. (B. CLAVEL)

Pluriel des noms propres

• les Ptolémées / les Stuarts / les Duval(s) / les Le Nôtre

1. Les noms propres se mettent au pluriel, s'ils désignent :

a) certaines **familles royales, princières ou illustres** de très vieille noblesse.
les Bourbons / les Guises / les Condés
b) des **personnages pris comme modèles, comme types.**
Les Pasteurs, les Curies, les Schweitzers sont rares.
c) **des peuples, des pays, des noms géographiques.**
les Grecs / les Indes / les Canaries / les Alpes

2. Peuvent rester invariables ou s'accorder : les noms de familles non illustres ou de récente noblesse.
les Duval ou *les Duvals / les Bonaparte* ou *les Bonapartes*

Malgré la tolérance, l'usage maintient le singulier.
les Thibault / les Pasquier / les Boussardel

3. Ne peuvent se mettre au pluriel : les noms propres avec un article singulier.
les La Fontaine / les Le Nôtre

4. On peut écrire indifféremment au singulier ou avec la marque du pluriel les noms propres désignant des œuvres artistiques ou littéraires.
des Renoir ou *des Renoirs / des Giono* ou *des Gionos*

5. Les noms propres précédés de les restent invariables quand ils ne désignent qu'une seule personne.
Les Hugo, les Lamartine… ont illustré la littérature romantique.

EXERCICE

62. **Écrivez correctement les noms propres en italique.**

Les *Maure* sont nomades et se déplacent facilement d'un millier de kilomètres. (SAINT-EXUPÉRY) – Moi aussi, j'en ai des *Cézanne*. Et des *Monet* donc ! (G. DUHAMEL) – Les *Rousselet,* précédés de Louisa, avaient envahi la salle à manger. (T. MONNIER) – L'Italie a vu naître les *Raphaël*, les *Titien*, les *Corrège*. (STENDHAL) – Les *Picolin* se promènent dans la cour. (J. RENARD) – Les *Bonaparte* restent suspects et surveillés après la mort de Napoléon. (F. CHARLES-ROUX) – On trouve de par le monde peu d'*Épictète* et peu de *Marc-Aurèle*. (A. FRANCE) – Le règne de Louis XIV est l'époque la plus brillante de la dynastie des *Bourbon*. C'est alors que l'on vit briller les *Condé*, les *Turenne*, les *Vauban*, les *Catinat*, ces *Alexandre* modernes. (VOLTAIRE)

Pluriel des noms étrangers

• des spécimens / des canoës / des policemen / des duplicata

RÈGLES

Les noms d'origine étrangère peuvent :

1. prendre un s au pluriel s'ils sont **francisés** par **l'usage.**

un alibi / des alibis – un référendum / des référendums – un bungalow / des bungalows – un duo / des duos

2. garder leur pluriel étranger.

un rugbyman / des rugbymen – un soprano / des soprani – un deside-ratum / des desiderata – un baby / des babies

Remarques
On écrit aussi : des rugbymans, des babys, des ladys...
La finale **i** marque le pluriel des noms masculins en **italien.**

3. avoir deux pluriels, l'étranger et le français.

un maximum / des maxima ou *des maximums*
un match / des matches ou *des matchs*
un dilettante / des dilettanti ou *des dilettantes*

4. rester invariables.

un intérim / des intérim – un extra / des extra – un credo / des credo – un forum / des forum

• Retenons : un confetti / des confetti – un lazzi / des lazzi – un sweater / des sweaters – un pipe-line / des pipe-lines – une garden-party / des garden-parties – un bulldozer / des bulldozers – un snow-boot / des snow-boots

EXERCICES

63. Écrivez le singulier et le pluriel des noms suivants.

bifteck	forum	album	spahi	tramway	référendum
agenda	credo	match	square	sportman	minimum

64. Mettez les noms en italique au pluriel.

Les rats venaient mourir isolément dans les *hall* administratifs, dans les préaux des écoles. (A. Camus) – Toutes ensemble se sont allumées les fenêtres des *bunga-low*. (G. Arnaud) – Des stations de pompage aspirent les pétroles liquides et les refoulent dans des *pipe-line*. (F. Paitre) – Nous nous mîmes à galoper comme des *cowboy* en poussant des cris aigus. (J. Rouch) – Des *lazzi* pleuvaient pêle-mêle. (R. Christophe) – Je fais la revue des *impedimenta* ; je répare, je bricole. (J. Giono) – Sa robe est généralement couverte de *confetti* de carnaval jaunes et bleutés. (H. Calet)

Les noms composés

- **un wagon-citerne / des wagons-citernes**
- **une arrière-saison / des arrière-saisons**
- **un gratte-ciel / des gratte-ciel**

RÈGLE GÉNÉRALE

Dans les noms composés, seuls le nom et l'adjectif peuvent se mettre au pluriel, si le sens le permet.
un sourd-muet / des sourds-muets
une sage-femme / des sages-femmes
En général, lorsque le **nom composé** est formé **de deux noms unis par une préposition, seul le premier s'accorde.**
un arc-en-ciel / des arcs-en-ciel
une gueule-de-loup / des gueules-de-loup

CAS PARTICULIERS

1. Quand **le premier mot** d'un nom composé **se termine par un o**, ce mot reste **invariable.**
   un électro-aimant / des électro-aimants

2. Dans certaines **expressions au féminin formées avec l'adjectif grand**, l'usage veut que **grand** reste **invariable.**
   une grand-mère / des grand-mères   *grands-pères/accord*
   une grand-voile / des grand-voiles

3. Le mot **garde** s'accorde quand il a le sens de **gardien.**
   une garde-malade / des gardes-malades
   un garde-manger / des garde-manger

4. Le **sens s'oppose à l'accord** de certains mots composés.
   des pot-au-feu = morceaux de viande à mettre au pot
   des pur-sang = chevaux qui ont le sang pur

5. Quelquefois **la préposition n'est pas exprimée.**
   un timbre-poste / des timbres-poste (c'est-à-dire pour la poste)

6. Si le nom composé est formé d'un **verbe** et d'un **complément, celui-ci :**
   – peut rester invariable.
     un abat-jour / des abat-jour – un chasse-neige / des chasse-neige
   – prendre la marque du pluriel.
     un couvre-lit / des couvre-lits / un tire-bouchon / des tire-bouchons
   – être toujours au pluriel.
     un/des compte-gouttes – un/des porte-allumettes
   – avoir deux orthographes.
     un/des essuie-main(s) – un/des attrape-nigaud(s)

Retenons l'orthographe des noms composés (liste à lire, dictionnaire à consulter, orthographe à justifier).

des à-côtés

des à-coups

des aide-mémoire

des appuis-main

des après-midi

des avant-gardes

des avant-projets

des brise-glace

des cerfs-volants

des chefs-d'œuvre

des contre-ordres

des coupe-circuit

des coupe-feu

des crève-cœur

des décrets-lois

des emporte-pièce

des en-têtes

des fac-similés

des faire-part

des garde-boue

des gardes-chasses

des gardes-fous

des gardiens-chefs

des grille-pain

des haut-parleurs

des laissez-passer

des monte-charge

des moyens-courriers

des passe-partout

des pèse-lait

des porte-parole

des quartiers-maîtres

des rabat-joie

des remue-ménage

des réveille-matin

des sauf-conduits

des sauve-qui-peut

des serre-tête

des souffre-douleur

des sous-fifres

des sous-main

des sous-sols

des tête-à-tête

des tourne-disques

des tout-à-l'égout

des tragi-comédies

des trouble-fêtes

des volte-face

Toujours pluriel

un brise-lames

un casse-noisettes

un chasse-mouches

un coupe-légumes

un mille-pattes

un pare-étincelles

un porte-bagages

un porte-clefs

un presse-papiers

un serre-livres

un trois-mâts

un vide-ordures

un vide-poches

Attention

1. Ne pas confondre le cou-de-pied (= dessus du pied) et un coup de pied.

2. Les termes de droit : un **ayant droit**, un **ayant cause** (l'Académie ne met pas de trait d'union) révèlent la survivance d'un vieil usage au pluriel, **ayant** prenant un **s** (des ayants droits, des ayants cause).

EXERCICES

65. **Indiquez entre parenthèses la nature des mots qui forment le nom composé et écrivez le pluriel.**

chou-fleurs

chat-tigres

belle-sœurs

avant-goûts

laissez-passer

homme-grenouilles

garde-chasses

franc-tireur

garde-feu

micro-ordinateurs

arrière-boutiques

pince-sans-rire

66. **Mettez au pluriel les noms composés suivants.**

passe-montagnes

bain-marie

chauffe-bains

monte-charge

haut-parleurs

court-circuits

vol-au-vent

sans-souci

après-midi

eau-de-vie

boute-en-train

aide-mémoire

avant-gardes

tête-à-tête

chef-lieu

67. Onze noms composés sont mal orthographiés. Corrigez-les. (Vérifiez avec le dictionnaire.)

des cartes-lettres	des Anglo-Saxons	des gueules-de-loups
des longue-vues	des Hispano-Américains	des passe-temps
des pur-sang	des Gallos-Romains	des rez-de-chaussées
des avants-scènes	des électro-choc	des crocs-en-jambes
des grands-ducs	des arc-en-ciel	des arrière-grand-mères
des grand-messes	des œil-de-bœufs	des arrière-grands-pères
des garde-fous	des traits d'union	des arrière-grand-oncles
des libres-services	des broncho-pneumonie	des arrière-grand-tantes

68. Justifiez l'orthographe des noms composés suivants.

des cache-poussière	des porte-bonheur	des abat-jour
des coupe-paille	un porte-avions	un essuie-mains
un passe-boules	un presse-papiers	un pare-chocs

69. Écrivez correctement les noms composés en italique.

Des *belle-de-jour* s'épanouissent à midi avec une douce odeur d'oranger. (P. Loti) – L'hirondelle se réfugie sous les *avant-toit* et s'y construit un nid. (Michelet) – Il dut s'y prendre à trois fois, s'aider d'un fusil *démonte-pneu* comme levier. (G. Arnaud) – Aux *rond-point* inondés de lumière, les bruyères roses fleurissaient. (A. Daudet) – Les routes, les belles routes sont les *chef-d'œuvre* de nos pères. (A. France) – Des gargouilles, au pied des *arc-boutant*, déversaient les eaux des toitures. (É. Zola) – On interprète ses changements d'opinion et ses *volte-face* par des ambitions déçues. (P. Audiat) – Des *laurier-rose* poussaient entre de beaux blocs de granit rose. (Frison-Roche) – Les *grand-route* longent le mur ou le fossé des clos. (É. Verhaeren) – Les *on-dit* qu'on allonge ne sont que des mensonges. (Clairville)

70. Écrivez correctement les noms composés en italique.

D'habitude, maman était très gaie. Nous passions des *après-midi* à jouer ensemble. (A. Lichtenberger) – Une voix anglaise, renforcée par plusieurs *haut-parleur* dirigés vers le ciel, retentissait sur tout le terrain. (J. Kessel) – De très vieux *chêne vert* formaient une colonnade de temple avec leurs troncs élancés. (P. Loti) – Sur une planche était rangée une vieille collection d'*emporte-pièce*. (É. Zola) – Des *cerf-volant* bourdonnaient au crépuscule. (A. Theuriet) – Le ciel rit et les *rouge-gorge* chantent dans l'aubépine en fleur. (V. Hugo) – Les *chat-huant* rament l'air de leurs ailes lourdes. (Verlaine) – La pluie devient une eau d'or, les *gratte-ciel* disparaissent à mi-hauteur. (P. Morand) – Le père Bénoche seul par *à-coup* pensait. Il pensait : «La belle journée.» (J. Giraudoux)

Nombre du nom sans article

des poignées de main
une paire d'amis

RÈGLE

Quand, précédé d'une des prépositions **à, de, en,** un nom sans article est complément d'un autre mot, **il faut en référer au sens** pour savoir si on doit le mettre au singulier ou au pluriel.

1. Si ce nom donne l'idée d'une matière, d'une espèce, d'un objet... il sera au **singulier.**

des sacs de plâtre – des sauts de puce – des coups de fouet

2. S'il donne l'idée de plusieurs êtres ou objets, il sera au **pluriel.**

une réunion de locataires – un fruit à pépins – un sac de billes

Remarques

. On peut écrire : des vêtements d'*homme* ou d'*hommes*.

. Écrivons au singulier : *d'arbre en arbre, de fleur en fleur...*

. Écrivons au pluriel : *en loques, en guenilles, en haillons, en lambeaux.*

EXERCICES

1. Donnez deux compléments pluriels et deux compléments singuliers à :
un sac... – un panier... – un tas... – une poignée... – une brassée...

2. Trouvez six expressions comme : *de fleur en fleur*, **et faites entrer chaque expression dans une phrase.**

3. Écrivez correctement les noms en italique.
Un patin à *roulette* à *glace*. – Un collier de *perle*, de *chien*. – Un sachet de *papier*, de *bonbon*. – Une route en *zigzag*. – Un chemin en *lacet*. – Un château en *ruine*. – Des bottes en *caoutchouc*. – Des brosses à *dent*, à *cheveu*, à *carrelage*. – Un service de *verre*, de *porcelaine*. – Des jaunes d'*œuf* – Un battement d'*aile* – Un tissu à *fleur* – Des extraits de *naissance*.

4. Écrivez correctement les mots en italique.
Un prunier de *mirabelle* étendait ses fines branches au-dessus de l'escalier. (R. Boylesve) – Il portait habituellement un ample pardessus à gros *bouton*. (Van der Meersch) – Des sandales de *cuir,* à *lanière,* complétaient ce costume. (G. Arnaud) – Un client arriva, revêtu d'un uniforme gris à *bande verte*. (G. Arnaud) – Je lançai un coup de poing dans ce visage, mais je reçus une grêle de *gifle*. (Maupassant) – Des chants de *grelot* carillonnaient sur les routes. (R. Charmy) – Des gouttes de *brume* tombaient des feuilles. (R. Bazin)

Quelques noms toujours pluriels

Certains noms ne s'emploient qu'au pluriel.

noms masculins		noms féminins	
agrès	êtres	affres	fiançailles
aguets	fastes	ambages	floralies
alentours	frais	annales	frusques
agissements	gravats	archives	funérailles
appas	honoraires	armoiries	hardes
arrérages	lazzi	arrhes	mœurs
bestiaux	lépidoptères	brisées	obsèques
confetti	mânes	calendes	pierreries
confins	pénates	catacombes	représailles
décombres	pourparlers	condoléances	semailles
dépens	préparatifs	entrailles	ténèbres
environs	vivres	félicitations	vêpres

Vacances.

Remarque

Le sens d'un mot peut être modifié par son emploi au singulier ou au pluriel.

l'assistant du chirurgien (= aide) – *les assistants crient* (= les présents)
il donna un gage (= une garantie) – *les gages de la cuisinière* (= salaire)
le frais du large (= fraîcheur) – *les frais de séjour* (= dépenses)
la menotte de bébé (= petite main) – *les menottes des policiers* (= bracelets)

EXERCICES

75. **Cherchez dans un dictionnaire le sens des mots ci-dessus qui ne vous sont pas familiers.**

76. **Expliquez le sens des expressions suivantes.**
    renvoyer aux calendes grecques – emporter ses pénates – parler sans ambages – suivre les brisées de quelqu'un – aller, courir sur les brisées de quelqu'un

77. **Donnez un complément aux noms suivants.**

agrès	entrailles	semailles	affres	fastes
confins	honoraires	archives	mânes	annales
immondices	intempéries	armoiries	aguets	frais

78. **Écrivez comme il convient les mots en italique.**

    un tas de *décombre*
    parler sans *ambage*
    des ténèbres *profond*
    vivre *au* dépens d'autrui
    se vêtir de *frusque usé*
    un camion de *gravat*

    les archives *départemental*
    des mœurs *policé*
    de *vieil harde défréchi*
    errer sans *vivre* ni *eau*
    interroger les mânes *paternel*
    rétribué d'*honoraire élevé*

Remarques sur le genre et sur le nombre de quelques noms

1. Pour les noms suivants, l'usage admet les deux genres.
après-midi – perce-neige – phalène – steppe – alvéole – effluve – entre-côte – enzyme – météorite – palabre – pamplemousse

2. **Gens** est un nom pluriel :
- **féminin** pour l'adjectif qui le précède immédiatement.
de vieilles gens – quelles gens – les petites gens – de bonnes gens

- **masculin** dans tous les autres cas.
Très émus, tous les gens assemblés pleuraient.

Si plusieurs adjectifs précèdent **gens**, celui qui le précède immédiatement fixe le genre des autres.
Toutes ces vaillantes gens !

Avec un adjectif de forme unique aux deux genres, le masculin prévaut.
Quels braves gens !

3. **Notons le double pluriel de certains noms.**
Aïeul(e) donne **aïeuls, aïeules** pour désigner les grands-parents, et **aïeux** pour parler des ancêtres.
Ciel fait au pluriel **ciels** en parlant de la coloration, de la peinture, du climat, du ciel de lit, et **cieux** pour désigner l'espace céleste, le paradis.
Les ciels tourmentés de Van Gogh.

4. **On dit :**
le gentilhomme / les gentilshommes – le bonhomme / les bonshommes – l'ail / les ails ou *les aulx (ails en botanique) – l'idéal / les idéals* ou *les idéaux – le Targui / les Touareg – le méhari / les méharis* ou *les méhara*

EXERCICE

79. **Écrivez comme il convient les mots en italique.**
Quel méchant gens ! – *Quel pauvre* gens ! – *Tout le jeune* gens. – *Tout le petit* gens. – *Tout le* gens *affairé.* – *Tel* gens *intelligent.* – *Quel* sont ces gens ? – Or, pendant tout ce temps de travail, les *aïeul*, au village, devant les portes restent seules. (F. Coppée) – Des *gentilhomme* se font corsaires par vengeance. (R. Vercel) – Plusieurs chameaux de bât avaient refusé d'avancer. Il fallut charger nos *méhara*. (Frison-Roche) – Ô nuits, déroulez en silence les pages du livre des *ciel*. (Lamartine) – Tous les événements où les abeilles se mêlent sont liés aux *ciel* purs, à la fête des fleurs. (Maeterlinck) – Coche était allé au mouflon avec deux *Touareg*. (Frison-Roche)

Exercices de révision

80. Écrivez correctement les noms en italique.

Les vers à soie dévoraient des *monceau* de verdure. (J. Gautier) – Et nous courions toujours, les *cheveu* au vent. (B. Bonnet) – L'odeur appétissante des *gâteau* parfume l'air, s'échappe des *soupirail.* (J. Gontard) – On entendait gémir les *essieu* dans le chemin creux. (Erckmann-Chatrian) – Les *éclair* s'ouvraient et se fermaient comme des *ciseau* de feu. (H. Bosco) – Avec mes *herbier,* mes *papillon* et mes *caillou,* je n'avais pas place pour un lit. (G. Sand) – Débloquer les *écrou* demandait de la force. (G. Arnaud) – Pour elle, je suis un grand enfant sur qui on ne peut compter que pour faire des *pneumothorax.* (Simenon)

81. Écrivez correctement les noms en italique.

On passait d'agréables *après-midi* dans une jolie maison. (Jaubert) – Les *arc-boutant,* les pinacles semblent surélever et guider l'ascension. (J. de La Varende) – Séverin grelottait dans les *bas-fond* entre les joncs. (E. Pérochon) – Enfin j'aborde les *garde-manger* de mes renards. (Saint-Exupéry) – Les *grand-route* longent le mur ou le fossé des clos. (É. Verhaeren) – Des *grand-mère* tricotent d'interminables bas. (J. Richepin) – Les lanternes des *garde-barrière* ponctuaient la ligne. (P. Hamp) – Une glace reflétait une longue rangée de *couvre-chef.* (A. Theuriet)

82. Écrivez correctement les noms en italique.

J'ai quitté Madrid, parcourant philosophiquement les deux *Castille.* (Beaumarchais) – La roulotte des *Pontcarral* s'établit près d'une roulotte de misère. (A. Cahuet) – Son aversion pour la maison de Hanovre augmentait encore son inclination pour le sang des *Stuart.* (Voltaire) – Deux d'entre eux étaient des *Indien* rabougris, nerveux. (G. Arnaud) – Depuis Loti, des centaines de romans, de récits, ont été consacrés à la mer, les uns par des marins, les *Farrère,* les *Charcot,* les *Chack,* les *Peisson* ; les autres par des écrivains voyageurs, les *Mac Orlan,* les *Monfreid,* les *Morand,* les *Gerbault...* (R. Vercel)

83. Écrivez correctement les noms en italique.

des chemins en *zigzag*	donner des coups de *bec*
une route en *lacet*	assommer à coups de *poing*
un vol de *perroquet*	éviter d'un coup de *rein*
un vol de *papillon*	donner une poignée de *main*
une volée d'*enfant*	jeter une poignée de *blé*
des chaussettes à *raie*	avoir une poignée de *supporter*
des chaussettes de *laine*	couler sur un lit de *pierre*
une chemise à *carreau*	construire sur un lit de *sable*

Le féminin
des adjectifs qualificatifs

• un sportif loyal / une attitude loyale
• un teint pâle / une pâle lueur

RÈGLE GÉNÉRALE

On forme généralement **le féminin des adjectifs qualificatifs en ajoutant un e muet** au masculin.
Les adjectifs **masculins en e ne changent pas** au féminin.

CAS PARTICULIERS

1. Les adjectifs terminés par *-er* font leur féminin en *-ère*.

   léger / légère – cher / chère – entier / entière – grossier / grossière

2. Certains adjectifs **doublent la consonne finale**.

   bas / basse – gentil / gentille – aérien / aérienne – sot / sotte
   gros / grosse – annuel / annuelle – bon / bonne – pâlot / pâlotte

3. **D'autres changent** ou **modifient la consonne finale**.

   vif / vive – public / publique – doux / douce – malin / maligne
   neuf / neuve – grec / grecque – roux / rousse – long / longue
   turc / turque – faux / fausse – précieux / précieuse – frais / fraîche

4. Les adjectifs **terminés par *-eur*** font leur féminin en :

   -eure : *majeur / majeure*
   -euse : *rieur / rieuse*
   -ice : *créateur / créatrice*
   -esse : *vengeur / vengeresse*

5. Les adjectifs en *-et* **doublent généralement le t.**

   fluet / fluette – muet / muette – rondelet / rondelette – violet / violette

   Certains adjectifs en *-et* se terminent en *-ète.*
   (in)complet / (in)complète – concret / concrète – désuet / désuète –
   (in)discret / (in)discrète – replet / replète – secret / secrète

6. Quelques féminins particuliers :

   aigu / aiguë – hébreu / hébraïque – mou (mol) / molle
   favori / favorite – vieux (vieil) / vieille – beau (bel) / belle
   andalou / andalouse – coi / coite – tiers / tierce

En cas de doute, cas particuliers et exceptions étant assez nombreux, ne pas hésiter à recourir au dictionnaire.

EXERCICES

84. Mettez les adjectifs suivants au féminin.

ailé	pointu	joli	rêveur	laid	vieillot
inné	joufflu	poli	majeur	blond	poltron
zélé	bourru	hardi	songeur	bref	oblong
varié	fourbu	uni	menteur	naïf	grec

85. Même exercice que 84.

fier	ancien	confus	aigu	secret	aigrelet
entier	breton	prêt	exigu	parfait	guilleret
amer	épais	quiet	replet	traître	plaintif
cher	gascon	fluet	muet	peureux	craintif

86. Employez avec un nom masculin, puis un nom féminin les adjectifs suivants.

bouffi	acéré	furtif	puéril	désuet	évocateur
inouï	nacré	rétif	annuel	cruel	libérateur
favori	ras	serein	violet	roux	quotidien

87. Employez les mots suivants au masculin singulier dans des phrases : 1° comme noms, 2° comme adjectifs.

sage	curieux	rouge	sauvage	brave	pauvre
grand	poltron	petit	ambitieux	fidèle	romain

88. Écrivez correctement les adjectifs en italique.

On marche au milieu d'une inondation de lumière *bleu, léger, poussiéreux.* (A. Daudet) – La figure *pâlot* devint tout à fait *blanc.* (E. Pérochon) – À la muraille est accrochée une *vieux* peinture *turc.* (A. Daudet) – Un jeune phoque s'ébattait, on voyait émerger sa petite tête *malin.* (P. Loti) – Voici la cadence *voluptueux* du rossignol. (G. Sand) – Que je le voulusse ou non, les populations *oriental* de l'empire me traitaient en dieu. (M. Yourcenar) – Mets-toi là, dit M. Lepic. C'est la *meilleur* place. (J. Renard) – La pièce *contigu,* qui devait servir de salle à manger les jours de fête, avait un fort beau buffet. (P. de Coulevain) – La feuille *inquiet* frissonne toujours. (T. Gautier)

89. Transposez le texte au féminin. Pour cela, mettre au féminin les mots en italique ou les remplacer par les noms entre parenthèses qui les suivent. Procédez à tous les accords nécessaires dans la phrase.

Les *coureurs* de fond, rassemblés sur la ligne de départ, se préparaient à ce long *parcours* (course) qualificatif pour la finale. Attentif, mais détendu, notre *représentant,* sûr de sa technique et confiant en ses qualités, attendait l'ordre du starter. *Il* observait le *concurrent* voisin, bâti en force, noueux et puissant, mais très nerveux. Émotif, *il* ne parvenait pas à maîtriser un *tremblement* (agitation) intérieur qui le privait de l'attention nécessaire pour se trouver, dès le *signal* (annonce) libérateur, aux premiers *rangs* (places), et imprimer à la course un *rythme* (allure) soutenu et régulier.

Adjectifs qualificatifs
en *-ique, -oire, -ile*

- un spectacle magnifique
- un exercice préparatoire – un veston noir / une jupe noire
- un ouvrier habile

RÈGLE

Au masculin, les adjectifs qualificatifs terminés par le son :
- «ique» s'écrivent *-ique*, sauf **public** ;
- «oire» s'écrivent *-oire*, sauf **noir** ;
- «ile» s'écrivent *-ile*, sauf **civil, puéril, subtil, vil, viril, volatil.**

Remarques

1. On écrit *tranquille* avec deux **I**.
2. *Chic* est invariable.

EXERCICES

90. **Employez avec un nom masculin et avec un nom féminin les adjectifs suivants.**

rustique	artistique	préparatoire	gracile	docile
gothique	exotique	prophétique	futile	subtil
féerique	aléatoire	déclamatoire	civil	volatil

91. **Même exercice que 90.**

hostile	illusoire	tranquille	débile	vexatoire
puéril	juvénile	emphatique	noir	modique
public	méritoire	authentique	vil	viril

92. **Remplacez les points par la terminaison convenable.**

Je restai ainsi, contemplant inlassablement le lent travail *rotatoi...* d'un oursin pour se creuser un alvéole, les tâtonnements *ambulatoi...* d'une actinie. (A. GIDE) – Nous avions, en outre, le sentiment, peut-être *hallucinatoi...*, d'entendre, vers l'orient, la respiration tapageuse de Paris. (G. DUHAMEL) – Au *noi...* souffle du nord je plie et relève ma tête. (A. CHÉNIER) – Ruth songeait et Booz dormait ; l'herbe était *noi...* (V. HUGO) – Un platane luisait comme un monstre *aquati...* (G. DUHAMEL)

93. **Même exercice que 92.**

un jeu électron...	un prix déris...	un auteur trag...
l'appareil circulat...	un ouvrier hab...	un vase frag...
en temps ut...	un train électr...	le sens girat...
un exemplaire un...	un ordre énerg...	un trait obl...

Adjectifs qualificatifs en *-al, -el, -eil*

• le drapeau nation*al* / la route nation*ale*
• un geste habitu*el* / une façon habitu*elle*
• un vi*eil* ami / la vi*eille* ville

RÈGLES

Au **féminin**, les adjectifs qualificatifs terminés par le son :
– «al» s'écrivent *-ale* ;
– «el» ou «eil» s'écrivent *-lle*.

Remarque

Les mots suivants se terminant par **e au masculin** ne changent pas au féminin.

cannibale – mâle – ovale – pâle – sale – fidèle – frêle – grêle – parallèle

EXERCICES

94. Employez les adjectifs en italique avec les noms donnés.

lacrymal : le canal / la glande – *initial* : le poids / la vitesse – *floral* : un ornement / une exposition – *infernal* : un bruit / une ruse – *mâle* : un visage / une allure – *torrentiel* : un débit / une pluie – *spirituel* : un mot / une repartie – *fidèle* : un chien / une amitié – *frêle* : un corps / une fleur

95. Employez avec un nom masculin, puis féminin les adjectifs suivants.

estival	loyal	familial	solennel	universel
filial	idéal	patriarcal	artificiel	confidentiel
ovale	génial	automnal	essentiel	industriel
jovial	légal	martial	officiel	substantiel

96. Complétez, s'il y a lieu, les adjectifs en italique.

La tempête s'apaisait, devenait *paternel...* (H. TROYAT) – La nuit *tropical...* n'est jamais tout à fait obscure. (G. ARNAUD) – Cette *vieil...* route est celle que j'aime le plus. (P. LOTI) – Au milieu des jardins, s'élevait un salon *oval...* de trois cents pieds de diamètre. (VOLTAIRE) – Soudain, une rainette lança sa note *grêl...* (PÉROCHON) – Son sourire exprimait les délices du sentiment *maternel...* (BALZAC) – Un papillon fort rare : le «citron aurore» est d'un jaune *pâl...*, un peu vert. (P. LOTI) – Le nuage était d'un blanc *sal...* (MAUPASSANT)

97. Écrivez comme il convient les adjectifs en italique.

On aborde le parc *national* par une route *départemental* et l'on est vite enchanté par ce cadre *naturel*. L'*éternel* forêt laisse progressivement la place à des alpages et massifs qu'une brume *automnal* nappe d'une lumière *irréel*. La *monumental* beauté de ses paysages est en partie due à une *exceptionnel* variété de roches. Véritable chaos *structural*, la Vanoise constitue une des *principal* réserves de la faune et la flore *alpin*.

Pluriel des adjectifs qualificatifs

- un ami *discret* / des amis *discrets*
- des croissants *chauds* – des yeux *bleus* – des *petites* fleurs

RÈGLE

On forme généralement le **pluriel** des **adjectifs qualificatifs** en **ajoutant un s** au singulier.

CAS PARTICULIERS

1. **Ne changent pas au pluriel** : les adjectifs terminés par **s** ou par **x** au singulier.
    les chemins gris *et* poudreux – *des bœufs* gras – *de* faux *billets*

2. **On ajoute un x** aux **adjectifs en** *-eau* et à **hébreu.**
    les beaux *jours* – *des frères* jumeaux – *de* nouveaux *livres* – *des textes* hébreux

3. **Les adjectifs en** *-al* forment en général leur pluriel en *-aux.*
    des records mondiaux – *des timbres* fiscaux – *des gestes* brutaux

    Mais **bancal, fatal, final, natal, naval** font leur **pluriel en s.**
    des meubles bancals
    Banal donne **banaux** dans les termes de féodalité.
    des fours banaux
    Banal donne **banals** au sens de commun, ordinaire.
    des cas banals

EXERCICES

98. Mettez les expressions suivantes au pluriel.

château féodal	pipeau provençal	adieu douloureux
bureau central	palais épiscopal	bruit continu
geste gracieux	cheval peureux	enfant confus

99. Mettez les expressions suivantes au singulier.

les rayons diffus	les lieux glorieux	les envieux malheureux
les vieux journaux	les fils affectueux	les buissons touffus
les jeux périlleux	les esprits jaloux	les contes andalous

100. Mettez les phrases suivantes au pluriel.

Le texte rédigé révélait un style concis mais bien banal. – Polie, l'apprentie salua le nouveau livreur d'un geste amical. – Hardi et résolu, ce chasseur adroit parvient à porter un coup fatal au fauve blessé rendu furieux. – Le passage, sablonneux et vaseux, est recouvert par la marée haute, et le risque est grand de s'aventurer sur ce cordon littoral. – Il avait l'air heureux après ce bon résultat final.

Les adjectifs composés
• l'enfant sourd-muet / les enfants sourds-muets

RÈGLES

Les **adjectifs composés s'accordent** quand ils sont **formés de deux adjectifs.**
un homme ivre-mort / des hommes ivres-morts

Si **l'un des éléments** de l'adjectif composé est un mot invariable, une abréviation, un adjectif pris adverbialement, cet élément **reste invariable.**
des huiles extra-pures – des insectes nouveau-nés
les accords franco-italiens – les contes franc-comtois

Remarques

1. *Nouveauné(e)* et *courtvêtu(e)* sont tolérés.

2. *Des nouveaux mariés, des nouveaux venus,* s'écrivent en deux mots.

EXERCICES

101. Écrivez correctement les mots en italique.

des mots *sous-entendu* – des prépositions *sous-entendu* des échanges culturels *franco-belge* – des villages *franc-comtois* – des histoires *franc-comtois* – des attitudes *tragi-comique* – des rayons *infra-rouge* – des chiennes *mort-né* – des reparties *aigre-douce* – les *avant-dernier* rangs – des haricots *extra-fin* – des œuvres *post-scolaire* – des signes *avant-coureur* – des cuirs *extra-souple*

102. Écrivez correctement les mots en italique.

Il avisa une mendiante de treize ou quatorze ans si *court-vêtu* qu'on voyait ses genoux. (V. Hugo) – Il braquait sur moi un énorme appareil à rayons *ultra-violet.* (H. Troyat) – Les sondeurs *ultra-sonore* donnent de bonnes indications. (Cdt L'Herminier) – La caravane remontait vers les maquis emportant ses chevreaux, ses agneaux, ses enfants *nouveau-né.* (J. Peyré) – Les essaims d'insectes accourent en bourdonnant autour des feuilles *nouveau-né.* (Taine)

Remarque

Attention à **l'accord de l'adjectif** si on utilise l'expression *avoir l'air.* S'il s'agit d'une **personne, l'accord** peut se faire **avec** *air* **ou avec le sujet.**
Les joueurs ont l'air décidé (ou décidés).
S'il s'agit de **choses, l'accord** se fait **avec le sujet.**
La récolte a l'air belle.
Avec l'expression *un air,* l'adjectif reste au masculin.
Elle a un air méchant.

Le participe passé

• l'œillet *fané* s'incline / la rose *fanée*...
• l'œillet *blanc* s'incline / la rose *blanche*...

RÈGLE

En général, chaque verbe **a un participe passé** qui se comporte le plus souvent comme un **adjectif qualificatif**. Il peut s'employer **seul** ou avec les auxiliaires **être** ou **avoir**.

Pour trouver la **dernière lettre** d'un participe passé ou d'un adjectif qualificatif, **pensez**, avant tout accord, **au féminin**.

Le participe passé est en :

-é	pour le 1ᵉʳ groupe. *le cheval fatigué / la troupe fatiguée*
-i	pour le 2ᵉ groupe et quelques verbes du 3ᵉ groupe. *le travail fini / la tâche finie* *le potage servi / la soupe servie*
-u, -s, -t	pour le 3ᵉ groupe. *le livre rendu / la monnaie rendue* *le résumé appris / la leçon apprise* *le lampion éteint / la lampe éteinte*

Exceptions :
un corps *dissous* / une matière *dissoute*
un coupable *absous* / une accusée *absoute*

EXERCICES

103. Justifiez la dernière lettre des adjectifs suivants en les employant avec un nom masculin singulier et avec un nom féminin singulier.

rougeaud	blond	épais	zélé	inouï
lourdaud	oblong	laid	ancien	subit
vieillot	étroit	surfait	diffus	gris
narquois	matois	altier	touffu	gentil

104. Employez le participe passé de chacun des verbes suivants avec un nom masculin singulier et avec un nom féminin singulier.

embraser	rougir	distraire	permettre	résoudre
germer	ternir	rompre	transmettre	dissoudre
broder	cueillir	rabattre	admettre	coudre

105. Même exercice que 104.

relire	asseoir	atteindre	couvrir	attendre
maudire	paraître	rejoindre	souffrir	surprendre
instruire	naître	repeindre	mourir	comprendre

106. Faites l'exercice suivant d'après le modèle :
livrer le colis / le colis livré.

marquer le but	saisir le papillon	omettre un détail
balayer la cuisine	choisir la cravate	remettre une lettre
hacher le persil	rendre le salut	atteindre le sommet
verrouiller la porte	battre l'équipe	peindre l'étagère
charger les chariots	réussir les exercices	ouvrir les bras
arracher les herbes	polir les casseroles	éteindre les lumières
seller les chevaux	garnir une table	faire ses devoirs
fermer les fenêtres	conduire une voiture	connaître des histoires

107. Écrivez le participe passé à la place du verbe en italique.

Le tableau *piquer* de punaises.

La facture *arrêter* à la somme de…

Les souris *prendre* au piège.

Les textes *lire* et *approuver.*

Avoir un air *épanouir.*

Les risques *courir* sont minimes.

La malade *mettre* en quarantaine.

Un morceau de bœuf *larder.*

Des valses *jouer* à l'accordéon.

Des contes *lire* à la veillée.

Une soirée *animer* de chants.

Le service non *comprendre.*

Avoir une mine *éveiller.*

Agréez mes salutations *distinguer.*

Le voleur *surprendre* en flagrant délit.

Tout bien *peser.*

108. Écrivez le participe passé à la place du verbe en italique.

Sur la table carrée, je vis un cahier *couvrir* d'un parchemin *jaunir.* (A. THEURIET) – C'était une plaine liquide, *battre* sans merci, *fouetter* par l'ouragan. (J. VERNE) – La grand-mère entrouvre les tiroirs d'une commode d'autrefois, une commode pleine de bibelots étranges : un sou *percer* comme tous les sous *percer*, une crécelle, un citron sec et *noircir*, *ceindre* d'une faveur *déteindre*, un petit papier *remplir* de cailloux. (G. DUHAMEL) – Les leçons *savoir*, l'enfant aidait aux menus travaux. (P. GUÉGUEN) – L'homme s'ennuie du plaisir *recevoir* et préfère de bien loin le plaisir *conquérir.* (ALAIN) – Ce ne sont plus des coquilles *abandonner* par les eaux que je cherche, ni même cette fontaine profonde et *tarir couvrir* d'un grillage *enfouir* sous tant d'herbes folles… (ALAIN-FOURNIER)

109. Écrivez le participe passé à la place du verbe en italique.

Un vagabond

Une casquette à visière de cuir, *rabattre,* cachait en partie son visage *brûler* par le soleil et par le hâle. Sa chemise de grosse toile jaune, *rattacher* au col par une petite ancre d'argent, laissait voir sa poitrine velue. Il avait une cravate *tordre*, un pantalon de coutil bleu, *user* et *râper,* blanc à un genou, *trouer* à l'autre, une vieille blouse grise en haillons *rapiécer* d'un morceau de drap vert, à la main un énorme bâton noueux, les pieds sans bas dans des souliers *ferrer,* la tête *tondre* et la barbe longue.

(VICTOR HUGO : *Les Misérables.*)

Adjectif qualificatif et participe passé épithètes ou attributs

• Les raisins sont *mûrs*. Ils seront *cueillis* dès demain.
• Les chemins *gorgés* d'eau sont *impraticables*.
• Les mains *nues* sont *rougies* par le froid.

> ## RÈGLE
>
> **L'adjectif qualificatif** et **le participe passé épithètes** ou **attributs** s'accordent en **genre** et en **nombre** avec le **nom** ou le **pronom** auquel ils se rapportent.

Remarques

1. *Nous* et *vous* marquent le **singulier** quand ils désignent une **seule** personne. Dans ce cas, l'adjectif qualificatif ou le participe passé qui s'y rapportent restent au singulier.

   Selon que vous *serez* puissant *ou* misérable,
   Les jugements de cour vous *rendront* blanc *ou* noir.   (LA FONTAINE)

2. L'attribut **se rapporte** généralement **au sujet du verbe,** mais il peut se rapporter quelquefois au complément d'objet.

   Les prunelles flétries achèvent de s'égrener et comme la gelée a passé dessus, celui qui les aime les *trouve* délicieuses.   (J. RENARD)
   Après ce rude effort, on les *eût dit* sortis *d'une douche.*

3. Employés **devant le nom** auquel ils se rapportent, des participes passés comme : *attendu, approuvé, compris, non compris, certifié, excepté, lu, reçu, vu, entendu...* sont considérés comme **prépositions** et restent **invariables.**

   Nous pouvons satisfaire votre commande, excepté *les articles 3 et 4.*
   Les articles 3 et 4 exceptés, *nous pouvons satisfaire votre commande.*
   Certifié conforme la présente copie.
   Une copie certifiée *conforme.*

4. *Ci-joint, ci-inclus, ci-annexé* sont **variables** s'ils ont valeur de **qualificatif,** mais **invariables** quand on leur donne une **valeur adverbiale.**

   Vous devinez pour qui est la lettre ci-incluse.   (B. CONSTANT)
   Trouvez ci-annexé *les bons de garantie.*

EXERCICES

110. **Conjuguez au présent et au passé composé :**
être fier de son travail – être ébloui – être harassé de fatigue.

111. Écrivez correctement les adjectifs qualificatifs en italique.

Nous habitons un petit pays, le plus doux, le plus surprenant, le plus varié du monde, plaines *douillet,* monts *bourru.* (G. DUHAMEL) – La *petit* ville avait encore ses *vieil* portes *ogival.* (P. LOTI) – J'ai vu les *valeureux,* les *spirituel* mésanges bannir d'un rond-point qu'elles avaient élu, un couple de geais. (COLETTE)

112. Écrivez correctement les participes passés en italique.

Mes livres *empilé* sous la poussière sont *terne* et *froid* comme des poissons *mort.* (F. CAVANNA) – Parmi les joncs *plié* en deux par le cours de l'eau, il y avait des bateaux *amarré, chargé* de planches, et de vieux chalands *échoué* dans la vase. (E. FROMENTIN) – On trouvait des hommes *étendu,* bras *dénoué, aplati* contre la terre, les yeux *fermé,* et à côté d'eux les faucilles *abandonné* luisaient dans l'herbe. (J. GIONO) – Nous restâmes longtemps *éveillé,* près du feu, devant la hutte. (H. BOSCO) – Nous sommes *descendu* à travers les ronces. (G. FLAUBERT)

113. Écrivez correctement les mots en italique.

Et les voix *criard, aigu, glapissant* formaient une clameur *continu.* (MAUPASSANT) – Et des cris *aigu* de femmes nous répondirent. (MAUPASSANT) – Dès le signal *donné,* il est impossible de voir autre chose sur la pelouse que des dos *courbé,* des jambes *raidi,* des mains *tendu* et *crispé* ; quand le ballon est *lancé,* une bousculade *effréné* se produit. (J. HURET) – Les *grand* marronniers *fleuri,* les arbres *feuillu* se suivaient en *long* enfilades *touffu.* (P. LOTI) – Les jeunes gens, *juché* sur les arbres, gaulaient les fruits *mûr,* aussitôt *amassé* et *empilé* dans des sacs. (E. POUVILLON)

114. Écrivez correctement les mots en italique.

Vous trouverez *ci-joint* deux factures. – *Excepté* les remplaçants, tous les joueurs entrèrent sur le terrain. – *Ci-inclus* les quittances de loyer *réclamé.* – Les photographies *ci-joint* sont celles de notre dernière randonnée. – Tout le troupeau avait fui, une bête malade *excepté.* – Le club comprend huit sections, *y compris* celle de danse folklorique. – Votre demande ne sera plus recevable *passé* la date de clôture des inscriptions. – *Vu* les circonstances, il vaut mieux retarder la décision. – L'heure *passé,* nous n'attendrons plus.

115. Écrivez correctement les mots en italique.

Je comptais mes pas, je les faisais *grand.* (G. NIGREMONT) – D'abord, il ne vit que des murailles *gris percé* de *petit* ouvertures *sombre.* (P.-J. HÉLIAS) – Les tulipes sont *abreuvé,* bien *éclairé,* bien *nourri.* Et pourtant chaque année les fleurs *exilé* sont plus *frêle.* (G. DUHAMEL) – Que vous êtes *pressant,* ô déesse *cruel.* (LA FONTAINE) – Nous sommes donc toujours *triste,* mon pauvre ange. (G. FLAUBERT) – Une machine soufflante arrivait, tirant de vieux wagons que je trouvais *splendide.* (E. DABIT) – Des aventures de ce genre nous rendaient *circonspect.* (L. MASSÉ)

116. Analysez, après accord, les mots en italique de l'exercice 115.

117. Construisez deux phrases avec des adjectifs ou des participes passés attributs : 1° du sujet, 2° d'un pronom complément d'objet.

Participe passé épithète en *-é* ou infinitif en *-er* ?

- Il a entendu l'enfant *sangloter* devant la porte *fermée*.
- Il a entendu l'enfant *rire* devant la porte *ouverte*.

RÈGLE

Il ne faut pas confondre le **participe passé épithète** en *-é* avec l'**infinitif** en *-er*. Pour le distinguer, faire une **substitution avec un verbe du 3ᵉ groupe** aux terminaisons différentes.

Il parvient à déchiffrer *(à lire, à découvrir, à voir) le texte.* (infinitif)

Les moineaux picoraient le grain versé *(répandu, mis) sur le sol.* (participe passé)

Les moineaux picoraient les graines versées *(répandues, mises) sur le sol.* (participe passé)

Le participe passé a valeur d'adjectif qualificatif et s'accorde, l'infinitif est invariable.

EXERCICES

118. Complétez les mots inachevés. Justifiez la terminaison *-er* en écrivant entre parenthèses un infinitif du 3ᵉ groupe de sens approché.

On entend remu... le malade angoiss... – Je regarde les étoiles scintill... dans le ciel éclair... par la lune. – Le berger laisse échapp... un bélier nouvellement achet... – La voiture coinc... dans l'embouteillage a de la peine à avanc... – Pierre est oblig... de recommenc... son travail néglig... – Vous aimez à feuillet... votre livre préfér... – L'enfant grond... a envie de pleur... – L'employé press... fait claqu... les portières.

119. Complétez les mots inachevés. Justifiez la terminaison *-é* en écrivant entre parenthèses un adjectif qualificatif ou un participe passé d'un verbe du 3ᵉ groupe de sens approché.

L'oiseau effray... va se perch... dans le peuplier dénud... – Annie désire achet... un mouchoir brod... – Le footballeur s'apprête à tir... le penalty. – De la fenêtre, je regardais pass... le livreur courb... sous le poids du colis. – Le chat reste allong..., occup... à guett... sa proie. – Le chien vient léch... la main de son maître attrist...

120. Faites l'exercice sur le modèle :

plier les draps / les draps pliés.

raboter	hacher	flamber	tailler	seller	grouper
traquer	gagner	éplucher	signer	sceller	glaner

121. Mettez la terminaison convenable *(-é, -er, -ez)*.

Chant.. en chœur, chant.. gaiement, soyez joyeux. – Chant... est un délasse-
ment. – Chant.. en cadence, ce refrain est entraînant. – Cultiv.., distingué, ce
jeune homme est d'une compagnie agréable. – Cultiv.. des fleurs est un passe-
temps reposant. – Cultiv.. votre jardin, comme Candide. – Travers..., ruisselant,
le chasseur rentre chez lui. – Travers.. la rue en faisant attention. – Travers.. la
grand-route est quelquefois dangereux.

122. Mettez la terminaison convenable.

Sous le fer, promen... d'une main soigneuse, on voyait grésill... la petite flamme
blanche de la soudure. (É. Zola) – Je restais longtemps là ne me lassant pas de
regard..., d'admir..., de respir... l'air tiède de ce printemps, de me gris... de
cette lumière oubli..., de ce soleil retrouv... (P. Loti) – Le Tarasconnais poudreux,
harass..., vit de loin étincel... dans la verdure les premières terrasses d'Alger.
(A. Daudet) – Je regarde le soleil renvoy... par l'eau mourante, dans... sur le toit.
(J. Nesmy) – Pein... du matin au soir semblait une permission bénie. (L. Hémon) –
L'herbe forme un duvet transparent. On y voit jou... la lumière et vibr... la chaleur. (E. Fromentin)

123. Mettez la terminaison convenable.

Un homme encapuchonn..., que je voyais rôd... depuis un moment autour de
notre feu, s'approcha de nous craintivement. (A. Daudet) – Mordre dans une
grappe bien serr... et bien mûre, sentir les grains craq..., le jus frais et sucr...
emplir la bouche, c'est une façon d'aim... le raisin, picor... le grain qui tente,
c'en est une autre. (J. Cressot) – Le toit effondr... laissait échapp... chaque soir
l'essaim poudreux. (T. Gautier) – Pleur... sa mère, c'est pleur... son enfance. (A.
Cohen) – Les gamins regardaient le ciel sillon... d'éclairs, trou... d'étoiles. (H.
Bachelin)

124. Même exercice que 123.

J'ai l'honneur de sollicit... une autorisation d'absence pour le lundi 6 mai afin
d'accompagn... ma sœur à un centre de soins. Momentanément handicap..., elle
n'est pas en mesure de se déplac... seule et doit être soign... en milieu spécia-
lis... Mon absence ne devrait dur... que la matinée, ce qui me permettrait de
réintégr... le service dès 14 heures, toutes dispositions étant assur... pour ne pas
en perturb... le fonctionnement. Les pièces justificatives vous seront adress...
ultérieurement, mon absence pouvant être décompt... sur mes congés.
Vous remerciant de l'attention que vous voudrez bien port... à ma demande, je
vous prie d'agré..., Monsieur le Directeur, l'expression de mes sentiments
dévou...

**125. Employez dans une phrase sous la forme du participe passé épithète en *-é*,
puis sous la forme de l'infinitif en *-er* : plier, dorer, orner.**

Participe passé épithète en *-i* ou verbe en *-it* ?

- **Le maçon *démolit* le vieux mur.**
- **Le maçon *démolissait* le vieux mur.**
- **Le manoir *démoli* livre ses secrets.**
- **La maison *démolie* livre ses secrets.**

RÈGLE

Il ne faut pas confondre le **participe passé épithète en *-i*** avec le verbe en *-it*.

Pour reconnaître le **verbe,** pensez aux variations de conjugaison. Par exemple, lorsqu'on peut mettre l'**imparfait** à la place du mot, il faut écrire la terminaison *-it* du verbe. Dans le cas contraire, c'est le participe passé épithète en *-i* qui a la valeur d'un qualificatif et s'accorde avec le nom.

EXERCICES

126. **Mettez le participe passé épithète en *-i* ou le verbe en *-it*. Justifiez la terminaison *-it* du verbe en écrivant l'imparfait entre parenthèses.**

Le vin débouché aigr.... – Cette personne a beaucoup souffert, elle a le caractère aigr... – Ce boulanger nous fourn... du bon pain. – Ce caniche a le poil bien fourn... – Le bouquet embell... la maison. – Le village embell... par le printemps accueille les touristes. – La sécheresse tar... les ruisseaux. – Le torrent tar... est encombré de rochers. – Le soleil brille dans le ciel éclairc... – Ce détail éclairc... l'énoncé du problème. – Le dahlia flétr... s'incline. – Le gel flétr... les dernières fleurs. – L'excès de boisson abêt... l'homme. – Il avait un visage abêt... par l'alcool. – Le jardin rafraîch... par la pluie revit. – La brise rafraîch... l'atmosphère.

127. **Justifiez la terminaison *-i* ou *-it* en complétant les expressions proposées.**

le nid garni…	le malade guéri…	le gazon verdit…
le pinson garnit…	le médecin guérit…	le gazon verdi…
le meuble verni…	le vin vieillit…	l'oiseau nourri…
l'ouvrier vernit…	le visage vieilli…	l'oiseau nourrit…
le malade affaibli…	le fort investi…	le vent refroidit…
la diète affaiblit…	la troupe investit…	le plat refroidi…
le terrain aplani…	le bâton brandi…	le poulet rôti…
le maçon aplanit…	le manifestant brandit…	le poulet rôtit…
son frère endormit…	le voleur prit…	le texte écrit…
son frère endormi…	le voleur pris…	l'élève écrit…

128. Mettez le participe passé ou le verbe en *-it*.

Le triste paysage fin… par prendre un aspect de solitude austère. (L. Bertrand) – Son dîner fin…, la mouche lissait longuement ses ailes. (M. Audoux) – La poule s'accroup… et soulève ses ailes arrond… en berceau. (J.-H. Fabre) – Tu ne verrais qu'une vallée humide et nue qui ne nourr… pas même les chèvres. (Colette) – Et l'on voyait marcher ces va-nu-pieds superbes sur le monde éblou… (V. Hugo) – Les vieux sont courbés vers la terre parce que le ciel éblou… leurs prunelles usées. (J. Giraudoux) – Son front dégarn… fuyait en pâlissant vers une couronne de cheveux encore bruns. (B. Clavel) – La veilleuse agrand… les ombres aux murailles. (A. Samain)

129. Même exercice que 128.

Quand la voiture franch… les remparts de la ville, j'aperçois enfin ma mère. (P. Loti) – La rivière ainsi franch…, nous laissions tout de suite la grand-route. (P. Loti) – J'allais, sais…, écœuré, enivré pour la première fois, par l'odeur de l'école. (G. Duhamel) – Quand on donne un coup sur la rampe, une longue vibration la sais… (G. Duhamel) – La récréation terminée, le père Genevoix, suiv… des élèves, rentra dans la salle d'étude. (R. Delange) – Je regarderai le chemin pol… par les petites pattes des fourmis. (G. Duhamel) – L'homme avait à défricher un coin rempl… de souches séculaires. (G. Sand) – Un timbre électrique empl… la gare de son frissonnement sonore. (E. Moselly)

130. Mettez le participe passé ou le verbe en *-it*.

Assis devant le soleil, un jeune homme, tout doré, lui sour… (I. Frain) – Un vent aigre agite le ciel gris et roug… les doigts des petits enfants. (A. France) – Ainsi son parrain le taquine toujours, mais Poil de Carotte, avert…, ne se fâche plus. (J. Renard) – Maman garde son chapeau de jardin rouss… par trois étés. (Colette) – Dans la salle à manger, brûlait notre grosse lampe de cuivre toujours bien fourb… (G. Duhamel) – Un brillant réseau de rosée réfléch… à l'œil la lumière et les couleurs. (J.-J. Rousseau)

131. Justifiez le verbe en *-it* ou le participe passé en écrivant les phrases suivantes à l'imparfait, au futur simple et au présent de l'indicatif.

Le sauveteur *élargir* le passage pour dégager l'enfant *ensevelir*. – *Affaiblir* par trop de sang perdu, le blessé ne *réagir* plus. – Le maçon *recrépir* les murs *noircir* par les intempéries. – Le cours d'eau *assagir n'envahir* plus les cultures bordant ses rives. – L'enfant *applaudir* à ce spectacle qui le *ravir*.

132. Employez dans une phrase sous la forme du participe passé épithète en *-i*, puis sous la forme du verbe en *-it* : *durcir, éblouir, choisir.*

Participle passé épithète en *-is* ou verbe en *-it* ?

- L'oiseau *prit* son vol. / L'oiseau *prenait* son vol.
- Le renard *pris* se débat. / La renarde *prise* se débat.
- L'opérateur *transmit* l'avis de recherche *remis* par l'agent. / L'opérateur *transmettait* l'annonce *remise* par l'agent.

RÈGLE

Il ne faut pas confondre le **participe passé épithète** en *-is* avec le verbe en *-it.* Pour les distinguer, utilisez les variations de la conjugaison et du genre de l'adjectif.

Ainsi, si on peut mettre l'**imparfait** à la place du mot, il faut écrire la terminaison *-it.* Dans le cas contraire, c'est le participe passé épithète en *-is* qui a valeur d'adjectif et fait son féminin en *-ise.*

it = mettre à l'imparfait

EXERCICES

133. Justifiez la terminaison *-it* ou *-is* en écrivant l'imparfait (et, ou le futur simple) ou le féminin entre parenthèses.

L'appareil ém*it* quelques sons. – Le navire fu*it* le cyclone. – Un texte bien compr*is* – Le berger surpr*is* par l'averse. – Le discours transm*is* par la radio. – Mon frère entrepr*it* un long voyage. – Le dernier poème appr*is* – L'arbitre se mépr*it* sur mon intention. – Son bien repr*is*, il se sauva. – L'enfant m*it* le couvert. – Le carburant m*is* en réserve. – Le coureur transm*it* rapidement le témoin.

134. Écrivez correctement les mots terminés en *-is* ou *-it*.

Un matin, mon frère, revenu subitement dans la pièce, surpr… mon secret. (SANTELLI) – À son réveil, il découvrit la basse-cour. Surpr…, émerveillé, il vit les poules. (A. FRANCE) – Le fer s'allonge, s'allonge encore, toujours repr… et toujours rejeté par la mâchoire d'acier. (G. DE MAUPASSANT) – Chaque bête repr… son travail et sa joie dans la certitude que le jour va venir. (A. GIDE) – Il se trouva bientôt pr… dans un tourbillon de bruits, d'odeurs et de couleurs qui le rempl… de joie. (R. ESCUDIÉ) – Sa mère, éblouie, la pr… sur ses genoux et nous étions parfaitement heureux. (A. FRANCE) – Le marteau, manié avec force et délicatesse, obéissait comme un démon soumi… (G. DUHAMEL) – Mon savoir était petit, mais heureusement acqu… (A. FRANCE)

135. Employez dans une phrase sous la forme du participe passé épithète en *-is*, puis sous la forme du verbe en *-it* : asseoir, surprendre.

Participe passé épithète en *-t* ou verbe en *-t* ?

• Le feu *détruit* la ville. / Le feu *détruisait* la ville.
• Les murs *détruits* tombent. / Les tours *détruites* tombent.
• Le procès *instruit* par le juge *conduit* à un non-lieu. / L'affaire *instruite* par le juge *conduisait* à un non-lieu.

RÈGLE

Pour distinguer le **participe passé épithète** en *-t* du **verbe** en *-t*, utilisez les variations de la conjugaison et du genre de l'adjectif.

Lorsqu'on peut mettre l'**imparfait** à la place du mot, il s'agit du **verbe**.

Lorsqu'on peut transposer au **féminin**, il s'agit du **participe passé épithète** qui a valeur d'adjectif et s'accorde en genre et en nombre.

EXERCICES

136. Complétez les mots. Distinguez le verbe du participe passé épithète en mettant l'imparfait, le futur, ou le féminin entre parenthèses.
Des jeunes gens bien instrui.. – Des murs endui.. de chaux. – Ce chemin condui.. à une impasse. – Le gardien de but maudi.. sa maladresse. – Les dos cui.. par le soleil. – Maman tein.. une robe. – Le coureur rejoin.. le peloton. – Il saute à pieds join.. – La Brie produi.. du blé. – Des volets repein.. avec soin. – La grêle détrui.. la récolte.

137. Complétez correctement le verbe ou le participe passé épithète.
Les reins cein… de flanelle rouge, les pêcheurs dirigeaient la barque au milieu des remous. (E. MOSELLY) – Les mâts alignés, les cordages grêles font une toile d'araignée qui cein… l'horizon. (H. TAINE) – Tout cela se mêle, s'étend, plane, cache le ciel, étein… le soleil. (MAUPASSANT) – Hier, nous sommes arrivés de nuit, par des faubourgs morts et étein… (R. VERCEL) – Je saluai comme d'anciennes connaissances deux dieux à tête d'épervier inscri… de profil sur une pierre. (P. LOTI) – L'épervier décri… d'abord des ronds sur le village. (J. RENARD) – Et je voudrais, pour la première apparition de cette figure bénie dans ce livre de souvenirs, la saluer avec des mots fai… pour elle. (P. LOTI)

138. Employez dans une phrase sous la forme du participe passé épithète en *-t*, puis sous la forme du verbe en *-t* : *joindre, construire*.

139. Analysez les participes passés épithètes de l'exercice 137.

Participe passé épithète en *-u* ou verbe en *-ut* ?

- Jean *lut* le texte. / Jean *lisait* le texte.
- Le conte *lu* est captivant. / La page *lue* est captivante.
- Rapidement *secourue,* la blessée *reçut* des soins efficaces. / Rapidement *secourue,* la blessée *recevait* des soins efficaces.

RÈGLE

Il ne faut pas confondre le **participe passé épithète** en *-u* avec le **verbe** en *-ut.*

Pour les distinguer, utilisez les variations de la conjugaison.

Si on peut mettre l'**imparfait** à la place du mot, il s'agit du verbe terminé en *-ut.* Si c'est impossible, c'est le participe passé épithète en *-u* qui a la valeur d'un adjectif qualificatif. Pensez à son accord avec le nom.

Remarques

1. Écrivons avec un **accent circonflexe** au **masculin singulier** seulement, les participes passés : *dû, redû, mû, crû* (v. croître), *recrû* (v. recroître).

   en port dû / la somme due / les gages dus

2. Écrivons sans accent : *cru* (v. croire), *recru* (harassé), *accru* (v. accroître), *décru* (v. décroître), *ému.*

EXERCICES

140. **Mettez le participe passé épithète en *-u* ou le verbe en *-ut.* Justifiez la terminaison *-ut* du verbe en écrivant l'imparfait entre parenthèses.**

    Le chasseur excité disparu… à son tour dans le fourré à la recherche de sa pièce. (G. DE MAUPASSANT) – Il lui fallait attendre ici le retour de la biche disparu… (M. GENEVOIX) – Apparu… à la fin des années 60, la téléinformatique est la première forme de la télématique, mot qui désigne l'ensemble des produits issu… du mariage de l'informatique et des télécommunications. (H. NORA) – La clarté était telle qu'elle l'éblouissait. Fabien du…, quelques secondes, fermer les yeux. (SAINT-EXUPÉRY) – Je vais doucement parce que je sais qu'à allure moyenne, un accident même du… à un autre est rarement sérieux. (G. GUIGNARD) – Quand Suzanne paru…, la salle à manger devint très gaie. (A. FRANCE) – Le hêtre oscilla, parcouru… d'un frémissement d'agonie, et s'abattit. (E. MOSELLY) – Je revois des prés, des sources perdues, bu… aussitôt que nées. (COLETTE) – La pluie tombait maintenant avec rage, dru…, rapide, pesante. (M. PAGNOL)

141. **Employez dans une phrase sous la forme du participe passé épithète en *-u,* puis sous la forme du verbe en *-ut* : *courir, secourir.***

Exercices de révision

142. Accordez les adjectifs qualificatifs et les participes passés.

Le lion a la figure *imposant,* le regard *assuré,* la démarche *fier,* la voix *terrible* ; sa taille n'est point *excessif* comme celle de l'éléphant et du rhinocéros ; elle n'est ni *lourd* comme celle de l'hippopotame ou du bœuf, ni trop *ramassé* comme celle de l'hyène ou de l'ours, ni trop *allongé* ou *déformé* par des inégalités comme celle du chameau ; mais elle est, au contraire, si bien *pris* et si bien *proportionné* que le corps du lion paraît être le modèle de la force *joint* à l'agilité ; aussi *solide* que *nerveux,* n'étant *chargé* ni de chair ni de graisse, et ne contenant rien de *surabondant,* il est tout nerfs et muscles.

(BUFFON : *Histoire naturelle.*)

143. Accordez les mots en italique.

Quelques rayons, *venu* de très loin, jettent encore une poussière d'or sur les arêtes *glacé.* (G. GIGNOUX) – Les visages étaient *mouillé* de sueur comme s'il avait plu. (G. ARNAUD) – Les pains *saupoudré* de farine reposaient, chacun dans sa corbeille ronde. (A. THEURIET) – Les écorces des peupliers luisent, *amolli* par la montée de la sève. (E. POUVILLON) – La terre *surchauffé, crevassé* ressemble à un immense carrelage de cuisine. (FRISON-ROCHE) – Ce soir-là, les cadeaux des deux familles, *enveloppé, ficelé, étiqueté,* étaient *réuni* sur les tables. (P. LOTI) – Les oies sauvages passaient toujours, les pattes *collé* au ventre, *soutenu* par le vent. (H. DE MONTHERLANT)

144. Mettez la terminaison de l'infinitif ou du participe passé.

Les averses s'écrasent sur le pare-brise, et la mer semble fum... (SAINT-EXUPÉRY) – Dans ce soleil d'automne qui fait mûrir toutes les baies, éclat... les gousses, tomb... les graines, les moineaux se poursuivaient avec des vols inégaux. (A. DAUDET) – Il allait être midi, l'heure où les oiseaux épuis... de fatigue et accabl... de chaleur aiment à folâtr... au bord de l'eau. (F. FABRE) – Un informaticien, c'est une personne qui fait march... des ordinateurs et des ordinateurs ce sont des machines très compliqu... qui font vite et bien des choses très ennuyeuses. (F. CLÉMENT)

145. Mettez le participe passé en *-i* ou le verbe en *-it.*

L'homme sent une piqûre dans le globe des yeux, un poids alourd... son cerveau. (E. PEISSON) – Tout son être vit en son regard agrand..., aussi mobile que la balle. Autour de lui une admiration anxieuse grand... (J. DE PESQUIDOUX) – Puis c'est l'accalmie, et de nouveau le lac somnole, assouv... (F. DE CROISSET) – Il voulait avoir pour son chef la recette du brochet farc... (A. CAHUET) – La flamme jaill..., jaune et rougeâtre. (M. ROLLINAT) – Le village indien enfou... dans la forêt vierge, dans l'ombre humide, sent la vase et le musc. (B. CENDRARS)

Particularités de l'accord de l'adjectif qualificatif

- **Le ciseau et le rabot ont été *aiguisés*.**
- **La rose et la pensée sont *veloutées*.**
- **La campanule et le myosotis sont *bleus*.**

RÈGLES

1. Deux singuliers valent un pluriel.

2. Quand un adjectif s'accorde avec plusieurs noms dont l'un au moins est au masculin, l'adjectif est du genre masculin.

EXERCICES

146. **Écrivez correctement les adjectifs qualificatifs en italique.**

Le sac et le panier *rempli*. – L'agrafe et la boucle *cousu*. – La branche et le rameau *cassé*. – L'automobile et le camion *arrêté*. – Le stuc et le marbre *veiné*. – La laine et le fil *blanc*. – Le lierre et le liseron *grimpant*. – Les résumés et les fables *étudié*. – Les clous et les aiguilles *pointu*. – La nappe et la serviette *blanchi*. – La grange et le hangar sont *démoli*. – La pêche et le raisin sont *mûr*. – Les prunes et les poires ont été *cueilli*. – Le mur et la vieille bâtisse seront *abattu*.

147. **Écrivez correctement les adjectifs qualificatifs en italique.**

Chaque année, blouse et cartable *neuf* marquaient la rentrée, mais sa pensée restait ailleurs. Il revivait ses promenades et ses jeux *estival*, les *joyeux* dînettes entre filles et garçons *ravi* de leurs courses *vagabond*, les odeurs et l'air *marin*. Il regrettait les algues, les coquillages et le gros crabe *ramassé* sur les plages. Dorénavant, il faudra goûter d'un fruit ou de lait *sucré*, retrouver, *entassé* sur le bureau, cahier de devoirs et notes *personnel*, tandis que les parents ne toléreront ni spectacle ni sortie *préjudiciable* aux études.

148. **Écrivez correctement les adjectifs qualificatifs et les participes passés en italique.**

Ses grimaces, ses gestes sont comme *paralysé* par une incompréhensible lenteur. (G. ARNAUD) – Des hommes et des femmes *accroupi* dans les vignes coupaient des grappes de raisin. (É. ZOLA) – Ce lit et cette armoire avaient été *acheté* par le jeune ménage. (E. PÉROCHON) – Bêtes et gens passent cinq ou six mois là-haut, *logé* à la belle étoile. (A. DAUDET) – Je partais au collège à jeun, l'estomac et la tête *vide*. (MICHELET) – La poule bouillie et le veau aux carottes étaient *avalé* en silence. (R. CHARMY) – Il avait la tête et tout un côté de la figure *bandé* de linge blanc. (ALAIN-FOURNIER)

149. **Analysez, après accord, les adjectifs qualificatifs et les participes passés en italique de l'exercice 148.**

L'adjectif qualificatif est loin du nom

• *Éclairées* par la réverbération, deux figures surgissent étrangement précises.

(E. Moselly)

RÈGLE

Quelle que soit leur place dans la phrase, l'**adjectif qualificatif** et le **participe passé épithète** s'accordent en **genre** et en **nombre** avec le nom auquel ils se rapportent.

Remarque

L'adjectif peut être éloigné du nom auquel il se rapporte et, à l'écrit, en être séparé par une virgule. Ainsi détaché dans la phrase, il est en apposition au nom.

EXERCICES

150. Accordez les adjectifs qualificatifs et les participes passés.

Très *méfiant,* très *difficile* à attraper, les papillons se posaient un instant sur les graines *parfumé* des muscats puis se sauvaient. (P. Loti) – *Pompé* par le soleil, les brumes *bleu* se dissipèrent. (E. Moselly) – Les sauterelles crissent, *pareil* à un froissement léger de cymbales. (E. Pouvillon) – *Accroupi* au pied du cheval, les deux enfants nettoyèrent délicatement la plaie. (R. Guillot) – Ainsi *posé* devant l'astre, magnifiquement *sculpté* par les rayons, la bête évoquait la force triomphante. (J.-H. Rosny Aîné)

151. Même exercice que 150.

Très *écarté* les unes des autres, les gouttes éclataient en taches violettes. (M. Pagnol) – *Gorgé* de brouillard, de grosses gouttes claires roulaient sur la face des choses. (G. Duhamel) – J'habite maintenant des jardins plus artistement *planté.* (Lamartine) – *Culbuté, vaincu,* la baleinière chavire. (C. Farrère) – *Soutenu* entre elles par leurs ailes sèches étendues, les sauterelles volaient en masse. (A. Daudet)

152. Accordez les mots en italique et analysez-les.

Nerveux, irrésolu, les flammes voltigent à la surface de la houille. (G. Duhamel) – Ils ont l'air paisibles et doux, *fixé* dans la terre noire par des racines solides. (J.-M.-G. Le Clézio) – Le hêtre rit, le sapin pleure. Parfois on les trouve *mêlé.* (Michelet) – *Ébloui* de lumière, la poule fait quelques pas, *indécis,* dans la cour. (J. Renard)

153. Construisez cinq phrases dans lesquelles l'adjectif ou le participe passé sera placé loin du nom auquel il se rapporte.

Nom propre de nationalité – nom commun – ou adjectif qualificatif

- **Les Français et les Italiens sont des *Latins*.**
- **Le français et l'italien sont des langues *latines*.**
- **Les vins *français* et les vins *italiens* sont renommés.**
- **Je bois du *bourgogne* (produit d'origine).**
- **Je bois du vin de *Bourgogne* (province).**

RÈGLE

Le nom qui marque la **nationalité**, qui désigne les habitants d'un lieu est un **nom propre** et prend une **majuscule**.

Mais écrivez **sans majuscule** l'**adjectif qualificatif** ou le **nom commun** qui désigne un **langage**, un **produit d'origine**.

EXERCICES

154. Faites l'exercice sur le modèle suivant.

Paris : les Parisiens / les rues parisiennes / les magasins parisiens

l'Angleterre	le Périgord	Londres	Lyon	Rome
l'Amérique	l'Alsace	Madrid	Lille	Nice
la Russie	la Gascogne	Bruxelles	Nancy	Pau

155. Comment appelle-t-on les habitants de :

Besançon, Fontainebleau, Saint-Brieuc, Charleville, Meaux, Évreux, Saint-Étienne, Bordeaux, Calais, Foix, Nîmes, Perpignan ?

156. Remplacez le nom en italique par le mot qui convient.

Forbin a le dessein de monter jusque dans l'extrême Nord afin d'enlever les flottes *Angleterre, Hollande, Hambourg*. (R. Vercel) – Le paon se promène à une allure de prince *Inde*. (J. Renard) –L'arc tendu, les *Inde* nous visent, puis disparaissent. (A. Gheerbrant) – Guys, dit l'*Irlande*, je pense que vous comprenez l'*Angleterre*. (G. Arnaud) – Docile, le *Roumanie* rangea le camion au bord de la piste. (G. Arnaud) – Une phrase lui vint aux lèvres. C'était du *Roumanie*, Gérard ne comprit pas. (G. Arnaud) – La foule des acheteurs se composait d'*Arabie* et d'*Espagne*. (E. Rhais) – J'arrivais près d'un champ qu'un laboureur *Arabie* était en train d'ensemencer. (E. Fromentin) – Des villageois jouaient aux boules en vidant des pots de *Beaujolais*. (H. Béraud) – Le *Beaujolais* comprend une série de montagnes entièrement tapissées de vignobles. (G. Chevalier)

157. Analysez les mots rectifiés de l'exercice 156.

Adjectifs qualificatifs de couleur

- Des soies *beiges.* | *1* adjectif pour *1* couleur : *accord.*
- Des soies *rouge sombre.* | *2* adjectifs pour *1* couleur :
- Des soies *bleu vert.* | *pas d'accord.*
- Des soies *cerise* | Noms exprimant par image
(carmin, ocre, grenat). | la couleur : *pas d'accord.*

RÈGLES

Les adjectifs qualificatifs de couleur s'accordent quand il n'y a qu'**un seul** adjectif pour une couleur.

Les noms exprimant par image la couleur **restent invariables**, mais **mauve, écarlate, fauve, rose, pourpre** qui sont assimilés à de véritables adjectifs s'accordent.

Quelques difficultés : un cheval **pie** / des vaches **pie** – un cheval **bai**, **alezan** / des juments **baies, alezanes.**

EXERCICES

158. Écrivez correctement les adjectifs de couleur.

orangé – des reflets / des toiles
bis – des pains / des étoffes
orange – des rubans / des soies
ocre – des velours / des laines
mauve – des lilas / des tulipes
blond cendré – des cheveux
châtain clair – des chevelures
gris foncé – des tailleurs

écarlate – des visages / des roses
grenat – des galons / des vareuses
pourpre – des taffetas / des jupes
marron – des yeux / des écharpes
crème – des papiers / des dentelles
bleu marine – des tricots
vert jade – des gants
rouge sang – des dahlias

159. Employez avec un nom les diminutifs en *-âtre* de :

rouge, rose, noir, violet, gris, brun, jaune, vert, olive, roux, blanc.

160. Écrivez correctement les adjectifs de couleur.

La luzerne faisait des édredons *vert d'eau* brochés de fleurs *violâtre.* (É. Zola) – La jacinthe ouvre ses épis *bleu violet.* (A. Karr) – Des balsamines *jaune paille*, *gris de lin* emplissaient une autre vasque. (É. Zola) – La jument *bai cerise* s'en allait au pas. (A. Cahuet) – Sur la table étaient rangés des gants prêts pour la vente. Il y en avait de toutes les couleurs, des *noir* et des *blanc*, des *noisette*, des *chocolat*, des *rose*, des *bleu pâle*, des *mauve*, des *vert pistache*, des *grenadine* et des *rouge solferino.* (H. Lavedan) – Des papillons posés repliaient leurs ailes *fauve.* (É. Zola) – Un propriétaire à la recherche de chevaux *pie* m'arriva un jour. (Constantin-Weyer) – Des roses *feu* bercent leur ombre sur les murs. (M. Genevoix)

[handwritten: placer avant pas accord.]

Nu – demi – mi – semi

- *nu*-jambes[1] / des *demi*-heures / deux heures et *demie*
- les jambes *nues* / des *demi*-pains / deux pains et *demi*

RÈGLES

Les adjectifs **nu** et **demi** placés **devant** le **nom** sont **invariables** et s'y joignent par un trait d'union.

Placés **après** le nom, ils **s'accordent** avec celui-ci : **nu,** en genre et en nombre ; **demi,** en genre seulement.
nu-*jambes* / *des* demi-*heures* / *deux heures et* demie
les jambes nues / *des* demi-*pains* / *deux pains et* demi

Mi et **semi** sont toujours **invariables.**
à mi-*hauteur* / *des visites* semi-*officielles*

Demi placé devant un **adjectif** est **adverbe.**
des haricots demi-*secs*

À demi, **adverbe** devant un **adjectif, refuse le trait d'union.**
la porte à demi *fermée* = *la porte fermée à* demi

À nu est adverbe, **invariable.**
une épaule à nu

Demi et **nu** peuvent être employés comme noms.
L'horloge sonne les demies.
Nous avons bu deux demis.
Cet artiste peint de beaux nus.

EXERCICES

161. Accordez les mots en italique, mettez les deux orthographes, s'il y a lieu.

Le volant traça, aux mains du conducteur, deux *demi cercle* précipités. (G. Arnaud) – J'avais douze ans et *demi* et j'entrais en troisième. (P. Loti) – À quatre heures et *demi* nous partions directement pour les champs. (P. Loti) – Il a bien su ce qu'il faisait en se blottissant à *mi côte*, mon village. (J. Renard) – Elle s'était levée *nu jambe* et *nu pied*. (G. de Maupassant) – Sur le sable on voyait des traces de pieds *nu*. (H. Bosco) – Il aurait été difficile de faire du guerrier Saïd un paysan ; car il avait du sang des *semi nomade* pasteurs. (J. Peyré) – Les poussins étaient adorables d'enfance, *demi nu*, la tête ronde, les yeux vifs. (É. Zola) – Ce lambeau laissait voir presque à *nu* une épaule hâlée. (T. Gautier) – La vieille horloge pousse lentement ses aiguilles vers les heures et les *demi*. (J. Cressot) – Si sa fille dessine ou colorie des images, une chanson à *demi voilé* sort d'elle. (Colette)

---

1. On tolérera : *nu* ou *nus pieds*, *une demi* ou *demie heure* (sans trait d'union).

Les adjectifs numéraux

- *deux cents* pages / *deux cent une* pages / la page *neuf cent*
- les *quatre* ailes / les *dix mille* francs / des *milliers* d'insectes
- Les *premiers* hommes. / Le *sixième* coureur.
- L'horloge sonne *huit* heures.

RÈGLES

1. Les adjectifs numéraux cardinaux sont **invariables,** sauf **vingt** et **cent** quand ils indiquent des **vingtaines** et des **centaines** entières.
quatre-vingts / *quatre*-vingt-*un* – *deux* cents / *deux* cent *un pas*

2. **Mille,** adjectif numéral, est **toujours invariable.**
Mais **millier, million, billion, trillion, milliard** qui sont des noms prennent un **s** au pluriel.
dix mille *francs* – *des* milliers / *des* millions *d'étoiles*

3. Dans les dates, il n'y a **pas d'accord,** l'on écrit **mille** ou **mil.**
l'an mille *neuf cent ou l'an* mil *neuf cent*

4. Il faut mettre le **trait d'union** entre les unités et les dizaines, sauf si elles sont unies par **et.**
dix-huit / cent vingt-six / cinq cent vingt et un
(Notons que la suppression du trait d'union est tolérée : **dix huit, cent vingt six.**)

5. Les adjectifs numéraux ordinaux sont **variables.**
Les troisièmes *élèves de chaque rang, déplacez-vous à droite.*

6. Les adjectifs numéraux cardinaux employés comme des adjectifs ordinaux sont **invariables.**
J'habite au douze *de la grande rue* (= *à la douzième maison*).
Mais écrivez : **deux heures sonnent** (= la deuxième heure sonne).

Remarque

Ne confondons pas l'adjectif numéral et le nom.
Mille est un nom désignant des mesures de longueur.
La légion romaine a parcouru vingt milles.
Mile est un nom désignant une mesure anglo-saxonne de longueur.
Il a battu le record du monde des trois miles (*écrit quelque fois* milles).
Tiers, quart, cinquième, dixième… peuvent être des noms.
Il a payé le cinquième *de sa dette.*

EXERCICES

162. Écrivez en lettres, et faites suivre d'un nom les nombres suivants.
20 – 35 – 80 – 83 – 180 – 186 – 203 – 300 – 580 – 2000

163. Écrivez en lettres les nombres en italique.
L'araignée empoignait de ses *8* pattes le bord de la tasse et buvait jusqu'à satiété.
(Colette) – Le chat se roulait alors avec des tortillements de serpent, les *4* pattes
en l'air. (P. Loti) – Les *9* coups de l'angélus tintèrent dans le clocher.
(A. Theuriet) – Pendant *20* minutes, nos *12* chameaux ont aspiré le liquide. (Frison-
Roche) – L'Annapurna est le premier gravi des *14* sommets qui dépassent *8 000*
mètres. (L. Devies) – Je fais les *100* pas dans le parc, je vais jusqu'au portail voir
la grand-route. (M. Castelier)

164. Écrivez en lettres les nombres en italique.
Gaudissart s'embarque pour aller pêcher *600 000* francs, en des mers glacées, au
pays des Iroquois. (Balzac) – Le lendemain, c'est un convoi de *80* voiles qui
apparaît. (R. Vercel) – Le notaire posa ses besicles. «J'ai fait le compte, dit-il, ça
peut aller bon an, mal an, dans les *350* pistoles, je dis, se reprit-il, dans les *3 500*
francs.» (A. Cahuet) – Saint-Exupéry entreprit de joindre Rio Gallegos à Punta
Arenas... *300* kilomètres séparaient les deux villes. (R. Delange)

165. Écrivez convenablement les mots en italique.
Dix jours plus tard, c'est un trois-mâts sortant de Calcutta avec six *mille* balles
de riz que Surcouf enlève. (R. Vercel)– Les pensées ressemblent à des *millier* de
petits visages. (É. Zola) – Des mouches luisantes par *milliard* de *million* font des
arabesques. (Michelet) – La pluie crible l'étang de ses *millier* de piqûres.
(É. Herriot) – La radio ronronne. C'est le poste de Las Piedras qui émet dans un
rayon de trois *cent mille*. (G. Arnaud) – Je m'endormis malgré les *mille* bruits du
voisinage. (G. Maurière) – Le premier soir, je me suis endormi à *mille mille* de
toute terre habitée. (Saint-Exupéry)

166. Écrivez les dates en lettres.
Richelieu créa l'Académie française en 1635. – Victoire de Valmy et proclama-
tion de la 1ʳᵉ République (1792). – Naissance de Victor Hugo (1802). –
Découverte du vaccin contre la rage par Pasteur (1885).

167. Faites les accords, s'il y a lieu.
Les *premier* bourgeons. – Les *première*, les *deuxième*, les *troisième* classes. –
Les *second* rangs. – Les *seconde* places. – Les *dixième* de la loterie. – Les trois
quart du litre. – Cette rue a *quatre-vingt* numéros. – J'habite au numéro *quatre-
vingt*. – Ce chêne a *deux cent* ans. – En l'an *huit cent*, Charlemagne est couronné
empereur.

**168. Employez les mots suivants dans des phrases avec un adjectif numéral
cardinal, puis avec un adjectif numéral ordinal.**
siècle – heure – coureur – (une) page – essai

Tout

- *Toute* la classe écoute.
- *Tous* sont gais.
- Des sacs *tout* neufs.
- Prenez le *tout* ; je vous ferai un prix.

RÈGLE

Tout peut être **adjectif, pronom, adverbe** ou **nom.**

1. Adjectif, il se rapporte à un nom ou un pronom et s'accorde.
a) **Tout** a la valeur d'un **qualificatif** quand, au **singulier,** il a le sens d'**entier** ou de **seul.**
tout *le matin /* toute *la nuit / à* toute *vitesse /* tout *ceci*
b) **Tout** est **adjectif indéfini** quand, au **singulier,** il a le sens de **chaque, n'importe quel**, et dans **tous les cas au pluriel.**
À tout *instant, en* toute *occasion,* toute *peine mérite salaire.*
Tous *nos amis fuient à* toutes *jambes.*

2. Pronom indéfini, tout remplace un nom, est sujet ou complément.
Il a tout *vu.*
Ils ne mouraient pas tous, *mais* tous *étaient frappés.*   (LA FONTAINE)

3. Adverbe, tout est généralement **invariable.** Placé devant un adjectif qualificatif ou un adverbe, il a le sens de **tout à fait, entière-ment, si, très.**
Les ballons tout *neufs roulent* tout *doucement vers la rivière.*
Cependant, devant un **adjectif féminin** commençant par une **consonne** ou un **h aspiré, tout** s'accorde par euphonie.
La poule toute *blanche a les plumes* toutes *hérissées.*
Tout *est* **adverbe** *dans des expressions comme :* **tout laine, tout coton, tout oreilles, tout en fleurs...**

4. Précédé d'un déterminant, **tout** est un **nom** au masculin.
Des touts *harmonieux.*

5. Devant l'adjectif autre, tout est **adjectif** ou **adverbe.**
a) Adjectif se rapportant au nom, il a le sens de **n'importe quel.**
À toute *autre ville, à* tout *autre bourg, je préfère mon hameau.*
b) **Adverbe,** il est invariable, modifie autre et a le sens de **tout à fait.**
Elle devint une tout *autre fille.*

Attention

On écrit **de tout côté** ou **de tous côtés, en tout sens** ou **en tous sens.**

EXERCICES

169. Écrivez correctement *tout* dans les expressions suivantes.

tout les troupeaux	*tout* mon travail	*tout* nos ennuis
tout leur bétail	*tout* les abeilles	*tout* mes aiguilles
tout ces prunes	*tout* ses livres	*tout* votre amitié
tout leurs bourgeons	*tout* cet attirail	*tout* leurs fleurs

170. Écrivez correctement *tout* (au sens de *tout à fait*).

des villas *tout* neuves	des pétales *tout* roses
des plaies *tout* envenimées	des prairies *tout* fleuries
des doigts *tout* gonflés	des assiettes *tout* ébréchées
des blés *tout* couchés	des yeux *tout* rieurs
des maisons *tout* habitées	des joueuses *tout* harassées
des routes *tout* poudreuses	des herbes *tout* humides
des filles *tout* heureuses	des paroles *tout* hésitantes
des arbres *tout* dépouillés	des plumes *tout* hérissées

171. Remplacez les points par *tout, toute, tous, toutes*, selon le cas.

Nous ne sommes qu'aux … premiers jours du chantier mais … a été mis en œuvre pour avancer rapidement les travaux. De … parts, hommes et machines s'activent. En … lieux, les équipes remodèlent l'espace. Des procédés … nouveaux complètent des pratiques courantes. Sur les terrains … défoncés, décapeuses et camions déplacent terre, sable et gravier. Le … s'accumule au bord de … les voies. À … heure, manœuvres, conducteurs et ingénieurs, … mobilisés, même la nuit, s'affairent avec … la conviction que … le monde leur connaît. … les engagements seront tenus dans les délais.

172. Accordez *tout*, s'il y a lieu.

Tout les arbres ont perdu *tout* leurs feuilles. (J. RENARD) – L'hirondelle recherche la société de l'homme, elle la préfère à *tout* autre société. (MICHELET) – Les gens ne semblaient guère s'intéresser aux récits du soldat. Leurs préoccupations étaient *tout* autres. (J. PEYRÉ) – *Tout* les embruns, *tout* les rafales venaient rebondir sur la colline. (L.-F. CÉLINE) – J'ouvrais mes narines *tout* grandes. La forêt était *tout* embaumée d'une odeur de vanille. (A. THEURIET) – Les pruniers étaient *tout* blancs, les pêchers *tout* roses. (POUVILLON) – Pesez ce qui reste, je prendrai le *tout*. – *Tout* s'embrase, *tout* chante. (G. SAND) – *Tout* se lançaient, attrapaient la piste. Un glisseur tombait et *tout* ceux qui suivaient tombaient. (L. PERGAUD) – *Tout* les routes conduisant vers les contrées de soleil s'animaient. (B. CLAVEL) – Il y avait un nid de chardonnerets rond, parfait, *tout* crins au-dehors, *tout* duvet au-dedans. (J. RENARD)

173. Après accord, analysez *tout* dans l'exercice 172.

174. Faites quatre phrases avec *tout* adjectif, pronom, adverbe, nom.

Même

- Ils ont les *mêmes* livres.
- Les canards, *même* petits, aiment l'eau.
- Cette robe me plaît, j'achèterai la *même*.

RÈGLES

Même peut être adjectif **indéfini, adverbe** ou **pronom**.

1. Même, adjectif indéfini variable, se rapporte à un nom (souvent avec le sens de pareil, semblable) ou à un pronom comme dans *vous-mêmes*.

Ils ont les mêmes *livres.*
Tu réserves la même *place.*
Nous livrons nous-mêmes.

2. Même est adverbe, invariable, quand il modifie le verbe ou l'adjectif, quand il est placé après une énumération ou devant le nom avec un article. Il a souvent le sens de **aussi, de plus, jusqu'à.**

Les poules picorent même *les gravillons.*
Les serpents même *petits sont dangereux.*
Sa femme, ses enfants même *se sont dévoués.*

3. Pronom, même est précédé de l'article et remplace un nom.

Ce couteau est solide ; achète le même.
Voilà une peinture résistante. La même *irait bien pour mes volets.*
Ces disques sont de qualité, procurez-vous les mêmes.

Remarques

1. *Nous-même(s) et vous-même(s)* s'écrivent **sans** ou **avec** un **s,** selon que ces expressions désignent une ou plusieurs personnes.
    Madame, je ne le dis qu'à vous-même.
    Portez ces sacs vous-mêmes.
    Le Président déclara : «Nous traiterons cette affaire nous-même.»
    Nous-mêmes *ne sommes pas sûrs de gagner, affirment les joueurs.*

2. **Même,** après un ou plusieurs noms, est **adverbe** ou **adjectif indéfini,** selon le sens donné à *même.*
    Les enfants même *(aussi) chantaient.*
    Les spécialistes mêmes *(eux-mêmes) ne trouvaient pas la solution.*
    Les gazelles, les girafes, les buffles même *fuyaient.*
    Les gazelles, les girafes, les buffles mêmes *fuyaient.*
    (Notons que les deux orthographes sont admises par tolérance.)

EXERCICES

175. Complétez à votre gré. Écrivez *même* comme il convient.

les *même* ouvriers   les *même* conseils   les *même* frais

même les ouvriers   *même* les conseils   *même* les frais

les *même* maisons   les *même* paroles   les *même* villes

même les maisons   *même* les paroles   *même* les villes

176. Accordez *même*. Donnez les deux orthographes, s'il y a lieu.

Nous avons ramassé les *même* coquillages. – *Même* les coquillages nous intéressaient. – Les coquillages *même* nous intéressaient. – Nous ramassions les coquillages *même* cassés. – Nous ramassions *même* les coquillages. – Nous avons feuilleté les *même* livres. – Nous conservions *même* les livres en mauvais état. – *Même* les livres d'enfants nous captivaient. – Les livres, *même* usagés, furent vendus. – Les livres *même* nous parlaient de notre enfance. – Nous avons vu les *même* contrées. – *Même* les contrées polaires ont des habitants. – Les contrées *même* les plus reculées ont été explorées. – Des explorateurs séjournent *même* dans les régions polaires.

177. En vous aidant de l'exercice 176, construisez des phrases où *même* aura successivement le sens de *pareil,* sera placé après le nom, devant le nom précédé de l'article, modifiera un verbe, un adjectif.

178. Accordez *même*. Donnez les deux orthographes, s'il y a lieu.

Ses parents, ses oncles et *même* ses frères ne lui parlent plus. – Deux beaux champignons de *même* espèce garnissent son panier. – Ses appareils, ses disques et ses livres *même* ont été volés. – Les joueurs, *même* encouragés avec insistance, ne réagissaient plus. – Nous cherchons sur les lieux *même* où son chien a disparu. – Vous-*même*, Monsieur, n'y pouvez rien ! Ses meilleures amies *même* ne comprenaient pas cette attitude. – Chers amis, nous-*même* trouverons une solution ! – Les *même* fautes n'appellent pas toujours les *même* sanctions. – Femmes, enfants *même* prenaient part au combat.

179. Accordez *même*. Donnez les deux orthographes, s'il y a lieu.

Je retrouve tout, l'expression de son regard rencontrant le mien, le son de sa voix, *même* les détails de sa chère toilette. (P. LOTI) – Vers la fin de ce jour, sur cette roche, sur la *même*, je suis venu m'asseoir encore. (A. GIDE) – Des chardonnerets, des mésanges, des pinsons rentraient *même* dans le galetas. (L. GACHON) – Ses gestes *même* sont paralysés par une incompréhensible lenteur. (G. ARNAUD) – Les oiseaux semblent toujours les *même,* ils répètent les *même* appels familiers. (A. THEURIET) – Les mottes s'émiettent d'*elle-même* en croulant au soleil. (E. PÉROCHON) – Les fruits des hêtres, des châtaigniers, des pins *même* commencent à tomber. (M. GEVERS) – Tous les changements, *même* les plus souhaités, ont leur mélancolie. (A. FRANCE)

180. Après accord, analysez *même* dans l'exercice 179.

Quelque(s) – quel(s) que – quelle(s) que

• Il lui manque *quelques* livres ; ils sont certainement dans *quelque* tiroir.
• *Quelque* adroits qu'ils soient, ils manquent le but.
• *Quel que* soit l'obstacle, *quelle que* soit la peine, persévère.

RÈGLES

Quelque peut être **adjectif indéfini** ou **adverbe.**

1. Adjectif indéfini, quelque se rapporte à un nom qui peut être précédé d'un adjectif qualificatif.
a) Si quelque a le sens de **plusieurs,** le groupe nominal est au **pluriel.**
J'ai mangé quelques *fruits et bu* quelques *rafraîchissantes gorgées.*
b) Si **quelque** a le sens de : **un, du, certain, quelconque…** le groupe nominal est au singulier.
Cette industrie a entraîné quelque *embauche dans la région.*

2. Adverbe, quelque se rapporte à un adjectif qualificatif ou numéral, un participe passé, ou à un adverbe. **Invariable,** il a le sens de **si** ou **environ.**
Quelque *vaillants qu'ils soient, ils sont distancés et ont* quelque *cinq cents mètres de retard.*

3. Devant cent et mille, **quelque** est, selon le sens, **adjectif indéfini** ou **adverbe.**
Il a quelques *cents mètres à faire. (plusieurs cents mètres)*
Je lui dois quelque *mille francs. (environ mille francs)*

4. Quel que, quelle que, quels que, quelles que s'emploient dans des expressions construites avec être au subjonctif et **s'écrivent en deux mots.**
Quel, adjectif indéfini, **s'accorde** avec le sujet du verbe dont il est **attribut,** et **que** est conjonction de subordination.
Quel que *soit ton rang, tu entendras bien.*
Quelle que *soit ta force, tu trouveras ton maître.*
Quels que *soient tes ennuis,* quelles que *soient tes faiblesses, réagis.*

• Retenons : quelque temps, quelque chose, quelque part, quelquefois.

181. Écrivez correctement les mots en italique.

Attendez-moi *quelque minute*. – Il s'abrite sous *quelque arbre*. – Le buteur fait *quelque pas*. – Cela prendra *quelque temps*. – *Quelque mouton* broutent. – Elle devra prendre *quelque repos*. – Il y a *quelque dix an* de cela. – L'enfant verse *quelque larme*. – Le chat marque *quelque hésitation*. – Ce chemin conduit-il *quelque part* ? – Ce livre vaut cent et *quelque franc*. – Il y a *quelque* deux cents habitants. – Invite *quelque ami* à ton anniversaire. – Le rat se cache dans *quelque trou*. – Sa maladie durera *quelque jour*. – Un bouquet de *quelque fleur sauvage*. – Il parcourut *quelque kilomètre* à vélo. – *Quelque loup* hurlait dans la nuit. – Prêtez-moi *quelque argent* pour vivre. – *Quelque verre fragile* se sont brisés.

182. Même exercice que 181.

Cependant Falcone marcha *quelque* deux cents pas dans le sentier. (P. Mérimée) – Il était, *quelque part*, un parc chargé de sapins noirs et de tilleuls. (Saint-Exupéry) – La demeure du grillon est sur *quelque pente* ensoleillée. (J.-H. Fabre) – Par-dessus *quelque maison* et *quelque mur bas* garnis de rosiers on apercevait les remparts. (P. Loti) – *Quelque dernière goutte* de pluie tombèrent et toute cette ombre pleine de lumière s'en alla. (V. Hugo) – Jamais pays de plaine, *quelque beau* qu'il fût, ne parut tel à mes yeux. (J.-J. Rousseau) – Les rats pillards égre-naient les *quelque raisin* qui restaient. (E. Fromentin) – Une dizaine de députés siégeaient déjà. *Quelque* quinze autres entrèrent sur les talons du président. (C. Farrère) – Tout donnait à ce train ainsi lancé *quelque chose* de fantastique. (J. Claretie)

183. Dans l'exercice 182, relevez trois *quelque(s)* adjectifs et trois *quelque* adverbes et analysez-les.

184. Accordez *quel* et terminez les phrases.

quel que soit son humeur…   *quel* que soient les résultats…
quel que soit son talent…   *quel* que soient les récoltes…
quel que fût son habileté…   *quel* que soient les couleurs…
quel qu'ait été son mérite…   *quel* que soient les pays…

185. Remplacez les points par *quel(s) que* ou *quelle(s) que*.

Sachons du moins, … soit notre tâche, l'accomplir d'un cœur simple, avec bonne volonté. (A. France) – Le courage, c'est d'être tout ensemble, … soit le métier, un praticien, un philosophe. (J. Jaurès) – Il était d'emblée familier avec les clients … ils soient. (Simenon) – Sa petite main laissa échapper une canne de jonc. Je la pris, je résolus, … fussent mes périls à venir, de n'avoir plus d'autre arme. (Vigny) – … soient l'heure et la saison, c'est toujours un lieu sans pareil que ces jardins de Versailles. (H. de Régnier) –

Chaque – chacun – maint – nul – tel – tel quel

- *Chaque* livre vaut deux cents francs.
- Ces livres valent deux cents francs *chacun.*
- *maint* livre / *mainte* peine / *maints* soucis / *maintes* fois
- *nul* chant / *nulle* offense / un devoir *nul* / une copie *nulle*
- *tel* enfant / *telle* fille / *tels* villages / *telles* villes
- Je laisserai le jardin *tel quel*, la maison *telle quelle*.

RÈGLES

1. Chaque est un **adjectif indéfini** qui marque toujours le singulier. **Chacun** est un **pronom indéfini.**
Chaque *autobus accueille cinquante passagers*.
Ces autobus accueillent cinquante passagers chacun.

2. Maint est **adjectif indéfini**.
maint *savant* / maints *objets* / maintes *fois (toujours pluriel)*

3. Nul et **tel** sont **adjectifs** quand ils se rapportent à un **nom.**

a) **Nul** est **adjectif qualificatif** au sens de sans valeur.
un résultat nul / *une composition* nulle

b) **Tel** est adjectif qualificatif au sens de **pareil,** de **semblable,** de **si grand...**
De tels *hommes honorent la patrie.*
Il poussa un tel *cri qu'il nous fit sursauter.*

c) **Nul** et **tel** sont **adjectifs indéfinis** dans les autres cas.
On n'entendait nul *bruit.*
Vous prendrez tel *chemin que vous voudrez.*

4. Nul et **tel** sont **pronoms indéfinis** quand ils remplacent le nom.
Nul *ne peut se vanter de se passer des hommes.*   (Sully-Prudhomme)
Tel *qui rit vendredi, dimanche pleurera.*   (Racine)

5. L'expression **tel quel** est une **locution adjective indéfinie** qui s'accorde avec le nom auquel elle se rapporte.
Je laisserai le jardin tel quel, *la maison* telle quelle.

Attention

Ne confondez pas tel quel avec **tel qu'elle** qui peut faire **tel qu'il.**

- Retenons : l'orthographe de **nulle part** adverbe.

EXERCICES

186. Mettez *chaque* ou *chacun*, indiquez leur nature entre parenthèses.

Il y a une abeille dans … fleur. – Une lumière brille dans … maison. – Le professeur signalait les erreurs de … – Des fleurs égayaient … fenêtre. – Ces albums valent cent francs … – Ces robes coûtent mille francs … – Nous allions … de notre côté. – … décorait l'arbre de Noël. – Une place pour … chose et … chose à sa place.

187. Écrivez correctement les mots en italique.

De chaque *pli* du sol, de chaque *rangée* des chaumes grisâtres, des alouettes s'élançaient. (E. Moselly) – La poussière des routes était devenue trop légère et chaque *souffle* la soulevait. (A. Gide)

188. Écrivez correctement les mots en italique.

Cette copie est *nul*. – Il appela *maint* et *maint* fois. – *Nul* bruit, *nul* brise sur l'étang. – Pourquoi de *tel* cris ? – *Maint* personne me l'a dit. – *Nul* représailles pour les repentis. – Je les ai rendues *tel quel*. – Rien de *tel* pour vous guérir. – *Tel* furent ses dernières paroles.

189. Accordez *tel quel* dans les expressions suivantes.

une maison *tel quel*	des jardins *tel quel*	des robes *tel quel*
un bâtiment *tel quel*	des salles *tel quel*	des albums *tel quel*

190. Écrivez correctement les mots en italique. Analysez-les.

Papa pouvait rester de longs mois sans colère, *tel* ces virtuoses qui demeurent toute une saison sans toucher à leur instrument. *Tel* une bulle de savon, la colère s'évanouissait soudain. (G. Duhamel) – *Tel* furent les premières paroles qu'il nous adressa. (J. Girardin) – Et les vignes, et les bois, et les sentiers de montagnes, comment se lasser d'un *tel* pays ? (P. Loti) – *Tel* est pris qui croyait prendre. (La Fontaine) – Si les loups mangeaient *maint* bête égarée, les bergers de leur peau se faisaient *maint* habits. (La Fontaine) – Les enfants entamèrent une *tel* bataille de boules de neige que Raoul dut élever la voix pour ramener le calme. (B. Clavel) – Je découvre entre elle et moi *maint* traits de ressemblance. (A. Gide)

191. Écrivez correctement les mots en italique. Analysez-les.

Tel quel, notre moulin, je l'aimais bien, avec son gros dos de lapin. (L. Mercier) – Une goélette corse allait faire voile pour Ajaccio. Il y avait deux chambres *tel quel*. (P. Mérimée) – *Tel quel*, l'œuvre de J. Bidermann apparaît comme celle d'un artiste sincère, épris de son métier. (P. Imbourg) – La verrerie flamboyait […] *nul* cri, *nul* parole : la bouche humaine, ici, n'avait pas trop de tout son vent. (G. Duhamel) – Les objets indifférents sont *nul* à mes yeux. (J.-J Rousseau) – Insignifiantes histoires. *Tel qu'elle* sont, elles composent cependant pour moi l'image vague d'une enfantine grandeur. (J. Guéhenno) – *Nul* n'est prophète en son pays. (Proverbe) – Il n'y avait du reste pas un seul promeneur *nul part*. (P. Loti)

Ces – ses

• Il a égratigné *ses* mains à *ces* buissons.
• Il a égratigné *sa* main à *ce* buisson.

RÈGLE

Ces est un **adjectif démonstratif**, pluriel de **ce, cet** ou de **cette**.

Ses est un **adjectif possessif**, pluriel de **son** ou de **sa**.

Quand, après le nom, on peut dire **les siens, les siennes**, on écrira **ses**.

Selon la phrase, on peut aussi parfois rechercher le singulier du groupe nominal.

Il fait ses *devoirs (les siens) et étudie* ses *leçons (les siennes)*
Voyez ces *arbres calcinés. (Voyez* cet *arbre.)*

EXERCICES

192. Mettez les mots en italique au pluriel, dans 1° ; au singulier, dans 2°. Modifiez les accords, s'il y a lieu.

1° Dans *cette* forêt, Paul va avec *son frère* ramasser des champignons. – Loïc a laissé *cette image* dans les pages de *son livre*. – Jean et *son camarade* sont montés sur *ce manège*.

2° La rivière dessine *ses méandres* dans *ces prairies*. – *Ces disques* sont abîmés, car Vanessa ne les range pas dans *ses pochettes*. – Annie met *ses livres* sur *ces rayons*.

193. Remplacez les points par *ces* ou par *ses*.

Une échasse arrive sur … longues jambes d'or, elle ouvre … ailes bleues, s'asseyant légèrement sur le ressort de … genoux et s'élance. (J. Giono) – J'aime à regarder de ma fenêtre la Seine et … quais par … matins d'un gris tendre qui donnent aux choses une douceur infinie. (A. France) – … départs, … emballages puérils de mille objets sans valeur appréciable, ce besoin de tout emporter, … adieux à de petites créatures sauvages, ça représente toute ma vie. (P. Loti) – Il était fier de … travaux. Il avait, de … mains, restauré les combles de … vieilles bâtisses pour en faire d'agréables pièces à vivre. … amis louaient son imagination et … qualités artistiques. Ils s'exclamaient devant … belles poutres consolidées, … cloisons harmonieusement décorées, … espaces bien aménagés, … meubles rénovés avec soin. Chacun apportait … commentaires sur sa réussite. Il trouvait dans … propos élogieux la récompense de … efforts.

194. Analysez trois *ses* et trois *ces* de l'exercice 193.

195. Construisez deux phrases renfermant à la fois *ces* et *ses*.

Ce – se

- *Ce* petit lézard vert *se* glisse sous les pierres.
- Il faut *s'*armer de patience avec *ce* petit garnement.
- *Ce* dont vous parlez ne *se* trouve plus dans le commerce.

RÈGLE

Ce est un **adjectif** ou un **pronom démonstratif**.

Se est un **pronom personnel réfléchi** de la **conjugaison pronominale**.

Conjuguer le verbe pronominal permet de **distinguer se de ce**.

Le jour se *lève. (je* me *lève, tu* te *lèves, il – le jour – se* lève)

Dans tous les autres cas, il faut écrire **ce**.

Remarques grammaticales

1. *Se,* **pronom personnel réfléchi**, est **toujours** complément d'objet ou d'attribution.
La vague se *brise sur les rochers.* («se» : C.O.D. de *brise*.)
Ils se *sont écrit pendant les vacances.* («se» : C.O.I. de *sont écrit*.)
Ils se *sont donné quelques jours de repos.* («se» : compl. d'attr. de *sont donné*.)

Dans les verbes essentiellement pronominaux comme : *s'emparer, se blottir, s'enfuir*, etc., *se* ne peut se séparer du verbe et ne s'analyse pas.

2. *S'* résulte de l'élision de **se** devant un verbe commençant par une voyelle.
il se sauve *– il* s'*enfuit – il* s'*absente – il* s'*insurge*

EXERCICES

196. Remplacez les points par *ce, se* ou *s'*. Justifiez l'emploi de *se* ou de *s'* en écrivant l'infinitif du verbe pronominal entre parenthèses.
Quatre jeunes têtes … penchaient sous … rayon intime et réchauffant. (A. Daudet) – Après le repas, … chat … tenait assis devant les chenets. (T. Derème) – On m'avait appris à réciter à peu près décemment les vers, … à quoi déjà m'invitait un goût naturel. (A. Gide) – Chacun croit fort aisément … qu'il craint et … qu'il désire. (La Fontaine) – Les villes flamboient ; les villages ne … doutent pas de tout … qui … passe à cette heure de minuit. (L. Larguier) – Le fond de la vallée … enfume d'un brouillard blanc qui … affile, … balance, et … étale comme une onde. (Colette)

197. Analysez deux *se*, deux *ce* adjectifs, deux *ce* pronoms de l'exercice 196.

198. Construisez deux phrases renfermant à la fois *se* et *ce*.

C'est / s'est – c'était / s'était

• *C'est* un joueur qui *s'est* blessé en sautant.
• *C'était* un joueur qui *s'était* blessé en sautant.
• *C'est* en forgeant qu'on devient forgeron.

RÈGLE

S' est le **pronom personnel se** élidé de la **conjugaison pronominale**.

C' est le **pronom démonstratif ce** élidé.

Pour les distinguer, faire fonctionner la conjugaison (il s'est, tu t'es, je m'étais…) ou remplacez par **ceci, cela**.

Elle s'*est couchée*. (je me suis couché, tu t'es …)
C'est regrettable. (Cela, ceci est regrettable)

Les expressions **c'est, c'était, c'étaient** sont à la 3ᵉ personne.

EXERCICES

199. Remplacez les points par *ce, c'* ou par *se, s'*. Justifiez l'emploi de *se* ou de *s'* en écrivant l'infinitif du verbe pronominal entre parenthèses.

Dehors … est le printemps et de nouveau la coupe de l'année … est remplie d'une liqueur toute prête à déborder. (P. CLAUDEL) − … est depuis ce jour-là que Line … est faite la grande sœur des bêtes. (SÉVERINE) − Une poule … était réfugiée sous le hangar, les canards … étaient traînés près du mur. (G. CHÉRAU) − Annapurna ! Plus encore qu'un triomphe sur la nature, … est une victoire sur soi. (L. DEVIES) − En somme, … était là, sur l'échafaudage, qu'on … sentait maître de sa force. (H. POULAILLE) − Les collines caillouteuses … sont de nouveau couvertes de pampres. (E. LABAT)

200. Remplacez les points par *ce, c'*, ou par *se, s'*.

… était la première fois que je campais. Je n'avais pas peur, … est sûr ! Mais le brouillard … était épaissi et mon camarade … était assoupi. Quand un bruit … fit entendre, mon esprit … mit à vagabonder. Était-… un renard qui … aventurait dans le camp ? … était peut-être un rôdeur ? Mon cœur … figea quand je sentis notre abri secoué. … est alors que mon chien, qui … était mis à notre recherche, … glissa dans mon duvet. Mon voisin ne … réveilla pas. … fut une belle émotion, vite calmée ; mon chien … blottit contre moi. Sa présence me rassurait d'ailleurs et nous sommes vite tombés dans un sommeil profond. Au lever du jour, … fut une surprise pour mon camarade. Il … réjouit de voir la troupe ainsi augmentée, d'autant que Pluck ne … lassait pas de lui faire la fête.

C'est / ce sont – c'était / c'étaient...

- *C'est* un vieux chien. / *Ce sont* de vieux chiens.
- *C'était* un bouvreuil. / *C'étaient* des bouvreuils.
- *C'est* lui, *c'est* elle. / *Ce sont* eux, *ce sont* elles.
- J'aime trois fleurs : *ce sont* la rose, l'œillet, la tulipe.

RÈGLE

Le **verbe être**, précédé de **ce** ou de **c'**, se met généralement au pluriel s'il est suivi d'un **nom** au **pluriel,** d'une **énumération,** ou d'un **pronom** de la 3ᵉ personne du **pluriel.**

Cependant, l'accord au singulier est toléré et admis par l'usage.
Ce sont *là de beaux résultats.* ou C'est *là de beaux résultats.*

EXERCICES

201. Remplacez les points par *c'est* ou par *ce sont*, selon la règle.

Ce que, dans son pantalon, le bébé aime le mieux, ... la poche. (G. Droz) – ... des chants de laboureurs, des voix d'enfants, des piaulements d'animaux. (M. DE Guérin) – ... de beaux hêtres dont les ramures grises se détachent nettement sur le ciel. (A. Theuriet) – Mes semblables, ... ceux qui m'aiment et ne me regardent pas. (A. Malraux) – Quelle féerie ! ... le royaume du Fer où règne Sa Majesté le Feu. (Maupassant) – Ceux qui vivent, ... ceux qui luttent. (V. Hugo)

202. Remplacez les points par *c'était* ou par *c'étaient,* selon la règle.

Ce que j'aimais dans ces expéditions, ... l'ombre, la fraîcheur, le concert des insectes dans l'éveil du jour, les halètements de l'orage. (G. Duhamel) – Pendant qu'ils erraient au milieu des nuages, une lumière brilla : ... des étoiles qui s'allumaient à l'horizon. (R. Delange) – ... une petite pièce modestement meublée. (A. Theuriet) – À qui prétendait que ... là des tâches dévolues aux seules femmes, il pourrait rire au nez. (P.-J. Hélias) – ... quelques allées étroites bordant des carrés de légumes pour la nourriture de la famille. (Lamartine) – Ce qu'on apercevait de plus loin, ... un groupe de grands chênes. (E. Fromentin) – ... le colonel, sa fille, leurs domestiques et leurs guides. (P. Mérimée)

203. Remplacez les points par *ce fut* ou par *ce furent*, selon la règle.

La brume s'abattait, impalpable, sur son dos ; bientôt ... le déluge d'un orage de montagne. (C. Gonnet) – Après les chaussures, ... le tour des chemises, puis des cravates. (H. Troyat) – La brise se leva ; ... d'abord, dans le lointain, le chuchotement de la marée montante. (A. Bailly) – Les hannetons lui fournirent la pâtée quotidienne, puis ... les nids des petits oiseaux. (L. Pergaud)

Exercices de révision

204. Accordez les adjectifs qualificatifs et les participes passés.

On est bien dans le *grand* wagon, le bruit de fond est *atténué,* beaucoup moins *élevé* qu'autrefois, les secousses sont moins *sensible.* Par la vitre, des champs *plat* défilent : du vert, *tout* les verts, et parfois du jaune *vif.* Souvent, l'horizon s'anime de *léger* collines *doux* et *délicat* dans la lumière *brumeux* du matin d'été. De *nombreux* bouquets d'arbres, des rangées de peupliers d'un vert plus *soutenu,* accompagnent les champs. Ça et là apparaissent un étang *fugitif,* des fermes, des villages avec leurs clochers bien *net,* des vaches *immobile* et *pacifique.* Par moments, surgissent des usines *local relié* au chemin de fer, des postes de transformation, des lignes à *haut* tension dont les *beau* courbes sont *défini* par d'*immense* pylônes, supports *élégant* et *racé* de l'énergie *transporté.* Une *exaltant* sensation de calme, de sérénité, de richesse, d'abondance, d'épanouissement. Une *bon* terre *nourri* d'humidité, que le moindre rayon de soleil rend *heureux* et *souriant, accueillant* et *prospère.*

(LOUIS LEPRINCE-RINGUET : *La Potion magique*, Flammarion.)

205. Remplacez le nom en italique par le mot qui convient.

Le *Provence* est accueillant. – Les danses *Provence* sont vives et alertes. – «Mireille», le poème de Mistral, est écrit en *Provence.* – Le *Bretagne* n'est pas un patois mais une langue. – Les *Bretagne* sont d'excellents marins. – Les goélettes *Bretagne* quittent le port. – Le *Camembert* est un fromage. – *Camembert* est une localité *Normandie.* – Le *Monbazillac* est un vin blanc. – *Monbazillac* est une localité *Périgord.* – Les *Périgord* sont de fins gourmets. – Dès son entrée dans le golfe, son opinion est faite : nous sommes dupes des *Venise.* (R. VERCEL) – Il arrête les bâtiments *Venise* suspects, puis les relâche. (R. VERCEL) – Des bergers *Sardaigne* font rôtir dix moutons amenés du bled. (DELANGE) – À peine le bateau *Phénicie* fut arrivé, que les *Crète* donnèrent à Télémaque et à Mentor toutes les marques d'amitié sincère. (FÉNELON)

206. Écrivez comme il convient les mots en italique.

À l'entrée de la cour se dressait un pigeonnier de briques *rose.* (P. GAMARRA) – Des frissons faisaient trembler les grappes *mauve* des glycines. (F. CARCO) – La casquette de drap noir, toute garnie de gros galons *grenat*, cachait les jolies boucles de ses cheveux *blond.* (A. FRANCE) – Les herbes étaient limpidement *bleu.* (É. ZOLA) – Ses yeux *bleu* très *pâle* faisaient penser aux eaux incolores des étangs gelés en hiver. (R. VINCENT) – Les gros paons *vert* et *or,* à crête de tulle, ont reconnu les arrivants et les accueillent d'un formidable coup de trompette. (A. DAUDET) – Le canard avait la tête et le col *bleu,* le jabot couleur de rouille et les ailes rayées *bleu* et *blanc.* (M. AYMÉ) – Les hautes cheminées dominent les toits *orange* et les toits *bleu ardoise.* (A. MAUROIS)

207. Accordez les mots en italique, mettez le trait d'union, s'il y a lieu.

Une petite fille, *pied nu*, en haillons, se cramponnait à moi. (P. Loti) – L'oiseau rapace rase la plaine *nu*. (J.-H. Fabre) – Des garçonnets frisés et *nu tête* cherchaient leurs mères du regard. (É. Zola) – Le gramophone nous parle un langage à *demi perdu*. Ce qui me remplit d'une joie barbare, c'est d'avoir compris à *demi mot*. (Saint-Exupéry) – Le lendemain donc, à *mi montagne*, j'arrêtai ma bande. (P. Loti) – Elle se frotta la joue, les paupières à *demi tombé*. (J.-L. Bory) – Des coups de tête à droite, à gauche, des *demi volte* féroces menaçaient le rat évadé. (Colette) – Le maître ne s'occupait qu'à prendre, sans même les lui donner à mordre, les rameaux *demi sec* ; le jeune animal s'ennuya. (L. Pergaud) – Ces petits dont on m'avait si longtemps parlé arrivèrent à la *mi septembre*. (P. Loti) – J'allais ainsi, à *demi suffoqué*, quand j'entendis un cri. (G. Duhamel) – C'est une traînée de verdure à *demi enfoui* dans un repli de terrain. (P. Loti)

208. Écrivez les nombres en lettres, donnez les deux orthographes, s'il y a lieu.

4 300 mètres : Bernis est seul. Il regarde ce monde cannelé à la façon d'une Europe d'atlas. (Saint-Exupéry) – Sur les *15* prochaines bornes, la piste est complètement défoncée. (G. Arnaud) – Sur les *5* heures, nos *4* poules revinrent des terres. (E. Le Roy) – L'abeille fait *24* km à l'heure. Dans le même temps, la mésange en fait *33*, le requin *42*, la girafe *51*, le zèbre *74*, le cygne *88*, l'antilope *96*, le guépard *112*, l'hirondelle *126*, l'aigle *193*, le faucon *322*, le martinet *350*. Le record est détenu par la frégate qui fait *417* km à l'heure. (D'après Frank Lane : *La Parade des animaux.*)

209. Écrivez correctement les mots en italique.

La mer *tout* entière les attendait, et cependant les plongeuses, *même* les plus *expérimenté* ne se pressaient pas. La barque *tout* penchée sur le côté laissait apparaître des fonds *agité*. *Quel que* soit votre désir, il faut bien observer si *quelque* mauvaise surprise n'est pas à craindre. *Quelque* requin agressif ou *quelque* courant dangereux peut se cacher derrière les massifs *coralien*. Mais les grandes inquiétudes *même* tombent devant la beauté du lagon. *Quelque* coquillages labouraient les fonds sableux que des nuées de petits poissons multicolores rayaient de *mille* couleurs. *Quel* féerie ! Chacune de nos plongeuses se préparait *quelle que* soient ses interrogations. *Toute* les *sept* avaient revêtu une *même* combinaison à rayures *bleu* et *blanc* et, dans un *même* mouvement, elles se coulèrent dans l'eau, à *quelque* cinquante mètres du rivage.
Et l'on voyait marcher ces *va nu pied* superbes dans le monde ébloui ! (V. Hugo) – Les premières cultures ont conduit l'homme à une *semi sédentarité* avant que ne s'installent des villages permanents. – Camions et *semi remorque* amènent sur les quais les containers que les grues empileront ensuite dans les cargos.

L'infinitif

• Pour *arriver* plus tôt, il vaut mieux *prendre* l'autoroute.
• Ils *dirent* le poème sans *regarder* le texte.
• Je dois toujours lui *dire* de se *vêtir* plus chaudement.

RÈGLE

L'infinitif est invariable.

Il ne faut pas confondre **l'infinitif en -*ir*** ou **-*ire*** avec la **3ᵉ personne du pluriel du passé simple en -*irent*.** Quand on peut substituer **l'imparfait** au verbe, c'est qu'il est conjugué.

On écrit alors la terminaison -*irent*.

EXERCICES

210. Écrivez correctement les verbes en italique.

Il ne peut *conten...* sa colère. – Les enfants *di...* de beaux poèmes. – Les pluies *gross...* les rivières. – Le pot-au-feu doit *cu...* longtemps. – Tu dois *obten...* de meilleurs résultats. – Les étoiles *pâl...* dans le ciel. – Le mage va *préd...* l'avenir. – Les invités *offr...* des cadeaux. – On les entend *ri...* de loin. – Les rescapés *sour...* tristement. – Les antilopes *bond...* devant le fauve. – Les gelées *durc...* le sol. – Pensez à *ouvr...* les portes. – *Part...,* c'est *mour...* un peu. – Les prairies *jaun...* au soleil. – Reste à *chois...* le bon moment. – Il ne faut pas *noirc...* le tableau. – Les guides *ralent...* leur marche. – Il se *vêt...* d'une chaude combinaison. – Et chacun de *méd...* sur son voisin. – Mon père saura *subven...* à nos besoins. – Il faut *s'inscr...* sur les listes électorales. – On voit les gourmands *chois...* les gâteaux. – Nos amis *compat...* à notre malheur. – Les enfants *sort...* en criant. – Les cinémas ne *désempl...* pas.

211. Mettez la terminaison qui convient.

La panthère étendit violemment ses pattes comme pour les *dégourd...* (BALZAC) – Les bourgeons des marronniers *gross...* en quelques jours. (R. VINCENT) – Il découvrit des escargots et se mit à les *recueill...* dans sa casquette. (A. LAFON) – Des bêtes *jaill...* des buissons. Naoh reconnut qu'elles fuyaient un ennemi considérable. (J.-H. ROSNY AÎNÉ) – Ses lèvres, comme un bouton de rose cueilli le matin, semblaient *langu...* et souri... (CHATEAUBRIAND) – Les astres du ciel *pâl...,* effacés par le jour qui montait. (A. DAUDET) – Des centaines de lapins pullulaient. Raboliot les voyait *bond...* par-dessus les touffes de breumaille. (M. GENEVOIX) – C'est plaisir de voir ces vieilles murailles *ouvr...* des yeux étonnés au milieu du lierre. (V. CHERBULLIEZ) – Le vacarme de l'eau s'enflait jusqu'à les *étourd...* (M. GENEVOIX)

Accord du verbe

- Sous la bourrasque, la porte *saute,* les volets *crient...*
- La décision *est prise* ; pleurer ne *sert* à rien.
- Un soigneur et un médecin *assistaient* notre champion.

RÈGLE

Le **verbe** s'accorde en **nombre** et en **personne** avec **son sujet.**
Plusieurs sujets singuliers valent un sujet pluriel.
Pour **trouver le sujet,** poser les questions **«Qui est-ce qui ?»** ou
«Qu'est-ce qui ?» ou opérer la transformation **«C'est ... qui +
verbe.»**

La porte saute. «Qu'est-ce qui saute ?» La porte. (3ᵉ pers. du sing = **-e.**)
Les volets crient. «C'est les volets qui crient.» Volets, sujet. (3ᵉ pers. du
plur. = **-ent.**)
Un soigneur et un médecin assistaient... «Qui est-ce qui assistaient ? »
Un soigneur et un médecin.(3ᵉ pers. du plur. = **-ent.**)
Pleurer ne sert à rien. «Qu'est-ce qui ne sert à rien ? » Pleurer (infinitif
à valeur de nom). (3ᵉ pers. du sing. = **-t.**)

Remarque

Un sujet et moi équivaut à nous, 1ʳᵉ personne du pluriel.
Un sujet et toi équivaut à vous, 2ᵉ personne du pluriel.
Le professeur et toi irez *au laboratoire tandis que Paul et moi* préparerons *des
fiches.*

EXERCICES

212. Écrivez les verbes en italique au présent de l'indicatif.

Dans l'atmosphère rajeunie, un peuple d'oiseaux *siffler, chanter, gazouiller, crier*
et des légions d'ailes *tourbillonner* et *planer.* (F. DE CROISSET) — La forêt et la prairie *résonner* de mille chansons. (B. DE SAINT-PIERRE) — Sur la piste monotone, la
chaleur *sembler* augmenter. Mais des papillons me *distraire.* (F. DE CROISSET))

213. Mettez les verbes en italique à l'imparfait de l'indicatif.

Le vent *souffler* furieusement. — De gros nuages *rouler* dans le ciel. — Une
graine, un caillou, un coquillage *devenir* des souvenirs. — Une haie et un arbre
marquer la limite du pré. — Mon père et moi *aller* à la pêche. — La neige *tomber*
et *cacher* peu à peu le chemin. — Les derniers *abandonner* les uns après les
autres. — Remonter les mécanismes ne *présenter* aucune difficulté. — Quand
Alain, Jacques et son frère *sortir* leurs bicyclettes, nous les *regarder* avec envie.

214. Relevez les sujets des verbes de l'exercice 213.

L'inversion du sujet

• De tous côtés *arrivaient* des curieux.
• Les explications que *donne* la victime sont invraisemblables.
• Ce village où *vivaient* clandestinement les rebelles était isolé.

RÈGLE

Quelle que soit la construction de la phrase, **le verbe s'accorde toujours avec son sujet.**

EXERCICES

215. Écrivez les verbes en italique au présent de l'indicatif.

De la plaine *monter* l'odeur de l'humidité féconde et le chant du premier soleil. (P. Méja) – Au loin, dans la nuit, *résonner* sur la neige les sabots d'un cheval, *tinter* un grelot. (M. Colmont) – Puis *commencer* les chants. Du sillon l'alouette va montant et chantant. (J. Michelet) – Les pierres du chemin que *broyer* les roues des chariots, les maigres buissons que *tourmenter* le vent et que *tondre* la dent avide des moutons, étaient plus heureux que lui. (E. Moselly) – Je vais vous dire ce que me *rappeler* tous les ans le ciel agité de l'automne et les feuilles qui jaunissent. (A. France)

216. Écrivez les verbes en italique à l'imparfait de l'indicatif.

Dans l'air transparent où *passer* de grandes lueurs, une légère teinte d'émeraude *souligner* les contours des crêtes. (G. Gignoux) – L'attelage *s'avancer* dans une auréole que *traverser* les mouches. (R. Bazin) – Le parquet disjoint *s'encombrer* de paniers où *sécher* les prunes. (A. Cahuet) – La scène avait plus de solennité que n'en *mériter* les funérailles d'un chat. (T. Gautier) – J'aimais mon père d'une tendresse de plus en plus intense s'augmentait de l'admiration ébahie que *m'inspirer* son ingéniosité et son adresse. (T. de Banville)

217. Indiquez le sujet, la personne et le nombre pour chaque verbe.

Quelle énergie *déploie* cet athlète. – Un jardin, où *fleurissent* lis et roses rares, nous *sépare* du château. – *Viennent* les vacances, nous *partirons* en croisière. – Bientôt *commenceront* les vraies difficultés. – Combien de disques *a acheté* cette cliente ? – Lorsque *fut annoncée* la nouvelle, mon oncle et moi *avions abandonné* notre travail. – Le chien se *précipite* vers le fourré d'où *semblent partir* des gémissements. – La musique *reprend* et sur la place *chante* et *danse* une jeunesse pleine d'entrain. – Le feu *rampe, enflamme* et *dévore* les broussailles et, tout autour, *s'activent* pompiers et volontaires.

Le sujet *tu*

Présent	Imparfait	Passé simple	Futur simple
tu chant**es**	tu chant**ais**	tu chant**as**	tu chanter**as**
tu fin**is**	tu fin**issais**	tu fin**is**	tu finir**as**
tu enten**ds**	tu entend**ais**	tu entend**is**	tu entendr**as**

RÈGLE

À tous les temps, avec le sujet **tu,** le verbe se termine par un **s**.
Exceptions : tu veu**x**, tu peu**x**, tu vau**x**.

EXERCICES

218. **Mettez à la 2ᵉ personne du singulier du présent et de l'imparfait de l'indicatif.**

plier   cueillir   atteindre   tenir   faire   pouvoir   croître

219. **Mettez les verbes au passé simple et au futur simple.**

tu les (oublier)   tu leur (donner)   tu lui (écrire)   tu nous (conduire)

220. **Écrivez comme il convient les verbes entre parenthèses.**

Oh ! les lilas surtout, vois comme ils grandissent ! Leurs fleurs que tu (baiser, *imparf.*) en passant, l'an dernier, tu ne les (respirer, *fut.*), mai revenu, qu'en te haussant sur la pointe des pieds, et tu (devoir, *fut.*) lever les mains pour abaisser leurs grappes vers ta bouche… Et les violettes elles-mêmes, écloses par magie dans l'herbe, cette nuit, les (reconnaître, *prés.*)-tu ? Tu (se pencher, *prés.*), et comme moi tu (s'étonner, *prés.*) : ne sont-elles pas, ce printemps-ci, plus bleues ? Non, non, tu (se tromper, *prés.*), l'an dernier, je les ai vues moins obs- cures, d'un mauve azuré, ne (se souvenir, *prés.*)-tu pas ?… Tu (protester, *prés.*), tu (hocher, *prés.*) la tête… Regarde comme moi ressusciter et grandir devant toi les printemps de ton enfance…

(COLETTE : *Les Vrilles de la Vigne*, Ferenczi.)

221. **Mettez les verbes en italique au présent de l'indicatif.**

Surveille bien le passage des papillons rouges. Tu n'*avoir* qu'à aller dessous l'arbousier. Tu *rester* un moment sans bouger. Tu *regarder* en l'air, tu *regarder* l'envers des feuilles. Alors, tu les *voir* ; ils sont rouges ; mais ils ont aussi trois grosses taches noires. Ce ne sont pas des taches, ce sont des bandes, tu *savoir.* Alors, voilà ce que tu *faire* : d'abord, tu *rester* au plaisir de les regarder. Puis, tu *aller* dans mon bureau, et, à droite de la bibliothèque, dans le coin, il y a mon filet à papillons. Tu le *prendre.* Tu *revenir* dessous l'arbousier. Tu *choisir* avec l'œil un rameau où ils sont trois ou quatre à dormir sous l'envers des feuilles. Quatre, pas plus. Les autres, il faut les laisser. Tu *remonter* doucement ton filet et puis tu les *prendre.*

(JEAN GIONO : *L'Eau vive*, Gallimard.)

Le sujet *on*

- Devant le grand feu, *on oubliait* le froid.   (G. DROZ)
- J'ai des mots d'enfant ; *on* les *retient, on* me les *répète*.

(J.-P. SARTRE)

RÈGLE

On est un **pronom indéfini**, masculin, singulier, toujours **sujet** d'un **verbe** à la **3ᵉ personne du singulier**.

Il est possible de lui **substituer il, l'homme, elle, la femme, quelqu'un...** pour le distinguer de **ont,** verbe **avoir** qui se conjugue.

L'**adjectif qualificatif** ou le **participe passé** qui se rapporte à **on** est généralement au **masculin singulier.**
On *était* parti *de bonne heure.*

Toutefois, si **on** désigne de manière précise **une femme** ou **plusieurs personnes**, l'adjectif qualificatif ou le participe passé sont au **féminin** ou au **pluriel.**
Comme on *est* belle !
On *est tous* égaux *devant la loi.*

EXERCICES

222. Remplacez les points par *on* ou *ont*. Justifiez l'orthographe en indiquant une substitution entre parenthèses.

… aime jouer avec ceux qui … bon esprit et qu'… devine disponibles et volontaires. – Les visiteurs … quitté le parc, mais … laissé des papiers qu'… devra ramasser. – … apprend aisément ce qu'… comprend. – Oh! mais … devient savantes ! dit le professeur en voyant nos travaux. – … est resté bons camarades, mais … s'est peu vu, car nos parents … déménagé.

223. Mettez les verbes en italique à l'imparfait de l'indicatif.

On *cheminer* le long des allées, on *se pencher* sur les châssis, on *ramasser* une prune, on *admirer* le velours pointillé d'une scabieuse nouvelle. (J. CRESSOT) – On ne *voir* pas la mer, on l'*entendre* ; on la *sentir.* (G. FLAUBERT) – La digestion faite et la sueur essuyée, on *entrer* dans l'eau jusqu'à mi-jambes et l'on *poursuivre* sous les pierres bleues des petits poissons qu'on n'*attraper* pas. (J. VALLÈS) – Enfin, on *s'éveiller,* on *s'étirer* en prenant des poses. Puis, tout à coup, on *commencer* des courses folles, très légères ; à deux mains, on *tenir* les coins de son tablier qu'on *agiter* tout le temps en manière d'ailes. (P. LOTI)

224. Écrivez *tomber, partir, venir, aller, arriver* à la 3ᵉ personne du singulier du plus-que-parfait. On emploiera successivement *il, elle, on.*

225. Analysez cinq *on* de l'exercice 223.

Le sujet *qui*

- Il regardait les chars *qui* défilaient sur l'avenue.
- C'est toi *qui* parleras le premier.
- Nous attendons un guide et un médecin *qui* sont spécialistes des expéditions en haute montagne.

RÈGLE

Le **pronom relatif qui** est de la **même personne** que son **antécédent**.
Qui étant **sujet** d'un verbe, il faut chercher son **antécédent** pour faire l'accord.
Les enfants qui *s'aventurent sur la glace prennent des risques.*
(Qui a pour antécédent enfants, 3e pers. du plur., donc *-ent*.)

Remarques

1. Précédé d'une **préposition** (*à, de, pour, avec...*), *qui* est **complément**.
   Le client à qui *nous avons livré les marchandises payera en fin de mois.*

2. *Qui*, **pronom interrogatif**, n'a **pas d'antécédent**.
   Qui cherches-tu ?

EXERCICES

226. Transformez les deux phrases en une seule en utilisant *qui* sujet.

L'agent arrête les automobiles ; les automobiles vont trop vite. – Ce jardin me plaît ; ce jardin est très bien entretenu. – Prends le cahier et le crayon ; ils sont sur la table. – La maison a un toit d'ardoise ; la maison est cachée dans le bois. – L'hôtesse a consolé cette fillette. Elle s'était perdue.

227. Mettez les verbes en italique au présent de l'indicatif.

Je t'adore, Soleil, toi qui *sécher* les pleurs des moindres graminées. (E. ROSTAND) – Il faut recommencer une jolie grimpade au milieu du fracas des pierres qui *s'écraser, se désagréger* et *rouler*. (P. LOTI) – Étoile qui *descendre* sur la verte colline... Où t'en vas-tu dans cette nuit immense ? (A. DE MUSSET) – Viens, toi qui l'*ignorer*, viens que je te dise tout bas : le parfum du bois de mon pays égale la fraise et la rose. (COLETTE) – Alors, maman, tu travailles pour l'humanité, toi qui *préparer* un homme. (C.-L. PHILIPPE)

228. Mettez les verbes en italique à l'imparfait de l'indicatif.

Mon grand-père avait trois chats qu'il *aimer* et qui l'*aimer* aussi pas mal. (P. ARÈNE) – À ceux qui ne *connaître* pas le perroquet, elle en *faire* la description. (G. FLAUBERT) – Ô vieil ouvrier, comme tu étais riche et enviable, toi qui n'*aspirer* qu'à une chose, bien faire ce que tu faisais. (G. DUHAMEL)

229. Analysez les pronoms relatifs et les antécédents de l'exercice 228.

Accords particuliers[1]

1.   Quand un verbe a plusieurs sujets résumés dans un **seul mot** comme *tout, rien, ce,* etc., c'est avec ce mot qu'il s'accorde.

    La haie, les ormes, les clôtures, tout semblait *mort, tué par le froid.*
    (G. DE MAUPASSANT)

[note manuscrite : a le choix ←]

2.   Quand un verbe a **deux sujets singuliers** unis par **ou** ou par **ni,** il se met au **pluriel,** à moins que l'action ne puisse être attribuée qu'à un seul sujet.

    Ni le docteur ni Thérèse ne rient *de ma plaisanterie.*   (A. FRANCE)

    Le maître attend que le soir qui tombe ou le jour qui blanchit les carreaux lui emporte *son mal ou sa vie.*   (A. DAUDET)

3.   Quand un verbe a pour sujet un **collectif** suivi d'un complément, il peut s'accorder, selon le sens, avec le collectif ou avec le complément.

    Une armée de servantes, de marmitons se démenaient.   (E. MOSELLY)

    Une armée de marmites et de casseroles reposait *sur un lit de braise.*   (E. MOSELLY)

4.   Quand les sujets d'un verbe forment une **gradation**, c'est avec le **dernier** que le verbe s'accorde. *[note manuscrite : Peu utilisé, littéraire]*

    Un seul mot, un soupir, un coup d'œil nous trahit.   (VOLTAIRE)

5.   Quand plusieurs sujets singuliers représentent **un seul être** ou **un seul objet**, le verbe reste au singulier. *[note manuscrite : Parle de la même chose]*

    Comme chaque matin, une mince colonne lilas, une tige de lumière, debout, divise *l'obscurité de la chambre.*   (COLETTE)

6.   Quand le sujet d'un verbe est un adverbe de quantité comme *beaucoup, peu, combien, assez,* etc., le verbe se met au pluriel.

    Beaucoup en ont *parlé, mais peu l'*ont *bien connue.*   (VOLTAIRE)

7.   Quand le sujet comprend la locution **le peu de,** le verbe est indifféremment singulier ou pluriel.

    Le peu de cheveux qui reste grisonne *allégrement.*   (G. DUHAMEL)

    Le peu de matelots qui restaient essayèrent *d'implorer la pitié des révoltés.*   (MÉRIMÉE)

[note manuscrite : Accumulation d'infinitif reste singulier]

---

1. Voir l'arrêté du 28 décembre 1976, à la fin du livre.

Remarques

1. Une **gradation** est une figure dans laquelle les mots ou les idées forment une progression ascendante ou descendante.

Les sujets singuliers disposés en **gradation** ne s'ajoutent pas, ils se fondent dans une seule idée, l'**accord** se fait avec le **dernier sujet**.

Crainte, souci, même le plus léger émoi s'évaporait *dans son sourire.*

(A. GIDE)

2. Au contraire, plusieurs sujets singuliers ne formant pas gradation s'ajoutent et veulent le verbe au pluriel.

La pluie, le vent, l'orage chantent *à leurs oreilles les enseignements sacrés.*

(J. GIONO)

EXERCICES

230. Écrivez les verbes en italique au présent de l'indicatif.

Le vent, la pluie, un écho de pas *effrayer* le jeune levraut. – Le grincement d'une serrure, le craquement d'un meuble, tout le *tourmenter.* – Les difficultés et les échecs, rien ne *rebuter* le savant. – Faire de longues ascensions, vivre sous la tente, voilà qui *fortifier.* – Le tonnerre ou le dégel *provoquer* l'avalanche. – Ma mère ou ma sœur *prendre* le volant. – Les joueurs et l'arbitre *pénétrer* sur le terrain. – Beaucoup *parler,* peu *réfléchir.* – Le docteur ou son remplaçant *recevoir* le matin. – La plupart des habitants *travailler* à l'usine.

231. Écrivez les verbes en italique à l'imparfait de l'indicatif.

Ni le blé ni la vigne ne *pousser* dans cette région. – Une bonne parole ou un sourire le *réconforter.* – Ni Jacques ni Jean-Paul n'*être* au lycée, ce jour-là. – Ni Simon ni Renaud ne *laisser* ses devoirs pour regarder la télévision. – Le maître ou l'élève *installer* le projecteur de diapositives. – La mer ou la montagne lui *plaire* pour passer ses vacances, *convenir* à sa santé. – Mon frère, cet intrépide, cet audacieux, *escalader* les rochers. – Grand-mère, ma confidente, *sembler* m'attendre.

232. Écrivez les verbes en italique au présent de l'indicatif.

Un vol de corbeaux *glisser*, rasant la cime des arbres. (R. BAZIN) – Il faut crier pour s'entendre, il y en a qui *commencer* à avoir peur. (A. DAUDET) – Son échec ou sa réussite *dépendre* du volume des ventes. – Un peuple d'oiseaux *siffler, chanter, gazouiller, crier.* (F. DE CROISSET) – Le temps ou la mort *être* nos remèdes. (J.-J. ROUSSEAU) – Une troupe de canards sauvages, tous rangés à la file, *traverser* en silence un ciel mélancolique. (CHATEAUBRIAND) – Ni ce breuvage, ni la tempête qui gronde en son cœur ne l'*aider* à voir plus clair en lui. (J. WEYGAND) – La chaleur, le ronronnement sourd des paroles, le pétillement de la flambée, tout *concourir* à créer une atmosphère de bonheur. (E. ROCHER)

Le, la, les, l' devant le verbe

• Leur mère *les gouvernait* par la douceur.   (BALZAC)
• L'air *le grisait*, les fleurs *l'attendrissaient*.   (C. WAGNER)

RÈGLE

Quels que soient les mots qui le précèdent, **le verbe s'accorde toujours avec son sujet.**

Le, la, les, l' placés devant le **nom** sont des **articles.** Ils n'ont pas de lien avec le verbe.

Le, la, les, l' placés devant le **verbe** sont des **pronoms personnels, compléments directs d'objet** du verbe. Ils ne concernent pas l'accord verbe-sujet.

Remarque grammaticale

Le, la, les, l' placés devant un verbe suivi d'un infinitif peuvent être sujets de l'infinitif et former avec lui une proposition infinitive complément.

Le soleil se lève. On le *voit* s'annoncer *de loin.*   (J.-J. ROUSSEAU)
On le *voit* s'annoncer = *on voit* le s'annoncer (le = le soleil)

EXERCICES

233. Mettez les verbes en italique au présent de l'indicatif.

La verdure a pris, durant la nuit, une vigueur nouvelle ; le jour naissant qui l'*éclairer*, les premiers rayons qui la *dorer*, la *montrer* couverte d'un brillant réseau de rosée. (J.-J. ROUSSEAU) — Les insectes et les fleurs m'émerveillent davantage à mesure que je les *observer*. (A. FRANCE) — Je ne sais pas très bien amuser les enfants, je les *regarder,* je les *écouter,* je les *aimer,* mais je ne sais guère inventer les choses qui les *amuser*. (G. DUHAMEL) — Ma présence et la lumière l'*étonner*. (J. RENARD) — Ma chambre est telle que je la *vouloir* : j'y passe une heure ou deux. (A. SARRAZIN)

234. Mettez les verbes en italique à l'imparfait de l'indicatif.

Les limites imprécises de mon domaine le *rendre* illimité. (J. GUÉHENNO) — Le bois se débarrassait de la neige qui l'*alourdir*, les grosses branches la *rejeter* d'un seul coup. (M. AUDOUX) — La mère soignait ses petits, les *regarder* manger, les *faire* boire. (G. BEAUME) — Les enfants l'*adorer* ; lui ne les *aimer* pas. (STENDHAL) — Ses yeux étaient brouillés et brûlaient ses paupières quand il les *abaisser*. (G. ARNAUD)

235. Analysez *le, la, les, l'*, pronoms personnels dans l'exercice 233.

236. Relevez les propositions infinitives dans l'exercice 234.

Leur placé près du verbe

• **Les adultes ont une grande facilité à vivre. Tout *leur* est accessible. Comment entrer dans *leurs* rangs ?**   (M. CARDINAL)

• **Les oiseaux s'enlèvent avec *leur* proie au bec et battent l'air de *leurs* ailes frénétiques.**   (A. Daudet)

RÈGLE

Leur placé près du verbe, quand il est le pluriel de **lui**, est un pronom personnel complément et s'écrit toujours **leur**.

Ne confondez pas **leur** pronom personnel avec **leur** adjectif possessif qui prend un **s** quand il se rapporte à un nom pluriel.

Pour les distinguer, il est possible d'user de substitutions : **lui** à la place de **leur**, pronom personnel, et **son, sa, ses** pour **leur(s)** adjectif possessif.

Remarques

1. *Leur,* **pronom,** peut être :

   a) complément indirect d'objet.
   Paul aime ses parents et leur *obéit.*

   b) complément d'attribution.
   Le maître parle aux élèves et leur *donne des conseils.*

2. Un verbe ne peut avoir de complément d'attribution que s'il a déjà un complément d'objet (attribution de l'objet).

EXERCICES

237. Mettez *leur* ou *leurs*. Accordez les mots en italique, s'il y a lieu.

La pluie et le vent frappent … *visage,* brouillent … *cheveu* et rendent les coureurs méconnaissables. La poussière dessine des rigoles sur … *peau,* … *trait* sont creusés, … *œil* égarés. Il … faut faire de violents efforts pour garder un bon rythme et la montée de ce col, le premier, … livre déjà la mesure de l'étape. De rares spectateurs … crient des encouragements, … donnent parfois de dérisoires conseils. La montagne … offre le défi des rudes pentes et des lacets. Tous pensent à … *prochain assaut,* aux cols qui les attendent, tandis que la sueur ruisselle sur … *tempe,* et que le froid commence à percer … *vêtement.*

238. Même exercice que 237.

La gloire … importait avant tout. Elle était le pivot de … *vie* autour duquel tout s'organisait. (É. BADINTER) – Des massifs de pins argentés découpaient sur les gazons … *silhouette grêle.* (A. THEURIET) – … *mère* ne … cachait rien, … expliquait tout. (BALZAC)

239. Analysez *leur* et *leurs* contenus dans l'exercice 238.

On – on n'

• *On* apprend d'abord à boire du lait. *On n'*apprend que plus tard à respirer des fleurs.

(A. FRANCE)

• *Il* apprend d'abord à boire du lait. *Il n'*apprend que plus tard à respirer des fleurs.

RÈGLE

Le sens indique s'il faut mettre la négation.

La liaison peut faire oublier le **n'** de la négation si le verbe commence par une voyelle. **Remplacez on** par **il** pour savoir s'il faut écrire **n'**.

Repérez aussi la présence du **deuxième élément de la négation** (ne ... pas, n'... pas, n'... jamais, n'... plus, n'... rien, n'... guère, etc.).

EXERCICES

240. **Remplacez les points par *il* et par la négation *n'*, s'il y a lieu, puis récrivez la même phrase en remplaçant *il* par *on*.**

... entend la sirène du bateau qu' ... aperçoit à peine dans la brume. – ... arrivera avant la nuit si ... a pas été retardé par le mauvais temps. – ... approchait qu'à tâtons, ... avançait lentement. – ... oublie pas les bonnes vacances, l'hiver ... évoque les beaux souvenirs. – ... a guère envie de sortir de chez soi quand ... entend la pluie battre les vitres. – ... éprouve aucun plaisir quand ... a pas fait son devoir. – ... a appelé plusieurs fois mais ... a pas répondu. – Tout sera fourni, ... emporte ni draps ni couvertures.

241. **Remplacez les points par *on* ou *on n'*.**

... est à l'heure exquise des espoirs sans fatigue, ... a plus peur des gelées retardataires. (J. RICHEPIN) – Par économie, ... allumait pour la maison entière qu'un seul feu. (A. DAUDET) – Qu'... imagine un malheureux enfant qui, tous les jours de l'année, pour le jeu comme pour l'étude, porte une espèce de cuirasse blanche. (A. GIDE) – Ce jardin qu'... entretenait guère, renfermait des surprises. (P. LOTI) – ... entendait plus rien que le frémissement des feuillages et l'appel éperdu de la nuit. (A. GIDE) – La rue est faite pour qu'... y passe et non pour qu' ... y joue. (G. DUHAMEL) – ... a plaisir à suivre chaque matin ce sentier étroit et sinueux. (A. FRANCE) – Quand ... était trop fatigué d'être assis, ... allait se promener dans les cours ou jouer une partie de bouchon. (G. FLAUBERT) – Depuis longtemps déjà, ... aperçoit la grande ligne des flots gris. (MAUPASSANT)

242. **Avec chaque verbe, construisez une phrase avec *on*, puis avec *on n'* :** attendre, entamer, écouter, arriver, hésiter, éprouver.

Exercices de révision

243. Écrivez les verbes aux temps indiqués.

La voie ferrée et la route nationale (se côtoyer, *imparf.*) sur une grande distance. (L. Massé) – Une paire de petits yeux bleu clair et un menton carré (annoncer, *imparf.*) une volonté inébranlable. (E. About) – J'y restais presque tout le jour dans cette espèce de stupeur et d'accablement délicieux que (donner, *prés.*) la contemplation de la mer. (A. Daudet) – Des collines (descendre, *imparf.*) le chant fragile du rossignol. (R. Rolland) – Tout en haut, entre les arbres, (briller, *prés.*) un peu de ciel bleu. (Taine) – Du sein de la forêt (s'échapper, *prés.*) de doux murmures et (s'exhaler, *prés.*) mille parfums. (B. de Saint-Pierre)

244. Mettez les verbes aux temps indiqués.

La leçon se poursuivait dans un ronronnement assoupi que (troubler, *imparf.*) parfois la chute et le roulement d'une bille. (G. Duhamel) – Je (prendre, *imparf.*) l'un des petits, visage contre visage, je revenais devant la glace et je disais tout haut : «Maintenant, c'est toi qui (avoir, *prés.*) des joues fraîches, c'est toi qui (être, *prés.*) rose !» (C. Sainte-Soline) – Superbe soleil de midi, tu nous (brunir, *prés.*) la face, tu (mûrir, *prés.*) la moisson, tu (être, *prés.*) le père de la vie. (J.-H. Fabre) – Les rossignols, qui (abonder, *prés.*) par ici, (devoir, *prés.*), chaque soir, accorder leurs petites voix de cristal. (P. Loti)

245. Mettez les verbes à l'imparfait.

Depuis deux jours, ils ne *gouverner* plus le voilier qui *être* pris dans une tempête peu commune. Nos navigateurs *affronter* du gros temps que ne *prévoir* ni la météorologie, ni le skipper. Les mâts *craquer*. Chacun *amener* les voiles que *pouvoir* emporter, à tout moment, les rafales ou les vagues hautes. Jean *baisser* les bras et les *lever* pour diriger la manœuvre, car on ne l'*entendre* pas. Saisir les cordages, les tirer, carguer les voiles *devoir* prendre le moins de temps possible. On *confier* ainsi le voilier aux éléments et *attendre* l'accalmie.

246. Écrivez comme il convient les mots entre parenthèses.

Jean le Bleu coupe les liens, Léonard les (tordre, *prés.*). Mille les (porter, *prés.*) aux femmes. (J. Giono) – Ses bras desséchés ne remplissent plus le bracelet de pierreries qui les (entourer, *prés.*). (Mme de Staël) – Toutes les plantes fourragères unissent *(leur forme)* et *(leur teinte)*. (A. Theuriet) – Les insectes commencent dans les galeries *(leur existence active et cruelle)*. (M. Tinayre) – On entendait crier les volailles que la servante poursuivait pour *(leur)* couper le cou. (G. Flaubert) – Le vent tordait les hêtraies et *(leur)* arrachait des gémissements. (E. Moselly)

247. Écrivez comme il convient les verbes en italique.

Les moutons eux-mêmes ressemblaient à de la neige. J'étais obligée de faire attention pour ne pas les *perd...* de vue. Je réussis à les *rassembl...* (M. AUDOUX) – On trouve des fraises dans ces bois, mais il faut savoir les *cherch...* (A. FRANCE) – Les brises s'assemblaient aussi au fond des creux bien abrités où l'on croyait les *entend...* chuchoter, rire. (R. ESCHOLIER)

248. Mettez les verbes en italique au présent de l'indicatif.

Ensemble, ils *cueillir* en pleine fournaise un des cercles incandescents, l'*apporter* au-dessus de la roue et le *placer* exactement sur le pourtour. (R. MARTIN DU GARD) – Un dégoût, une tristesse l'*envahir.* (G. FLAUBERT) – Son regard et le son de sa voix *sembler* plutôt angéliques qu'humains. (A. GIDE) – On entend distinctement, dans le silence du soir, le bruit sourd des lames que *traverser* le cri mélancolique du cormoran. (A. FRANCE) – Seul, le ciel où s'*allumer* les premières étoiles a sur nos têtes une douceur charmante. (A. FRANCE)

249. Mettez les verbes en italique à l'imparfait de l'indicatif.

Ma première récréation

Toute une nuée d'enfants s'*arracher* des classes et se *répandre* dans la cour. Tout ce mouvement, toute cette agitation me *donner* le vertige. Je n'avais jamais surveillé ces moments qui *permettre* aux élèves de s'évader de l'immobilité forcée des cours. Ici, on se *rassembler,* on s'*organiser,* on *accepter* les règles de jeu d'un leader, et tous *filer* dans des poursuites folles. Ailleurs, de petits groupes épars, des filles souvent, où s'*établir* des relations plus confidentielles. Et aussi des isolés qui s'*enfermer* dans des rêves ou *échafauder* des projets. Un monde très vivant, très divers. Ces différences de comportement qui *paraître* familières à mes collègues m'*impressionner,* m'*intéresser* beaucoup, moi, jeune instituteur qui *découvrir* le monde de l'enfance.

250. Mettez les verbes aux temps indiqués.

Rêve, rêve, pauvre homme, ce n'est pas moi qui t'en (empêcher, *fut.*). (A. DAUDET) – Le vent frais, l'air subtil, le ciel riant m'(emplir, *pas. simple*) de gaieté et d'oubli. (A. FRANCE) – Lorsque je voyais tout ce blé, j'avais comme un petit mouvement de fierté en songeant : c'est moi qui (faire, *pas. comp.*) cela. (E. LE ROY) – Cet homme tombé du ciel, ce vagabond, ce coureur de routes n'(avoir, *pas. comp.*) qu'à se présenter chez lui, et Karel lui ouvre sa porte. (M. COLMONT) – Ni l'un ni l'autre n'(répondre, *pl.-que-parf.*) à son salut. (R. BAZIN) – Le maire avec ses deux fils, ses clients et les gendarmes (se présenter, *pas. simple*) devant moi. (P. MÉRIMÉE) – Le metteur en scène et sa petite escorte (parvenir, *pas. simple*) ainsi jusqu'à la clairière qui (s'étendre, *imparf.*) devant les ruines du château. (L. WERNER)

Le participe passé employé avec *être*

* **La rue Marcadet à son tour est *franchie*.** (J. ROMAINS)
* **Nous étions *mouillés,* nous avions faim.** (A. DAUDET)

RÈGLE

Le participe passé employé avec l'auxiliaire **être s'accorde** en **genre** et en **nombre** avec le **sujet** du verbe.

Observez que le **participe passé** est en situation **d'attribut du sujet**.

la rue étroite – la rue est étroite – la rue est franchie (Fém. sing., donc *-ie*.)

les prés verts – les prés sont verts – les prés sont séparés (Masc. plur., donc *-és*.)

Remarques

1. Lorsqu'une expression est formée de **avoir** et de **été,** c'est du verbe **être** qu'il s'agit. Dans ce cas, il y a accord entre participe passé et sujet.

   *La glissade avait été particulièrement soign*ée. (L. PERGAUD)

2. Le participe passé des verbes qui se conjuguent toujours avec **être,** comme *tomber, arriver, partir,* et le participe passé des verbes passifs, comme *être aimé, être fini,* forment avec **être** un temps de ces verbes.

   L'auxiliaire et le participe passé ne doivent pas être séparés dans l'analyse.

   Le tonnerre a grondé, la pluie est tombée. (passé composé de *tomber,* voix active)

   Les quais étaient envahis *d'une foule affairée.* (imparfait de *envahir,* voix passive)

3. En revanche, lorsqu'un participe passé employé accidentellement avec **être** ne forme pas avec cet auxiliaire une tournure passive, le participe passé s'analyse seul. Il est attribut du sujet.

   Sur les murs de ma cour, les rosiers blancs étaient fleuris. (P. LOTI)
   (*fleuris* : attribut de rosiers blancs)

   La distinction est possible quand le participe passé est suivi d'un complément, car on peut mettre la phrase à la voix active.

   Les quais étaient envahis *d'une foule affairée.*

   Une foule affairée envahissait *les quais.*

EXERCICES

251. Conjuguez aux temps indiqués

passé composé	*passé simple*	*futur simple*	*plus-que-parfait*
partir à l'heure	être oublié	être saisi	être craint
aller aux champs	être habillé	être meurtri	être battu

252. Accordez les participes passés des verbes en italique.

Nous sommes *choyer* par nos parents. – Les arbres étaient *dépouiller,* les rivières étaient *geler,* la terre était *durcir.* – La neige est *tomber* sur la chaussée ; les voitures qui sont *équiper* de chaînes peuvent *circuler,* les autres seront *obliger* d'attendre le passage du chasse-neige. – Les citernes ont été *vider* afin d'être *nettoyer.* – Les galettes ont été *réussir,* elles ont été *déguster* par les invités. – Nous sommes *partir* à l'heure, nous sommes *arriver* à temps à la gare. – La télévision a été *livrer* avec un micro-ordinateur. – La campagne était *ensevelir* sous la neige, les maisons étaient *encapuchonner* de blanc. – Les pétales de la rose sont *tomber.*

253. Accordez les participes passés en italique.

À l'arrivée, nous étions *attendu* sur la route, au pont de la rivière, par nos cousins. (P. Loti) – Nous n'avons pas été *créé* pour le bureau, pour l'usine, pour le métro, pour l'autobus. (J. Giono) – D'un seul coup, nous fûmes *soulevé, entraîné, roulé.* (G. Duhamel) – Étaient-ils *trahi* momentanément par leurs jambes ou *cloué* sur leur lit par un mauvais rhume ? (P.-J. Hélias) – En un instant les promeneurs furent *enveloppé* par l'ouragan, *affolé* par les éclairs, *assourdi* par le tonnerre, *trempé* des pieds à la tête. (R. Rolland)

254. Accordez les participes passés en italique.

Dès qu'un feu est *découvert,* prévenir un responsable de l'établissement. Les services d'incendie et de secours seront *alerté* par la direction, tandis que les agents du lycée proches du foyer sont *chargé* de la première intervention. Extincteurs, sable et lances peuvent être *utilisé* pour attaquer le feu. L'alerte générale est *donné* par des sonneries *répété.* Chaque classe reste *groupé* sous la responsabilité du professeur. Les portes sont *fermé* après le départ du dernier élève. Le groupe gagne la cour conformément au circuit de dégagement qui est *fléché.* Les absences seront *contrôlé* par le professeur, et l'administration en sera *informé.*

255. Accordez les participes passés en italique.

Dans ce quartier, toutes les portes étaient *fermé* et les persiennes *clos.* (A. Camus) – Les raisins musqués étaient *dévoré* par des légions de mouches ou d'abeilles. (P. Loti) – Nous sommes *environné* d'hirondelles. (T. Derème) – Nous nous assîmes au pied d'un châtaignier et là nous fûmes *attaqué* par les canards. (P. Loti) – Une belle alouette huppée était *arrivé* d'un vol au bord de la mare. (J.-H. Fabre) – Les groseilles sont *pressé* et le jus se met à bouillir dans les bassines. (G. Franay) – L'été incendiait la plaine. Tout était *brûlé.* (P. Neveux)

256. Dans l'exercice 255, analysez les participes passés et les auxiliaires, s'il y a lieu.

Le participe passé employé avec *avoir*

• **Nous *avons rêvé* de pays inconnus.** (M. Herzog)
• **La rame du métro *a ralenti* et *s'est arrêtée*. Nous *avons attendu* longtemps.** (R. Barjavel)

RÈGLE

Le verbe **avoir** n'est pas attributif.

Le participe passé employé avec l'auxiliaire avoir ne s'accorde jamais avec le sujet du verbe.

EXERCICES

257. Conjuguez *être caché* au présent et à l'imparfait, *cacher* au passé composé et au plus-que-parfait.

258. Écrivez correctement les participes passés en italique.

nous avons *décidé*	vous avez *perdu*	ils avaient *obéi*
n. avons été *décidé*	v. avez été *perdu*	ils avaient été *obéi*
n. sommes *décidé*	v. êtes *perdu*	ils étaient *obéi*
n. aurons *guéri*	n. serons *guéri*	n. aurons été *guéri*

259. Écrivez correctement les verbes en italique.

Nous avions *laisser* au-dessous de nous les hêtres et les sapins. (A. Dumas) – Les araignées, de motte en motte, avaient déjà *tendre* de fins cheveux de lumière. (G. Duhamel) – La brise avait encore *fraîchir* ; le premier, Sturmer frissonna. (G. Arnaud) – La fleur du genêt avait *éclater*. (R. Bazin) – Les biches avaient *bondir* et *disparaître* dans le taillis. Les pies ont *finir* de jacasser. Les hirondelles et les martinets ont *conclure* la trêve de la chaleur. (H. Duclos) – Les cerisiers avaient *fleurir* dans la même semaine. (R. Bazin) – Les pluies avaient *grossir* la petite rivière. (M. Audoux)

260. Même exercice que 259.

Lorsque la louve avait *commencer* à aller chasser au-dehors, elle avait *laisser* derrière elle le louveteau. Non seulement elle lui avait *inculquer*, à coups de nez et de patte, l'interdiction de *s'approcher* de l'entrée de la caverne, mais une crainte spontanée était *intervenir* chez lui. Jamais il n'avait rien *rencontrer* qui pût l'effrayer pendant qu'il avait *vivre* dans la tanière. Cependant, la crainte était en lui. Elle lui était *venir* d'un atavisme ancestral à travers des milliers de vie. Il avait *recevoir* cet héritage de son père et de la louve, mais ceux-ci l'avaient *recueillir* de toutes les générations de loups disparues.

(D'après Jack London : *Croc-blanc.*)

Le participe passé employé avec *avoir*

• La vieille *avait décroché* la *marmite* de sa crémaillère et l'avait *posée* par terre.

(F. Mɪsᴛʀᴀʟ)

• Les truites *qu'*on a *prises* ont *amélioré* le *repas.*

• Quelle *conséquence* ont *eue* ces réclamations ? On *nous* a *reçus* et on a *modifié* les *horaires.*

• Quelles belles *poires* nous avons *récoltées* !

RÈGLE

Le participe passé employé avec l'auxiliaire **avoir** ne s'accorde jamais avec le sujet du verbe, **mais il s'accorde en genre et en nombre avec le complément direct d'objet quand celui-ci est placé avant le participe.**

Remarques

1. Pour s'assurer de la nécessité de l'accord, on constate :

   – que le participe passé est employé avec **avoir** (parfois sous-entendu).

   – que le verbe a un **complément direct d'objet**. Ce peut être un **nom,** mais c'est souvent un **pronom.** (Les questions «qui ?» ou «quoi ?» peuvent aider à le trouver.)

   – qu'il est **placé avant le participe passé.** (Au moment où nous écrivons le participe, nous avons déjà écrit le mot qui désigne le complément direct d'objet.)

   Nous avons déballé les disques et les avons classés.

   Classés, participe passé employé avec **avoir** a un complément d'objet direct (*les,* pronom personnel pour *les disques*) placé avant lui, donc accord.

2. Dans certains cas, il faut être attentif au sens ou au contexte de la phrase.

   Le peu d'informations qu'il a reçu n'a pas permis de traiter la question.

   Le peu d'informations qu'il a reçues lui ont été utiles.

3. Généralement, un participe passé employé avec **avoir** ne s'accorde avec le complément direct d'objet que dans :

   – une phrase **exclamative.**

   Quelles difficultés il a eues !

   – une phrase **interrogative.**

   Quels vins ont-ils bus ?

   – une phrase où le **complément direct d'objet** est un des **pronoms personnels** suivants : *m', t', nous, vous, le, la, l', les,* ou le **pronom relatif** *que, qu'.*

EXERCICES

261. Accordez les participes passés des verbes en italique.

Les gelées ont *griller* les dernières feuilles. – Les arbres que les oiseaux ont *piller* ployaient sous le poids des fruits. – Les enfants que nous avons *diriger* ont *suivre* nos conseils. – Nous avons *escalader* des pentes escarpées. – Nous avons *courir,* nous avons *sauter,* nous avons *chanter,* nous avons *passer* une bonne journée. – Les musées qu'ils avaient *visiter* contenaient des tableaux de grande valeur. – Elles ont *rapporter* de la campagne des brassées de fleurs. – Je vous rends les documents que vous m'aviez *prêter.*

262. Accordez les participes passés des verbes en italique.

Des cris ont *retentir,* qui nous ont *effrayer.* – Nous avons *déguster* la galette que grand-mère nous avait *apporter.* – Nos camarades nous ont *appeler,* nous leur avons *répondre.* – Cette lettre nous a *rassurer,* elle nous a *donner* un grand réconfort. – Les hirondelles nous ont *annoncer* le printemps. – Les explorateurs nous ont *relater* leurs voyages. – Malgré le mauvais temps, ils nous avaient *attendre.* – Nous avons *suivre* un sentier qui nous a *ramener* au village. – Du haut de la montagne, nous avons *découvrir* un panorama qui nous a *émerveiller.* – Les passereaux, qui nous avaient *égayer* tout l'été, ont *fuir* dès les premiers froids.

263. Accordez les participes passés des verbes en italique.

Nos voisins nous ont *aider,* nous les avons *remercier.* – Ces livres nous avaient *plaire,* nous les avons *relire* avec plaisir. – Le chien a *ronger* ses os puis il les a *enterrer* dans le jardin. – Les roses que nous avons *cueillir,* nous les avons *disposer* dans les vases. – Nous avions *emprunter* une certaine somme, nous l'avons *rendre* à la date fixée. – La tempête avait *jeter* les barques à la côte et les avait *briser* contre les rochers. – J'ai *accompagner* ma sœur à la gare et je l'ai *quitter* au départ du train. – Les spectateurs ont *attendre* le chanteur et l'ont *applaudir* à son entrée en scène.

264. Recopiez le texte en corrigeant l'orthographe des participes passés si nécessaire.

Les vacances qu'Anne a passé dans les Îles sont les meilleures qu'elle a vécus, dit-elle. Elle les a célébré mille et une fois devant ses camarades, tantôt racontant les promenades en pirogue qui l'avaient enchanté, tantôt vantant la gentillesse de ses hôtes qui lui avaient fait découvrir le monde de la nature et de la simplicité. Elle avait été émerveillée par les cascades irisant les vallons, l'épaisse forêt qu'elle avait parcouru par des sentiers secrets, pour découvrir, arrivée au sommet, des panoramas qui l'ont étonnés. Le soir, sur la plage, elle avait enregistré les airs que les groupes avaient joués. Replongée dans la vie citadine, elle ne cesse de les écouter et de contempler les photographies qu'elle a pris.

Attention à l'inversion du sujet.

265. Mettez les verbes entre parenthèses aux temps indiqués.
L'habit noir du père luisait aux endroits qu'(ronger, *p.-que-parf.*) l'essence.
(M. ARLAND) – Le soleil recommence à briller dans le ciel d'où l'(chasser, *p.-que-parf.*)
les nuages. (H. BACHELIN) – Les graines apportées par le vent (germer, *p.-que-parf.*) au
hasard, à la place qu'(occuper, *p.-que-parf.*) les jolies fleurs. (T. GAUTIER) – La falaise
écarlate laisse rouler dans les plis de son manteau de sable les blocs cyclopéens que
lui (arracher, *pas. comp.*) l'érosion. (J. WEYGAND) – Victor Hugo, enfant, (avoir, *pas.
comp.*) le privilège de recevoir une éducation que n' (désavouer, *cond. pas. 2ᵉ f.*) ni
Rousseau ni Voltaire. (P. AUDIAT) – Zadig voulut se consoler par la philosophie et par
l'amitié des maux que lui (faire, *p.-que-parf.*) la fortune. (VOLTAIRE)

Attention ! Le participe passé est séparé de l'auxiliaire.

266. Écrivez correctement les participes passés en italique.
Charles Schweitzer me trouva des professeurs plus décents. Si décents que je les ai
tous *oublié*. (J.-P. SARTRE) – Les parchemins couvraient une grande table que l'on avait,
pour la circonstance, *porté* dans le salon poudreux. (A. CAHUET) – Voilà tout l'intérieur
de cette maison qui nous a si longtemps *couvé*. (LAMARTINE) – L'enfant avait bien souvent *entendu* tous ces bruits de la nuit, mais jamais il ne les avait *entendu* ainsi. (R.
ROLLAND) – La Croix du Sud est sortie du ciel et ses cinq étoiles clignotantes ont, toute
la nuit, *veillé* sur mon sommeil. (FRISON-ROCHE) – S'il sait des histoires, ce sont celles
qu'il a *entendu* et religieusement *recueilli*. (J. GIONO)

Attention ! Il y a plusieurs participes passés pour un seul auxiliaire.

267. Écrivez comme il convient les participes passés en italique.
Des cuves, on avait *balayé* la poussière et *délogé* les araignées, *rincé* le vieux chêne,
vérifié les cercles. (J. CRESSOT) – La potasse des lessives et le suint des laines les avaient
si bien *encroûté, éraillé, durci*, que les mains semblaient sales quoiqu'elles fussent
rincé d'eau claire. (G. FLAUBERT) – Nous avons *discipliné* l'eau, la foudre, *asservi* la
mer, *arraché* à la terre ses trésors, *capté* les ondes invisibles, *obligé* l'air à nous porter.
(P. REBOUX) – Quant aux différentes petites choses qu'il m'avait *donné* ou *confié*, elles
étaient *devenu* tout à fait sacrées pour moi. (P. LOTI) – Quand le hasard de la chasse
nous avait *entraîné* trop avant ou *retenu* trop tard, alors on entendait la voix de
Madeleine. (E. FROMENTIN) – Les chaleurs avaient *consumé* les seigles, *desséché* même
les blés tardifs, *serré* la terre d'un coup. (L. GACHON)

Le participe passé suivi d'un infinitif

• Les enfants que j'ai *vus* jouer formaient un groupe joyeux.
• La pièce que j'ai *vu* jouer m'a ému.

RÈGLE

Le participe passé employé avec **avoir** et suivi d'un **infinitif** s'accorde si le complément direct d'objet, étant placé avant le participe, fait l'action exprimée par l'infinitif.
Les enfants que j'ai vus *pleurer avaient peur.*
Dans cette phrase, l'infinitif a un sens actif. Le C.O.D. **que** (= les enfants) fait l'action de pleurer. Donc, on accorde **vus** avec le C.O.D.
Les fruits que j'ai vu cueillir sont très sains.
L'infinitif **cueillir** a un sens passif. Donc, **vu** ne s'accorde pas.

Remarques

1. **Suivi d'un infinitif**, le participe passé *fait* est **invariable**.
   Je les ai fait *appeler.*
   Suivi d'un infinitif, *laissé* admet accord ou invariabilité.
   Les tomates qu'il a laissé(es) *moisir …*
2. Avec des **participes passés** comme *cru, dit, pensé, pu, su, voulu,* l'**infinitif** est parfois **sous-entendu**. Dans ce cas, le participe passé est **invariable**.
   Il a pris tous les documents qu'il a voulu (prendre) et a rédigé ce qu'il a pu (rédiger).

EXERCICES

268. Écrivez comme il convient les participes passés en italique.

Ces chats, je les ai *vu* errer dans le parc. – La maison qu'il a *laissé* vendre. – Ces murs, je les ai *vu* construire. – Les photos tirées, il les a *envoyé* chercher. – Les enfants que le clown a *fait* rire se souviennent du spectacle. – On les a toutes *laissé* partir. – Les nuages que nous avons *regardé* courir dans le ciel annoncent la pluie. – Les vêtements que j'ai *vu* laver à la rivière sèchent au soleil. – Les chiens que j'ai *vu* chasser dans les marais rejoignent leur maître.

269. Même exercice que 268.

Comme tout le monde, je parlais des arbres morts ; mais je ne les avais pas *vu* mourir. (G. DUHAMEL) – Tous ces gens qu'il avait *vu* passer étaient rangés autour du chœur. (A. DAUDET) – Ah ! les ai-je *entendu* chanter, depuis quatre jours, tes vertus. (SAINT-EXUPÉRY) – Tes enthousiasmes, ma vaillante mère, tu les as *fait* passer en moi. (Pasteur)

Le participe passé précédé de *en*

• **Voyez ces belles roses, j'*en* ai cueill*i* pour ma mère.**
• **Il a vu ma mère ; voici les *nouvelles* qu'il m'en a donné*es*.**

RÈGLE

En, pronom personnel, peut être équivalent à **de cela** et peut remplacer un nom précédé de la préposition **de.**

Si **en** est le **complément d'objet** du verbe, le **participe passé** reste **invariable,** car ce n'est pas un complément d'objet direct.

Si le verbe précédé de **en** a un **complément direct d'objet** placé avant son participe passé, celui-ci s'accorde avec ce complément.

EXERCICES

270. Écrivez comme il convient les participes passés en italique.

Nous avons *cueilli* des lilas, nous en avons *rapporté* des brassées. – Nous avons *cueilli* des lilas dans le parc ; les brassées que nous en avons *rapporté*, nous les avons *mis* dans les vases. La maison en a été *embelli* et *parfumé*. – J'aime les livres, je suis content, j'en ai *reçu* pour mes étrennes. – J'avais ramassé des champignons, j'en ai *préparé* un bon plat. – J'ai porté de la bière et nous en avons *bu*. – Je vérifie les timbres de mon album, je vous offrirai ceux que j'en aurai *retiré*. – Vous êtes allés sur la Côte d'Azur, la description que vous nous en avez *fait*, nous a *ravi*. – Nous avons *rendu* mille services à nos voisins. Ils ne nous en ont jamais *rendu*.

271. Corrigez les phrases présentant des participes passés mal écrits.

Je rêvais de voir des montagnes. J'en ai *vu* dans plusieurs tableaux, j'en avais même *peintes* dans des décors de Peau d'Âne. Ma sœur, pendant un voyage autour du lac de Lucerne, m'en avait *envoyé* des descriptions, m'en avait *écrit* de longues lettres. (P. Loti) – Les éléphants sauvages circulent librement sur les grandes routes. J'en ai souvent *rencontrés*. (A. Maurois) – Oh ! que je l'ai *aimé* cette cour ! Les plus pénétrants premiers souvenirs que j'en aie *gardé*, sont, je crois, ceux des belles soirées longues de l'été. (P. Loti) – Des hommes admirables ! il y en a. J'en ai *connu*. (G. Duhamel) – La flatterie corrompt les meilleurs princes et ruine les plus belles espérances qu'on en avait *conçu*. (Rollin) – C'est la première petite bande que j'aie *mené*. Plus tard, pour mes amusements, j'en ai *eu* bien d'autres, moins faciles à conduire. (P. Loti) – Vous n'avez plus d'ennuis ? Je n'en ai jamais *eus*. (A. Dumas)

Le participe passé avec *avoir*
Accords particuliers

1. Le participe passé des verbes **impersonnels** ou employés à la **forme impersonnelle** reste **invariable**.

   Les chaleurs qu'il y a eu ont tout brûlé.
   Les orages qu'il a fait ont ravagé les cultures.

2. Avec certains verbes, *courir, coûter, dormir, peser, régner, valoir, vivre,* le pronom relatif **que** est complément circonstanciel de valeur, de poids, de durée, etc., et quelquefois complément d'objet.
   Le participe passé **ne s'accorde** qu'avec **que, complément direct d'objet,** suivant la règle générale.

   Les compliments que son attitude courageuse lui a valus étaient mérités.
   En voyant ce tableau, vous n'imagineriez pas la somme qu'il a valu.

3. Les participes passés *dû, cru, pu, voulu* sont **invariables** quand ils ont pour **complément d'objet un infinitif sous-entendu.**

   Je n'ai pas fait toutes les démarches que j'aurais dû (faire).
   Je me suis entièrement libéré des sommes que j'ai dues.

4. Lorsque le complément direct d'objet placé devant le participe est un **collectif**[1] **suivi de son complément, l'accord** se fait soit avec le collectif, soit avec le complément, **selon le sens.**

   Le vol de canards sauvages que j'ai aperçu(s)…

EXERCICES

272. Écrivez comme il convient les participes passés en italique.
Les orages qu'il a *fait* ont *ravagé* les cultures. – Les inondations qu'il y avait *eu* avaient *saccagé* les habitations riveraines. – Que de précautions il a *fallu* pour déplacer cette vieille statue. – Les huit jours qu'il a *neigé* ont *englouti* les villages. – La semaine qu'il a *plu* a *fait* partir les touristes. – Toutes ces raisons, nous les avons *examiné* et *pesé.* – Cet homme ne fait plus les cent kilos qu'il a *pesé.* – Les dix minutes qu'il a *couru* l'ont *essoufflé.* – Les dangers que les alpinistes ont *couru* pendant la tempête de neige étaient graves. – Les douze heures que nous avons *dormi* ont *réparé* nos forces. – Nous avons *envoyé* aux pays touchés par la famine tous les secours que nous avons *pu.* – Le bibliothécaire vous a *prêté* les livres que vous avez *voulu.* – Les enfants ont mangé tous les fruits qu'ils ont *voulu.* – Les chasseurs ont *perdu* de vue la harde de cerfs qu'ils avaient *poursuivi.*

1. Voir l'arrêté du 28 décembre 1976, à la fin du livre.

Le participe passé des verbes pronominaux

- Elle s'était *arrangé* une toilette très soignée. (A. DAUDET)
- Tante Claire s'était *habituée* à lire le grec. (P. LOTI)
- Les oiseaux se sont *enfuis* vers des régions plus chaudes. (X. MARMIER)

Poser la question avec avoir)

RÈGLES

1. Les verbes spécifiquement pronominaux comme **s'absenter, s'enfuir, se méfier** ont leur **participe passé** qui **s'accorde avec le sujet du verbe.**

Le verbe se conçoit avec le pronom personnel qui n'est pas considéré comme un C.O.D.

Les oiseaux *se sont* enfuis.

Les automobilistes *se sont* méfiés *du verglas.*

Il en est de même pour les verbes **pronominaux de sens passif.**

Cette maison *s'est bien* vendue. (se vendre = être vendu)

2. Les verbes employés pronominalement comme **s'arranger, s'habituer, se laver, se battre** ont leur **participe passé** qui **s'accorde avec le complément d'objet direct placé avant le participe.** Il convient d'examiner si le pronom attaché au verbe a cette fonction en substituant l'auxiliaire avoir à l'auxiliaire être.

Les joueurs se sont douchés *après le match.* («Ont douché qui ?» se = eux, C.O.D. avant le participe passé, donc accord.)

Les enfants se sont lavé *les mains.* («Ont lavé quoi ? » les mains, C.O.D. après le participe passé, donc pas d'accord.)

Remarques

1. Le participe passé d'un verbe pronominal suivi d'un infinitif observe la règle d'accord du participe passé employé avec **avoir** suivi d'un infinitif.

Les oiseaux ont eu peur et se sont arrêtés *de chanter.* (A. DAUDET)

2. Certains verbes comme *se parler, se plaire, se ressembler, se rire, se succéder,* etc., n'ont jamais de complément direct d'objet. Leur participe passé reste **invariable.**

Les années se sont succédé *aussi heureuses les unes que les autres.*

3. Le verbe essentiellement pronominal *s'arroger* a toujours un complément direct d'objet. *Arrogé* ne s'accorde donc jamais avec le sujet du verbe, mais il s'accorde avec le complément direct d'objet quand celui-ci est placé avant le participe.

Ils se sont arrogé *des droits.*

Ces privilèges qu'ils se sont arrogés *sont excessifs.*

EXERCICES

73. Écrivez comme il convient les participes passés en italique.

Les joueurs se sont *préparé* – Marie s'est *préparé* un dessert. – Elles se sont *égratigné* les mains. – Elles se sont *égratigné* aux ronces. – La skieuse s'est *cassé* la jambe. – Les branches se sont *cassé* sous le poids. – La classe s'est *partagé* en deux groupes. – Ils s'étaient *partagé* gâteaux et fruits. – Ils se sont *fait* photographier. – Les jeunes gens se sont *souri*. – Les aïeules s'étaient *souvenu* de leur enfance. – Les adversaires se sont *parlé*. – Les deux cousins s'étaient *reconnu* – Nous nous sommes *pardonné* ces injures. – Les troupes se sont *emparé* du fortin. – Ils se sont *empressé* de répondre.

74. Écrivez comme il convient les participes passés en italique.

Des bruyères roussies semblaient s'être *résigné* à la mort. (A. Gide) – Leurs flancs, petit à petit, se sont *arrondi*, leur soif calmée, nos chameaux se sont *roulé* avec délices dans le sable de l'oued. (Frison-Roche) – Il fut alors annoncé par l'un des domestiques que le comte s'était *attaché*. (Balzac) – Il est difficile de se soustraire à une loi qu'on s'est *donné*. (J. Romains) – Sans s'être *parlé*, ils arrivent au tournant du chemin. (P. Loti) – Les béliers se sont *jeté* dans la poussière. (J. Giono) – Des hommes qui ont jeté leur bonnet se sont *fait* au milieu de la chevelure des entailles saignantes. (P. Loti) – Une porte venait de s'ouvrir, une trouée éclatante s'était *fait* dans le noir de la muraille. (É. Zola) – La source s'est *frayé* un chemin. (G. Geoffroy)

75. Écrivez comme il convient les participes passés en italique.

J'ai fait un signe, ses yeux se sont *rempli* d'eau. (G. Duhamel) – Les lumières des bureaux se sont *éteint*, et, toutes ensemble, se sont *allumé* les fenêtres des bungalows. (G. Arnaud) – Les lutteurs se sont *tordu* les bras, se sont *frotté* les visages, se sont *entortillé* comme des serpents. (F. Mistral) – Des chefs se sont *arrogé* le droit extravagant de disposer d'autres êtres humains. (G. Duhamel) – C'était une profusion de roses, de pivoines, de lis qui semblaient s'être *trompé* de saison. (P. Loti) – Durant cette halte forcée, elles s'étaient *empli* le jabot de tout ce qui pousse. (B. Clavel) – Les oies sauvages s'étaient *rassemblé* dans une agitation sacrée. (H. de Montherlant)

76. Écrivez comme il convient les participes passés en italique.

Haletant et pleurant, le garçonnet s'est *arrêté* au milieu de la place. Les joueurs de boules, les clients du café se sont *interrompu* en le voyant. «La carrière s'est *effondré*. Jeanne et Louis se sont *fait* prendre sous le sable. Ils sont *enterré* ! » s'est-il *écrié*. Tous se sont *précipité* vers la sablière, quelques-uns s'étant *armé* de pelles. Quel soulagement à l'arrivée ! S'étant *rendu* compte que le sable la recouvrait, Jeanne s'était *démené* et s'en était *sorti*. Elle s'était alors *rappelé* son frère et s'était *acharné* à le dégager. Tous s'en étaient *réjoui*.

Exercices de révision

277. Écrivez correctement les participes passés en italique.

Nous avons *levé* la main pour répondre. – La pierre que nous avons *levé* était plutôt lourde. – Les enfants étaient déjà *levé* quand nous les avons *appelé*. – Les lièvres ont été *levé* par les chiens. – La lune brillante s'est *levé* au-dessus des arbres. – Les vignerons ont *pressé* le raisin. – Les grappes qu'ils ont *pressé* donnent un jus coloré. – Il faisait froid. Les passants étaient *pressé* de rentrer chez eux. – Les inculpés ont été *pressé* de questions. – Les voyageurs se sont *pressé* aux portières. – Ils se sont *pressé* les mains.

278. Écrivez correctement les participes passés en italique.

Des hirondelles, par centaines, avaient *maçonné* leurs nids dans le creux des clochetons. (É. Zola) – Ce sont les lapins qui ont été *étonné*. (A. Daudet) – Les pierres qui bordent les puits portent la trace des cordes qui les ont *creusé* peu à peu (Mᵐᵉ de Staël) – La chambre qu'on avait *loué* fut encore plus petite et plus malcommode qu'on ne l'avait *redouté*. (P. Lainé) – Toute une planche est *garni* de vieux livres de cuir brun. Mon père les a *eu* pour quelques sous. (J. Cressot) – Tu as *ri* si fort que les passants ont *levé* la tête et nous ont *vu*. (G. Duhamel) – C'était une élève à moi, très bonne musicienne à qui je m'étais beaucoup *attaché*. (A. Gide)

279. Même exercice que 278.

La glissade avait été particulièrement *soigné*. Le grand Pierre l'avait *commencé*. (L. Pergaud) – Les fleurs qu'il a *cueilli*, l'enfant les a *rassemblé* en un gros bouquet. (Bourdouxhe) – Ma mère, pendant ma petite enfance, je l'ai *vu* souvent prier (G. Duhamel) – J'ai souvent *revu* ailleurs des hirondelles, mais jamais nulle part ailleurs je ne les ai *entendu* crier comme ici. (A. Gide) – Cette fleur, me disait mon frère, avait *poussé* et s'était *épanoui* près de sa fenêtre. (P. Loti) – Ils se sont *secoué* comme des chiens mouillés et ils ont *secoué* leurs chapeaux pour en faire sortir l'eau. (H. Pourrat) – Je me retrouve en présence des choses qui m'ont *frappé* et *charmé*. (P. Loti)

280. Transposez les phrases suivantes au masculin pluriel, au féminin singulier et au féminin pluriel.

Le gardien s'est assuré des intentions du curieux qui s'est éloigné. – L'acheteur s'était mis bien avec son oncle qui s'était porté caution pour son achat. – Trop retardé, j'arriverai chez mon père longtemps après qu'il se sera levé de table et même après qu'il se sera couché. – Son frère s'est moqué de lui parce qu'il s'est acheté une chemise démodée. – Le voisin m'a donné des fruits dont je me suis régalé ; je l'en ai remercié.

281. Écrivez comme il convient les participes passés en italique.

Mohamed et Bombi, petit à petit, nous ont *devancé,* leurs silhouettes sont *devenu* deux points imperceptibles que le sable a *englouti.* (Frison-Roche) – Derrière nous, les autres chuchotaient et semblaient nous avoir *oublié.* (P. Modiano) – Alceste et Antigone me donnèrent les plus nobles rêves qu'un enfant ait jamais *eu.* (A. France) – Les burgs en ruine avaient *parlé* à son imagination. Il avait *vu* surgir des puissantes forteresses, les seigneurs féodaux qui les avaient jadis *habité.* (P. Audiat) – Mon grand-père a *élevé* sept garçons et non seulement il les a *élevé,* mais il les a *rendu* tous les sept semblables à lui. (J. Girardin) – Tous ceux de Tarches m'ont *connu* gamine. Dès qu'ils m'ont *vu,* ils sont *venu.* (J. Giono)

282. Écrivez correctement les participes passés en italique.

Les deux chambellans firent de grands éclats de rire des bons mots qu'Irax avait *dit* ou avait *dû* dire. (Voltaire) – Qu'étaient *devenu* ses adversaires ? S'ils s'étaient *enfui,* s'ils avaient été *blessé,* il aurait certainement *entendu* quelque bruit. (P. Mérimée) – Tu n'as pas *lu* dans le livre l'histoire d'Esther et d'Athalie. Non, tu ne l'as pas *lu.* Eh bien, je vais te la conter. (A. France) – La région qui s'étend de Catanzano à Nicastro est à peu près la seule en Italie où se soient *conservé* les costumes d'autrefois. (Maeterlinck) – Elle nous a *soigné* dans toutes nos maladies, elle nous a *donné* sa vie. (É. Rod)

283. Vérifiez l'orthographe des participes passés et corrigez les erreurs.

À la fenêtre, dès qu'elle était levé, Léonie s'y tenait accoudée. Elle contemplait les coteaux ravagés par l'incendie. Si les pompiers, vite alerté, s'en étaient rendu maîtres, la forêt en était réduite à des squelettes calcinés. Et combien de fois l'a-t-on entendu l'histoire de ses tourterelles qui s'étaient envolé du pin voisin, qu'elle avait vu battre des ailes et qui s'étaient soudain enflammées après qu'un coup de vent les ait rabattu au sol. Et les chèvres qui s'étaient enfui à temps. Elles l'avaient échappée belle. Depuis ce feu, Léonie s'était réfugiée dans ses souvenirs ; et les pyromanes, combien de fois les a-t-elle maudit ?

284. Mettez les verbes aux temps demandés.

Elle les (voir, *p.-que-parf.*), elle les (attendre, *imp.*). (P. Gamarra) – Il fallut que je devinsse presque un jeune homme pour pardonner à ses parents les humiliations que j'en (ressentir, *p.-que-parf.*). (P. Loti) – Je vous (entendre, *pas. comp.*) raisonner mieux que de vieux derviches. Vous êtes discrète. (Voltaire) – Mme de Beaumont (planter, *p.-que-parf.*) un cyprès et elle (se plaire, *p.-que-parf.*) à me le montrer. (Chateaubriand) – Des rats et des lièvres chassés par la fumée du terrier où ils (se cacher, *p.-que-parf.*) (bondir, *imp.*). (B. Clavel) – Le tambour et les trompes (se taire, *pas. comp.*). Le chant n'(être scandé, *prés.*) plus que par le battement des talons. (A. Gheerbrant) – La végétation semble (être fusillé, *infinitif pas.*) ou (être meurtri, *infinitif pas.*) par le canon. (J. Vallès)

Le participe présent – l'adjectif verbal

- *Tranchant* la corde, il libéra le cheval de ses entraves.
- Ce couteau *tranchant* est cause de blessures.
- Ces couteaux *tranchants* sont cause de blessures.
- Ces lames *tranchantes* sont cause de nombreuses blessures.

RÈGLE

Le **participe présent** est une forme verbale qui marque une **action** et qui peut avoir un complément d'objet ou de circonstance. Il est **invariable.**

L'**adjectif verbal** marque l'**état**, la **qualité.** Il a la valeur d'un véritable qualificatif, et **s'accorde** en genre et en nombre avec le **nom.**

Pour les distinguer et écrire la terminaison convenable **(-ant, -ants…)**, substituez au nom ou au mot verbal **masculin** un groupe **féminin.**

Remarques

1. On appelle **gérondif** le participe présent précédé de *en.* Il est **invariable.**

   Ils sortaient de la salle en riant.

2. L'adjectif verbal peut avoir une **orthographe différente** de celle du participe présent, par modification de l'orthographe interne ou de la terminaison *-ant* qui devient *-ent.*

   Quelques exemples :

Part. prés.	Adjectifs	Part. prés.	Adjectifs
communiquant	communicant	extravaguant	extravagant
convainquant	convaincant	fatiguant	fatigant
provoquant	provocant	intriguant	intrigant
suffoquant	suffocant	naviguant	navigant
adhérant	adhérent	excellant	excellent
coïncidant	coïncident	expédiant	expédient
convergeant	convergent	influant	influent
différant	différent	négligeant	négligent
divergeant	divergent	précédant	précédent

3. Des participes présents ont donné naissance à des noms (*un mendiant, le commerçant*), des prépositions (*durant, suivant*), des adverbes (*cependant…*), parfois en modifiant leur orthographe (affluant / *affluent* – confluant / *confluent* – fabriquant / *fabricant* – présidant / *président…*).

EXERCICES

285. Faites l'exercice sur le modèle suivant.

sauver : sauvant / en sauvant / en les sauvant

plier – cacher – choisir – servir – vendre – plaindre – tendre – voir – conduire

286. Employez l'adjectif verbal dérivé des verbes suivants avec un nom masculin, puis avec un nom féminin.

glisser – trancher – supplier – bondir – resplendir – rire – plaire – surprendre

287. Écrivez le participe présent ou l'adjectif verbal des verbes en italique, et justifiez l'accord des adjectifs verbaux en écrivant une expression au féminin entre parenthèses.

Ex. : *un liquide bouillant (une boisson bouillante)*

Les bateaux de pêche *rompre* leurs amarres se sont brisés sur les rochers. – Les torrents *bondir* bouillonnent. – Les torrents *bondir* sur les cailloux font jaillir de l'écume. – Les malades *refuser* toute nourriture s'affaiblissent. – Des éclairs *éblouir* illuminent le ciel. – L'enfant a des propos *amuser.*

288. Écrivez comme il convient les mots en italique.

Les mains *tremblant, claquant* des dents, emporté par sa terrible liberté, il revint en dix minutes à la Permanence. (A. Malraux) – Je crois entendre les voix d'enfants *jouant* dans le chemin, les sabots des vignerons *venant* de l'ouvrage. (Lamartine) – Du matin au soir, je contemplais donc les différents chats du quartier *rôdant* sur les toits, les martinets *tourbillonnant* dans l'air chaud, les hirondelles *rasant* la poussière du pavé. (P. Loti) – On pouvait voir les trois hommes *tenant* leur charge à pleins bras, courir en *titubant* le long de la voie. (B. Clavel) – Des rosiers *grimpant* s'attachaient à d'autres rosiers ainsi que des lierres *dévorant.* (É. Zola)

289. Écrivez le texte en utilisant le participe présent ou l'adjectif verbal des verbes en italique.

La tribu *marcher* depuis cinq jours s'était réfugiée dans une cavité *surplomber* la vallée. *Entasser* des branchages, *disposer* les peaux, elle organisait son campement. La nuit viendra, *angoisser,* comme la nuit *précéder* l'avait été, et comme le sera la *suivre.* Ils tirèrent le feu des silex en les *frapper* l'un contre l'autre ; la fumée *suffoquer* les gênait, mais la grotte était *rassurer.* Ils préféraient cela aux ombres *effrayer* et aux bruits *inquiéter* des bois. Un guetteur, *dresser* la tête, les alerta. *Déboucher* du sentier, les chasseurs arrivaient enfin, *porter* sur des perches deux sangliers encore *saigner.*

290. Construisez des phrases où entreront les participes présents et les adjectifs suivants.

suffoquant / suffocant – fatiguant / fatigant – excellant / excellent

Si / s'y – ni / n'y

- La forêt est *si* dense que, sans boussole, il *s'y* perdra.
- *Ni* les menaces, *ni* les prières *n'y* feront rien.

RÈGLE

Pour **ne pas confondre si** (conjonction ou adverbe) et **s'y , ni** (conjonction) et **n'y**, il faut procéder à des substitutions.

Si adverbe se remplace par **tant, tellement.**
La forêt si *dense...* (la forêt tellement dense)
S'y se remplace par **m'y, t'y...** (conjugaison pronominale).
Il s'y *perdra, tu* t'y *perdras.*
Y adverbe se remplace par **là, ici.**
Je n'y *suis pas.* (Je ne suis pas là, ici.)
Y pronom se remplace par **à ce... à cette... à ces... à cela, dans ce... cette... cela.**
Les prières n'y *feront rien.* (Les prières ne feront rien à cela.)
(y = compl. ind. d'objet)
Il saute dans l'eau et s'y *enfonce.* (Il s'enfonce dans l'eau.)
(y = compl. circ. de lieu)
N'y peut toujours être précédé d'un pronom (je, tu, il... elles).
Si et **ni,** conjonctions, ne peuvent être remplacés.

EXERCICES

291. Remplacez les points par *si* ou *s'y*.

Les cheminées lorraines sont l'âme des logis froids. La vie du foyer ... abrite. Elles sont ... hautes qu'un homme tient aisément debout sous leur manteau. (E. Moselly) – Quel malheur que le monde soit ... grand, on peut ... perdre. (A. France) – Le silence semble d'abord profond. Peu à peu l'oreille ... habitue. (T. Gautier) – On fit le tour du verger ; les premières pâquerettes ... montraient. (Ramuz) – Le papillon était dans la vitrine ; ses deux nuances ... fraîches et ... étranges s'avivaient l'une par l'autre. (P. Loti) – Les flaques des averses de l'après-midi luisaient faiblement. Le ciel lumineux ... reflétait. (A. Malraux)

292. Remplacez les points par *ni* ou *n'y*.

Je ... voyais pas clair sur l'horizon de ma route. (P. Loti) – Ces enfants semblaient n'avoir jamais ... crié ... pleuré. (Balzac) – Leurs forêts sont silencieuses ; le souffle du vent ... fait point de bruit. (H. Taine) – La manœuvre est du coup simplifiée, puisqu'il ... a ... vent ... moteur. (M. Oulié) – Il n'allait jamais chez personne, ne voulait ... recevoir ... donner à dîner. (Balzac) – L'enfant regardait courir les nuages, il était surpris que ... son grand-père, ... sa mère ... fassent attention. (R. Rolland) – Le tigre ne craint ... l'aspect ... les armes de l'homme. (Buffon)

293. Analysez *si* et *s'y* dans l'exercice 291.

Sans / s'en / c'en – dans / d'en

• Il a un passé *sans* tache, il *s'en* glorifie.
• *C'en* est fait. Nous avons couru, mais le train est parti.
• Il s'est égaré *dans* la forêt, il a hâte *d'en* sortir.

RÈGLE

Ne confondez pas les **prépositions sans** et **dans** avec les groupes de mots **s'en, c'en** et **d'en**.

Sans introduit un complément avec l'idée de manque, d'absence, de privation.

Dans introduit un complément marquant le lieu, le temps, la manière.

S'en peut se remplacer par **m'en, t'en**… (conjugaison pronominale).

C'en peut se remplacer par **cela en**. (C'en est fait. = Cela en est fait.)

En peut être **pronom personnel, préposition** ou **adverbe**.

Remarques grammaticales

1. **Pronom personnel,** *en* représente un nom. Il peut alors être :
   – **complément du verbe.**
   La chouette chasse les rongeurs et s'en nourrit.

   – **complément du nom.**
   L'abeille butine les fleurs pour en pomper le nectar.

   – **complément de l'adverbe.**
   J'ai cueilli mes légumes ; j'en ai récolté beaucoup.

   En peut être un **pronom personnel neutre** et est généralement **complément** quand il signifie *de cela*. Il remplace alors une proposition.
   Il a gagné, il s'en glorifie. (ou il se glorifie de cela) (cela = il a gagné)

2. **Préposition,** *en* introduit un complément du verbe, du nom, de l'adjectif.
   Chaque jour, je vais à Paris en voiture. (compl. du verbe)
   Pour son anniversaire, il lui achètera une bague en or. (compl. du nom)
   Les hauts plateaux sont pauvres en blé. (compl. de l'adj.)

3. **Adverbe,** *en* indique le lieu ; il signifie *de là*.
   Je suis allé chez mon oncle et j'en reviens ce matin même.

   Il est également adverbe dans certains gallicismes, mais ne s'analyse pas.
   s'en aller – s'en retourner – s'en tenir – en imposer…

EXERCICES

294. Conjuguez : 1° au présent et à l'imparfait ; 2° au passé composé et au plus-que-parfait.

s'en réjouir – s'en aller par les champs – s'en consoler

295. Remplacez les points par *sans, s'en* ou *c'en*.

Le vent agite l'arbre violemment ; les feuilles … détachent. – Les hirondelles … iront à la mi-septembre. – Il se leva … avoir répondu. – … est fait, nous ne partirons pas en vacances. – … se laisser décourager, le savant recommence ses expériences. – … … douter, il a fait une trouvaille intéressante. – L'enfant a un peu de fièvre ; il ne faut pas … effrayer.

296. Remplacez les points par *dans* ou *d'en*.

Le boucher prend le quartier de bœuf … la chambre froide afin … couper un morceau. – Nous avons une tournée à faire … les Vosges, nous essaierons … rapporter des souvenirs. – Nous irons … la montagne pendant plusieurs jours, nous nous efforcerons … gravir les principaux sommets. – Ses parents n'ayant pu emmener le bébé … leur voyage, Valérie est chargée … assurer la garde. – Le coteau … face est noyé … la brume.

297. Remplacez les points par *sans, s'en, c'en, dans* ou *d'en*.

Puis le vent glisse à l'orient. Les hommes … déclarent réjouis. (G. Duhamel) – Le long des bâtiments s'étendait un large fumier, de la buée … élevait. (G. Flaubert) – La clameur immense du stade va diminuant, mais bien que … soit la fin, on y retrouve toute son ampleur. (R. Boisset) – Les vieux chardonnerets, … hésiter, apportèrent aux petits de pleins becs de chenilles. (A. Theuriet) – Tout dort … la forêt. Le lapin se pelotonne au fond du terrier et ne se soucie pas … sortir. (Nesmy) – La dinde … allait … se presser. (M. Audoux) – Une pluie fine commence à tomber, le sol … empare avec avidité. (Fabre) – La colline … face était couverte de vignes. (A. Theuriet) – Ses enfants sont … maîtres et … éducation. (La Bruyère) – … est fait, un soubresaut, l'auto s'arrête. (R. Dorgelès) – Le vin du palmier s'appelle lagmy, … est la sève fermentée ; les Arabes … grisent. (A. Gide)

298. Remplacez les points par *sans, s'en, c'en, dans* ou *d'en*.

Il n'était pas bien grand, tant … fallait, mais il suivait sa trajectoire … … écarter. Il pénétra … notre défense immobile, et … peine plaça le ballon dans le panier. Notre entraîneur … alarma et demanda un temps mort. Il … venait vers nous, irrité de nous voir … réaction alors que se jouait la qualification. «… quelle situation vous vous mettez ! Lorsque vous êtes … la zone de défense, vous êtes incapables … sortir ! Pas de ballon ! Vous laissez les autres … emparer, vous restez … bouger ! Pour … tirer, il faut réagir … tarder. Seule l'attaque paie, c'est à vous … prendre l'initiative. Allez les gars ! » Il n'eut pas un regard pour ceux … face.

299. Faites une phrase avec *sans, s'en, c'en*.

300. Construisez une phrase avec *dans,* puis avec *d'en*.

301. Analysez *en* dans l'exercice 297.

Faut-il le singulier ou le pluriel ?

• Il n'y avait là ni vaste étendue, ni fleurs rares, ni fruits précieux.

(LAMARTINE)

• Tout semblait mort ; les arbres étaient sans feuilles, la terre sans verdure.

(F. PÉCAUT)

On observe que les noms précédés de **sans, ni, pas de, point de, plus de**... peuvent s'écrire au singulier ou au pluriel, selon le sens.

Il est possible, pour déterminer le nombre du nom, de poser la question «S'il y en avait ?» ou de faire une transformation positive de la phrase.

Malgré l'averse, elle est partie sans imperméable, ni bottes.

S'il y en avait, il y aurait : un imperméable, deux bottes.

Elle est partie avec un imperméable et des bottes.

EXERCICES

302. Écrivez comme il convient les noms en italique.

un jour sans *soleil* une région sans *eau* un jardin sans *fleur*

un lit sans *drap* une rue sans *ombre* un travail sans *soin*

une pièce sans *chauffage* un bois sans *oiseau* une année sans *fruit*

303. Écrivez comme il convient les noms en italique.

Buteau entendait la Beauce boire, cette Beauce sans *rivière* et sans *source*, si altérée. (É. ZOLA) – Pas de *chemin de fer*, pas même de *diligence*, ni *télégraphe*, ni *bureau de poste*, ni *médecin*, ni *gendarme*, un coin de terre oubliée. (J. RENARD) – Rien n'y fit, ni *cravache*, ni *cri*, ni *appel*, campée sur ses quatre membres, la bête opposa une force d'inertie totale. (FRISON-ROCHE) – Un été sans *abeille* semble aussi malheureux que s'il était sans *oiseau* et sans *fleur*. (MAETERLINCK)

304. Écrivez comme il convient les noms en italique.

La grande forêt nous enserrait. Plus de *sentier*, ni de *piste* pour nous guider. Ce n'est pas sans *appréhension* que nous nous en remettions à notre boussole, mais point de *découragement*. Nous devions atteindre cette tribu isolée avant la nuit, car sans *provision* nous ne pourrions poursuivre notre chemin. Nous les avions perdues en passant la rivière en crue, et depuis plus de *biscuit*, plus de *conserve*. Nous avions utilisé les dernières cartouches pour abattre quelques oiseaux, et, sans *munition*, nous en étions réduits aux rares fruits que nous connaissions. Nous ouvrions un tunnel dans la verdure et ni *liane*, ni *boue*, ni *moustique* n'entamaient notre ardeur... et nous débouchâmes dans une clairière.

Quel(s) – quelle(s) – qu'elle(s)

- *Quelle* belle rose ! / *Qu'elles* sont belles ces roses !
- *Quel* beau dahlia ! / *Qu'ils* sont beaux ces dahlias !
- *Quelles* sont ces fleurs ? / Le fruit *qu'elle* cueille est beau.
- *Quels* sont ces fruits ? / Le fruit *qu'il* cueille est beau.

RÈGLE

Il ne faut pas confondre **quel, adjectif,** variable en genre et en nombre, avec **qu'elle** ayant une apostrophe. Si l'on peut remplacer **qu'elle** (ou **qu'elles**) par **qu'il** (ou **qu'ils**), il faut mettre l'apostrophe.

EXERCICES

305. Remplacez les points par *quel(s)*, *quelle(s)* ou *qu'elle(s)*.

1° … sont ces montagnes ? – … sont ces villages ? – … sont parfumées ces violettes ! – L'abricot … mange est juteux. – … magnifique coteau ! – Oh ! ces couchers de soleil, … extases, et … mélancolies quelquefois, ils me laissaient. (P. LOTI) – … était jolie la petite chèvre de M. Seguin ! (A. DAUDET)

2° … belle ville ! – … beaux monuments ! – … sont ces gravures ? – … sont ces tableaux ? – Le livre … lit est intéressant. – … sont fragiles ces tasses ! – … joie ! … bonheur quand les ténèbres s'enfuient. (A. MICHELET) – … belles routes et mes voyageurs … braves gens ! (O. MIRBEAU)

306. Analysez *quel(s)*, *quelle(s)*, *qu'elle(s)* du 2° de l'exercice 305.

Remarque

Les pronoms relatifs se terminant en **-el** (*lequel, laquelle, lesquels, lesquelles, auquel, à laquelle… duquel… desquelles*) ont le **genre** et le **nombre** de leur **antécédent. Recherchez l'antécédent avant d'écrire le pronom.**

307. Remplacez les points par le pronom relatif en *-el* qui convient.

Mais le plus navrant de tout, c'était d'entendre des appels anxieux, tristes, disséminés … rien ne répondait. (A. DAUDET) – La bise sifflait à travers les ruines … la lune prêtait la physionomie d'un grand spectre. (BALZAC) – Les haies au pied … abondent la fraise et la violette sont décorées d'aubépine. (CHATEAUBRIAND) – Les silhouettes des objets sur … glisse la neige se découpent en noir. (T. GAUTIER) – De longues averses tombent après … la terre sent les fleurs. (P. LOTI) – Elle mit de côté le billet de cinquante francs … il ne fallait pas toucher. (VAN DER MEERSCH) – Il se mit à descendre le long de la colline en direction des saules au milieu … l'homme avait plongé. (J. GIONO)

308. Analysez les pronoms relatifs et les antécédents de l'exercice 307.

L'adverbe

• **Je sortais volontiers la voiture du garage, mais agissais** *pru-demment.*

• **Je manœuvrais** *lentement,* **était** *très* **attentif aux enfants.**

• **La voiture** *dehors,* **ils y montaient tous** *ensemble.*

RÈGLE

Adverbes ou **locutions adverbiales** sont **invariables.**

Remarques

1. Beaucoup d'**adverbes, invariables,** et de **noms, variables,** se terminent en **-ent.** Ne les confondons pas.
   Les hurlements du chien déchiraient tristement *la nuit.*
2. Pris **adverbialement,** l'**adjectif qualificatif** est **invariable.**
   Les tomates sont chères *cette année.*
   Les tomates coûtent cher. *(adverbe)*
3. *Ensemble, debout, pêle-mêle,* adverbes, sont **invariables.**
   Ils étaient debout *ou couchés,* pêle-mêle *dans le wagon de l'exil.*
4. L'**adverbe** formé à partir d'un adjectif masculin en :
   -ent s'écrit **-emment.**
   prudent / prudemment – décent / décemment
   -ant s'écrit **-amment.**
   savant / savamment – vaillant / vaillamment

Attention
   Lentement, présentement, véhémentement sont formés à partir de l'adjectif féminin.
5. Des adverbes en **-ument** prennent un accent circonflexe, d'autres pas.
   assidûment – congrûment – continûment – crûment – drûment – dûment – goulûment – incongrûment – indûment – sûrement
   absolument – ambigument – éperdument – ingénument – irrésolument – résolument
6. Si *vraiment* n'a qu'une orthographe, on peut écrire **gaiement** ou **gaîment.**
7. Signalons **quelques cas** où l'adverbe est **variable.**
   a) *Tout,* ayant le sens de tout à fait, totalement, **varie en genre et en nombre devant un adjectif qualificatif féminin** qui commence par une **consonne** ou un **h aspiré.**
   Les filles toutes *rouges et* toutes *honteuses ont rendu la valise* tout *abî-mée.*
   b) Quelques **adjectifs employés adverbialement s'accordent** par usage ou euphonie.
   Les yeux grands *ouverts.*

EXERCICES

309. Donnez les adverbes formés avec les adjectifs suivants.

pesant	élégant	éminent	prudent	conséquent
récent	bruyant	incessant	conscient	apparent
ardent	différent	excellent	constant	obligeant

310. Donnez les noms en -ent dérivés des verbes suivants.

rugir	ralentir	scintiller	mouvoir	pépier	délasser
glisser	amuser	gazouiller	rallier	orner	enlacer
ravir	hennir	roucouler	châtier	plisser	braire

311. Écrivez correctement les mots en italique, dites leur nature.

On voyait se boursoufler les pains ronds, *symétriquement* alignés. (A. Theuriet) –
Un vrombissement métallique, strié de *crissement* d'élytres, couvrit le murmure
fiévreux du désert. (Frison-Roche) – Ils écopaient, *pesamment,* en guettant un autre
coup de mer. (R. Vercel) – Le spectacle des vitrines les avait *puissamment* intéres-
sés. (P. Gamarra) – Ses cheveux *sauvagement* crépus se hérissaient sur sa tête. (T.
Gautier) – Ses yeux étaient protégés par des sourcils *pesamment* abaissés sur la
paupière. (A. de Vigny) – Les nuages s'étaient *tellement* épaissis qu'il faisait
presque nuit. (H. Malot) – Sous les vents berceurs, la forêt avait de longs *frémissement.* (E. Pérochon)

312. Écrivez comme il convient les mots en italique.

Tous filaient le long de la pente, tantôt *debout,* tantôt *plié,* tantôt *accroupi.* (L.
Pergaud) – Les brumes rompues et fuyantes se massèrent *pêle-mêle* en tumulte.
(V. Hugo) – Notre passé flottait *amicalement* dans les rues *alentour.* (F. Groult) –
Nous descendions *ensemble,* dans la salle à manger où je trouvais toute la famille
réunie. (P. Loti) – Une ligne de peupliers *debout* au bord d'un champ ressemble à
une bande de frères. (H. Taine) – Les herbes, montées toutes *ensemble,* étaient
fleuries. (P. Loti) – Les insectes s'élançaient *ensemble* comme pour éprouver leurs
ailes. (Chateaubriand) – Le paysage de mes jours semble se composer, comme les
régions de montagne, de matériaux divers entassés *pêle-mêle.* (M. Yourcenar)

313. Écrivez comme il convient les mots en italique.

Depuis quelques jeux, aucune balle ne passait. Les *engagement* tombaient *court*
devant le filet, et *régulièrement* le jeune tennisman perdait des points. Ses coups
n'étaient pas aussi *bon* qu'au début. Il devait s'attacher à oublier *tout net* la
renommée de son adversaire, réagir *tout de suite* en jouant *tantôt* en fond de
court, *tantôt* en montant au filet. Il fallait *surtout* retrouver sa concentration,
jouer *naturellement* sans penser tactique… Le repos le transforma. *Soudain,* ses
balles allaient *droit,* ses smashes enfoncés *profond* passaient *efficacement* dans
les espaces *grand* ouverts que son vis-à-vis étonné laissait *par moment. Dès lors,*
les yeux *fort* en éveil, les gestes *très* faciles, il rattrapa *méthodiquement* son
retard pour *finalement* reprendre la maîtrise du match. Ces points sentaient *bon*
la victoire.

314. Analysez les mots en italique de l'exercice 312.

Le verbe ou le nom

• Le *discours* terminé, il *plie* son papier et *salue* la foule. À son *salut*, répondent des *murmures*, des *rires*, quelques *sifflets*. Ses partisans l'*appuient* de leurs *cris*. Il *goûtait* des difficultés de la *lutte* électorale.

> Les **homonymies** sont fréquentes entre le **nom** et le **verbe** sous diverses formes, avec une orthographe assez souvent différente. Pour les distinguer, procédez à des substitutions de formes conjuguées qui n'ont pas la même prononciation et étudiez le contexte de la phrase.

EXERCICES

315. **Écrivez les verbes suivants aux trois premières personnes du présent de l'indicatif, puis le nom homonyme.**

rôtir	geler	exiler	flairer	soutenir	balayer
filer	travailler	oublier	réveiller	accueillir	essayer

316. Complétez si nécessaire verbes et noms homonymes.

L'incendi… fait rage. – Le soleil rougit le ciel et l'incendi… – Les larmes voile… ses yeux. – Des voile… recouvrent les statues du musée. – Allons, il faut se lev… et partir. – Le duc assistait aux lev… du roi. – Il doit sav… la réponse. – Les sav… sont des gages de la réussite. – Le roi rompait des lanc… dans le tournoi. – Tu lanc… le javelot. – Les soup… se passaient joyeusement. – Nous devrons soup… tôt ce soir. – Ces misères, il faut les vivr… pour comprendre. – Les vivr… vont manquer. – Il entretien… ses chaussures avec soin. – C'est un bon produit d'entretien… – Le tri… postal est achevé. – Il ouvre le courrier et le tri… – Quel ennui… ! il pleut. – La fillette qu'elle ennui… se met à pleurer.

317. Même exercice que 316.

Les chiens de la zone sont à leur poste d'aboi… (L.-F. CÉLINE) – Les deux bêtes reposaient dans quelque pli… du sol abrité des vents méchants. (M. GENEVOIX) – Le respect de soi-même se traduit dans le souci… qu'a l'honnête homme de régler l'emploi… de sa vie. (LE CHEVALIER) – Nul ne se souci… d'affronter le lion dans son antre même. (T. GAUTIER) – Le flair… subtil de ma mère inquiète découvrait sur nous l'ail sauvage d'un ravin lointain. (COLETTE) – Tout au long de leur parcour… les routes paraissent tenir conversation avec les champs. (C. JULIEN) – Alors toutes les bêtes remuaient. C'était l'éveil… (H. BOSCO) – Quand je suis seul, je fais au plus brave un défi… (LA FONTAINE) – Les poules s'éveillent, un chien aboi… (M. GEVERS) – On montait par des chemins en zigzag…, toute la famille à la file et à pied. (P. LOTI) – Un lièvre mal éveillé bondit et zigzag… d'effroi. (J. DES GACHONS)

Çà / ça – là / la / l'a – où / ou

- *Çà* et *là* des éclairs sillonnent le ciel. *Ça* m'effraie.
- Ce chêne-*là* était le roi de *la* forêt. *La* foudre *l'a* brisé.
- *Où* tu habites, je sais un hameau *où* vivent seulement deux *ou* trois personnes. *La* route je *la* retrouverai.

RÈGLES

Ça et **là**, **adverbes de lieu**, prennent un **accent grave**.

Çà accentué peut être aussi **interjection**.

Ah ! çà, *taisez-vous !*

La, article défini, détermine un nom féminin singulier.

La, pronom personnel, remplace un nom féminin singulier. Il est généralement placé devant le verbe.

L'a se compose du pronom personnel le ou la élidé et du verbe avoir à la troisième personne du singulier. On peut remplacer **l'a** par **l'avait**.

Où avec l'**accent grave** marque le lieu ou le temps et peut être **adverbe** ou **pronom relatif**. Dans ce dernier cas, il a un **antécédent**.

Ou sans accent est une **conjonction** de coordination. On peut toujours la remplacer par **ou bien**.

EXERCICES

318. Remplacez les points par *çà* ou *ça, là, la* ou *l'a*.

… et … entre les fougères de petites sources suintaient. (P. LOTI) – «Celui-…, c'est Jacques, je me suis dit. Il marche exactement comme son père et son grand-père.» (J. LACARRIÈRE) – Ah! …, me direz-vous, puisque le gibier est si rare à Tarascon, qu'est-ce que les chasseurs tarasconnais font donc tous les dimanches ? (A. DAUDET) – Moi, … m'a rafraîchie, … m'a délassée, toute cette journée au grand air. (É. ZOLA) – Je vis que le jardin d'alentour était tout rose de ces pervenches-… (P. LOTI) – …-haut, chantaient les alouettes. (MISTRAL) – …-bas l'odeur des jardins était calme. (CHAMSON) – L'hiver était … au coin du bois. (J. RENARD) – … jeune fille a trouvé le chien devant sa porte et aussitôt il … suivie. (M. BERNARD)

319. Remplacez les points par *où* ou par *ou*.

On entend tinter des clarines, grelots légers … cloches lentes, cependant que le berger parle, on ne sait …, à haute voix. (H. BOSCO) – C'était l'heure tranquille … les lions vont boire. (V. HUGO) – La salle à manger ouvre sur une élégante cour mauresque … chantent deux … trois fontaines. (A. DAUDET) – Il se réveillait de sa stupeur apparente au jour et à l'heure … il fallait faire des comptes … donner des quittances. (BALZAC) – J'emporte mes petits. – … les emportes-tu ? (V. HUGO)

320. Analysez *ou* et *où* dans l'exercice 319.

Près / prêt – plus tôt / plutôt

- **Les skieurs placés *près* du poteau sont *prêts* à partir.**
- **Les skieuses placées *près* du poteau sont *prêtes* à partir.**
- ***Plutôt* que de discuter, partez, vous arriverez *plus tôt*.**

RÈGLES

Il faut écrire **prêt** quand on peut le mettre au **féminin,** c'est un adjectif qualificatif.

Dans le cas contraire, il faut écrire **près.**

Il faut écrire **plus tôt** en deux mots lorsqu'il est le contraire de **plus tard.**

Sinon, il faut écrire **plutôt** en un **mot.**

EXERCICES

321. Conjuguez au présent et à l'imparfait de l'indicatif :
être prêt à jouer – être prêt à lire – être près du mur.

322. Complétez par *plutôt* ou *plus tôt, près* ou *prêt*. Accordez, s'il y a lieu.
Rangez-vous … de la porte. – La panthère est … à bondir. – Il faudrait arriver … – Soyez … à sortir. – Il est … de minuit. – Si je peux, je rentrerai … – Cette caisse pèse à peu … vingt kilos. – Je lis … des romans policiers. – Tu es … à partir. – Son ami n'est pas … de l'oublier. – Prenez … un imperméable, le ciel se couvre. – …souffrir que mourir. – À peu de chose …, ils ont obtenu les mêmes résultats. – Il n'y a rien de … dans la cuisine. – Il a fait des croquis … amusants. – La source est à peu … tarie. – La pluie est arrivée … que prévu. – Le collège est … du stade. – … la pluie que la neige ou le verglas. – … au départ, les canoës sont … des bouées.

323. Même exercice que 322.
Des papillons posés repliaient leurs ailes fauves, … à se laisser emporter plus loin. (É. Zola) – Rien n'était … ; la nature boudait encore. (A. Gide) – Ce vieux loup de mer préféra mourir … que d'abandonner son navire. (Monfreid) – Je supporte les violettes seules et c'est surprenant, l'odeur m'en calme … (É. Zola) – Voici tout … des armoires la table ronde. (H. Bachelin) – Là, se réunissaient les hirondelles … à quitter nos climats. (Chateaubriand) – Il n'a pas manqué de courage, mais … de chance et de facilité. (G. Duhamel) – Une année …, nos camarades Gourp et Érable, en panne ici, avaient été massacrés par les dissidents. (Saint-Exupéry) – Je me suis demandé, monsieur Rinquet, si vous n'accepteriez pas de prendre votre retraite un peu … (Simenon) – La nuit vint deux heures … , tant le ciel était sombre. (Maupassant)

Peu – peut – peux

• Jean-Paul *peut* porter ce paquet *peu* volumineux.
• *Peux*-tu donner ce livre à ta voisine.

RÈGLE

Il ne faut pas confondre **peut** et **peux** (du verbe **pouvoir**) avec **peu**, souvent adverbe de quantité, ou déterminatif indéfini ou nom.
Utilisez **l'imparfait** pour reconnaître le verbe **pouvoir**. Si on peut mettre **pouvait,** on écrit **peut** ; si on peut mettre **pouvais,** on écrit **peux**.

Remarques grammaticales

1. *Peu* est adverbe.
La récolte est peu *abondante.*

2. Peu est déterminatif indéfini.
Peu *d'amis étaient là.*

3. Peu est un nom.
Il utilise bien le peu *qu'il a, son* peu *de chance.*

EXERCICES

324. Conjuguez au présent et à l'imparfait :
pouvoir se reposer un peu – être peu observateur.

325. Remplacez les points par *peu, peux* ou *peut.* Justifiez l'emploi de *peux* ou *peut* en écrivant *pouvais* ou *pouvait* entre parenthèses.
S'il était le plus irréprochable des ânes, on … dire aussi qu'il était le plus heureux. (G. Sand) – … à … l'Espagne de ma carte devenait sous la lampe un pays de contes de fées. (Saint-Exupéry) – … -tu me renvoyer le disque que je t'ai prêté ? – Un … ému, un … tremblant, j'attelle les deux gros bœufs. (E. Guillaumin) – Après dîner, nous regarderons un … les informations à la télévision. – Si tu le souhaites, je … t'accompagner chez le médecin.

326. Remplacez les points par *peu* ou *peut.*
Les truites ne remuent que fort … leurs nageoires. (T. Derème) – Mon père ne savait pas tout, mais il savait un … de tout et ce …, il le savait bien. (E. About) – Il passe … de voitures par ces rues. (T. Derème) – Mon cher père, tu m'as montré ce que … faire la patience dans les longs efforts. (Pasteur)

327. Analysez *peu* et *peut* dans l'exercice 326.

Quant à – quand – qu'en

• *Quant* au téléviseur, je vous le porterai *quand* il sera réparé. Ce ne sera *qu'en* fin de semaine. Mais *qu'en* ferez-vous sans antenne ? *Quand* serez-vous chez vous ?

RÈGLE

Il ne faut pas confondre **quand** avec **quant** ni avec **qu'en.**

Quand, adverbe interrogatif ou conjonction de subordination, exprime le plus souvent **le temps**. Conjonction, on peut lui substituer **lorsque.**
Je vous le porterai quand *il sera réparé.* (lorsqu'*il sera réparé*)

Quant s'écrit devant **à, au, aux** pour former une locution prépositive qu'on peut remplacer par **en ce qui concerne, pour ce qui est de.**
Quant au *téléviseur...* (pour ce qui est *du téléviseur*)

Qu'en, composé de la conjonction **que** et de **en,** est pronom, adverbe ou préposition. Pour le reconnaître, on peut décomposer mentalement en **que en,** ou le remplacer par **que ... de cela, de lui, d'elle.**
Mais qu'en *ferez-vous sans antenne ? Mais* que *ferez-vous* (de lui, de cela) *sans antenne ?*

EXERCICES

328. Remplacez les points par *quand, quant* ou *qu'en*.

Personne mieux que lui ne découvrait où gîte le lièvre. ... aux lapins, il savait par cœur les moindres terriers. (P. ARÈNE) – ... votre metteur en scène a pensé à vous pour ce travail, je ne vous connaissais pas. (F. MALLET-JORIS) – «... savez-vous ? Vous m'agacez à la fin. Vous avez l'air d'insinuer que vous me connaissez mieux que moi.» (J. ANOUILH) – Et ... à cette idée d'être marin, elle me charmait et m'épouvantait. (P. LOTI) – Je vais à présent vous exposer ce que je puis appeler notre méthode, laquelle n'est simple ... apparence. (J. GREEN) – ... il fait beau, je prends ma canne et mon béret, je siffle mon chien et en route ! (J. GUÉHENNO) – La fouine ardente, altérée de sang chaud, est si rapide ... un moment elle saigne et parents et petits. (MICHELET) – ... aux cigales, elles continuaient de plus belle jusqu'au soir. (J. JAUBERT) – Ma grand-mère me donnait la bouillie, m'habillait, me grondait ... il le fallait. (C. PÉGUY) – Rien ... voyant un œuf, je pouvais dire, sans me tromper, de quel oiseau il était. (É. LE ROY) – Et ces montres ? ... pensez-vous ? Elles ne sont ... acier, mais très précises. Votre frère en a acheté une ... il a touché son salaire. ... vous déciderez-vous aussi ? ... il n'y en aura plus ? ... à votre cousin, il en a réservé une. Comment ne pas saisir l'occasion ... elle se présente ?

329. Construisez une phrase avec *quand* adverbe, *quand* conjonction, *quant à* et *qu'en*.

Quoique – quoi que

• *Quoique* la tempête fût un peu moins forte, il ventait encore très fort. (A. Gᴇʀʙᴀᴜʟᴛ)

• *Quoi que* vous écriviez, évitez la bassesse.

• *Quoi qu*'il en soit, il faudra persévérer.

RÈGLE

Quoique en **un seul mot** est une **conjonction de subordination** qui est l'équivalent de *bien que, encore que.*

Quoi que en **deux mots** est un **pronom relatif composé** appelé encore pronom relatif indéfini qui a le sens de **quelle que soit la chose que** ou de **quelque chose que**.

Remarque

Notons que le **verbe** qui suit *quoique* ou *quoi que* est en général au **mode subjonctif.**

EXERCICES

330. Remplacez les points par *quoique* **ou** *quoi que.*

Cette nuit passera comme toutes les nuits ; le soleil se lèvera demain : elle est assurée d'en sortir, … il arrive. (F. Mᴀᴜʀɪᴀᴄ) – Asseyez-vous, monsieur Rinquet, et … je vous dise, faites-moi le plaisir de ne pas m'en vouloir. (Sɪᴍᴇɴᴏɴ) – Car toi, loup, tu te plains, … on ne t'ait rien pris. (Lᴀ Fᴏɴᴛᴀɪɴᴇ) – Les sauvages de la baie d'Hudson vivent fort longtemps, … ils ne se nourrissent que de chair ou de poisson cru. (Bᴜꜰꜰᴏɴ) – … il en soit, je tirai de ma poche les deux sous de mon jeudi et je les jetai à la mendiante. (A. Dᴀᴜᴅᴇᴛ) – Je me demande si c'était bien vrai, … il en soit, cela m'arrangeait à l'époque de le croire ! (F. Gʀᴏᴜʟᴛ) – … handicapé par sa blessure, il travaillait beaucoup. – … il advienne, restez calme.

331. Même exercice que 330.

Il se troubla visiblement … il ne pût m'entendre. Mᵐᵉ de Vernon se leva pour lui parler. (Mᵐᵉ ᴅᴇ Sᴛᴀ̈ᴇʟ) – Elle ne croyait jamais avoir plus d'esprit que son voisin, … elle en eût quarante fois davantage. (A. Aꜱꜱᴏʟᴀɴᴛ) – … j'aie pu dire ailleurs, peut-être que les affligés ont tort : les hommes semblent nés pour l'infortune, la douleur et la pauvreté. (Lᴀ Bʀᴜʏᴇ̀ʀᴇ) – … il eût beaucoup couru le monde, connu force gens, force pays, la science l'avait gardé naïf. (A. Dᴀᴜᴅᴇᴛ) – C'est un paysage nu et borné ; … il en soit, il nous plaît et nous l'aimons. (G. Sᴀɴᴅ) – … il fasse, le savant s'approche toujours du monde comme l'astronome s'approche de la nébuleuse : avec un télescope. (J. Gɪᴏɴᴏ) – … vous vous donniez beaucoup de peine, les résultats tardent à venir. – … il arrive, gardez confiance. – … il arrive bien classé, il n'est pas satisfait de sa performance.

Exercices de révision

332. Écrivez comme il convient les mots en italique

Un grand coq aux plumes *flambant* les suivait. (É. ZOLA) – Les ors, les émaux, les pierres fines *tintant* à chacun de ses mouvements lui faisaient une cuirasse *éclatant* et sonore. (R. BURNAND) – Les sillons *luisant* sont pareils à des vagues qui meurent au bord des routes. (P. HAMP) – Les hauts peupliers *ceinturant* la petite ville se mettent à bruire, *exhalant* un murmure d'allégresse. (E. MOSELLY) – Les saules blanchâtres alternaient avec les peupliers *jaunissant*. (E. FROMENTIN) – L'appareil était happé par des courants *descendant*. (R. DELANGE) – Parfois sur les aciers *tranchant* un coquelicot reste attaché. (E. MOSELLY)

333. Écrivez comme il convient les mots en italique.

Ses yeux grands, bruns et très limpides, rarement regardaient *droit*. (C. PLISNIER) – Tous ces objets m'incommodaient ; j'aurais souhaité qu'il existassent moins *fort*. (J.-P. SARTRE) – Ce sont des champs de pailles jaunes, tondues *court,* que dessèche et dore le soleil. (P. LOTI) – Ces jours si *long* pour moi lui sembleront trop *court*. (RACINE) – Les mils étaient *haut* ; les maïs *dru*. (R. GUILLOT) – Les hommes de la brousse *clair* avaient été avertis du passage des lions. (R. GUILLOT) – À l'entrée du four étaient allumées des bûchettes de bouleau qui brûlaient *clair*. (A. THEURIET)

334. Remplacez les points par *qu'elle(s), quel(s)* ou *quelle(s).*

… joie, sans doute, que ces retours ! et … prestige environnait ceux qui arrivaient de si loin. (P. LOTI) – Je marchais d'un pas souple et léger, poursuivant je ne sais … rêves de nuits d'Espagne. (P. LOTI) – … gazouillement au bord des nids, et … vives conversations ! (MICHELET) – Les vieilles images décolorées ont beaucoup servi, justement parce … disaient bien ce … voulaient exprimer. (CONSTANTIN-WEYER) – Elle souriait toute seule tandis … coupait le pain qui craquait en se brisant sous la lame. (H. BOSCO)

335. Complétez en utilisant le bon homonyme.

Les spéléologues arrivaient *(prêt / près)* de la Grande Salle *(qu'en / quand / quant)* un syphon a interrompu leur progression. Le passage est *(si / s'y)* étroit qu'on pourrait hésiter à *(si / s'y)* engager, mais *(n'y / ni)* le courant *(n'y / ni)* la boue ne sauraient les arrêter. *(Quoi que / quoique)* conscients des risques, ces explorateurs avertis manifestent *(peut / peux / peu)* d'inquiétude. Ils se mettent à l'eau résolument, chacun *(prêt / près)* à venir en aide à l'autre. *(S'en / c'en / sans)* est fait, le groupe s'enfonce dans le syphon. Il n'avance *(qu'en / quand / quant)* tâtonnant tant l'eau est trouble et il lui faut poursuivre *(s'en / c'en / sans)* hésitation. Mais *(qu'elle / quelle)* récompense au terme de ces efforts *(qu'en / quand / quant)* la grotte dévoile son spectacle féerique.

Les trois groupes de verbes

- *couper* le pain – *tendre* un fil – *courir* un danger
- *fournir* un effort – *lire* un livre – *revoir* sa leçon

On classe les verbes en **trois groupes.**

Le 1er groupe comprend tous les verbes dont l'**infinitif** est en **-er** comme **couper** (exception : aller).

Le 2e groupe comprend les verbes dont l'**infinitif** est en **-ir** comme **fournir** et le **participe présent** en **-issant.** On peut aussi utiliser la **1re personne du pluriel** en **-issons** pour les reconnaître.
fournir / nous fournissons / en fournissant
finir / nous finissons / en finissant

Le 3e groupe comprend **tous les autres** verbes.

Remarques

1. *Aller,* irrégulier *(je vais, nous allons, tu iras),* est du **3e groupe.**

2. Les verbes en **-oir** s'écrivent «**oir**», **sauf** *boire, croire, accroire.*

3. Les verbes en **-uir** s'écrivent «**uire**», sauf *fuir* et *s'enfuir.*

4. Les verbes en **-air** s'écrivent «**aire**», comme *faire, plaire, extraire...*

5. Les verbes en **-ir** comme *tenir, sentir, cueillir, courir, mourir, sortir...* n'ont pas de participe présent en **-issant** (*nous cour*ons / *en cour*ant).

6. Les verbes en **-ire** s'écrivent «**ire**» comme *dire, écrire, lire, rire...* mais *maudire,* bien que du 3e groupe, se conjugue comme ceux du 2e (*maudissant*).

7. **Avoir** et **être** ne sont **pas classés** dans un groupe, mais **verbes auxiliaires.**

EXERCICE

336. **Donnez l'infinitif et le groupe de chaque verbe.**
La feuille à tout moment tressaille, vole et tombe. (Sully-Prudhomme) – Pendant cette courte journée d'automne, je vais, je viens, je traîne mes pas dans l'herbe mouillée. (Lamartine) – Une lavandière recueille la soie sur un chardon. (Chateaubriand) – L'automne décolore les fourrés, roussit les mousses. (P.-V. Margueritte) – Un coin de ciel bleu sourit à la fenêtre. (R. Rolland) – Le bruit grandit. Il prend l'oreille et ne la quitte plus. (G. Hanotaux) – Il serait bon qu'il parvienne au chalet et qu'il alerte les secours. – Le perdreau se blottit dans le sillon et surveille l'approche du chien qui flaire sa piste.

Valeurs du présent de l'indicatif

1. Le **présent de l'indicatif** marque surtout que l'**action** s'accomplit **au moment où l'on parle**.

Loisel manœuvre *les robinets,* aligne *les chiffres,* compte *les gouttes et* pèse *des grains de poussière.*   (G. Duhamel)

2. Le **présent de l'indicatif** peut exprimer aussi :

a) des **faits habituels**.

Les papetiers qui étalent *à la devanture de leur boutique des images d'Épinal furent d'abord mes préférés.*   (A. France)

b) des **vérités durables**.

La lune nous réfléchit *les rayons du soleil.*

c) des **proverbes,** des **maximes,** des **pensées** morales.

Qui trop embrasse *mal* étreint.

d) une **action** passée ou future très **proche de l'action présente**.

Nous sortons *de table, il y a un instant.*   (A. de Musset)

Nous arrivons *demain à Port-Saïd. Escale attendue.*   (F. de Croisset)

e) une **action passée** souvent très ancienne que l'on place **dans le présent pour la rendre plus vivante**.

J'essayais de reconstruire dans ma pensée le pauvre navire défunt et l'histoire de cette agonie… Je voyais *la frégate partant de Toulon… Elle* sort *du port. La mer est mauvaise, le vent terrible ; mais on a pour capitaine un vaillant marin…*   (A. Daudet)

EXERCICE

337. **Quelles sont les valeurs du présent de l'indicatif dans les phrases suivantes ?**

Qui dort, dîne. – Deux et deux font quatre. – L'autre matin, j'entends qu'on rappelait tout bas dans le sillon. (A. Daudet) – Hâtez-vous d'aller vous mettre en tenue. Nous attelons dans un instant. (Alain-Fournier) – Le blé est gris. Le soleil pèse de toute sa force. Les poings se serrent ; le pied s'avance. Les mains ramassent le blé. Les bras font la gerbe. (J. Giono) – Les petites filles ont un désir naturel de cueillir des fleurs et des étoiles. (A. France) – Pour les instants de repos, il y avait les feuilletons découpés dans les journaux et qu'on se prête de ferme à ferme. (A. Bailly) – Il lui donna un grand coup du plat de son épée sur le visage. Candide dans l'instant tire la sienne. (Voltaire)

Présent de l'indicatif

• Je pense à l'infinitif et aux groupes de verbes.

verbes en *-er*				autres verbes			
-e / -es / -e				*-s / -s / -t* ou *-d*			
couper		**plier**		**remplir**		**tendre**	
je	coup**e**	je	pli**e**	je	rempl**is**	je	tend**s**
tu	coup**es**	tu	pli**es**	tu	rempl**is**	tu	tend**s**
il/elle	coup**e**	il/elle	pli**e**	il/elle	rempl**it**	il/elle	ten**d**
ns	coup**ons**	ns	pli**ons**	ns	rempl**issons**	ns	tend**ons**
vs	coup**ez**	vs	pli**ez**	vs	rempl**issez**	vs	tend**ez**
ils/elles	coup**ent**	ils/elles	pli**ent**	ils/elles	rempl**issent**	ils/elles	tend**ent**

RÈGLE FONDAMENTALE

Au **présent de l'indicatif**, les verbes se divisent en **deux grandes catégories** en fonction des terminaisons :

1. les verbes en *-er,* qui se terminent par *-e, -es* et *-e* aux personnes du singulier.
je plie / tu plies / il plie

2. les autres verbes qui se terminent par *-s, -s, -t* ou *-d*.
je remplis / tu remplis / il remplit / il tend

Pour bien écrire un verbe au présent de l'indicatif, il faut penser à l'infinitif, puis à la personne.
je lie (lier) = e – *je lis* (lire) = s – *elle pâlit* (pâlir) = t – *il ment* (mentir) = t

Exceptions à cette règle au présent de l'indicatif :

1. aller fait : *je vais, tu vas, il va.*

2. les verbes **cueillir, ouvrir** et leurs composés, **offrir, assaillir, tressaillir,** se conjuguent comme les verbes en *-er*.
j'ouvre / il ouvre – je cueille – tu offres – il assaille – tu tressailles

3. pouvoir, vouloir, valoir se terminent par *-x, -x, -t* aux personnes du singulier.
je peux – tu veux – il vaut

Quelques verbes de la 1ʳᵉ catégorie :			Quelques verbes de la 2ᵉ catégorie :		
avouer	écouter	lever	bondir	nourrir	vêtir
brûler	envier	manier	dormir	saisir	devoir
continuer	falsifier	mendier	fournir	tenir	peindre
créer	gagner	saluer	franchir	venir	prendre

EXERCICES

338. Conjuguez au présent de l'indicatif.

1° farcir la volaille
scier la bûche
2° secouer l'amandier
accueillir un ami

bondir de joie
étudier un plan
créer un modèle
vouloir réagir

remuer ses jambes
exclure le tricheur
déjouer une ruse
aller au marché

339. Mettez les verbes au présent de l'indicatif. Justifiez la terminaison en écrivant l'infinitif entre parenthèses.

je pari…   il gravi…   je tri…   tu grandi…   tu bénéfici…
je chéri…   il envi…   je pétri…   tu remédi…   tu adouci…
tu châti…   tu oubli…   il désuni…   je rempli…   il associ…
tu ralenti…   tu établi…   il reni…   je suppli…   il aminci…

340. Même exercice que 339.

La lune pâli… à l'horizon. – Les touristes li… connaissance. – Le négociant conclu… une affaire. – Le sang lui afflu… au visage. – Le printemps multipli… les fleurs dans le sentier. – Le sportif accompli… une bonne performance. – Le gel durci… la terre. – Le menuisier sci… la planche. – Tu avou… ta faute. – Tu échou… dans ton entreprise. – On continu… de jouer. – On exclu… le mauvais joueur. – Un chien surgi…, l'enfant se réfugi… dans les bras de sa mère. – Le chevreuil bondi… dans le fourré. – Le soleil incendi… le vieux vitrail.

341. Écrivez au présent de l'indicatif.

Tu offr… un bouquet à ta mère. – Je cueill… des fraises. – Je ne peu… pas sortir. – Tu ne veu… pas obéir. – Tu vau… plus que tu ne pens… – Le canot va… à la dérive. – La feuille tressaill…

342. Complétez les verbes au présent de l'indicatif.

On écri… comme on peu… Moi, j'écri… comme ça vien…, comme le cœur me chant…, comme cour… le stylo, comme vol… les hirondelles entre orage et beau temps. J'écri… comme des chansons, j'écri… pour fredonner sur des jours oubliés, sur ceux qui part… pour le dernier voyage ou pour d'autres bras. J'écri… pour faire revivre, enfin pour exister ne serait-ce qu'un instant, celui où l'on formul…, et où le mot se pli… pour rendre le son exact. J'écri… pour les enfants qui ne li… jamais, enfin j'écri… pour moi, et oui, pour rien ! Voilà les raisons pour lesquelles je par… à l'aventure, avec le nez au vent, avec l'espoir que le hasard fai… bien les choses, que la mémoire sui… et la syntaxe aussi. J'ignor… l'histoire de ma famille. Tout ce que je peu… dire, c'es… que ce siècle a quatre ans quand mon père voi… le jour à Bernay. On peu… témoigner que mon père es… d'une petite famille alliée à d'autres dont personne ne sa… rien.

(D'après PASCAL JARDIN : *Le Nain jaune*, Julliard.)

Présent de l'indicatif
Quelques verbes du 3ᵉ groupe

	courir		**rompre**		**déduire**		**conclure**
je	cours	je	romps	je	déduis	je	conclus
tu	cours	tu	romps	tu	déduis	tu	conclus
il/elle	court	il/elle	rompt	il/elle	déduit	il/elle	conclut
ns	courons	ns	rompons	ns	déduisons	ns	concluons
vs	courez	vs	rompez	vs	déduisez	vs	concluez
ils/elles	courent	ils/elles	rompent	ils/elles	déduisent	ils/elles	concluent

Quelques verbes du 3ᵉ groupe :

accourir	cuire	instruire	rire	séduire	relire
parcourir	construire	introduire	sourire	traduire	suffire
secourir	détruire	luire	produire	confire	conclure
interrompre	enduire	nuire	réduire	élire	exclure

Remarque

Les verbes en **-uir** s'écrivent «uire» sauf *fuir et s'enfuir. Fuir* fait au présent de l'indicatif : *je fuis, tu fuis, il/elle fuit, nous fuyons, vous fuyez, ils/elles fuient.*

EXERCICES

343. Conjuguez au présent de l'indicatif.

1° parcourir la plaine   conclure un marché   élire un député
   sourire avec ironie   tuer le temps   suffire à sa tâche
2° interrompre le bavard   confire une oie   lier une sauce
   construire un mur   confier une lettre   lire un magazine

344. Mettez les verbes au présent de l'indicatif. Justifiez la terminaison en écrivant l'infinitif entre parenthèses.

tu reni…   il cour…   je discour…   il concour…   tu exclu…
tu uni…   il labour…   je souri…   il savour…   tu conclu…
tu nui…   il entour…   je vari…   il bourr…   tu évalu…

345. Trouvez un nom de la famille de chacun des verbes en -uire, de courir et de ses composés.

346. Mettez la terminaison convenable du présent de l'indicatif.

Pendant les courtes heures où je peux disposer de mon appareil de télévision, je parcour… des yeux l'éther qui offr… l'étrange spectacle de l'explosion des fusées. (R. BARJAVEL) – Je pli… et ne romp… pas. (LA FONTAINE) – Un éclat de rire l'interromp… ; il se retourne et ne voit rien qu'un gros pivert. (A. DAUDET) – Je cour… après mes cousins en sautant sur les pierres. (J. VALLÈS) – Ah ! conclu… ma tante qui se rengorge comme une dresseuse sous l'applaudissement. (P. HÉRIAT) – Le chien, me croyant en danger, accour…, l'aboi furieux. (L.-F. ROUQUETTE)

Présent de l'indicatif
Verbes en *-dre*

	vendre				**tordre**		
je	ven**ds**	ns	ven**dons**	je	tor**ds**	ns	tor**dons**
tu	ven**ds**	vs	ven**dez**	tu	tor**ds**	vs	tor**dez**
il/elle	ven**d**	ils/elles	ven**dent**	il/elle	tor**d**	ils/elles	tor**dent**

RÈGLE

Les verbes en *-dre* dont l'infinitif se termine par *-andre, -endre, -ondre* et *-ordre* conservent le d au présent de l'indicatif.
je rends – tu tends – il mord

Notons que seuls **épandre** et **répandre** s'écrivent «**andre**».

Quelques verbes en *-dre* :

apprendre	descendre	fendre	correspondre	démordre
attendre	défendre	rendre	se morfondre	détordre
comprendre	entendre	fondre	répondre	mordre

EXERCICES

347. **Conjuguez au présent de l'indicatif.**

perdre patience   attendre l'autobus   répandre un bruit
fondre en larmes   épandre de l'engrais   détordre une barre

348. **Mettez les verbes au présent de l'indicatif. Justifiez la terminaison en écrivant l'infinitif entre parenthèses.**

tu secou… je décor… tu serr… elle rom… elle mou…
tu décou… je mor… tu per… elle fon… elle bou…

349. **Écrivez au présent de l'indicatif.**

Il se met au large, puis pren… son temps, fon… sur le cou du lion, qu'il ren… presque fou. (La Fontaine) – Des yeux, je descen… le long de ces gratte-ciel au bas desquels la petite chenille jaune d'un tramway s'avance sur deux fils métalliques. (P. Morand) – Elle cou… et me fait gentiment compagnie, si la pluie hache l'horizon. (Colette) – Une paix immense se répan… dans l'espace. (P. Dévoluy) – Il me semble que ma fièvre est un peu tombée. Mon pouls se déten… (P. Hériat)

350. **Pour compléter ce texte, utilisez des verbes en *-dre* au présent de l'indicatif.**

Un chien hargneux … l'entrée du garage. Le patron me dit : «Attention ! il … Je vais l'attacher.» Je … ensuite à son invitation d'entrer, et … quelques marches dans le hall d'exposition. Je me … près de la voiture convoitée et … le temps de l'examiner. Le garagiste se … en louanges sur ses qualités. «C'est une excellente affaire. Son propriétaire la … parce qu'il quitte la France. Il … de son état et moi-même je … l'engagement de la garantir un an.» Mais j'… réfléchir à la charge que cela représente avant d'acheter.

Présent de l'indicatif
Verbes en *-yer*

appuyer		**employer**		**payer**				
j'	appu**ie**	j'	emplo**ie**	je	pa**ie**	ou	je	pa**ye**
tu	appu**ies**	tu	emplo**ies**	tu	pa**ies**		tu	pa**yes**
il/elle	appu**ie**	il/elle	emplo**ie**	il/elle	pa**ie**		il/elle	pa**ye**
ns	appu**yons**	ns	emplo**yons**	ns	pa**yons**			
vs	appu**yez**	vs	emplo**yez**	vs	pa**yez**			
ils/elles	appu**ient**	ils/elles	emplo**ient**	ils/elles	pa**ient**		ils/elles	pa**yent**

RÈGLE

Les verbes en *-yer* changent l'**y** en **i** devant un **e muet**.

Remarques

1. Les verbes en *-ayer* peuvent **conserver** ou **perdre** l'**y** devant un **e muet**.

2. Les quelques verbes en *-eyer* comme *capeyer, grasseyer...* **gardent** l'**y** à toutes les personnes de tous les temps à cause de la prononciation.

Quelques verbes en *-yer* :

aboyer	côtoyer	effrayer	essayer	jointoyer	ployer
apitoyer	déblayer	égayer	essuyer	larmoyer	rayer
balayer	débrayer	embrayer	étayer	monnayer	relayer
bégayer	défrayer	ennuyer	festoyer	nettoyer	renvoyer
broyer	déployer	enrayer	flamboyer	noyer	rudoyer
choyer	dévoyer	envoyer	foudroyer	octroyer	tutoyer

EXERCICES

351. Conjuguez au présent de l'indicatif.
essuyer la vaisselle – envoyer un colis – balayer la cour – grasseyer

352. Mettez les verbes en italique au présent de l'indicatif.
Tes yeux fatigués *larmoyer*. – Vous *choyer* la vieille grand-mère. – Nous nous *frayer* un chemin dans la foule. – Les taquins *ennuyer* le chien. – Tu *zézayer* légèrement. – Les maçons *étayer* le vieux mur. – Vous *payer* vos impôts. – Le sifflement des merles *égayer* le verger. – Les rafales *balayer* les feuilles mortes. – Je *s'appuyer* sur plusieurs théorèmes pour faire ma démonstration. – Vous *essuyer* les vitres. – La campagne *verdoyer* au printemps. – Tu *envoyer* une lettre à ton frère. – Les mouettes *tournoyer* au-dessus des eaux chargées de goémon. (B. Bohème) – Peu de temps après, le vent *changer* légèrement et j'*envoyer* la voile d'étai. (É. Tabarly) – Le gros temps persistant, le navire *capeyer* de crainte d'une avarie.

Verbes en *-uyer, -oyer, -ayer* ou en *-uire, -oir(e), -aire* ?
Je pense à l'infinitif.

353. Conjuguez au singulier du présent de l'indicatif les verbes suivants.

s'enfuir	traduire	détruire	entrevoir	savoir	recevoir
s'ennuyer	essuyer	appuyer	renvoyer	essayer	employer

354. Mettez les verbes au présent de l'indicatif. Justifiez la terminaison en écrivant l'infinitif entre parenthèses.

j'essui...	il boi...	tu croi...	il sai...	je voi...	il appui...
je condui...	il aboi...	tu broi...	il essai...	j'envoi...	il sédui...

355. Mettez les verbes au présent de l'indicatif et justifiez la terminaison en écrivant l'infinitif entre parenthèses.

La rivière ondoi... sous la brise. – Le fermier doi... se rendre au marché. – Le grand-père choi... ses petits enfants. – Le menteur déchoi... dans l'estime de ses camarades. – L'auto se frai... difficilement un passage dans la foule. – Le professeur étai... ses explications d'exemples précis. – Le chien aboi... et boi... à grandes lampées. – Le peloton poursui... le coureur qui tente de s'échapper. – Il contrefai... le chant du coq. – Le chat effrai... les moineaux.

356. Écrivez au présent de l'indicatif.

Ces corps nus qui rougeoi..., ce soleil qui flamboi..., ces ballons que l'on reçoi..., ces transistors qui péror..., ce vent qui transperc... : c'est l'enfer. (C. Guérard) – Le canard noi... ses riches couleurs ; on ne voi... plus sa tête verte. (J. Renard) – Un gras soleil boi... la rosée des prés. (A. France) – Le blaireau sui... les lignes d'ombre, se confond avec un tronc d'arbre. (J. de Pesquidoux) – Le château s'appui..., s'élargit, surgit, monte, s'étrécit, culmine. (J. de la Varende) – L'enfant comprend la voix des choses. La grande armoire brui... doucement. (E. Moselly) – Ce qui se conçoi... bien, s'énonce clairement. (Boileau) – Un vent léger balai... avec la poussière de la chaussée les graines ailées des platanes ! (A. France)

357. Mettez les verbes en italique au présent de l'indicatif.

Peu habitué à sa nouvelle voiture, Jean *embrayer* et *débrayer* avec précaution. – Les maçons *déblayer* les gravats et *nettoyer* le sol. – Nous nous *apitoyer* sur ce boxeur que l'arbitre *renvoyer* dans le coin du ring. – Tu *étayer* ces plateaux qui *recevoir* de lourdes charges. – L'orthophoniste *réduire* les défauts de ceux qui *bégayer*, *zézayer* ou *grasseyer*. – Ce chauffeur de taxi *conduire* des artistes célèbres et *tutoyer* même certains d'entre eux. – Chaque footballeur *devoir* affirmer et *monnayer* son talent auprès des clubs. – Le médecin *prescrire* cette potion qui *enrayer* rapidement la toux.

Présent de l'indicatif
Verbes en *-indre* et en *-soudre*

feindre		craindre		joindre		résoudre	
je	fein**s**	je	crain**s**	je	join**s**	je	résou**s**
tu	fein**s**	tu	crain**s**	tu	join**s**	tu	résou**s**
il/elle	fein**t**	il/elle	crain**t**	il/elle	join**t**	il/elle	résou**t**
ns	feignons	ns	craignons	ns	joignons	ns	résolvons
vs	feignez	vs	craignez	vs	joignez	vs	résolvez
ils/elles	feignent	ils/elles	craignent	ils/elles	joignent	ils/elles	résolvent

RÈGLE

Les verbes en **-indre, -oindre** et **-soudre** perdent le d au présent de l'indicatif et se terminent par **-s, -s, -t** aux personnes du singulier.
Les personnes du pluriel des verbes en **-indre** et en **-oindre** sont en «**gn**».
nous atteignons – vous plaignez – ils rejoignent

Remarques

1. Les verbes en **-indre** s'écrivent «**eindre**», sauf *plaindre, craindre* et *contraindre* qui s'écrivent avec un **a.**

2. Il ne faut pas confondre les verbes en **-soudre** avec les verbes en **-oudre** qui suivent la règle des verbes en **-dre.**
je résous – je couds

Quelques verbes en *-indre* et en *-soudre* :

astreindre	empreindre	geindre	adjoindre	poindre
ceindre	enfreindre	peindre	disjoindre	rejoindre
dépeindre	éteindre	restreindre	enjoindre	absoudre
déteindre	étreindre	teindre	oindre	dissoudre

EXERCICES

358. Conjuguez au présent de l'indicatif.

éteindre le feu　　　résoudre une équation　　　rejoindre ses amis

359. Mettez les verbes en italique au présent de l'indicatif.

Tu *atteindre* le but. – Je *craindre* le froid. – Le jour *éteindre* les étoiles. – Nous nous *plaindre* du temps. – Vous *enfreindre* le règlement. – Il nous *dépeindre* sa joie. – Je *joindre* une photographie à ma lettre. – Les arbres *geindre* sous la rafale. – Tu *résoudre* une difficulté. – Le sucre se *dissoudre* dans l'eau. – Le maire *ceindre* son écharpe. – En fin de mois, on se *restreindre* souvent. – Je *repeindre* la grille. – Le vent *disjoindre* le volet.

Verbes en *-dre* ou en *-indre* ?
Je pense à l'infinitif.

360. Conjuguez au présent de l'indicatif

plaindre un ami	peindre les volets	coudre des boutons
répandre du vin	pendre un jambon	résoudre une difficulté

361. Mettez à la troisième personne du singulier et à la troisième personne du pluriel les verbes suivants.

descendre	attendre	tendre	répandre	répondre
ceindre	atteindre	teindre	repandre	rejoindre

362. Mettez la terminaison convenable du présent de l'indicatif.

je tein…	tu fen…	il détein…	tu cou…	tu secou…
je ten…	tu fein…	il déten…	tu bou…	tu voi…
je tien…	tu vien…	il détien…	tu résou…	tu envoi…

363. Mettez les verbes en italique au présent de l'indicatif.

La cane *pondre* des œufs verdâtres tout tachetés. – Le voilier *poindre* à l'horizon. – L'autocar *attendre* au passage à niveau que le train soit passé. – L'avion à réaction *atteindre* une vitesse prodigieuse. – La danseuse *ceindre* son front d'une couronne de fleurs. – Le torrent *descendre* de la montagne en mugissant. – Le fermier *éteindre* sa grosse lanterne. – Le cancer *étendre* ses ravages chez les fumeurs. – Tu *moudre* du café dont l'arôme est agréable. – Tu *secouer* ta paresse. – Tu *absoudre* le coupable qui promet de rentrer dans la bonne voie.

364. Mettez la terminaison convenable du présent de l'indicatif.

Le développement industriel répon… aux besoins de notre société et restrein… parfois l'exode des populations dans des zones qui perd… une partie de leur activité économique. Mais les investisseurs ne pren… pas toujours les précautions nécessaires à la protection de l'environnement. Nous crai… de voir polluer les rivières, s'accumuler les nuisances et les atteintes à la nature. Nous entrepren… enquêtes et démarches pour que les nouvelles installations n'enfrei… pas les dispositions réglementant la protection de la nature, défend… sites et paysages. Quelquefois se répand… des bruits, alarmistes ou rassurants, qui ne correspond… à aucune étude sérieuse et ne réso… aucun des problèmes soulevés. Vous compren… que l'activité humaine n'attein… ses objectifs de progrès et de bien-être que si elle pren… en compte l'ensemble du milieu naturel. Lorsque nous romp… son équilibre, détrui… nos forêts, épuis… rapidement les ressources accumulées dans le temps, précipit… la disparition d'espèces, nous nous mépren… sur notre pouvoir.

365. Après chaque verbe, écrivez un ou deux noms de la même famille.

mévendre	apprendre	comprendre	fendre	peindre
défendre	descendre	enfreindre	feindre	teindre
attendre	suspendre	contraindre	tendre	craindre
atteindre	épandre	empreindre	pendre	ceindre
entendre	étendre	étreindre	joindre	plaindre

Présent de l'indicatif
Verbes en *-tre*

mettre		battre		paraître		croître	
je	mets	je	bats	je	parais	je	croîs
tu	mets	tu	bats	tu	parais	tu	croîs
il/elle	met	il/elle	bat	il/elle	paraît	il/elle	croît
ns	mettons	ns	battons	ns	paraissons	ns	croissons
vs	mettez	vs	battez	vs	paraissez	vs	croissez
ils/elles	mettent	ils/elles	battent	ils/elles	paraissent	ils/elles	croissent

RÈGLE

Les verbes en *-tre,* comme **mettre, battre, paraître, croître, perdent un t de leur infinitif** aux personnes du **singulier du présent de l'indicatif**.

je remets (n'a plus qu'un **t**) – *tu réapparais* (n'en a plus)

Remarques

1. Les verbes comme *paraître* et *croître* **conservent l'accent circonflexe quand l'i du radical est suivi d'un t**.
   il paraît – il croît

2. Le verbe *croître* **conserve** l'accent circonflexe quand il peut être confondu avec le verbe *croire*.
   je croîs (croître) – *je crois* (croire)

Quelques verbes en *-tre* :

admettre	omettre	abattre	apparaître	méconnaître	transparaître
commettre	permettre	combattre	comparaître	naître	accroître
compromettre	promettre	débattre	connaître	paître	décroître
émettre	transmettre	rabattre	disparaître	reparaître	recroître

EXERCICES

366. Conjuguez au présent de l'indicatif.
omettre un détail   rabattre son col   accroître son savoir
soumettre un projet   paraître content   croire au succès

367. Mettez aux troisièmes personnes du présent de l'indicatif les verbes suivants.
naître   connaître   comparaître   reparaître   croire   accroître

368. Mettez les verbes en italique au présent de l'indicatif.
Le grillon *rabattre* sur lui sa trappe, faite d'une herbe. (R. MAZELIER) – Je suis le matou ; je me *battre,* je mange avec un appétit méthodique. (COLETTE) – Je n'*admettre* qu'une chasse, celle de la jungle. (A. NÉGIS) – Je *connaître* les nuits sans sommeil, le travail qui commence à l'aube. (WALTZ) – Quand il *naître* une rose nouvelle, voilà tous les jardiniers qui s'émeuvent. (SAINT-EXUPÉRY)

Présent de l'indicatif
Verbes en *-tir* comme *mentir*

sentir			se repentir			
e	sen**s**	ns	sentons	je	me repen**s**	ns	ns repentons
u	sen**s**	vs	sentez	tu	te repen**s**	vs	vs repentez
l/elle sent		ils/elles sentent		il/elle se repen**t**		ils/elles se repentent

RÈGLE

Les verbes en *-tir* du 3e groupe, comme **mentir, sortir, partir, perdent le t** de l'infinitif aux deux premières personnes du **singulier du présent de l'indicatif,** et se terminent par *-s, -s, -t* aux personnes du singulier.

Quelques verbes en *-tir* :

consentir	ressentir	départir	mentir	sortir
pressentir	partir	repartir	démentir	ressortir

Verbes apparentés perdant la consonne précédant la terminaison de l'infinitif :

dormir	rendormir	desservir	vivre	survivre	poursuivre
endormir	servir	resservir	revivre	suivre	s'ensuivre

Remarques

1. **Attention** à la conjugaison de *vêtir, revêtir* et *dévêtir : je vêts, tu vêts, il vêt, nous vêtons, vous vêtez, ils vêtent.*

2. *Assortir, rassortir (réassortir), désassortir* sont des verbes du 2e groupe.

EXERCICES

569. Conjuguez au présent de l'indicatif.

bâtir un plan	assortir des étoffes	endormir la douleur
partir en voyage	sortir avec son chien	resservir un plat

570. Mettez les verbes au présent de l'indicatif et justifiez la terminaison en écrivant l'infinitif entre parenthèses.

Je me repen… d'avoir assombri ma jeunesse. (A. GIDE) – Je me sen… gai, je me sen… fort, je marche en battant des talons. (J. VALLÈS) – Je me lève de l'ombre et je consen… à traverser une zone éclatante de soleil. (H. BORDEAUX) – J'entrepren… l'escalade. Dès le début, je pressen… un morceau difficile. (FRISON-ROCHE) – Il se décide à quitter la côte et il par… à travers les prés. (C. ANET) – La route se par… de chèvrefeuille parfumé. (P. DEGRULLY) – C'est que je sor… du pays du charbon. (J. VALLÈS) – Un gras soleil dor… les pampres. (A. FRANCE) – Le village dor… dans sa paix, au fond de son alcôve. (É. ZOLA) – L'homme tor… et détor… ses doigts. (T. MONNIER) – Le moineau ser… la branche avec ses pattes. (J. RENARD) – Le plus magique instrument de connaissance, c'est moi-même.

Présent de l'indicatif
Verbes comme *espérer* et *achever*

espérer				achever			
j'	espère	nous	espérons	j'	achève	nous	achevons
tu	espères	vous	espérez	tu	achèves	vous	achevez
il/elle	espère	ils/elles	espèrent	il/elle	achève	ils/elles	achèvent

RÈGLES

1. Les verbes comme **espérer changent l'accent aigu** de l'avant-dernière syllabe en **accent grave** devant une terminaison **muette**.

2. Les verbes comme **achever** prennent un **accent grave** à l'avant-dernière syllabe devant une terminaison **muette**.

Quelques verbes comme *espérer* :

accélérer	chronométrer	empiéter	insérer	posséder	repérer
aérer	compléter	exagérer	macérer	protéger	succéder
céder	dépoussiérer	imprégner	pénétrer	rapiécer	suggérer
célébrer	ébrécher	inquiéter	persévérer	régler	tempérer

Quelques verbes comme *achever* :

crever	égrener	grever	mener	peser	semer
dépecer	emmener	lever	parsemer	promener	soulever

EXERCICES

371. Conjuguez au présent de l'indicatif.

persévérer dans l'effort   vénérer sa mère   aérer la cuisine
soupeser un melon   dépecer une oie   égrener les haricots

372. Mettez les verbes suivants aux deuxièmes personnes de l'indicatif présent.

exagérer   soulever   céder   amener   abréger   empeser

373. Écrivez les verbes en italique au présent de l'indicatif.

Une petite source *égrener* entre les racines son collier de cristal. (H. Taine) – Elle *promener* un sourire encourageant sur l'assistance, puis *se lever* et *aller* ouvrir la porte de la petite salle à manger où *sautiller* la flamme des bougies. (F. Groult) – Une ligne sinueuse de saules et de peupliers *révéler* et cache une petite rivière (J. Renard) – Les corbeaux *se soulever* et retombent à la même place. (J. Giono) – Je *vénérer* ce vieux mur, comme les Arabes leur plus sainte mosquée. (P. Loti) – Le vent agite les ombres, *promener* les nuages. (A. France) – L'automne *imprégner* les futaies brumeuses d'une tristesse pénétrante. (A. Theuriet) – L'étang *refléter* la silhouette du saule noir. (Verlaine) – Le soleil *peser* de toute sa force (J. Giono) – Nous *insérer* le bas des pantalons dans des bottes. (Maeterlinck)

Présent de l'indicatif
de quelques verbes irréguliers

dire		médire		maudire		faire	
je	dis	je	médis	je	maudis	je	fais
tu	dis	tu	médis	tu	maudis	tu	fais
il/elle	dit	il/elle	médit	il/elle	maudit	il/elle	fait
ns	disons	ns	médisons	ns	maudissons	ns	faisons
vs	dit**es**	vs	médis**ez**	vs	maudiss**ez**	vs	fait**es**
ils/elles	disent	ils/elles	médisent	ils/elles	maudissent	ils/elles	font

aller		asseoir				boire	
je	vais	j'	assois	j'	'assieds	je	bois
tu	vas	tu	assois	tu	assieds	tu	bois
il/elle	**va**	il/elle	assoit	il/elle	assied	il/elle	boit
ns	allons	ns	assoyons	ns	asseyons	ns	buvons
vs	allez	vs	assoyez	vs	asseyez	vs	buvez
ils/elles	vont	ils/elles	assoient	ils/elles	asseyent	ils/elles	boivent

croire		voir		fuir		traire	
je	crois	je	vois	je	fuis	je	trais
tu	crois	tu	vois	tu	fuis	tu	trais
il/elle	croit	il/elle	voit	il/elle	fuit	il/elle	trait
ns	**croyons**	ns	**voyons**	ns	**fuyons**	ns	**trayons**
vs	**croyez**	vs	**voyez**	vs	**fuyez**	vs	**trayez**
ils/elles	croient	ils/elles	voient	ils/elles	fuient	ils/elles	traient

bouillir		coudre		moudre		mourir	
je	bous	je	couds	je	mouds	je	meurs
tu	bous	tu	couds	tu	mouds	tu	meurs
il/elle	bout	il/elle	coud	il/elle	moud	il/elle	meurt
ns	bouillons	ns	cousons	ns	moulons	ns	mourons
vs	bouillez	vs	cousez	vs	moulez	vs	mourez
ils/elles	bouillent	ils/elles	cousent	ils/elles	moulent	ils/elles	meurent

mouvoir		haïr		plaire		vaincre	
je	meus	je	hais	je	plais	je	vaincs
tu	meus	tu	hais	tu	plais	tu	vaincs
il/elle	meut	il/elle	hait	il/elle	plaît	il/elle	**vainc**
ns	mouvons	ns	haïssons	ns	plaisons	ns	vainquons
vs	mouvez	vs	haïssez	vs	plaisez	vs	vainquez
ils/elles	meuvent	ils/elles	haïssent	ils/elles	plaisent	ils/elles	vainquent

prendre		venir		acquérir		écrire	
je	prends	je	viens	j'	acquiers	j'	écris
tu	prends	tu	viens	tu	acquiers	tu	écris
il/elle	prend	il/elle	vient	il/elle	acquiert	il/elle	écrit
ns	prenons	ns	venons	ns	acquérons	ns	écrivons
vs	prenez	vs	venez	vs	acquérez	vs	écrivez
ils/elles	prennent	ils/elles	viennent	ils/elles	acquièrent	ils/elles	écrivent

Remarques

1. *Faire* et ses composés, *dire et redire* ont la terminaison de la 2ᵉ personne du pluriel en **-tes** (pas d'accent sur l'**i** précédant le **t**).
vous faites – vous dites
Mais *médire, contredire, interdire, prédire, se dédire* ont la terminaison normale en **-ez.**
vous interdisez – vous vous dédisez
Maudir fait : *vous maudissez.*

2. *Asseoir, rasseoir, surseoir* se conjuguent comme *croire* et *voir* au présent de l'indicatif.
j'assois – nous rassoyons – ils sursoient
La deuxième conjugaison d'*asseoir* (*j'assieds – nous asseyons*) est plus recherchée.

3. *Seoir,* au sens de convenir (et son contraire *messeoir*), sont défectifs et ne se conjuguent qu'aux troisièmes personnes.
il sied – ils siéent

4. Il faut distinguer *je peux, je veux...* avec un **x**, de *je meus...* avec un **s.**
À la première personne seulement, on peut dire *je peux* ou *je puis.*

5. Ne pas oublier l'**accent circonflexe** de *il plaît, il déplaît, il se complaît, il gît, il clôt.*

EXERCICES

374. Conjuguez au présent de l'indicatif.

redire une règle	coudre le corsage	acquérir de l'assurance
prédire le temps	moudre le grain	convaincre un ami
parfaire son travail	traire la vache	asseoir son autorité

375. Écrivez au présent de l'indicatif ; mettez l'accent, s'il y a lieu.

tu peu...	il vain...	vous interdi...	il plai...	il décou...
tu veu...	il plain...	vous médi...	il gi...	il résou...
tu meu...	il va...	vous redi...	il agi...	il secou...

376. Mettez les verbes en italique au présent de l'indicatif.

L'eau du fleuve solennel était noire comme il *seoir* à une eau d'hiver courant entre des berges de neige. (J. PEYRÉ) – Les traboules du quartier de la soierie *transpercer* les pâtés de maisons de part en part, de sorte que les piétons *pouvoir* se passer des rues et emprunter ces noirs raccourcis. (E. TRIOLET) – Un passé héroïque, voilà le capital sur lequel on *asseoir* une idée nationale. (E. RENAN) – Il chasse l'ennemi, il *vaincre* sur mer, il *vaincre* sur terre. (LA BRUYÈRE) – L'agneau *gésir* sur le flanc, dans la poussière, et pleure comme un enfant. (MAETERLINCK) – S'il me *plaire*, à moi, d'aimer cette ville crénelée et toute pavoisée de soleil ? (SAINT-EXUPÉRY) – Une haie *clore* le jardin le long du chemin. (MAUPASSANT) – Au collège comme dans la vie on n'obtient que la place que l'on *conquérir.* (P. JANET)

Valeurs de l'imparfait de l'indicatif

1. L'**imparfait** marque une action passée.

*Avant mon accident, j'*habitais *à la campagne et je me* rendais *au travail en voiture.*

2. L'**imparfait** marque une action qui dure, qui n'est pas achevée, donc une action imparfaite.

L'homme mangeait *son quignon. En même temps, il* regardait *son couteau.*
(J. Giono)

3. L'**imparfait** est le temps de la **description** :

a) d'un tableau.

Des figuiers entouraient *les cuisines : un bois de sycomores* se prolongeait *jusqu'à des masses de verdure où des grenadiers* resplendissaient *parmi les touffes blanches des cotonniers.*
(G. Flaubert)

b) d'une scène.

Ils s'installaient *dans le salon. Marie* cousait *et l'enfant assis à ses pieds* feuilletait *le même livre d'images. Une souche de vigne* brûlait *dans la cheminée.*
(J. Chardonne)

4. L'**imparfait** peut exprimer aussi des faits habituels.

Le dimanche, nous allions *aux moulins, par bandes. Là-haut, les meuniers* payaient *le muscat… Moi j'*apportais *mon fifre…*
(A. Daudet)

5. L'**imparfait** exprime aussi un fait présent ou futur après un **si** marquant l'hypothèse ou la supposition.

Si vous nous refusiez *votre appui, notre projet serait compromis.*

EXERCICE

377. **Dites quelles sont les valeurs de l'imparfait dans les phrases suivantes.**

Souvent on entendait Marie appeler son fils. Il était toujours dans la cuisine avec Ursule. (J. Chardonne) – À mesure qu'avançait la nuit, le froid se faisait plus vif. (B. Clavel) – L'arbre de couche était couvert de poussière et le grand chat maigre dormait dessus. (A. Daudet) – L'homme marchait assez vite. Cosette le suivait sans peine. Elle ne sentait plus sa fatigue. (V. Hugo) – Si vous montiez cette première pièce, vous vous feriez connaître du public. – Des lotus entouraient une fontaine où nageaient des poissons pareils à ceux de Salammbô ; puis au fond, contre la muraille du temple, s'étalait une vigne ; les rayons de pierres précieuses faisaient des jeux de lumière. (G. Flaubert) – J'allais revoir Philippe Robin qui était mon ami. (J. de Lacretelle)

Imparfait de l'indicatif

couper		**remplir**		**tendre**	
je	coupais	je	remplissais	je	tendais
tu	coupais	tu	remplissais	tu	tendais
il/elle	coupait	il/elle	remplissait	il/elle	tendait
ns	coupions	ns	remplissions	ns	tendions
vs	coupiez	vs	remplissiez	vs	tendiez
ils/elles	coupaient	ils/elles	remplissaient	ils/elles	tendaient

RÈGLE

À l'imparfait, tous les verbes ont les mêmes terminaisons : *-ais, -ais, -ait, -ions, -iez, -aient*.

EXERCICES

378. Conjuguez à l'imparfait de l'indicatif.

s'entraîner régulièrement – jouer avec conviction – battre de nombreux concur-rents – écouter ce bavard – interrompre ses propos mensongers – le confondre – ralentir – s'arrêter au stop – sortir du parking – s'insérer dans la circulation

379. Mettez les verbes en italique à l'imparfait de l'indicatif.

La terre *être* belle, ce matin-là...

Elle *s'étendre* devant moi, grise comme le temps, mais douce, avec ses mottes qui *fondre* sous le pied. Sous les gouttelettes encore fraîches de la nuit, *briller* des herbes courtes, et l'odeur amère du chiendent, à chaque pas broyé par les semelles, *monter* autour de moi, qui *avancer* par grandes et lentes enjambées dans la glèbe luisante et noire... Une terre belle vraiment, et un peu grasse, que le soc *couper* au couteau, qui ne *couver* pas de basse vermine. Elle *se refermer* bien sur la semence ; la pluie y *filtrer* sagement, et le germe, en faisant éclater sa croûte fragile, *s'élever* sans briser la pointe tendre où *aller* se former l'épi. Une terre enfin qui *couver* sa graine, l'hiver sous le toit de la neige, et qui *rester* tiède longtemps ; puis qui *nourrir* cette vie d'une substance où *mordre* les racines et que *noyer* des sucs odorants et vivaces.

Je l'*aimer*, je le *savoir* bien, et d'elle à moi, s'était établi peu à peu, depuis mon retour, un accord de raison et de sentiment ; elle me *rendre* en raisins, en fruits et en grandes céréales l'affection que je lui *porter* et qui cependant lui *valoir*, de l'hiver au printemps, tant de fatigues souterraines.

(HENRI BOSCO : *Le Mas Théotime*, Gallimard.)

380. Donnez les sujets des verbes à l'imparfait dans l'exercice 379.

mparfait de l'indicatif
Verbes en *-yer, -ier, -iller, -gner*

payer		trier		briller		saigner	
je	payais	je	triais	je	brillais	je	saignais
tu	payais	tu	triais	tu	brillais	tu	saignais
il/elle	payait	il/elle	triait	il/elle	brillait	il/elle	saignait
ns	payions	ns	triions	ns	brillions	ns	saignions
vs	payiez	vs	triiez	vs	brilliez	vs	saigniez
ils/elles	payaient	ils/elles	triaient	ils/elles	brillaient	ils/elles	saignaient

Noter qu'aux **deux premières personnes du pluriel de l'imparfait de l'indicatif** :
– les verbes en *-yer* s'écrivent avec un **y** et un **i**.
nous rayions
– les verbes en *-ier* s'écrivent avec **deux i**.
nous reliions
– les verbes en *-iller* s'écrivent avec un **i** après **ill**.
nous appareillions
– les verbes en *-gner* s'écrivent avec un **i** après **gn**.
nous nous baignions

Pour éviter la confusion, ces verbes ayant une **prononciation presque** semblable aux deux premières personnes du pluriel du **présent** et de l'**imparfait de l'indicatif**, il faut penser à la personne correspondante du singulier.
nous appuyons, j'appuie (présent) – *nous appuyions, j'appuyais* (imparfait)

Quelques verbes en *-yer* :

aboyer	débrayer	enrayer	essuyer	nettoyer
balayer	effrayer	envoyer	étayer	relayer
broyer	ennuyer	essayer	frayer	tutoyer

Quelques verbes en *-ier* :

| confier | délier | étudier | lier | mendier | renier |
| copier | dévier | expédier | manier | remercier | sérier |

Quelques verbes en *-iller* :

| bafouiller | conseiller | détailler | fouiller | habiller | ralier |
| bredouiller | dépouiller | effeuiller | gazouiller | nasiller | travailler |

Quelques verbes en *-gner* :

| accompagner | cogner | éloigner | gagner | peigner |
| aligner | consigner | épargner | grogner | rogner |

EXERCICES

381. Conjuguez à l'imparfait de l'indicatif.

cueillir des pommes – s'asseoir sur une souche – trier la récolte – se tortiller su: la selle – appuyer sur les pédales – ne pas gagner le sprint

382. Écrivez aux personnes du pluriel du présent et de l'imparfait.

rayer – châtier – revoir – fuir – vaciller – signer – recueillir – rire

383. Après chaque verbe, écrivez son pluriel.

Je m'ennuie par ce temps maussade. – Tu remerciais tes camarades de leur visite – Je travaillais avec acharnement. – Tu sacrifies tes chances. – Tu verrouillais la porte. – Tu essayais un sweater. – Tu te baignes dans le lac. – Je m'égratignais aux ronces. – Je m'assieds à l'ombre de la haie. – Tu accueillais tes amis.

384. Après chaque verbe, écrivez son singulier.

Nous nous réfugions sous le porche pendant la pluie. – Vous conviiez votre oncle à déjeuner. – Vous déblayiez la cour. – Nous gaspillons notre temps. – Vous accom pagniez des amis à la gare. – Vous vous frayez un chemin dans les broussailles. - Vous surveilliez leur arrivée. – Nous cueillons des cerises. – Vous recueillez vo: idées. – Nous croyons qu'il fera beau. – Vous souriiez gracieusement.

385. Mettez les verbes en italique à l'imparfait de l'indicatif.

Le défilé de mode *devoir* avoir lieu dans huit jours et à l'atelier nous *craindre* d'être en retard. Nous *courir* d'un poste à l'autre, *cueillir* ici et là les différente: pièces, *manier* ciseaux, mètres, épingles et aiguilles pour bâtir, *brosser* no: modèles, *habiller* nos mannequins, *réajuster* montages et motifs. La contremaî tresse nous *conseiller,* nous *encourager.* Nous *gagner* progressivement du temp: et finalement *atteindre* le jour de la générale dans les meilleures conditions. Au: répétitions, nous nous *appuyer* aux rampes, aux portes pour voir évoluer le: mannequins qui *porter* les créations de notre patron et le résultat de notre travail.

386. Mettez les verbes en italique au temps qui convient.

Nous autres, les enfants, nous attendions la catastrophe et *feindre,* mais en vain de ne pas connaître l'extravagant défenseur des bonnes manières. (G. DUHAMEL) - Une ombre transparente baignait la fine chevelure de l'acacia dont nous *voir* le: fleurs tombées. (A. FRANCE) – Nous sommes parvenus au faîte de cette coupe noire où nous nous *asseoir* en silence. (SAINT EXUPÉRY) – Nous entendons le bruis sement rythmé des sauterelles et nous *voir* quelques-uns de ces insectes passer (A. THEURIET) – Aussi lui trouvais-je plus d'esprit qu'à personne et sur un seul mo échangé, nous *rire* souvent ensemble. (P. LOTI) – Mes parents soufflent un peu nous autres, nous *cueillir* des mûres. (P. ACKER) – Un soir que nous *fuir* devant la tempête, notre bateau vint se réfugier à l'entrée du détroit de Bonifacio. (A DAUDET)

Verbes en *-eler* et en *-eter*

rappeler				jeter			
Présent		**Imparfait**		**Présent**		**Imparfait**	
je	rappelle	je	rappelais	je	jette	je	jetais
tu	rappelles	tu	rapelais	tu	jettes	tu	jetais
il/elle	rappelle	il/elle	rappelait	il/elle	jette	il/elle	jetait
ns	rappelons	ns	rappelions	ns	jetons	ns	jetions
vs	rappelez	vs	rappeliez	vs	jetez	vs	jetiez
ils/elles	rappellent	ils/elles	rappelaient	ils/elles	jettent	ils/elles	jetaient

RÈGLES

1. Les verbes en *-eler* et en *-eter* prennent généralement **deux l** ou **deux t** devant un **e muet**.
je renouvelle / je renouvelais – tu cachettes / tu cachetais

2. Quelques-uns ne doublent pas l'**l** ou le **t** devant un **e muet**, mais s'écrivent avec un **accent grave** sur l'**e**.
il achète / il achetait

3. Les verbes comme interpeller et regretter gardent les **deux l** ou les **deux t** dans toute leur conjugaison.
nous interpellons – vous regrettiez

4. Les verbes comme révéler et **inquiéter**, avec un **e accentué** à l'infinitif, n'ont qu'un seul **l** ou un seul **t** dans toute leur conjugaison.
je révèle – il inquiétait

Remarques

1. Les noms de la famille d'un verbe en *-eler* ou en *-eter* calquent généralement leur orthographe pour l'**l** ou le **t** à celle du verbe.
   j'amoncelle / un amoncellement – je martèle / un martèlement

2. Attention à certains noms d'une même famille qui prennent un ou deux l, un ou deux t selon que le son qui suit ces lettres est muet ou pas.
   une chandelle / un chandelier – une charrette / le charretier

   Mais il faut écrire : *le papetier, la papeterie, la dentelle, la dentellière, la dentelure.*

Quelques verbes doublant l'l ou le t devant un e muet :

atteler	épeler	niveler	cacheter	étiqueter
carreler	étinceler	râteler	décacheter	projeter
chanceler	ficeler	renouveler	déchiqueter	rejeter
dételer	harceler	ressemeler	empaqueter	souffleter

Quelques verbes ne doublant pas l'l ou le t devant un e muet :

ciseler	geler	marteler	peler	fureter

387. Conjuguez au présent et à l'imparfait de l'indicatif.

niveler la cour	ciseler un vase	empaqueter du riz
carreler le couloir	interpeller les passants	fureter dans le grenier
seller le cheval	épeler un mot	guetter le facteur
héler les passants	peler une pêche	répéter un refrain

388. Mettez aux deuxièmes personnes du présent et de l'imparfait de l'indicatif les verbes suivants.

atteler	exceller	fouetter	empiéter	sceller	haleter
mêler	receler	fureter	apprêter	déceler	cacheter

389. Écrivez les verbes en italique au temps qui convient.

Le printemps *chanceler* et succombe. L'été pose un pied fiévreux sur les prairies. (G. DUHAMEL) – Je *chanceler* comme si j'avais bu, à chaque pas, je trébuchais. (A. DAUDET) – Tout seul. Ces deux mots *marteler* mes tempes. C'est vrai, je suis seul. (L.-F. ROUQUETTE) – Au-dessus du groupe, *voler* et *voleter* le merle. (G. DUHAMEL) – Les bestioles grimpaient, *voleter* péniblement aux rosiers. (C. MENDÈS) – Fritz *râteler* les feuilles mortes qui jonchaient les pelouses. (F. MARCEAU) – Les chiens courent, *fureter* dans les touffes d'herbe. (A. DAUDET) – Le soleil revient, la terre *se craqueler*, s'effrite. (A. GIDE) – L'ascenseur *rappeler* aux enfants les huttes qu'ils avaient vues dans les Pyrénées. (P. GUTH) – Les nuages se marbrent, ne *projeter* plus sous nous que des opacités rares. (P. MORAND) – Mᵐᵉ Lepic ouvre le buffet : Poil de Carotte *haleter*. (J. RENARD)

390. Donnez deux noms, l'un contenant *deux l* ou *deux t*, l'autre *un l* ou *un t* de la famille des noms suivants.

chameau	coutelier	vaisselle	hôtel	noix	cloche
oiselier	boisseau	agneau	sorcier	dent	feuille

391. Donnez un nom avec *un l* ou *deux l*, *un t* ou *deux t*, de la famille des verbes suivants.

appeler	caqueter	botteler	étiqueter	ressemeler	morceler
atteler	carreler	niveler	épousseter	renouveler	jeter

392. Complétez les mots inachevés.

À droite de la porte, un amonc…lement de matériaux de récupération fournissait la matière première à notre artisan. Sous sa main, tôles, tubes, barres mét…liques deviendront des objets décoratifs originaux. Sur son enclume, il riv…te des plaques au préalable boss…lées avec soin. Elles deviendront les coup…les d'énormes chand…liers. Méthodique, bien maîtrisé, le mart…lement mod…le des formes variées. De temps à autre, des étinc…les jaillissent sous la meule et j…tent d'étranges lueurs qui ruiss…lent sur l'établi. Sans int…ruption, de nouveaux objets assurent le renouv…lement des coupes, cendriers ou ferrures. Soigneusement présentées sur un étalage, régulièrement épouss…tées, ces pièces sont offertes aux visiteurs. Quelques-unes d'entre elles, env…loppées, fic…lées, étiqu…tées sont prêtes à être expédiées.

Imparfait de l'indicatif de quelques verbes irréguliers

dire	prédire	maudire	faire
e disais	je prédisais	je maudissais	je faisais
ns disions	ns prédisions	ns maudissions	ns faisions
croître	**paraître**	**haïr**	**conduire**
e croissais	je paraissais	je haïssais	je conduisais
ns croissions	ns paraissions	ns haïssions	ns conduisions
éteindre	**prendre**	**coudre**	**vaincre**
' éteignais	je prenais	je cousais	je vainquais
ns éteignions	ns prenions	ns cousions	ns vainquions
résoudre	**boire**	**moudre**	**écrire**
e résolvais	je buvais	je moulais	j' écrivais
ns résolvions	ns buvions	ns moulions	ns écrivions

EXERCICES

393. Conjuguez à l'imparfait de l'indicatif.

convaincre un sceptique   résoudre une énigme   refaire son devoir
entreprendre un voyage   atteindre le but   moudre le café

394. Conjuguez au présent et à l'imparfait de l'indicatif les verbes suivants.

| haïr | croire | peindre | suspendre | dissoudre | vaincre |
| fuir | croître | peigner | surprendre | recoudre | craindre |

395. Mettez les verbes en italique à l'imparfait de l'indicatif.

Le père Valette *arriver* à travers prés, *s'asseoir* près de moi, me *donner* en trois mots, tel avis substantiel. (G. DUHAMEL) – Parmi les vieux ormes de l'allée, certains *geindre* comme des malades. (ESCHOLIER) – Je *se lever*, le coeur fou, je *courir* vers elle de toutes mes petites jambes, je *tomber,* je *se relever*. (I. CAGNATI) – Les épis lourds *s'égrener* dans la boue, les buissons *croître* et s'enchevêtraient. (J. D'ESME) – Les arbres *se tordre* et *ployer* sous les assauts du vent. (C. QUINE) – Un point rouge *s'éteindre* sur l'horizon. (CHATEAUBRIAND) – Le soir qui *descendre,* *teindre* de lilas et de rose le ciel délicat. (H. BORDEAUX) – Le ciel *être* clair, les étoiles *naître*. (R. ROLLAND) – L'année *se défaire* ainsi, jour par jour. (J. CRESSOT) – Au haut du ciel, le soleil *boire* la rosée. (COLETTE) – La mouche se *tenir* tranquille sur le livre que je *lire* ou sur la page que j'*écrire*. (M. AUDOUX) – Les chevaux lassés *prendre* une allure plus lente. (A. GIDE) – Le rocher *jaillir* à pic. La réflexion neigeuse de ses falaises blanches tantôt l'*argenter*, tantôt le *dissoudre* dans la gaze légère du brouillard. (J. GRACQ)

Valeurs du passé simple

1. Le **passé simple** exprime des faits passés, complètement achevés qui ont eu lieu à un moment déterminé, à un **moment précis**, sans idée d'habitude et sans lien avec le présent.

Comme par magie, les centaines d'enfants qui remplissaient la cour, s'arrêtant de courir et de crier, demeurèrent *pétrifiés à l'endroit même où l'appel les avait surpris.*   (G. DUHAMEL)

2. Le **passé simple** marque la succession des faits, c'est le temps du **récit** par excellence.

Barbe-Baille souffla *sa lampe,* ouvrit *sa porte,* regarda *l'aube,* posa *sa faux,* ferma *sa porte,* reprit *sa faux et s'*en alla.   (J. GIONO)

Comparaison du passé simple et de l'imparfait

Les cartes s'étalaient *sur la roche et chacun* étudiait *un itinéraire possible. Paul, qui* connaissait *la région, nous* proposa *un sentier qui* évitait *les éboulis trop dangereux. Nous* approuvâmes *sans réserve.*

S'étalaient, étudiait, connaissait et *évitait* expriment des actions qui se poursuivent, qui ne sont pas terminées.

Proposa et *approuvâmes* expriment des actions qui se sont passées à un moment précis et qui sont terminées.

EXERCICE

396. Mettez les verbes en italique à l'imparfait ou au passé simple.

C'est à ce moment-là qu'il *entendre* un crépitement de petits bruits menus largement étalés. Il *écouter* : là, c'*être* une lointaine charrette qui *se plaindre* sur ses essieux, un chien qui *aboyer,* un coup de vent, le bourdonnement d'un village.

Le soleil qui *baisser se montrer* au fond du ciel. Il *être* rouge et sans forme...

On *voir* un assez large morceau du fleuve.

«Je traverse», dit Antonio.

Il *se dépouiller* de ses lourds pantalons et de son harnachement. Il *laisser* là son sac, son fusil, ses vêtements, puis il *sauter* dans l'eau pour connaître sa route.

(JEAN GIONO : *Le Chant du Monde*, Gallimard.)

Passé simple

couper		remplir		tendre	
je	coup**ai**	je	rempl**is**	je	tend**is**
tu	coup**as**	tu	rempl**is**	tu	tend**is**
il/elle	coup**a**	il/elle	rempl**it**	il/elle	tend**it**
nous	coup**âmes**	nous	rempl**îmes**	nous	tend**îmes**
vous	coup**âtes**	vous	rempl**îtes**	vous	tend**îtes**
ils/elles	coup**èrent**	ils/elles	rempl**irent**	ils/elles	tend**irent**

RÈGLE

1. Au **passé simple**, tous les verbes du **1ᵉʳ groupe** et le verbe **aller** prennent les terminaisons *-ai, -as, -a, -âmes, -âtes, -èrent*.

2. Au **passé simple**, tous les verbes du **2ᵉ groupe** prennent les terminaisons *-is, -is, -it, -îmes, -îtes, -irent*.

3. Pour les verbes du **3ᵉ groupe**, les terminaisons diffèrent. Mais beaucoup d'entre eux, notamment la plupart des verbes en **-dre,** ont au passé simple la terminaison du 2ᵉ groupe (**-is, -is, -it, -îmes, -îtes, -irent***).

N.B.: Se reporter à la 22ᵉ leçon pour l'étude d'autres verbes du 3ᵉ groupe au passé simple.

Remarque

La **1ʳᵉ personne du singulier du passé simple et de l'imparfait** de l'indicatif des verbes en **-er** ont presque la même prononciation. Pour éviter la confusion, il faut se rapporter au **sens** de l'action ; on peut aussi penser à la personne **correspondante** du pluriel.

Je ne possédais *pas le premier disque de Georges Brassens et le* cherchais *depuis longtemps. Je le* trouvai *par hasard dans une arrière-boutique et* persuadai *le vendeur de me le céder à un prix avantageux.*

Je ne possédais pas ⟶ nous ne possédions pas	Imparfait *(-ais)*.
Je le cherchais depuis longtemps ⟶ nous le cherchions	Imparfait *(-ais)*.
Je le trouvai par hasard ⟶ nous le trouvâmes	Passé simple *(-ai)*.
Je persuadai le vendeur ⟶ nous persuadâmes	Passé simple *(-ai)*.

Quelques verbes du 3ᵉ groupe au passé simple en *-is* :

acquérir	partir	rendre	battre	craindre
dormir	voir	répondre	mettre	joindre
ouvrir	fondre	tordre	atteindre	dire

EXERCICES

397. Conjuguez au passé simple.

essayer un costume	ficeler un colis	étiqueter des livres
éclaircir une affaire	cueillir des raisins	descendre l'escalier
battre des mains	revoir son pays	servir de guide

398. Mettez aux deuxièmes personnes du présent, de l'imparfait et du passé simple les verbes suivants.

balbutier	aplanir	prendre	souffrir	saluer	payer	saisir
accueillir	omettre	suivre	franchir	fendre	battre	scier

399. Mettez les verbes en italique au temps qui convient.

Tout était silencieux, le soleil *éclairer* à peine la cime des plus hauts peupliers ; un calme profond *régner* dans l'air. Peu à peu le jour *descendre* des toits et les ombres *s'allonger* dans la cour. Puis plus loin, on *entendre* une alouette qui *chanter* ; puis un coq *passer* la tête par la lucarne du poulailler, *faire* un pas, *déployer* ses ailes brillantes pour y laisser pénétrer l'air frais du matin ; un frisson de bonheur *soulever* toutes ses plumes ; il *enfler* sa poitrine et *lancer* dans l'espace un cri perçant… Enfin les vifs rayons du soleil *se glisser* dans les étables ; une brebis *bêler* lentement, toutes les autres lui *répondre*.

(ERCKMANN-CHATRIAN)

400. Mettez les verbes entre parenthèses au passé simple et les verbes entre crochets au temps qui convient.

Un jour, le père Valette (*m'emmener*) secrètement pêcher en eau profonde… Les peupliers [*porter*] un écriteau sur lequel étaient peints ces mots : «Pêche gardée». Nous (*jeter*) quand même nos lignes. Elles [*être*] à peine dans l'eau que nous (*voir*) paraître un garde. «Eh! quoi, (*s'écrier*)-t-il, n'avez-vous point vu la pancarte ? » Je (*montrer*) mes lunettes et (*répondre*) aussitôt, non sans espièglerie : «Je [*être*] myope et n'ai rien vu. – Mais vous, Valette, (*reprendre*) l'homme au képi, vous, vous [*avoir*] de bons yeux. – Oh ! (*répondre*) le paysan, oui, mais moi, je ne connais point lire.» Désarmé par ces répliques, le garde nous (*relâcher*) sans faire acte d'autorité.

(GEORGES DUHAMEL : *Inventaire de l'Abîme*, Mercure de France.)

401. Mettez les verbes en italique à l'imparfait ou au passé simple.

À quinze ans, je *quitter* mon collège et j'*aller* au lycée, à Toulouse, où je *s'inscrire* dans la section sportive. Avec quelle impatience, j'*attendre* la fin des cours pour rejoindre le stade. Je *se dépouiller* de mes vêtements, *endosser* mon maillot et *pénétrer*, heureux, sur le terrain. J'*aller*, enivré d'imaginaires exploits… Les entraînements *exiger* beaucoup de chacun, les mêlées, le jeu à la main *mettre* à l'épreuve notre force et notre adresse. Certains jours, je *rentrer* dans un état pitoyable, mais heureux de mes performances. Notre entraîneur m'*encourager* et j'*espérer* être retenu dans l'équipe du lycée. Mais je *tomber* sérieusement malade et mon rêve *s'envoler*.

Verbes en *-cer*

Présent	Imparfait	Passé simple
j' annonce	j' annonçais	j' annonçai
nous annonçons	nous annoncions	nous annonçâmes

RÈGLE

Les verbes en *-cer* prennent une **cédille** sous le **c** devant **a** et **o** pour conserver à la lettre **c** le son [s].

nous traçons – je rinçais – il fonçait – j'avançai – nous effaçâmes

Quelques verbes en *-cer* :

agencer	coincer	distancer	espacer	grincer	pincer
amorcer	commercer	divorcer	forcer	menacer	rapiécer
balancer	défoncer	énoncer	froncer	nuancer	sucer
bercer	déplacer	ensemencer	gercer	percer	transpercer

EXERCICES

402. Conjuguez au présent, à l'imparfait et au passé simple.

acquiescer à un désir   devancer ses rivaux   effacer le tableau

403. Mettez à la deuxième personne du singulier et à la première personne du pluriel du présent, de l'imparfait et du passé simple les verbes suivants.

coincer   écorcer   émincer   semoncer   relancer   nuancer

404. Mettez les verbes entre parenthèses aux temps indiqués : présent (1), imparfait (2), passé simple (3).

La sève fraîche *(glacer, 2)* les écorces ridées. (ESTAUNIÉ) – L'eau *(balancer, 2)* ses longs cheveux comme des algues. (J. GIONO) – Un ruisseau sorti de la roue d'un moulin *(se nuancer, 3)* de gris. Les arbres d'un petit bois *(foncer, 3)*. Il fit froid. (L. WEISS) – J'*(écorcer, 1)* des châtaignes à grands coups de sabots. (J. GUÉHENNO) – Les rivières *(tracer, 2)* çà et là sur les lointains des lacets d'argent. (P. LOTI) – Des sirènes *(annoncer, 1)* qu'une grille d'entrée va fermer dans cinq minutes. (J. ROMAINS) – Avec la ténacité des enfants, nous nous *(efforcer, 1)* de capter ce rayon de soleil. (J. JAUBERT) – Soudain, d'un geste brusque, je saisis la casquette et je la *(lancer, 3)* par-dessus le mur. (A. FRANCE) – La joie des choses nous pénétrait et nous *(recommencer, 2)* à espérer. (A. THEURIET) – Lacoste *(acquiescer, 3)* de la tête. (J. KESSEL)

405. Remplacez les points par c ou ç.

il for...ait	nous balan...ons	nous pon...ions	vous la...âtes	une pin...ée
la for...e	une balan...oire	une pon...euse	des la...ets	je pin...ai
un for...at	le balan...ier	le pon...age	le la...age	des pin...ettes

Verbes en *-ger*

Présent	Imparfait	Passé simple
je plonge	je plon**ge**ais	je plon**ge**ai
nous plon**ge**ons	nous plongions	nous plon**ge**âmes

RÈGLE

Les verbes en *-ger* prennent un **e** muet après le **g** devant **a** et **o,** pour conserver à la lettre **g** le son [ʒ].

*nous man**ge**ons – tu ran**ge**ais – vous diri**ge**âtes – je ju**ge**ai*

Remarque

Les verbes se terminant en *-anger* s'écrivent «**anger**», sauf *venger.*

Quelques verbes en *-ger* :

alléger	corriger	engager	langer	ménager	rager
arranger	démanger	exiger	loger	nager	songer
avantager	déranger	figer	longer	partager	vendanger
changer	diverger	gager	mélanger	protéger	venger

EXERCICES

406. Conjuguez au présent, à l'imparfait et au passé simple.

allonger le pas   rédiger une lettre   héberger des amis

407. Mettez aux premières personnes du présent, de l'imparfait et du passé simple les verbes suivants.

avantager   protéger   propager   se venger   asperger   engranger

408. Mettez les verbes entre parenthèses aux temps indiqués : présent (1), imparfait (2), passé simple (3).

Sans la moindre hésitation, nous *(échanger, 3)* un signe de reconnaissance, nous nous étions retrouvés. (P. Loti) – Vers le moulin *(converger, 2)* tous les vents de la plaine. (Van der Meersch) – Sur notre chemin, nous *(déranger, 2)* de gros lézards verts. (B. Bonnet) – Nous *(longer, 1)* la mer qui est bleue et blanche à l'infini. (J. Tellier) – De temps à autre Johnny *(s'éponger, 2)* avec un large mouchoir. (G. Arnaud) – Il *(se rengorger, 3)*, tête en arrière, et toute la plume de son visage magnifique enfla autour d'un bec fin. (Colette) – D'énormes dalles de basalte bleu *(s'étager, 2)* en gigantesques marches d'escalier. (Frison-Roche)

409. Donnez un mot renfermant *gea* ou *geo* de la famille des verbes suivants.

changer	nager	outrager	assiéger	engager
manger	encourager	juger	plonger	exiger
démanger	loger	engager	obliger	venger

Verbes en -*guer* et en -*quer*

Présent	Imparfait	Passé simple
je distingue	je distinguais	je distinguai
nous distinguons	nous distinguions	nous distinguâmes
j' explique	j' expliquais	j' expliquai
nous expliquons	nous expliquions	nous expliquâmes

RÈGLE

Les verbes en -*guer* et en -*quer* se conjuguent régulièrement. **La lettre u de leur radical se retrouve à toutes les personnes et à tous les temps** de leur conjugaison.

je zigzague – nous haranguions – tu suffoquas – nous convoquâmes

Quelques verbes en -*guer* et en -*quer* :

carguer	élaguer	naviguer	appliquer	embarquer	pratiquer
divaguer	fatiguer	prodiguer	attaquer	expliquer	risquer
draguer	narguer	reléguer	croquer	marquer	suffoquer

EXERCICES

10. Conjuguez au présent, à l'imparfait et au passé simple.

naviguer sur l'océan   élaguer le tilleul   suffoquer d'indignation

11. Mettez à la première personne du singulier et du pluriel du présent, de l'imparfait de l'indicatif, du passé simple et au participe présent les verbes suivants.

intriguer   homologuer   alléguer   haranguer   divulguer   carguer
inculquer   confisquer   évoquer   répliquer   indiquer   calquer

12. Mettez les verbes entre parenthèses aux temps demandés : présent (1), imparfait (2), passé simple (3).

Quatre jours et trois nuits nous *(naviguer, 3)*. (A. Gide) – Cent animaux *(vaguer, 2)*, bondissaient, voletaient ou dormaient au soleil. (J. et J. Tharaud) – La pinède grillait sous le feu de midi, les pommes de pins *(craquer, 2)*. (J. Peyré) – C'est un papillon, nous *(distinguer, 1)* sa tête pointue. (A. Theuriet) – De plats en plats, on arrivait à l'heure des bombes glacées et des discours qui *(marquer, 2)* la fin du banquet. (H. Béraud) – Les portes *(claquer, 2)*, les fenêtres *(s'entrechoquer, 2)*, les rideaux se gonflaient. (A. France) – Le mouchetage régulier des fenêtres *(fatiguer, 2)* les yeux. (H. Troyat) – Broudier *(zigzaguer, 3)* ainsi quelques mètres. Il mit pied à terre. (J. Romains) – Dans la grande rue, nous *(remarquer, 3)* une animation peu ordinaire. (A. Theuriet)

Passé simple en *-us* et en *-ins*

courir		recevoir		tenir		venir	
je	cour**us**	je	reç**us**	je	t**ins**	je	v**ins**
tu	cour**us**	tu	reç**us**	tu	t**ins**	tu	v**ins**
il/elle	cour**ut**	il/elle	reç**ut**	il/elle	t**int**	il/elle	v**int**
nous	cour**ûmes**	nous	reç**ûmes**	nous	t**înmes**	nous	v**înmes**
vous	cour**ûtes**	vous	reç**ûtes**	vous	t**întes**	vous	v**întes**
ils/elles	cour**urent**	ils/elles	reç**urent**	ils/elles	t**inrent**	ils/elles	v**inrent**

RÈGLE

1. Certains verbes du **3e groupe**, comme **courir, mourir, valoir, recevoir, paraître**, font leur passé simple en *-us, -us, -ut, -ûmes, -ûtes, -urent.*

2. Tenir, venir et leurs composés font leur passé simple en *-ins, -ins, -int, -înmes, -întes, -inrent.*

Remarques

1. De nombreux verbes du 3e groupe, notamment en *-dre,* ont, au passé simple, la terminaison du 2e groupe (voir la 18e leçon).

2. Les verbes de la famille de *recevoir* prennent une cédille sous le **c** devant **o** et **u** pour conserver à la lettre **c** le son [s] (*je reçois / nous reçûmes*).

Quelques verbes du 3e groupe au passé simple en *-us* et en *-ins* :

accourir	mourir	prévenir	concevoir	valoir	paraître
contenir	obtenir	s'abstenir	décevoir	vouloir	boire
intervenir	parcourir	se souvenir	devoir	apparaître	croire
maintenir	parvenir	apercevoir	percevoir	connaître	lire

EXERCICES

413. Conjuguez au passé simple.

parcourir un livre   survenir à l'improviste   paraître indifférent
contenir sa peine   percevoir un bruit   accroître son savoir

414. Mettez les verbes en italique au passé simple.

Les ailes viraient toujours, mais la meule tournait à vide. Les enfants *revenir* tout en larmes me conter ce qu'ils avaient vu. J'*avoir* le cœur crevé de les entendre... Sans perdre une minute, je *courir* chez les voisins, je leur *dire* la chose en deux mots et nous *convenir* qu'il fallait, sur l'heure, porter au moulin Cornille tout ce qu'il y avait de froment dans les maisons. (A. DAUDET)

Passé simple de quelques verbes irréguliers

savoir	mouvoir	déchoir	devoir
je sus	je mus	je déchus	je dus
ns sûmes	ns mûmes	ns déchûmes	ns dûmes
croître	**accroître**	**plaire**	**taire**
je crûs	j' accrus	je plus	je tus
ns crûmes	ns accrûmes	ns plûmes	ns tûmes
résoudre	**moudre**	**pouvoir**	**vivre**
je résolus	je moulus	je pus	je vécus
ns résolûmes	ns moulûmes	ns pûmes	ns vécûmes
écrire	**faire**	**plaindre**	**voir**
j' écrivis	je fis	je plaignis	je vis
ns écrivîmes	ns fîmes	ns plaignîmes	ns vîmes
conduire	**asseoir**	**coudre**	**prendre**
je conduisis	j' assis	je cousis	je pris
ns conduisîmes	ns assîmes	ns cousîmes	ns prîmes
vaincre	**naître**	**acquérir**	**mettre**
je vainquis	je naquis	j' acquis	je mis
ns vainquîmes	ns naquîmes	ns acquîmes	ns mîmes

Remarques

Au passé simple, *croître* prend un accent circonflexe à toutes les personnes pour ne pas être confondu avec *croire* qui ne prend l'accent circonflexe qu'aux deux premières personnes du pluriel.

Accroître, décroître, recroître font *j'accrus, je décrus, je recrus,* **sans accent.**

Au passé simple, *prévoir, entrevoir, revoir* se conjuguent comme *voir :* je prévis, j'entrevis, je revis.
Pourvoir fait : *je pourvus.*

EXERCICES

15. Conjuguez au passé simple.

moudre le café   asseoir son autorité   vaincre sa timidité
acquérir une maison   éteindre le feu   vivre à la ville

416. Mettez à la première personne du singulier et du pluriel du présent, de l'imparfait et du passé simple les verbes suivants.

croire	combattre	tuer	naître	coudre	prévoir
croître	omettre	se taire	paraître	moudre	pourvoir

417. Mettez les verbes en italique au passé simple.

Une à une les étoiles *luire* dans le ciel. – Il *éteindre* rapidement les flammes. – L'infirmier lui *confectionner* un pansement. – Ce geste grossier me *déplaire*. – Nous *résoudre* de jouer ensemble – Ils *s'asseoir* sur les marches et *se regarder*. – Jean et moi *atteindre* le sommet de la tour. – J'*avoir* le tort de ne pas le croire. – Effrayés, les enfants ne *pouvoir* parler. – Nous nous *mettre* en marche. – Je *voir* que sa veste était en lambeaux. – Il me *regarder* fixement, sévère. – Un mois durant, je *chercher* du travail. – Vous *rendre* votre copie tachée. – Ils *se dévêtir* et *se jeter* dans la piscine. – Ainsi, il *acquérir* une fortune. – Nous nous *plaire* dans ce petit logement. – Le quartier *retomber* dans le silence. – Les chatons *naître* au fond du grenier. – Elle *se pencher* sur le malade. – Nous *mordre* à pleines dents dans les fruits. – Les pompiers *intervenir* très vite. – De la sorte, il *faire* une bonne affaire. – Je *venir* réciter devant le public. – Tu *marquer* deux buts en quelques minutes. – Les enfants *jouer* dans le parc. – Très tôt, j'*apprendre* à le connaître. – Il *recevoir* la balle en plein visage. – Le castor *atteindre* la berge opposée. – La radio *grésiller* et *se taire*.

418. Mettez les verbes en italique au passé simple.

Quand *venir* le moment du départ, j'*entrer* dans l'unique magasin du village tenu par le chef pour me procurer quelques provisions. Je *commander* d'abord cinq livres de riz et *avoir* la surprise de voir l'indigène m'en peser dix et m'informer avec un sourire que cela ne me coûterait pas d'argent. Un indigène, entrant à ce instant, *se faire* servir vingt livres de riz qu'il me *mettre* dans les bras. Impossible de refuser, c'eût été une mortelle offense. D'autres indigènes *survenir* et *vouloir* m'offrir tout le magasin. J'*avoir* grand-peine à les dissuader, et, regagnant mon bord, j'*appareiller* immédiatement. Je *sortir* de la passe dangereuse de cet atol hospitalier avec la marée descendante.

(ALAIN GERBAULT : *À la Poursuite du Soleil*, Grasset.)

419. Mettez les verbes en italique au temps qui convient.

Mᵐᵉ Rooseghem, la patronne, arriva. Elle *s'occuper* de l'usine. Le père, les fils *courir* les routes pour placer les lins. Elle *tenir* la fabrique comme sa maison. L'économie *régner*…

Un à un, elle *distribuer* les carnets aux ouvrières. Karelina *recevoir* le sien, *vérifier* d'un coup d'œil le montant de sa paie : cent quarante-trois francs. Bonne semaine. Elle *pousser* une barre de bois qui *commander* le débrayage de la courroie. Et le moulin *ralentir* sa rotation vrombissante, le ronflement *décroître* et *mourir*. Karelina *jeter* au panier sa dernière poignée de lin, puis elle *descendre* avec les autres femmes toucher son argent au bureau ; ensuite elle *sortir* et traverser la cour pour s'en aller.

(M. VAN DER MEERSCH : *L'Empreinte du Dieu*, Albin Michel.)

Passé composé et passé simple

1. Le **passé composé** exprime des faits complètement achevés à un moment déterminé ou indéterminé du passé, en relation avec le présent ou dont les conséquences sont encore sensibles dans le présent.

*Le sang me pique les oreilles ; j'*ai fait *le tour des nids dans la gelée blanche et* ramassé *les œufs des poules.* (J. Guéhenno)

2. Le **passé composé** pouvant indiquer des faits passés à un moment déterminé prend fréquemment la place du passé simple. Il peut ainsi, comme le passé simple, marquer la succession des faits.

*Les larmes l'aveuglant, Caroline s'*est levée *de table, elle* a bousculé *la chaise,* envoyé *bouler sa serviette ; elle s'*est ruée *vers sa chambre où elle s'*est enfermée. (S. Prou)

Remarques

1. Exemples où le passé composé a le même usage que le passé simple.
Cathie est passée *devant le milk-bar et elle* a reconnu *Christine.*
(J.-M.-G. Le Clézio)
(On aurait pu dire : *Cathie* passa *devant le milk-bar et elle* reconnut *Christine.*)
L'homme s'inclina *sans répondre,* sortit, siffla *son chien et le voilà parti.*
(A. Daudet)
(On aurait pu dire : *L'homme* s'est incliné *sans répondre,* est sorti, a sifflé *son chien et le voilà parti.*)

2. **Le passé composé tend à évincer le passé simple** de la langue littéraire écrite.

Par exemple, P. Hériat écrit :
«– *Mais Xavier* a protesté ?
– *Xavier* a protesté, *en effet. Il* a *tout de suite* haussé *les épaules et* pris *ta défense. Il* a fourni *des précisions.*»
Voltaire a écrit :
«*En quel endroit, demanda Zadig,* prêtâtes-vous *vos cinq cents onces à cet infidèle ?* »
Alors qu'on dirait plutôt aujourd'hui :
«*En quel endroit, demanda Zadig,* avez-vous prêté *vos cinq cents onces à cet infidèle ?* »

3. Bien que le passé composé puisse souvent se substituer au passé simple, ces deux temps n'ont pas toujours la même valeur et ne peuvent pas être employés indifféremment l'un pour l'autre.
*Hier, j'*ai mené *Suzanne à Guignol. Nous y* prîmes *tous deux beaucoup de plaisir...* (A. France)

RÈGLE

Le passé composé est formé de l'auxiliaire (avoir ou être) et du participe passé du verbe conjugué.

j'ai couru – je suis venu

Quelques verbes se conjuguant avec avoir :				Quelques verbes se conjuguant avec être :	
avouer	boire	pouvoir	mettre	aller	rester
peser	bâtir	revoir	rire	arriver	tomber
plier	courir	vouloir	rompre	entrer	mourir
saluer	souffrir	étreindre	traduire	les verbes pronominaux	

Remarque

Le verbe intransitif *passer* peut se conjuguer avec l'auxiliaire **être** ou **avoir**.

EXERCICES

420. Conjuguez au passé composé.

éluder la difficulté   recevoir une visite   feindre d'écouter

421. Mettez les verbes en italique au passé composé.

Arnavel m'*dire* : «Tout va bien, monsieur Pascal. Cette année, l'Alpe est bonne. J'ai quarante agneaux neufs et trente brebis. Le lait est gras.» Ces paroles m'*faire* plaisir ; j'*remercier* Arnavel et nous *regarder* boire les bêtes... Le troupeau s'étant abreuvé, nous l'*grouper* sur la pente et l'*pousser* vers l'enclos où, très docilement, il *se parquer*. La barrière de bois fermée, nous *revenir* à la hutte et nous *manger* en regardant tomber la nuit.

Arnavel m'*offrir* un bon fromage de brebis... Nous *allumer* du feu entre deux pierres... Nous restâmes longtemps éveillés.

(HENRI BOSCO : *Le Mas Théotime*, Gallimard.)

422. Mettez les verbes en italique au passé composé. Si celui-ci a la valeur du passé simple, récrivez les phrases à ce temps.

J'*réduire* un peu mon moteur, c'est sans doute ce qui *réveiller* Prévot. Il est sensible à toutes les variations du bruit du vol. (SAINT EXUPÉRY) – Il va tout lâcher. Non, la main droite *palper* une prise dissimulée dans un recoin de la fissure. (FRISON-ROCHE) – Un vieux joueur de fifre m'*raconter*, l'autre soir, un petit drame de village. (A. DAUDET) – Elle n'a plus sa mère, c'est moi qui l'*élever* ainsi que son frère. (PÉROCHON)

423. Mettez les verbes en italique au passé composé ou au passé simple.

Mon expérience se résume en deux mots : j'*étudier* et je *travailler*. – Voyant mal, il *ôter* ses lunettes et les *essuyer*. – Les livreurs matinaux *déposer* les colis chez tous les commerçants du quartier. – Quand il *finir* de travailler, il range soigneusement son bureau. – Cet album que je feuilletais *réveiller* en moi bien des souvenirs. – D'une tribune du stade, des sifflets *jaillir*.

Passé antérieur

1.   Le **passé antérieur** indique une action passée à un moment déterminé, avant une autre action passée généralement exprimée au passé simple. Le passé antérieur est un **passé du passé**. Le **passé antérieur** s'emploie le plus souvent dans les **propositions subordonnées** après une conjonction de temps : **quand, lorsque, dès que…**

Bénin attendit Broudier.
Quand Broudier l'eut rejoint, ils repartirent d'un pas fraternel.   (J. Romains)

2.   Le **passé antérieur** s'emploie parfois dans la **proposition indépendante** ou dans la **proposition principale**. Il est alors accompagné d'un adverbe de temps : **bientôt, vite…**

Ce renfort inattendu et surtout l'expérience de Pierre eurent bientôt fait franchir le mauvais pas au lourd chariot.   (T. Gautier)

RÈGLE

Le passé antérieur est formé du passé simple de l'auxiliaire (avoir ou être) et du participe passé du verbe conjugué.

j'eus couru – je fus venu

Quelques verbes se conjuguant avec avoir :

remuer	cueillir	admettre	atteindre
trier	offrir	boire	recevoir
couvrir	saisir	prendre	revoir

Quelques verbes se conjuguant avec être :

aller	partir
arriver	venir
mourir	naître

EXERCICES

424. Conjuguez au passé antérieur.

écouter un disque   ouvrir la boîte   revenir du spectacle
applaudir le chanteur   attendre le train   aller au cinéma

425. Mettez les verbes en italique au passé antérieur.

Quand on *manger* le bœuf bouilli, on servit des quartiers de veau. (E. Moselly) – Un rideau de sang rouge flottait sous ses paupières quand il fermait les yeux. Quand il *finir*, il était midi. (G. Arnaud) – Lorsque nous *atteindre* les plateaux élevés, la mer nous apparut. (J. Boissière) – Olivier resta immobile sur le palier quelques instants après qu'elle *refermer* la porte. (R. Sabatier) – Enfin, on aperçut la petite masse sombre que formait la métairie entourée d'arbres et bientôt l'on *arriver* à la porte. (A. Daudet)

Plus-que-parfait

Le **plus-que-parfait** indique une **action passée** à un moment indéterminé avant une autre action passée exprimée le plus souvent à l'imparfait
et aussi au passé simple ou au passé composé.

Le plus-que-parfait est également **un passé du passé.**

D'abord l'obscurité régna *car j'*avais éteint *la lanterne pour ne pas gas-
piller l'essence.*   (J.-H. Rosny-Aîné)

*Comme je l'*avais calculé, *ils* sont arrivés *à cinq heures de l'après-midi.*
                                                           (H. Bosco)

*Jordan et Maclin s'*étaient réparti *le chantier.*   (B. Clavel)

RÈGLE

Le plus-que-parfait est formé de l'**imparfait de l'auxiliaire** et du participe passé du verbe conjugué.

j'avais couru – j'étais venu

Quelques verbes se conjuguant avec avoir :				Quelques verbes se conjuguant avec être :	
continuer	franchir	omettre	feindre	aller	mourir
créer	souffrir	percevoir	battre	arriver	partir
harnacher	surprendre	coudre	écrire	naître	venir

EXERCICES

426. Conjuguez au plus-que-parfait de l'indicatif.

prendre le volant   éteindre la lumière   aller au théâtre
payer la note   partir en voyage   pâlir de rage

427. Mettez les verbes en italique au temps qui convient.

Je m'appliquai de toutes mes forces, de tout mon savoir, quand j'*finir*, je *trouver*
que j' *réussir.* (C. Péguy) – Il ne parlait ni de sa pièce ni de ses héros à Béatrice
parce qu'on n'*aborder* jamais ce sujet. (F. Sagan) – L'ourson *pousser* la porte de
ma chambre que j'*laisser* ouverte, il était monté sur le fauteuil et sur le lit. Il
déchirer le tapis. Il *mettre* les pattes dans la bibliothèque et une demi-douzaine
de volumes jonchaient le sol… Il *effrayer* le chat qui se *réfugier* tout en haut de
la bibliothèque et qui *jurer* d'une façon épouvantable. Il *aller* dans la cuisine… Il
fracasser deux douzaines d'assiettes et toutes mes tasses à thé. Il *trouver* enfin le
garde-manger…

                                    (M. Constantin-Weyer : *Clairière,* Stock.)

Valeurs du futur simple

1. Le **futur simple** indique une action qui se fera dans l'avenir par rapport au moment où l'on parle : **dans un moment, demain, plus tard...**

Je pensais parfois : «Lorsque je serai *un homme, je* découvrirai *l'Eldorado.»*   (A. GERBAULT)

2. Le **futur** peut prendre la valeur du présent pour atténuer le ton de certains propos ou marquer la politesse.

En ce cas, monsieur, je vous dirai *franchement que je n'approuve point votre méthode.*   (MOLIÈRE)

Mon frère, dit-elle, je vous prierai *de sortir avec moi.*   (MÉRIMÉE)

3. Le **futur** peut aussi avoir la valeur de l'impératif.

Vous voudrez *bien me faire parvenir au plus vite les résultats du laboratoire.*

4. Le **futur** peut exprimer un fait constaté de tous les temps.

Qui vivra, verra.

5. Le **futur proche** s'exprime à l'aide du verbe **aller** au présent de l'indicatif suivi de l'infinitif.

Je vais essayer, *coûte que coûte, de garder mon sang froid.* (P. MODIANO)

EXERCICE

428. Dites quelles sont les valeurs du futur simple, dans les phrases suivantes.
Jamais je n'oublierai cette journée, si longue, cette journée pareille à des mois, où j'ai connu la mer pour la première fois. (J.-M.-G. LE CLÉZIO) – Un jour de printemps rendra vertes et fleuries ces plaines décolorées. (T. GAUTIER) – Le printemps va venir. Bientôt il s'emparera sournoisement des campagnes et des jardins. (H. BORDEAUX) – Certes, je l'avouerai, vous êtes le modèle d'une rare constance. (MOLIÈRE) – Nous avouerons que notre héros était fort peu héros en ce moment. (STENDHAL) – Monsieur, puisque vous le voulez, je vous dirai franchement qu'on se moque partout de vous. (MOLIÈRE) – À la fin de février prochain, je vous montrerai, s'il fait soleil, la couleur des bouleaux sur l'azur de l'hiver. (G. DUHAMEL) – Que j'attende ? Malédiction ! Ils seront ici dans cinq minutes. (P. MÉRIMÉE) – Qui bien jettera, son compte trouvera.

Futur simple

couper		plier		remplir		tendre	
je	couper**ai**	je	plier**ai**	je	remplir**ai**	je	tendr**ai**
tu	couper**as**	tu	plier**as**	tu	rempir**as**	tu	tendr**as**
il/elle	couper**a**	il/elle	plier**a**	il/elle	remplir**a**	il/elle	tendr**a**
ns	couper**ons**	ns	plier**ons**	ns	remplir**ons**	ns	tendr**ons**
vs	couper**ez**	vs	plier**ez**	vs	remplir**ez**	vs	tendr**ez**
ils/elles	couper**ont**	ils/elles	plier**ont**	ils/elles	remplir**ont**	ils/elles	tendr**ont**

RÈGLE

1. Au futur simple, **tous les verbes prennent les mêmes terminaisons : *-ai, -as, -a, -ons, -ez, -ont,* toujours précédées de la lettre r.**

2. Au futur simple, les **verbes du 1ᵉʳ et du 2ᵉ groupes conservent généralement l'infinitif en entier.**

Attention

Pour bien écrire un verbe au *futur simple*, il faut penser à *l'infinitif,* puis à la personne.

balbutier	édifier	grelotter	blêmir	croire	revendre
compter	emprunter	insinuer	saisir	instruire	tordre
convier	encombrer	renouer	surgir	feindre	croître
déjouer	évaluer	simplifier	vieillir	rabattre	paraître

EXERCICES

429. Conjuguez au futur simple.

étudier un projet	former une équipe	confier un secret
bondir d'indignation	répondre aimablement	conduire un camion
crier très fort	évaluer les risques	apprécier un dessin
lire un poème	exclure le tricheur	éclaircir la question

430. Mettez les verbes au futur simple et justifiez la terminaison en écrivant l'infinitif entre parenthèses.

je bruni…	ns publi…	tu réagi…	je dissoci…	il remédi…
je mani…	ns faibli…	tu plagi…	j'adouci…	il étourdi…
il gravi…	ils aid…	il remett…	ils demand…	ns abord…
il convi…	ils fend…	il fouett…	ils étend…	ns revend…
tu flatt…	vs accompli…	vs éternu…	ns romp…	ils dilu…
tu batt…	vs édifi…	vs nourri…	ns ramp…	ils conclu…

431. Mettez à la troisième personne du singulier et à la troisième personne du pluriel du futur simple les verbes suivants.

renier	fonder	s'accouder	créer	supplier	expier
bannir	fondre	recoudre	crier	remplir	crépir
gratter	guetter	atténuer	naître	amincir	rassasier
abattre	mettre	inclure	fêter	associer	saisir

432. Mettez à la première et à la deuxième personnes du pluriel du futur simple les verbes suivants.

châtier	surgir	garder	pétrir	décrire	hasarder
partir	se réfugier	rendre	trier	s'écrier	défendre
ponctuer	seconder	croître	border	tromper	convier
avouer	recoudre	croire	mordre	rompre	servir

433. Mettez à l'imparfait, au passé simple et au futur simple.

Craignant une avalanche, j'oublie ma fatigue, me hâte vers le châlet et en avertit ses occupants. – La gazelle sent le danger, situe le fauve à l'affût et réussit à prendre la fuite. – Tu ne me crois pas, relis la notice d'utilisation et avoue ton erreur de manipulation. – Je me concentre, assouplis mes muscles, prends mon élan et franchis la barre des deux mètres.

434. Mettez les verbes en italique au futur simple.

L'annonce de la nuit *dorer,* puis *approfondir* l'eau mystérieuse des fontaines. (A. GIDE) – Je n'*oublier* jamais l'aspect triste et féroce de ce paysage embrasé. (A. DAUDET) – J'*attacher* la cage au cerisier et la mère *nourrir* les petits à travers les barreaux. (J. RENARD) – Je *mettre* dans tes mains ma houlette et tu *garder* mes brebis à ton tour. (A. GIDE) – Je vais avaler une cuillerée de sirop de pavot et dormir, dormir, dormir ! On *voir* demain. (F. DESCHAMPS) – Je *tuer* des renards pour que l'aveugle les touche. Elle *sentir* l'odeur de la sève quand Matelot *abattre* des arbres autour de son campement. Elle *entendre* craquer les arbres et Matelot qui *crier* pour prévenir que l'arbre va tomber. (J. GIONO) – Le muguet arrondit ses perles qui *répandre* leur odeur souveraine. (COLETTE) – Le ciel *se purifier, détruire* tous ses haillons gris. (H. BORDEAUX) – Je vous *confier* l'objet de mes études sans crainte que vous en trahissiez le mystère. (A. FRANCE)

435. Mettez les verbes en italique au temps qui convient.

Si je ressuscite un jour, c'est au nez que je *reconnaître* la patrie de mon enfance. (G. DUHAMEL) – Plus tard, la jeune fille, cherchant le calme absolu, *louer* une mansarde. (E. CURIE) – Mets-toi là, dit M. Lepic. C'est la meilleure place. Je *se promener* dans le bois avec le chien ; nous *faire* lever les bécasses et quand tu *entendre* : «pit pit», dresse l'oreille, ouvre l'œil. Les bécasses *passer* sur sa tête. (J. RENARD) – La roue tourne. Elle *tourner* jusqu'au jour où notre terre *s'endormir* du sommeil des planètes paralytiques. (G. DUHAMEL) – L'arbre *donner* des fruits à ceux qui *naître* demain affamés et nus. (E. ABOUT) – Eh bien, ils *se battre*, puisque vous le voulez. (CORNEILLE)

436. Mettez les verbes au futur simple et faites-les entrer dans une phrase.

apprécier	veiller	reprocher	aguerrir	instruire	perdre

Futur simple

Particularités de quelques verbes

rappeler		jeter		acheter		marteler	
je	rappellerai	je	jetterai	j'	achèterai	je	martèlerai
tu	rappelleras	tu	jetteras	tu	achèteras	tu	martèleras
il/elle	rappellera	il/elle	jettera	il/elle	achètera	il/elle	martèlera
ns	rappellerons	ns	jetterons	ns	achèterons	ns	martèlerons
vs	rappellerez	vs	jetterez	vs	achèterez	vs	martèlerez
ils/elles	rappelleront	ils/elles	jetteront	ils/elles	achèteront	ils/elles	martèleront

employer		courir		mourir		acquérir	
j'	emploierai	je	courrai	je	mourrai	j'	acquerrai
tu	emploieras	tu	courras	tu	mourras	tu	acquerras
il/elle	emploiera	il/elle	courra	il/elle	mourra	il/elle	acquerra
ns	emploierons	ns	courrons	ns	mourrons	ns	acquerrons
vs	emploierez	vs	courrez	vs	mourrez	vs	acquerrez
ils/elles	emploieront	ils/elles	courront	ils/elles	mourront	ils/elles	acquerront

Au futur simple :

– les verbes en **-eler** et en **-eter** prennent **deux l** ou **deux t**.
il ficellera – je cachetterai

– ceux qui font exception prennent un **accent grave**.
il gèlera – nous rachèterons

– les verbes en **-yer** changent l'**y** en **i**. (Toutefois, pour les verbes en **-ayer**, l'usage du **y** est admis.)
il appuiera – vous nettoierez – j'effraiera ou j'effrayerai

– les verbes **mourir, courir, acquérir** et ceux de leur famille ont deux **r**, alors qu'ils n'en prennent qu'un à l'imparfait.

Futur : *il mourra, il courra, il acquerra.*
Imparfait : *il mourait, il courait, il acquérait.*

Mes chers amis, quand je mourrai *plantez un saule au cimetière...*
(A. DE MUSSET)
La lueur du couchant mourait *à travers les ramures.*   (M. GENEVOIX)

Quelques verbes présentant ces particularités :

balayer	essuyer	chanceler	ruisseler	projeter	conquérir
broyer	larmoyer	épeler	empaqueter	rejeter	parcourir
ennuyer	ployer	geler	étiqueter	accourir	reconquérir
essayer	tournoyer	peler	fureter	concourir	secourir

EXERCICES

437. Conjuguez au futur simple.

appuyer sur les pédales	envoyer ses voeux	tutoyer son ami
traduire un texte	boire lentement	croire au succès
secouer ses vêtements	décacheter la lettre	congeler de la viande
accourir au premier appel	acquérir du sang-froid	dételer la caravane

438. Mettez les verbes au futur simple et justifiez la terminaison en écrivant l'infinitif entre parenthèses.

tu boi...	il appui...	ns distrai...	ils plai...	j'essui...
tu aboi...	il instrui...	ns effrai...	ils pai...	je dédui...
tu croi...	il construi...	vs extrai...	ils ploi...	je nui...
tu broi...	il remerci...	vs égai...	ils noi...	j'ennui...

439. Mettez les verbes à la troisième personne du pluriel de l'imparfait et du futur simple.

1°	ficeler	marteler	inquiéter
	épeler	dételer	projeter
	peler	cacheter	étiqueter
	exceller	fureter	acheter
2°	mourir	acquérir	aguerrir
	accourir	conquérir	équarrir
	parcourir	s'enquérir	discourir
	secourir	requérir	concourir

440. Mettez les verbes en italique au futur simple.

Un coup de vent, tout à l'heure, *balayer* les fleurs du marronnier. (R. DIEUDONNÉ) — C'est à qui *employer* pour attirer la foule l'instrument le plus infatigable. (A. DAUDET) — Les premiers camarades *avoir* de l'avance et *se déployer* plus loin que les autres. (A. MALRAUX) — L'épervier *se réveiller*, il *déployer* ses ailes. (P. MÉRIMÉE) — «Je vous *payer,* lui dit-elle, avant l'Août, foi d'animal, intérêt et principal.» (LA FONTAINE) — Il *acheter* lui-même à Saumur et t'apportera de quoi lustrer ses bottes. (BALZAC) — Cette nuit *passer* comme toutes les nuits ; le soleil *se lever* demain. (F. MAURIAC) — Enfin, pensait le pauvre homme, en voilà une qui ne *s'ennuyer* pas chez moi. (A. DAUDET) — Torches, vous *jeter* de rouges étincelles. (V. HUGO)

441. Mettez les verbes en italique au temps qui convient.

Les chants des marins m'éveillaient ; je *courir* à ma fenêtre et je voyais les barques s'éloigner. (A. GIDE) — Ils se repentiront de s'être fait la guerre, mais avant cette paix, il *courir* bien des mois. (MAYNARD) — «Roland, mon compagnon, sonnez l'olifant ! Charles l'entendra, ramènera l'armée, il nous *secourir* avec tous ses barons !» (CHANSON DE ROLAND) — La cloche semblait pleurer le jour qui se *mourir.* (CHATEAUBRIAND) — Les abeilles vont préparer la première couvée, quand *naître* leurs sœurs, elles *mourir* usées de fatigue. (M. TINAYRE) — Et après ?... Petit Pierre grandira, *courir* les mers. (P. LOTI)

Futur simple de quelques verbes irréguliers

aller		asseoir				faire	
j'	irai	j'	assiérai	j'	assoirai	je	ferai
ns	irons	ns	assiérons	ns	assoirons	ns	ferons

cueillir		recevoir		devoir		mouvoir	
je	cueillerai	je	recevrai	je	devrai	je	mouvrai
ns	cueillerons	ns	recevrons	ns	devrons	ns	mouvrons

envoyer		voir		pouvoir		savoir	
j'	enverrai	je	verrai	je	pourrai	je	saurai
ns	enverrons	ns	verrons	ns	pourrons	ns	saurons

tenir		venir		valoir		vouloir	
je	tiendrai	je	viendrai	je	vaudrai	je	voudrai
ns	tiendrons	ns	viendrons	ns	vaudrons	ns	voudrons

Remarques

1. Au futur simple, *revoir et entrevoir* se conjuguent comme *voir* : *je reverrai, j'entreverrai.*

Mais *pourvoir* et *prévoir* font : *je pourvoirai, je prévoirai.*

2. On écrit *j'assoirai* sans **e,** mais on écrit *je surseoirai* avec un **e.**

EXERCICES

442. Conjuguez au futur simple.

renvoyer la balle   revoir sa maison   revenir de vacances
faire du sport   asseoir son autorité   apercevoir la fumée
accueillir un ami   prévoir le temps   vouloir gagner

443. Mettez à la première personne du pluriel du présent et du futur simple les verbes suivants.

obtenir   satisfaire   prévenir   cueillir   revoir   envoyer
défaire   déplaire   parvenir   assaillir   prévoir   entrevoir

444. Mettez les verbes en italique au futur simple.

Il *s'abstenir* de donner un avis. – Tu *prévoir* des boissons pour les enfants. – Les lions *aller* boire à la mare. – Tous ces joueurs *savoir* souffrir pour vaincre. – Il *ne pas pleuvoir* cette semaine. – Tant que je *vivre,* tu *être* à l'abri du besoin. – On *conserver* ce site tel quel. – À qui *échoir* l'honneur d'ouvrir le bal ? – Je *se promener* le long des quais. – Ce succès me *valoir* bien des félicitations. – Ce soir, nous *pouvoir* enfin nous reposer. – Des explorateurs *venir* ici, un jour. – Tu *devoir* tirer l'eau du puits. – Dans le brouillard, je *ne plus apercevoir* la route.

Futur antérieur

1.   Le **futur antérieur** exprime une action future qui sera passée avant une
     autre action future.
     Quand la tempête aura cessé, je réparerai la toiture endommagée.
     Lorsque vous vous serez lavé les mains, vous passerez à table.

2.   Le **futur antérieur** peut parfois exprimer une supposition relative à un fait
     passé. Il a alors la valeur d'un passé composé.
     C'est sans doute un animal ! Quelque chat qui se sera introduit dans la cave.

RÈGLE

Le **futur antérieur** est formé du **futur simple de l'auxiliaire** (avoir ou
être) et du **participe passé du verbe** conjugué.
j'aurai vendu – tu seras parti

Quelques verbes se conjuguant avec avoir :			Quelques verbes se conjuguant avec être :	
essayer	cueillir	revendre	aller	mourir
parier	offrir	asseoir	arriver	partir
pleurer	réussir	prévoir	rester	naître
secouer	reprendre	joindre	les verbes pronominaux	

EXERCICES

445. **Conjuguez au futur antérieur.**
     jouer aux cartes   vaincre la difficulté   repartir à l'aube

446. **Dites quelles sont les valeurs du futur antérieur dans les phrases suivantes.**
     «Sire, quand votre fille aura mangé la première orange, elle se lèvera de son lit.»
     (P. Soupault) – C'est sans doute un simple accident ! Quelque chose qui se sera
     dérangé dans la grande roue. (P. Arène) – Les chênes auront leur frondaison nou-
     velle. Alors seulement tous les oiseaux des bois auront retrouvé leur canton, peu-
     pleront les halliers. (M. Genevoix) – Songez à l'avenir. Vos fils sauront quels
     joyaux vous aurez enchâssés à votre tour dans ma robe de pierre. (A. France)

447. **Mettez les verbes en italique au futur antérieur.**
     Tout à l'heure *venir* le moment de faire du feu dans la cheminée, alors je roulerai
     ma table auprès de l'âtre. (A. Karr) – Surtout, Poil de Carotte, ne lève ta ligne que
     lorsque ton bouchon *enfoncer* trois fois. (J. Renard) – Dépêchons-nous, dépê-
     chons-nous… Plus tôt nous *finir,* plus tôt nous serons à table. (A. Daudet)

Révisons les temps composés du mode indicatif

I. Verbes se conjuguant avec l'auxiliaire *avoir*.

auxiliaire avoir

Présent		Imparfait		Passé simple		Futur simple	
j'	ai	j'	avais	j'	eus	j'	aurai
nous	avons	nous	avions	nous	eûmes	nous	aurons
ils/elles	ont	ils/elles	avaient	ils/elles	eurent	ils/elles	auront

obéir

Passé composé		Plus-que-parfait		Passé antérieur		Futur antérieur	
j'	ai obéi	j'	avais obéi	j'	eus obéi	j'	aurai obéi
ns	avons obéi	ns	avions obéi	ns	eûmes obéi	ns	aurons obéi
ils/elles	ont obéi	ils/elles	avaient obéi	ils/elles	eurent obéi	ils/elles	auront obéi

avoir

j'	ai eu	j'	avais eu	j'	eus eu	j'	aurai eu
ns	avons eu	ns	avions eu	ns	eûmes eu	ns	aurons eu
ils/elles	ont eu	ils/elles	avaient eu	ils/elles	eurent eu	ils/elles	auront eu

être

j'	ai été	j'	avais été	j'	eus été	j'	aurai été
ns	avons été	ns	avions été	ns	eûmes été	ns	aurons été
ils/elles	ont été	ils/elles	avaient été	ils/elles	eurent été	ils/elles	auront été

II. Verbes se conjuguant avec l'auxiliaire *être*.

auxiliaire être

Présent		Imparfait		Passé simple		Futur simple	
je	suis	j'	étais	je	fus	je	serai
ns	sommes	ns	étions	ns	fûmes	ns	serons
ils/elles	sont	ils/elles	étaient	ils/elles	furent	ils/elles	seront

partir

Passé composé		Plus-que-parfait		Passé antérieur		Futur antérieur	
je	suis parti(e)	j'	étais parti(e)	je	fus parti(e)	je	serai parti(e)
ns	sommes parti(e)s	ns	étions parti(e)s	ns	fûmes parti(e)s	ns	serons parti(e)s
ils/elles	sont parti(e)s	ils/elles	étaient parti(e)s	ils/elles	furent parti(e)s	ils/elles	seront parti(e)s

RÈGLE

Un **temps composé** est formé de l'**auxiliaire avoir** ou **être** et du **participe passé du verbe** conjugué.

Passé composé	Plus-que-parfait	Passé antérieur	Futur antérieur
Présent de l'indicatif de l'auxiliaire	**Imparfait de l'indicatif** de l'auxiliaire	**Passé simple** de l'auxiliaire	**Futur simple** de l'auxiliaire
+	+	+	+
participe passé du verbe conjugué.	**participe passé** du verbe conjugué.	**participe passé** du verbe conjugué.	**participe passé** du verbe conjugué.

appel sur l'accord du participe passé :

Le participe passé employé avec **être** s'accorde en genre et en nombre avec le sujet du verbe.

La bourrasque s'est levée et les feuilles sont tombées. L'hiver s'est installé. Les derniers migrateurs sont déjà partis.

Le participe passé employé avec **avoir** ne s'accorde pas avec le sujet du verbe. Employé sans complément d'objet direct, il reste invariable.

Les dockers avaient accéléré le chargement et les navires ont appareillé de bonne heure.

Le participe passé employé avec **avoir** s'accorde en genre et en nombre avec le complément direct d'objet quand celui-ci est placé avant le participe.

J'avais laissé mes feuilles sur la table et je les ai retrouvées sur le sol. Le vent les avait prises dans un tourbillon.

Les pilotes écoutaient tourner les moteurs que les mécaniciens avaient réglés.

Quelques verbes se conjuguant avec avoir :				Quelques verbes se conjuguant avec être :	
ier	brunir	écrire	entendre	aller	partir
ssayer	couvrir	sourire	éteindre	arriver	venir
agner	cueillir	traduire	prendre	entrer	revenir
aluer	réfléchir	paraître	résoudre	rester	parvenir
ecouer	souffrir	permettre	apercevoir	tomber	intervenir
oplaudir	croire	craindre	rompre	les verbes pronominaux	

EXERCICES

448. Conjuguez au passé composé et au plus-que-parfait.

tailler les crayons	prendre son billet	craindre l'orage
gravir la pente	aller au spectacle	revenir du cinéma
tomber des nues	coudre un bouton	partir pour le lycé█

449. Même exercice, au passé antérieur et au futur antérieur.

450. Écrivez les verbes suivants à la troisième personne du pluriel du plus-qu█ parfait de l'indicatif. Le sujet sera un nom féminin.

éteindre	grandir	aller	découvrir	revenir	naîtr█
étendre	tomber	mûrir	remettre	défendre	garni
sourire	rompre	voir	arriver	battre	entre

451. Mettez les verbes en italique au temps composé qui convient.

Aussitôt que les arbres *développer* leurs feuilles, mille ouvriers commence█ leurs travaux. (CHATEAUBRIAND) – Les chasseurs tirèrent des carniers toutes l█ bêtes qu'ils *tuer*. (E. PÉROCHON) – Ses cheveux, qui d'abord tiraient sur le rou█ *perdre* leur éclat, et on les *nouer* sur la nuque d'un court ruban. (H. BOSCO) Aussitôt que j'*dépasser* les bâtiments de la ferme, je m'aperçus que la nu█ n'était pas très noire. (M. AUDOUX) – Lobe *ouvrir* un réduit percé dans le mur d█ dernier étage et la poussière, accumulée depuis des années dans ce trou que pe█ sonne n'explorait, *se répandre* partout. (L. CALAFERTE) – Un peu plus loin, j'ape█ çus un rocher dont le toit *céder* sous les pluies de l'hiver. (M. ARLAND) – Il m█ tendu de côté sa main molle, qui *retomber* après que je l'*presser*. (A. GIDE) Il regarde les entailles que de mauvais élèves *creuser* sur le rebord des table█ (J. ROMAINS) – Je crois que l'odeur des cerises les *griser* tous un peu. (A. DAUDET) Quand elle *passer* l'angle de la dernière maison, Cosette s'arrêta. (V. HUGO) Quand tout le monde *entrer,* mon vigneron, qui était un brave homme, s'appr█ cha doucement. (A. DAUDET)

452. Même exercice que 451.

Nous *quitter* les eaux navigables ; rochers et coraux encombraient la zone o█ nous *parvenir.* – Se remettant de son accident, le pilote pensait sans doute au█ craintes vaines qu'il *avoir.* – Vous avez trouvé les causes de la panne. Vous ôte█ les soupapes et les *remplacer.* – Voici l'ancien chantier naval ; c'est ici que ta█ d'hommes *peiner,* que tant de navires *voir* le jour. – Tant que la fièvre *ne p█ tomber,* tu ne guériras pas. – Quand il ouvrit la fenêtre, les rôdeurs *s'enfuir,* ma█ quels dégâts ils *causer* dans le jardin. – Quand il *classer* ses dossiers, le com█ table ferma son bureau. – Quand elle *déjeuner,* la vieille dame fait une prom█ nade dans le parc.

La voix pronominale

• Enfin le garde *se lève,* allume sa lanterne, et j'écoute son pas lourd qui *se perd* dans la nuit.
(A. DAUDET)

Présent de l'indicatif				Passé composé			
e	me lève	ns	ns levons	je	me suis levé(e)	ns	ns sommes levé(e)s
:u	te lèves	vs	vs levez	tu	t'es levé(e)	vs	vs êtes levé(e)s
l/elle	se lève	ils/elles	se lèvent	il/elle	s' est levé(e)	ils/elles	se sont levé(e)s

Un verbe pronominal est un verbe qui s'emploie avec **deux pronoms** de la **même personne**, ou un **nom-sujet** et un **pronom adjoint** représentant **le même être** ou **la même chose**.

je me *lève = je lève moi* (c'est moi que je lève)

Les temps composés d'un verbe pronominal se construisent toujours avec l'auxiliaire **être**.

La lune s'est levée *ronde et brillante...*
(R. ROLLAND)

Remarques

Les **variations** de sens du **deuxième pronom** font distinguer **quatre sortes** de verbe pronominaux :

1. Les verbes **essentiellement** pronominaux.
Ces verbes comme *s'emparer, se blottir, s'enfuir* ne s'emploient qu'à cette forme.
Ils se sont exclamés *en me voyant ainsi habillé.*

2. Certains verbes, comme *s'apercevoir de, s'attendre à, se douter de, se garder de, s'occuper de, se plaindre de,* etc., ont à la voix pronominale un sens assez différent de celui du verbe actif. Ils doivent être considérés comme des verbes essentiellement pronominaux. Dans les verbes **essentiellement** pronominaux, le deuxième pronom fait corps avec le verbe et ne s'analyse pas.
Le professeur s'aperçoit de *mon absence.*

3. Les verbes **accidentellement** pronominaux de **sens réfléchi**. Dans ces verbes, l'action se retourne, se réfléchit sur le sujet.
Tôt réveillé, je me débrouillais, m'habillais *et* me précipitais *aux écuries.*

4. Les verbes **accidentellement** pronominaux de **sens réciproque**. Dans ces verbes, l'action faite par plusieurs êtres ou plusieurs choses s'exerce l'un sur l'autre ou les uns sur les autres.
Les coqs s'éveillent *mutuellement et* s'appellent *d'une chaumière à* l'autre.
(G. SAND)

Le **deuxième pronom** ne **s'analyse** que dans les verbes **accidentelle-ment** pronominaux. Il peut être : complément d'objet direct, indirect ou complément d'attribution.

Je me *lavais.* (me : complément d'objet direct)
Les coqs s'*éveillent.* (s' : complément d'objet direct)
Ils se *nuisent.* (se : complément d'objet indirect)
Il s'*est offert un livre.* (s' : complément d'attribution)

5. Les verbes pronominaux de **sens passif**.

Dans ces verbes, le sujet ne fait pas l'action, il la subit ; le deuxième pronom ne s'analyse pas.

Les hameaux s'étaient vidés *de leurs mendiants.*   (P. LOTI)
Les musées s'enrichissent *de remarquables collections.*

Quelques verbes à la voix pronominale :			Quelques verbes essentiellement pronominaux :		
s'apercevoir	se briser	s'instruire	s'accouder	s'extasier	s'insurger
s'apitoyer	se construire	se pencher	s'agenouiller	se blottir	se lamenter
s'assagir	s'éteindre	se perdre	s'ébattre	se cabrer	se moquer
s'asseoir	s'entendre	se plaindre	s'écrouler	se démener	se repentir
s'assoupir	se fatiguer	se quereller	s'envoler	se fier	se tapir
s'atteler	se hâter	se suivre	s'évanouir	s'immiscer	se vautrer
se battre	se heurter	se taire	s'évertuer	s'ingénier	se soucier

N.B. : Voir les règles d'accord des participes passés des verbes pronominaux page 98.

EXERCICES

453. Conjuguez au présent et à l'imparfait de l'indicatif.
    se jouer des difficultés   s'atteler au travail   se plaindre du froid

454. Conjuguez au passé simple et au futur simple.
    se tuer à l'ouvrage   se fier à ses amis   s'expliquer clairement

455. Conjuguez au passé composé et au passé antérieur.
    se lier d'amitié   se nourrir de légumes   se couper le doigt

456. Conjuguez au plus-que-parfait et au futur antérieur.
    se charger de l'envoi   s'efforcer de bien faire   se lancer un défi

457. Écrivez aux première et troisième personnes du pluriel du passé composé dans 1°, du plus-que-parfait de l'indicatif dans 2°.

1°	couper	entendre	poursuivre	répondre	saluer
	se couper	s'entendre	se poursuivre	se répondre	se saluer
2°	frapper	appuyer	mordre	couvrir	dire
	se frapper	s'appuyer	se mordre	se couvrir	se dire

458. Relevez les verbes pronominaux et donnez-en le sens.

Dans leur fureur, les chiens se mordaient sans ménagement. – En voyant arriver leur tante, les deux bambins se lèvent et se précipitent vers elle. – Je me méfie de cette proposition trop avantageuse. – Les deux chatons, sautant de meuble en meuble, se poursuivaient dans le salon. – L'avion montait verticalement et se perdait dans les nuages. – Le fauve, enfermé dans une cage trop étroite, s'évertue à mordre les barreaux en vain, et se démène rageusement. – Déçus par le match, les spectateurs se hâtèrent vers la sortie, et le stade se vida rapidement. – Poisson et poison se prononcent différemment. – Je m'étais absenté une semaine et les oiseaux en profitèrent pour se gaver de cerises qui entre temps avaient mûri. – Ces albums se sont très bien vendus cette semaine.

459. Même exercice que 458.

Les respirations de Marie-Anne et de son fils, régulières, se répondaient comme un battement d'ailes. (R. Bazin) – Elle s'est levée en même temps que moi, et j'ai lu dans son regard une espèce d'effroi. (G. Bernanos) – À chaque minute, une glace se baissait, une voix demandait pourquoi l'on ne partait pas. (É. Zola) – Un moustique tournoya autour de son oreille et se posa sur une marguerite. (A. Schwartz-Bart) – Quelquefois même les oiseaux-mouches se livrent entre eux de très vifs combats. (Buffon) – Les flocons s'embrouillent et refluent, s'envolent. (G. Duhamel) – La vague énorme se dresse, elle éclate, son sommet s'écroule avec fracas. (Flammarion)

460. Donnez la fonction de *se* et de *s'* dans les verbes pronominaux de l'exercice précédent, quand il y a lieu.

461. Employez dans des phrases en leur donnant le sens passif les verbes suivants.

se laver	se lire	se remplir	s'appeler	se commettre
se dire	se guérir	se conserver	se distinguer	se fabriquer

462. Employez dans des phrases en donnant à chacun le sens réfléchi, réciproque et passif, les verbes suivants.

s'apercevoir	se heurter	se couper	s'entendre s'adresser

463. Mettez les verbes des expressions suivantes à la troisième personne du pluriel du passé composé. Le sujet sera un nom.

se tapir dans l'ombre	se bercer d'illusions	s'offrir un livre
se donner le bras	se saluer aimablement	s'essuyer le front

464. Mettez les verbes au temps demandé et justifiez l'orthographe des participes passés.

Trois familles de paysans (se bâtir, *pas. composé*) des huttes dans les flancs du vieux palais. (A. Daudet) – Les enfants (s'envoler, *pas. composé*) successivement. (Lamartine) – La merveilleuse scène du renouveau (se déployer, *plus-que-parf.*) sur la terre. (P. Loti)

Forme négative

• Quelle avait pu être sa jeunesse ? Elle *n'*en *parlait* jamais. On *ne* la *questionnait* pas. Savait-on seulement son prénom ? Personne au monde *ne* l'*appelait* plus par son prénom.   (R. Martin du Gard)

Présent de l'indicatif	Plus-que-parfait	Infinitif présent
je *ne* parle pas	je *n'*avais *pas* parlé	*ne pas* parler

1. Pour mettre un verbe à la **forme négative**, on ajoute une locution adverbiale de négation comme : **ne... pas, ne... plus, ne... jamais, ne... point, ne... que, ne... guère, ne... rien, ne... nullement, ne... personne,** etc., à la forme affirmative.
Il ne *se plaignait* jamais *et* ne *rechignait* pas *à la tâche.*

2. Ne... goutte, ne... mot sont aussi des locutions négatives.
Je n'*y comprends* goutte.
Il ne *dit* mot.

3. La locution **ne... que** signifie généralement **seulement**.
Pour repas, chaque soir, l'apprenti ne *recevait* qu'*une maigre soupe.*

EXERCICES

465. Conjuguez sous la forme négative : 1° au présent et au futur simple ; 2° au passé composé et au plus-que-parfait.
répondre vivement   rayer un mot   craindre le froid

466. Écrivez sous la forme négative et complétez.
Nous sommes allés au spectacle... – J'ai arrosé les fleurs... – Je boirai de l'eau glacée... – La pêche a été bonne... – Les chiens ont aboyé... – Le frein fonctionne... – Je perds patience...

467. Relevez les locutions négatives et analysez-les.
Vous pouvez être tranquille je n'en dirai mot. (G. Sand) – Mes enfants, ne pleurez goutte. (Rabelais) – C'est un veil homme bourru, solitaire. Il n'aime personne et ne supporte que Poil de Carotte... Quand il dit oui, il veut dire non et réciproquement. Il ne s'agit que de ne pas s'y tromper.
«Si ça l'amuse, ça ne me gêne guère», pense Poil de Carotte...
«Surtout, dit-il à Poil de Carotte, ne lève ta ligne que lorsque le bouchon aura enfoncé trois fois.
– Pourquoi trois ?
– La première ne signifie rien : le poisson mordille. La seconde, c'est sérieux : il avale. La troisième, c'est sûr : il n'échappera plus. On ne tire jamais trop tard.»
(J. Renard)

La phrase négative

La **phrase négative** présente des formes plus variées que la simple conjugaison à la forme négative.

1. Le **deuxième terme** de la locution négative peut se trouver parfois placé **avant** ne.
Jamais *fleuriste* ne *réalisa aussi belle composition.*

2. La négation ne comprend qu'un terme : **ne.**
Il ne *cesse de crier.*
Je n'ose y croire.
Je ne peux le dire.
Il n'est meilleur repas que celui qu'on a confectionné soi-même.
«Si je ne *me trompe, voilà notre vedette qui arrive ! »*
Ni l'âge ni la maladie n'avaient *altéré sa bonne humeur.*

3. La négation **ne** se trouve dans la proposition subordonnée.
Je crains un peu que notre épicier ne *ferme boutique.*
Circulez sans tarder, que je ne *vous dresse contravention.*
Grand-père restait chez lui, à moins qu'on ne *vînt l'inviter.*
De peur que le mur ne *s'effondre, le maçon a posé des étais.*

4. Ne pas oublier **n'** après **on** dans la phrase négative, si le verbe commence par une **voyelle** ou est précédé de **y** ou de **en**.
On n'y voit goutte et on n'entend que toi.
On n'avancera pas ainsi.

EXERCICES

468. Faites trois phrases renfermant chacune : *nul, nulle part, aucun.*

469. Faites quatre phrases renfermant chacune une des expressions suivantes.
à moins que   de peur que   de crainte que   dans la crainte que

470. Faites trois phrases à l'imitation de : *Je crains un peu que notre épicier ne ferme boutique.*

471. Imitez la phrase : *Ni l'âge ni la maladie n'avait altéré sa bonne humeur.* Le motif *ni... ni...* sera employé : 1° comme sujet ; 2° comme complément.

472. Dans certaines phrases, la négation *n'* a été omise. Rétablissez-la.
Par économie, on ouvre pour la maison entière qu'un seul radiateur. – On éprouve du regret quand on a pas tout à fait terminé son devoir. – Il fait beau, on ouvre les fenêtres toutes grandes. – La route est longue, on en voit pas le bout. – La rentrée est loin, on y pense pas. – Le jardin est bien entretenu. On insiste guère pour qu'on y joue.

Forme interrogative

• **Ma mère ne s'enquit pas davantage du savoir de la jeune villa-geoise... et la congédia avec un imperceptible sourire... «Comment la *trouves-tu*, François ?» demanda ma mère.** (A. FRANCE)

Présent de l'indicatif	Futur simple	Passé composé
Trouvé-je ?	Trouverai-je ?	Ai-je trouvé ?
Trouve-t-il ?	Trouvera-t-il ?	A-t-il trouvé ?
Trouvent-ils ?	Trouveront-ils ?	Ont-ils trouvé ?
Imparf. de l'indicatif	**Passé antérieur**	**Conditionnel passé 2ᵉ f.**
Trouvais-je ?	Eus-je trouvé ?	Eussé-je-trouvé ?

1. À la **forme interrogative**, on place le **pronom-sujet après le verbe** ou après l'**auxiliaire**, dans les **temps composés**. On lie le pronom-sujet par un **trait d'union**.

Retrouveront-ils le petit chat ?
Sais-tu vers où il s'est sauvé ?

On peut aussi faire précéder le verbe à la forme affirmative de l'expression : **Est-ce que...**

Est-ce que je dépense trop ?
Est-ce que je diminuerai mes frais de toilette ?

Pour l'oreille, on préférera : **est-ce que je cours ?** à **cours-je ?**...

2. Pour **éviter la rencontre de deux syllabes muettes,** on met un **accent aigu sur l'e muet terminal** de la première personne du singulier du présent de l'indicatif des verbes en *-er* et du conditionnel passé 2ᵉ forme de tous les verbes.

Pensé-je ?
Quant à l'opération que tu avais subie, comment l'eussé-je devinée ?

3. Pour **éviter la rencontre de deux voyelles,** on place un **t euphonique** après e ou a à la troisième personne du singulier.

Chante-t-il bien ?
Viendra-t-il demain ?
A-t-il pris son parapluie ?

4. Lorsque le sujet du verbe est un nom, on répète le pronom équivalent du nom.

Notre équipe *restera-t-elle en tête du classement ?*
Les joueurs *s'entraînent-ils suffisamment ?*
Et nous, supporteurs, *l'avons-nous assez encouragée ?*

5. L'interrogation peut être marquée par des mots interrogatifs : **pronom, adjectif, adverbe...**
    Qui *crie si fort ?*
    Quelle *est la raison de cette querelle ?*
    Où *ranger sa voiture ?*

6. L'interrogation peut s'exprimer par un verbe à la forme affirmative, par un simple mot. **L'intonation** seule marque l'interrogation.
    Tu travailles *? Je croyais qu'on pouvait aller au cinéma.*
    Un accident *? dit l'agent. Je vais allez voir. Conduisez-moi.*

EXERCICES

473. Conjuguez sous la forme interrogative : 1° au présent, à l'imparfait et au futur simple ; 2° au passé composé et au plus-que-parfait.

1° parler clairement	louer cet appartement	avertir son voisin
2° ranger son livre	blâmer le racisme	réussir son devoir

474. Mettez sous la forme interrogative aux première et troisième personnes du singulier et à la troisième personne du pluriel : 1° du présent de l'indi-catif ; 2° du futur antérieur.

garder	gagner	employer	essayer	achever	se soigner
chanter	tailler	réclamer	essuyer	imaginer	se lasser

475. Donnez aux phrases suivantes la forme interrogative.
Tu entends le klaxon de l'autocar. – J'ai fermé la voiture à clé. – Il a verrouillé la porte de la cave. – J'aperçois un ami, je cours lui parler. – Le téléphone a sonné plusieurs fois ce matin. – Les ouvriers ont rangé leurs outils. – J'appuie mes propos avec assez de fermeté. – C'est un poste de télévision ou une dispute de voisinage que j'entends. – Il aura pensé à prendre son livre. – C'était un disque ou une bande dessinée. – Je lance le poids assez loin.

476. Construisez des phrases interrogatives commençant chacune par : *quand, lequel, qui, comment, quel(le)s, que, où.*

477. Construisez des phrases interrogatives avec chacun des verbes suivants. Le sujet sera postposé.

raconter	brosser	chanter	inventer	refuser	s'amuser

478. Construisez trois phrases interrogatives avec des verbes de votre choix employés à la première personne du singulier du présent de l'indicatif.

479. Construisez deux phrases interrogatives commençant par la tournure : *Est-ce que...*

Forme interro-négative

• J'étais un assez bon élève. Pourquoi *n'osé-je pas* dire : un très bon ?

(A. GIDE)

Présent de l'indicatif	Imparfait	Passé simple
N'osé-je pas ?	N'osais-je pas ?	N'osai-je pas ?
Passé composé	**Plus-que-parfait**	**Passé antérieur**
N'ai-je pas osé ?	N'avais-je pas osé ?	N'eus-je pas osé ?

1. La **forme interro-négative** est la combinaison de la **forme interrogative** et de la **forme négative**.

Osé-je ?
Je n'ose *pas*. } *N'osé-je pas* ?

2. Les verbes ne peuvent s'écrire sous la forme interrogative ou interro-négative qu'aux modes indicatif et conditionnel.

EXERCICES

480. Conjuguez sous la forme interro-négative : 1° au présent de l'indicatif et au futur simple ; à l'imparfait et au passé simple.

ôter son blouson   rentrer la voiture   essuyer le pare-brise

481. Conjuguez sous la forme interro-négative : 1° au passé composé ; 2° au plus-que-parfait ; 3° au passé antérieur.

garder la clé   tailler les crayons   veiller sur son frère

482. Donnez successivement aux phrases suivantes la forme interrogative, puis la forme interro-négative.

Tu as rendu le livre qu'on t'avait prêté. – Ils collectionnaient les timbres-poste d'aviation. – C'est l'arbitre qui a sifflé. – Les employés reviendront après le déjeuner. – Ce sera curieux d'entendre ses explications. – Je parle suffisamment fort. – Ce chien accompagne un aveugle. – C'était un écureuil ou une feuille rousse.

483. Donnez aux phrases suivantes la forme interro-négative.

J'entends le bruit de la rue. – Vous avez fait une bonne cueillette de champignons. – Il se rappelait ses promesses. – Tu as réparé la porte de la cave. – Les enfants jouent au grand air toute la journée. – Les jardiniers ont arrosé les massifs de fleurs. – C'était toi qui chantonnais dans la cour. – Il avait suivi le chemin dans les dunes.

484. Imaginez un dialogue entre une personne et vous-même : 1° au marché ; 2° au service de renseignements dans une gare ; 3° chez le libraire ; 4° dans un magasin de votre choix. Les tournures affirmatives, négatives, interrogatives, interro-négatives seront judicieusement employées.

Exercices de révision

485. Mettez les verbes en italique au présent de l'indicatif.

Avant de partir en voyage, le bon conducteur *vérifier* l'état de sa voiture, *ne pas la surcharger*, et *boucler* sa ceinture de sécurité avant de démarrer. – Grand-père *sortir* son couteau de sa poche, l'*essuyer* contre son pantalon et *peler* la pomme avec soin. – Au-dessus des névés *croître* une herbe rare que *paître* les chamois. – La fête *battre* son plein et chacun *coudoyer* de joyeux compagnons qui *jouer* à la loterie, *s'essayer* au tir, *s'enivrer* de musique. – Après l'explosion, la foule *affluer*, *se perdre* en explications alors que les sapeurs-pompiers rapidement arrivés *explorer* l'appartement sinistré. – L'arbitre *punir* les joueurs trop violents et les *exclure* du jeu, sur-le-champ. – Ce film *plaire* beaucoup par ses images, sa musique, et je *plaindre* ceux qui ne seraient pas sensibles à sa poésie.

486. Mettez les verbes en italique au temps composé qui convient. Indiquez ce temps entre parenthèses.

Lorsqu'ils *regagner* la cuisine bien chaude, Olympe s'assit au coin de l'âtre. (D. ROLIN) – Il commençait à faire orageux. Ensuite les nuages *partir*. Le gros merle gris *se mettre* à chanter à tue-tête, il *recommencer* à zébrer l'azur de ses courses folles. (D. ROLIN) – Il *geler* blanc ; les dahlias sont fripés. (J. RENARD) – Quand Bouboule *installer* sur la banquette rembourrée, le père Tabuze poussa un long soupir. (H. TROYAT)

487. Mettez les verbes en italique au temps qui convient.

À l'idée d'une tunique, Rabiou hésita… Enfin le pauvre homme *parvenir* à la confectionner, ma tunique, mais quelle tunique… Je la *revêtir* pour la première fois un dimanche, comme il *convenir*, puisque c'*être* un vêtement neuf. Oh! quand ce jour-là je *paraître* dans la cour du collège pendant la récréation, quel accueil ! «Pain de sucre ! pain de sucre !» *s'écrier* à la fois tous mes camarades.
Ce *être* un moment difficile. Ils *voir* tous d'un coup d'œil le galbe disgracieux, le bleu trop clair, les lyres, le col béant à la nuque. Ils *se mettre* tous à me fourrer des cailloux dans le dos par l'ouverture fatale du col de ma tunique. Ils en *verser* des poignées et des poignées sans combler le gouffre.
Non, le petit tailleur-concierge de la rue des Canettes n'*considérer* pas ce que *pouvoir* tenir de cailloux dans la poche dorsale qu'il m'*établir*. Suffisamment caillouté, je *donner* des coups de poing ; on m'en *rendre* que je ne *garder* point. Après quoi, on me *laisser* tranquille. Mais le dimanche suivant, la bataille *recommencer*. Et tant que je *porter* cette funeste tunique, je *être* vexé de toutes sortes de façons et *vivre* perpétuellement avec du sable dans le cou.

(ANATOLE FRANCE : *Pierre Nozière*, Calmann-Lévy.)

Valeurs du présent du conditionnel

• Quelquefois, Marie *parlait* de la vie comme d'une chose grave et belle que l'enfant *connaîtrait* un jour. (J. Chardonne)
• Si j'*étais* Homère ou Rabelais, je *dirais* : cette cuisine est un monde dont cette cheminée est le soleil. (V. Hugo)

Le **conditionnel** était anciennement un temps du mode indicatif. Il a gardé, dans certains cas, la valeur d'un futur.
Le **conditionnel** exprime aussi des faits irréels ou possibles dont la réalisation est soumise à une condition.

1. Le **conditionnel** a valeur de **futur**.

   Le fabricant présente *les nouveautés que les commerçants* vendront.
   Le fabricant présentait *les nouveautés que les commerçants* vendraient.

   (Le présent **présente** entraîne le futur **vendront** alors que l'imparfait **présentait** entraîne le conditionnel **vendraient**.)
   Le **conditionnel** a ici la valeur d'un futur qui, s'appuyant sur un passé, est appelé **futur du passé**.

2. Le **conditionnel** est le mode de la **supposition**. Il présente l'action comme une éventualité, la conséquence possible, ou irréelle, d'une condition, d'un fait supposé.

a) Le conditionnel exprime des **faits soumis à une condition exprimée**.
   Si tu te rendais libre ce soir, nous rendrions *visite à notre oncle malade.*

b) Le conditionnel exprime des **faits soumis à une condition non exprimée**.
   Vous ne comprenez pas ce problème fort simple qu'un jeune enfant résoudrait *en quelques minutes... (s'il lui était posé, s'il était là...)*

c) Il exprime aussi **des faits supposés**.
   Je crois que cette gravure gagnerait *à être encadrée.*

d) Il exprime également **des faits désirés, souhaitables**.
   Je participerais *volontiers à une grande course transatlantique.*

e) Le conditionnel présente **des faits irréels, imaginaires, fictifs**.
   Je rêve d'un voyage. Je traverserais *le désert,* camperais *avec les nomades.*

3. Le **conditionnel** est aussi utilisé lorsqu'on exprime **le doute**, ou dans des **formulations polies**.

   Paul serait *blessé.*
   Accepteriez-*vous de nous y conduire ?*

EXERCICES

488. Dites quelles sont les valeurs du conditionnel dans les phrases suivantes.

Héloïse attendait avec impatience le moment où elle entrerait en scène. – Il me sert un verre de jus de fruits bien frais. J'en voudrais deux, tellement je suis assoiffé. – Si elle était aidée, elle abandonnerait son emploi de vendeuse et ouvrirait un magasin de mode. – Julien renoncerait à ses vacances. – Vous refusez cette soupe que beaucoup d'enfants avaleraient avec plaisir. – Souhaiteriez-vous un rafraîchissement après cette promenade ? – Je crois qu'un cachet calmerait sa douleur. – Annie imagine son avenir. Elle serait chanteuse, parcourrait le globe, aurait du succès, remplirait les salles.

489. Même exercice que 488.

Porthos espéra qu'avec du vin, du pain et du fromage, il dînerait, mais le vin manquait. (A. Dumas) – La jolie voix, et comme je pleurerais de plaisir à l'entendre. (Colette) – Ils parlaient de ce qu'ils feraient plus tard quand ils seraient sortis du collège. (G. Flaubert) – L'hippopotame accéléra sa course… Là, plongeant dans les pâturages natals, il réparerait sa blessure, il connaîtrait encore la douceur de vivre. (J.-H. Rosny Aîné) – La fillette allait grandir, chaque saison amènerait un progrès. (G. Flaubert) – Elle imaginait la journée du baptême de son futur enfant. Elle descendrait à la salle à manger. Dans le creux de sa main palpiterait la tête duvetée du nouveau-né ; on se pencherait sur lui avec admiration en disant : «Quel beau bébé.» Elle serait la reine de la journée. De nombreux amis viendraient, les bras chargés de cadeaux. (D. Rolin)

490. Mettez les verbes en italique au présent de l'indicatif et les autres au temps qui convient.

Ce projet *plaisait* beaucoup à Céline, puisqu'il était entendu que Sylvie tenterait aussi le concours. Avec l'espoir qu'elles pourraient être admises, elles *travaillaient* de toutes leurs forces, combinant cours de danse et études musicales. Céline *multipliait* les exercices de rythme, pensant que le jury s'y intéresserait. Sylvie *perfectionnait* gestes et évolutions, espérant que les épreuves s'y attarderaient. Elles *eurent* bientôt la conviction que c'étaient les exercices où elles réussiraient. Elles *attendaient* le moment où le conservatoire de danse les convoquerait.

491. Mettez les verbes en italique à l'imparfait de l'indicatif et les autres au temps qui convient.

C'*est* demain l'ouverture, et je vais être empoisonné par cette bête qui ne m'obéira pas. (R. Préjean) – Il y *a* là des pins et des sapinettes, dont les jeunes pousses entrecroisées fourniront le plus merveilleux des sommiers. (Constantin-Weyer) – Il *surveille* le fleuve et ne *cache* pas qu'il comblera de richesses l'homme qui lui apportera de mes nouvelles. (E. Peisson)

492. Construisez deux phrases où le conditionnel aura : 1° la valeur d'un futur du passé ; 2° la valeur d'un conditionnel proprement dit.

Le présent du conditionnel

couper		plier		remplir		tendre	
je	couper**ais**	je	plier**ais**	je	rempli**rais**	je	tend**rais**
tu	couper**ais**	tu	plier**ais**	tu	rempli**rais**	tu	tend**rais**
il/elle	couper**ait**	il/elle	plier**ait**	il/elle	rempli**rait**	il/elle	tend**rait**
ns	couper**ions**	ns	plier**ions**	ns	rempli**rions**	ns	tend**rions**
vs	couper**iez**	vs	plier**iez**	vs	rempli**riez**	vs	tend**riez**
ils/elles	couper**aient**	ils/elles	plier**aient**	ils/elles	rempli**raient**	ils/elles	tend**raient**

RÈGLES

1. Au présent du conditionnel, tous les verbes prennent les mêmes terminaisons : *-ais, -ais, -ait, -ions, -iez, -aient,* toujours précédées de la
lettre **r**.

2. Au présent du conditionnel comme au futur simple, les verbes du 1ᵉʳ et
du 2ᵉ groupes conservent généralement l'infinitif en entier.
*je resister*ais – *tu remuer*as – *ils bâtir*aient

Remarque

Pour bien écrire un verbe au présent du conditionnel, il faut penser à l'infinitif,
puis à la personne.

agréer	crier	secouer	enfouir	décrire	combattre
balbutier	falsifier	se ruer	réussir	relire	omettre
continuer	freiner	se vouer	saisir	fendre	paraître
créer	prier	traîner	sentir	rendre	résoudre

EXERCICES

493. Conjuguez au présent du conditionnel.
trier le courrier   secouer le tapis   exclure le tricheur
assortir les couleurs   en découdre   évaluer une dépense

**494. Même exercice que le précédent en écrivant les verbes : 1° sous la forme
interrogative ; 2° sous la forme interro-négative.**

**495. Mettez la terminaison du présent du conditionnel et du futur simple.
Écrivez l'infinitif entre parenthèses.**
je sci…   ns bâti…   il s'écri…   ns guett…   je faibli…
je noirci…   ns châti…   il écri…   ns mett…   j'oubli…
tu romp…   vs grond…   ils coud…   il se hât…   tu mani…

496. Conjuguez à l'imparfait et au présent du conditionnel.
saisir   rire   traduire   atteindre   accomplir   multiplier

Futur ou conditionnel ?

Le chevreuil me regardait, la tête couchée sur l'herbe, je
n'*oublierai* jamais ce regard. (COLETTE)
Quand je bêche mon jardin, je ne *donnerais* pas ma place pour
un empire. (E. MOSELLY)

Remarques

. La 1re personne du singulier du futur simple et celle du conditionnel ont
presque la même prononciation. Pour éviter la confusion, il faut se rapporter au **sens** de l'action, l'on peut aussi penser à la personne correspondante du pluriel.

*J'emporterai (nous emporterons) quelques provisions pour la route. S'il le
fallait, je m'arrêterais (nous nous arrêterions) dans quelque auberge.*

(*Emporterai* marque la postériorité d'un fait et *arrêterais* un fait conditionnel.)

. Avec la conjonction de condition *si*, le **présent** appelle le **futur**, l'**imparfait** appelle le **présent du conditionnel**.

Je te rosserai (nous te rosserons), *si tu parles.* (MOLIÈRE)

Si *j'avais à recommencer ma route, je prendrais* (nous prendrions) *celle
qui m'a conduit où je suis.* (A. THIERRY)

EXERCICES

497. **Mettez les verbes en italique au temps convenable, puis écrivez-les, entre
parenthèses, au pluriel.**

Je suis pauvre, tu le sais, mais je *être* riche que je ne te *donner* pas les moyens de
vivre sans rien faire. (A. FRANCE) – Comme je *vouloir* maintenant, quand ça me
chante, retrouver Maman et m'ennuyer un peu auprès d'elle. (A. COHEN) – Je
l'aime et le vénère, ce vieux mur. Je ne *souffrir* pas qu'on m'y fît le moindre
changement et si on me le démolissait, je *sentir* comme l'effondrement d'un
point d'appui. (P. LOTI) – Mon dîner fait, j'*aller* visiter la maison. (V. HUGO)

498. **Mettez les verbes en italique au temps qui convient.**

En voyant l'état de mon jardin, je constatais que je ne *parvenir* jamais à être un
jardinier confirmé. – Sa beauté triomphait de tout, et de quoi ne *triompher* pas,
en effet, l'incomparable beauté de l'enfance ? (G. SAND) – Je ne me *couvrir*, si
vous ne vous couvrez. (MOLIÈRE) – Ces maisons nous *dire* des choses à pleurer et à
rire, si les pierres parlaient. (A. FRANCE) – M. Burns a raison ; je ne *perdre* pas mon
temps si je l'écoute. (MAC ORLAN) – J'ignorais tout de cette contrée et j'étais sûr
qu'en la voyant je la *reconnaître*. (A. FRANCE) – Le reste, tu t'en arrangeras.
Tu *finir* bien par prouver que tu n'y es pour rien. (B. CLAVEL)

Présent du conditionnel

Particularités de quelques verbes

rappeler	jeter	acheter	marteler
je rappellerais	je jetterais	j' achèterais	je martèlerais
ns rappellerions	ns jetterions	ns achèterions	ns martèlerions
employer	**courir**	**mourir**	**acquérir**
j' emploierais	je courrais	je mourrais	j' acquerrais
ns emploierions	ns courrions	ns mourrions	ns acquerrions

Quelques verbes irréguliers

aller	asseoir		faire
j' irais	j' assiérais	j' assoirais	je ferais
ns irions	ns assiérions	ns assoirions	ns ferions
cueillir	**recevoir**	**devoir**	**mouvoir**
je cueillerais	je recevrais	je devrais	je mouvrais
ns cueillerions	ns recevrions	ns devrions	ns mouvrions
envoyer	**voir**	**pouvoir**	**savoir**
j' enverrais	je verrais	je pourrais	je saurais
ns enverrions	ns verrions	ns pourrions	ns saurions
tenir	**venir**	**valoir**	**vouloir**
je tiendrais	je viendrais	je vaudrais	je voudrais
ns tiendrions	ns viendrions	ns vaudrions	ns voudrions

Remarque

Les **particularités** et les **irrégularités** constatées au **futur** simple **se retrouvent,** compte tenu des terminaisons, au **présent du conditionnel.** (Voir leçons n° 29 et n° 30, p. 156 et p. 158)

EXERCICES

499. Conjuguez au présent du conditionnel.

essuyer son front	accourir au signal	envoyer des fleurs
traduire un texte	mourir de peur	tutoyer ses amis
niveler le sol	cacheter la lettre	accueillir son frère
peler le fruit	fureter partout	aller à la fontaine
tenir sa parole	revenir du collège	entrevoir la vérité
vouloir réussir	recevoir un colis	prévoir le temps

500. Mettez les terminaisons du présent du conditionnel.

tu boi…	il balai…	ns parcou…	j'acquer…	je dédui…
tu broi…	il distrai…	ns discou…	je conquer…	ils plai…
tu croi…	ils trai…	vs accou…	tu appel…	ils secou…
j'appui…	ils essai…	vs concou…	tu projet…	il recueil…

501. Écrivez à la première personne du singulier et à la première personne du pluriel de l'imparfait de l'indicatif et du présent du conditionnel.

parcourir	secourir	sourire	acquérir	requérir	mourir
discourir	secouer	courir	conquérir	accourir	nourrir
nettoyer	saisir	fournir	convaincre	charrier	colorier

502. Mettez les verbes en italique au présent du conditionnel.

Après ma maladie, je *devoir* prendre des précautions ; j'*éviter* ainsi toute rechute. – Et puis, il y avait les cadeaux qu'on *déficeler* précipitamment, les amis qu'on *régaler*. – Un jour, peut-être, elle *être* médecin et *pouvoir* ainsi soulager la souffrance de ceux qui l'*appeler*. – Les filles, s'écria-t-il, si elles pensaient à nous, nous *aider* à préparer la fête. – Elles *choisir* les disques, *décorer* les tables tandis que nous *installer* la sonorisation. – Tu ne *travailler* pas ici ? Moi, je m'y plais bien. – C'est le plus beau lotissement que j'ai visité. On s'y *installer* volontiers et y *construire* un pavillon confortable. – Il *sembler* que quelqu'un a appelé. Marie *être*-elle malade ? – Pourquoi n'*aller*-nous pas ensemble à Paris ? Vous *visiter* le Louvre pendant que je *consulter* un spécialiste.

503. Mettez les verbes en italique à l'imparfait de l'indicatif ou au présent du conditionnel.

Ainsi que Friquette, Champeau *courir* dans les chaumes et les betteraves, le nez au ras du sol. (Mac Orlan) – Louis et le cerceau avaient couru l'un derrière l'autre, un peu comme un enfant *courir* derrière un chien. (J. Romains) – La ville *mourir* de faim sans la campagne. La campagne *devenir* sauvage sans la ville. (E. Perié) – J'ai chaud et je claque des dents. Si je *mourir* là, par aventure, qui le *savoir* ? Personne. (L.-F. Rouquette)

504. Mettez les verbes en italique au temps qui convient.

Rabiou n'avait pas prévu que je *devenir* un poète très distingué. (A. France) – Vous ne *savoir* imaginer combien c'est difficile à sept ans d'interroger sa conscience. (A. France) – Si je mêlais ces petites feuilles vertes et frisées à ton chènevis, tu *mourir* et je *être* vengé. Mais je veux me venger autrement. Je *se venger* en te laissant la vie. (A. France) – Tous les enfants sont plus grands qu'elle. Pour les embrasser, elle se soulève sur la pointe des pieds. C'est dans cette attitude d'adoration que je l'*apercevoir* toujours. (G. Duhamel) – D'ailleurs, j'aime tellement mon bateau que je crois que je ne *se soucier* guère d'être sauvé s'il devait couler. (A. Gerbault) – «Tu ne t'ennuies pas, Wilfrida ? – Pourquoi *s'ennuyer*-je ? » disait-elle. (Van der Meersch)

Les temps composés du mode conditionnel

- **Aoûn *frappa* avec colère comme il *aurait frappé* un ennemi.**
  (J.-H. Rᴏsɴʏ Aîɴé)
- **Je *récitai* donc comme j'*eusse récité* chez nous.**
  (A. Gɪᴅᴇ)

Conditionnel passé 1ʳᵉ forme

réciter		tomber	
j'	aurais récité	je	serais tombé(e)
tu	aurais récité	tu	serais tombé(e)
il/elle	aurait récité	il/elle	serait tombé(e)
ns	aurions récité	ns	serions tombé(e)s
vs	auriez récité	vs	seriez tombé(e)s
ils/elles	auraient récité	ils/elles	seraient tombé(e)s

avoir		être	
j'	aurais eu	j'	aurais été

Conditionnel passé 2ᵉ forme

réciter		tomber	
j'	eusse récité	je	fusse tombé(e)
tu	eusses récité	tu	fusses tombé(e)
il/elle	eût récité	il/elle	fût tombé(e)
ns	eussions récité	ns	fussions tombé(e)s
vs	eussiez récité	vs	fussiez tombé(e)s
ils/elles	eussent récité	ils/elles	fussent tombé(e)s

avoir		être	
j'	eusse eu	j'	eusse été

RÈGLES

Le **condionnel passé 1ʳᵉ forme** est formé du **présent du conditionnel de l'auxiliaire avoir** ou **être** et du **participe passé du verbe** conjugué.
J'aurais travaillé.
Je serais venu.

Le **conditionnel passé 2ᵉ forme** est en «**eusse**» avec l'auxiliaire **avoir,** en «**fusse**» avec l'auxiliaire **être.**
J'eusse travaillé.
Je fusse venu.

Remarques

1. Le conditionnel passé 1ʳᵉ forme est d'un usage plus courant que le passé 2ᵉ forme, plus littéraire. Ils ont la même valeur.

2. Notons que le passé 2ᵉ forme a la même conjugaison que le plus-que-parfait du subjonctif. (Cf. 50ᵉ leçon, p. 191.)

EXERCICES

505. Conjuguez à la 1ʳᵉ et à la 2ᵉ forme du conditionnel passé.

flamber une crêpe	offrir un livre	apprendre un métier
se couper les ongles	rester en arrière	parvenir à ses fins
saisir l'occasion	moudre du café	cueillir des dahlias
prendre un bain	s'évanouir	arriver en retard

506. Mettez les verbes en italique au conditionnel passé 1ʳᵉ forme.

C'est avec plaisir que je vous *héberger*, mais l'hôtel est complet. – Si les pièces avaient été livrées plus rapidement, j'*terminer* la réparation. – Elle avait quatorze ans. Mais elle était si petite, si frêle, qu'on lui en *ne pas donner* dix. – Le bruit court qu'on *agresser* le gardien du musée et qu'on *s'emparer* de plusieurs tableaux. – Vous savez que j'avais envisagé ce métier. Moi aussi, j'*vouloir* être psychologue. J'*prendre* en charge des enfants qui *se confier* à moi. Je les *aider*, je les *accompagner* et *soutenir* dans leurs efforts et leurs progrès. – Pour rien au monde, elle ne *se séparer* de cette montre. – Si tu avais été libre, nous *aller* au cinéma.

507. Mettez les verbes en italique au conditionnel passé 2ᵉ forme.

J'étais tout emporté d'une colère que j'*vouloir* lui exprimer. – Nous avancions lentement et prudemment comme si nous *craindre* quelque glissade fatale. – Ils parlaient du disparu, de ses aventures, de sa vie qui *s'écouler* tranquillement, comme la leur, s'il *n'abuser* de la boisson. – Il referma la porte précipitamment comme s'il *voir* le diable dans la cuisine. – Qui m'*voir* à cette époque *se faire* une idée assez juste de la misère. – Un passant qui l'*apercevoir* en cet instant *imaginer* sans doute qu'il s'était battu alors qu'il avait glissé sur la chaussée. – S'il *écouter* attentivement, il *entendre* le glissement du sanglier dans le fourré.

508. Mettez les verbes en italique au conditionnel passé 1ʳᵉ forme (1), 2ᵉ forme (2).

Une poule parfois s'enfuyait en gloussant. J'(*aimer*, 1) la poursuivre. J'avais un jour essayé d'en prendre une à la course et j'y (*parvenir*, 2) peut-être sans l'apparition de ma mère. (H. DE RÉGNIER) – Qui m'(*voir*, 2) seul dans ma chambre, un gros livre d'analyse auprès de moi, n'(*croire*, 1) jamais que c'était là un jeune homme d'à peine vingt-deux ans. (P. BOURGET) – Il peut sembler étrange qu'une personne haute comme une bouteille, et qui (*disparaître*, 1) dans la poche de ma redingote s'il n'(*être*, 2) pas irrévérencieux de l'y mettre, donnât précisément l'idée de la grandeur. (A. FRANCE) – Si c'(*être*, 2) l'œil droit, dit-il, je l'(*guérir*, 1), mais les plaies de l'œil gauche sont incurables. (VOLTAIRE)

509. Mettez les verbes en italique au temps qui convient : passé antérieur ou conditionnel passé 2ᵉ forme. Analysez-les.

Son nez pointu était si grêle dans le bout que vous l'*comparer* à une vrille. (BALZAC) – Quand nous *déjeuner* tous deux à l'auberge, nous trouvâmes que la matinée d'hiver avait fait place à une belle journée de mai. (P. LOTI) – Quand nous *parvenir* tout en haut, nous nous trouvâmes réunis. (P. VIALAR) – Sa lourde mâchoire tremblait et se crispait comme s'il *articuler* des mots qu'on n'entendait pas. (R. BAZIN)

510. Construisez trois phrases : 1° avec un verbe au passé antérieur ; 2° avec un verbe au conditionnel passé 2ᵉ forme.

Eut ou *eût* ? – *Fut* ou *fût* ?

• Quand elle *eut tiré* les provisions du panier, Stéphanette se mit à regarder curieusement autour d'elle. (A. Daudet)
• Leurs fronts radieux se touchaient : on *eût dit* trois têtes dans une auréole. (V. Hugo)
• Mon interlocuteur hochait la tête comme s'il *eût compris.*

Remarque

Ne confondons pas : la troisième personne du singulier du passé antérieur (et du passé simple des verbes passifs) – qui ne prend pas d'accent sur l'auxiliaire – et la troisième personne du passé 2ᵉ forme du conditionnel – qui prend un accent circonflexe.
Pour cela, il faut se rapporter au sens de l'action, et penser à la personne correspondante du pluriel.

elle eut tiré / elles eurent *tiré* ⟶ Passé antérieur : pas d'accent.

il eût compris / ils eussent *compris* ⟶ Conditionnel passé 2ᵉ forme : accent circonflexe sur le u.

On peut aussi remplacer le passé 2ᵉ forme par le passé 1ʳᵉ forme et, dans certains cas, par le plus-que-parfait de l'indicatif.

on eût dit ⟶ *on aurait dit*
s'il eût compris ⟶ *s'il avait compris*

EXERCICES

511. Remplacez les points par *eut* ou *eût, fut* ou *fût,* puis mettez chaque phrase au pluriel.

Quand il … fini son travail, il … autorisé à lire. – Il … félicité le donateur, s'il se … fait connaître. – S'il … osé, il … chanté. – S'il était parti plus tôt, il… arrivé à temps.

512. Remplacez les points par *eut* ou *eût, fut* ou *fût.* Analysez les verbes ainsi formés.

Saïd faisait toujours celui qui comprenait, mais il … préféré comprendre. (J. Peyré) – J'aurais chéri Navarin, je l'aurais comblé de respect et d'égards, s'il l'… permis. (A. France) – Quand il … fini, de petits mouvements saccadés agitèrent ses épaules. (P. Loti) – Il … donné n'importe quoi pour une lumière, pour une présence. (C. Gonnet) – Notre tente, maintenue par des pierres énormes, … secouée comme une voile. (G. de Maupassant) – S'il … écouté son impatience, Frédéric … parti à l'instant même. (G. Flaubert) – Un malade brusquement guéri de son mal n'… pas plus profondément soupiré de plaisir. (L. Delarue-Mardrus)

L'impératif

• *Profite* de ta liberté, *cours, trotte, remue-toi.* Tu peux rôder à ta guise, seulement *prends* bien garde aux vipères. (E. Moselly)
• *Aie* le respect de toi-même et de ton travail. *Sois* fier d'être un ouvrier. (J. Jaurès)

profiter	étudier	cueillir	savoir	se remuer
profite	étudie	cueille	sache	remue-toi
profitons	étudions	cueillons	sachons	remuons-nous
profitez	étudiez	cueillez	sachez	remuez-vous
finir	**courir**	**venir**	**répondre**	**se rendre**
finis	cours	viens	réponds	rends-toi
finissons	courons	venons	répondons	rendons-nous
finissez	courez	venez	répondez	rendez-vous

avoir	être
aie, ayons, ayez	sois, soyons, soyez
Impératif passé	*Impératif passé*
aie profité, ayons profité, ayez profité	sois venu, soyons venus, soyez venus

RÈGLE

L'impératif sert à exprimer un ordre, une prière, un conseil, un souhait. L'impératif a deux temps : le présent et le passé.

Il ne se conjugue qu'à trois personnes, sans sujets exprimés : la deuxième personne du singulier et les première et deuxième personnes du pluriel.

Le **singulier** du présent de l'impératif est en **e** ou en **s**.

1. Il est en **e** pour les verbes du **1ᵉʳ groupe** et pour les autres verbes dont la terminaison est **muette** à l'impératif singulier (verbes de la catégorie de **cueillir** et **savoir**).
continue – répète – méfie-toi – appuie – répare (1ᵉʳ groupe)
cueille – ouvre – offre – couvre – sache (terminaison muette)

2. Il est en **s** pour les autres verbes du 2ᵉ ou 3ᵉ groupe.
finis – sévis – blottis-toi – élargis – rafraîchis (2ᵉ groupe)
bois – conclus – écris – lis – fais – crains – mets (3ᵉ groupe)

Exceptions : aie (verbe avoir) ; **va** (verbe aller).

Le **passé de l'impératif** est formé de l'**impératif de l'auxiliaire avoir** ou **être** et du **participe passé** du verbe conjugué.
aie mangé – ayons rangé – ayez éteint – sois parti – soyez rentrés

Remarque

Par **euphonie,** on écrit : *coupes-en ; vas-y ; retournes-y ;* etc.

EXERCICES

513. Conjuguez au présent de l'impératif.

copier le résumé   se confier à un ami   avoir du courage
servir le thé   ouvrir la fenêtre   être bon et juste

514. Mettez les verbes à la personne du singulier du présent de l'impératif. Dans chaque expression, l'un des verbes sera sous la forme négative.

(s'approcher), (avoir) peur   (manger) vite, (prendre) son temps
(se laisser) abattre, (réagir)   (écouter) calmement, (se fâcher)
(dire) la vérité, (mentir)   (courir) dans l'escalier, (marcher)
(crier), (parler) posément   (tergiverser), (aller) droit au but
(être) franc, (dissumuler)   (boire) glacé, (attendre) un instant

515. Construisez trois phrases sur les modèles précédents.

516. Mettez les verbes en italique au présent de l'impératif.

Ne pas te *faire* du souci pour tes affaires, nous les ramènerons, et *aller* te faire soigner. – *Retourner* au restaurant et *voir* si tu n'y avais pas laissé ta montre. – Chers amis, *se hâter*, *devancer* nos invités et *préparer* des rafraîchissements. – Enfants, *grimper* au grenier, *prendre* des paniers et *se précipiter* au jardin pour ramasser quelques pommes. – *Marcher* jusqu'au petit pont, *quitter* la route, *descendre* le talus, tu trouveras un chemin pour une promenade idéale. – *Changer* de pinceau, *nuancer* le bleu du ciel, *atténuer* le vert des arbres et tu découvriras un autre tableau. – Avant de partir pour un aussi long voyage, *vérifier* la pression des pneus, *compléter* les niveaux, *contrôler* le freinage et l'éclairage. – *Avoir* confiance, *se détendre*, *respirer* fort et *se laisser tomber* sur le sable. Le rocher n'est pas haut.

517. Même exercice que 516.

Les deux figurines du seigneur et de l'écuyer m'inspirent et me conseillent. Je crois les entendre. Don Quichotte me dit : «*Penser* fortement de grandes choses, et *savoir* que la pensée est la seule réalité du monde. *Hausser* la nature à ta taille et que l'univers entier ne soit pour toi que le reflet de ton âme héroïque. *Combattre* pour l'honneur et s'il t'arrive de recevoir des blessures, *répandre* ton sang comme une rosée bienfaisante et *sourire*.» Sancho Pança me dit à son tour : «*Rester* ce que le Ciel t'a fait, mon compère. *Préférer* la croûte de pain qui sèche dans ta besace aux ortolans qui rôtissent dans la cuisine du seigneur. *Obéir* à ton maître sage ou fou. *Craindre* les coups, c'est tenter Dieu que chercher le péril.» Nous avons tous, dans notre for intérieur, un Don Quichotte et un Sancho que nous écoutons... (A. France)

518. À l'aide d'une phrase renfermant quatre ou cinq verbes, faites s'exprimer, au mode impératif : un médecin s'adressant à son malade, un jardinier conseillant un ami, un chorégraphe dirigeant une danseuse.

résent de l'impératif ou présent de l'indicatif interrogatif ?

Mon enfant, m'a-t-il dit, il ne faut pas jeter le pain. Tu en manque-
as peut-être un jour et tu verras ce qu'il vaut.
Rappelle-toi ce que je te dis là !   (J. Vallès)
Et puis nous nous amuserons, tu verras ! Comment *t'appelles-tu* ?
                                                                  (E. Pérochon)

> Dans les verbes en **e,** il ne faut pas confondre le **présent de l'impératif,**
> qui n'a pas de sujet exprimé, avec le **présent de l'indicatif interrogatif**
> qui a un sujet.
>
> *Rappelle-toi !* (Dans cet exemple, **toi** est un **pronom complément.)**

EXERCICES

19. Écrivez au singulier du présent de l'impératif et à la deuxième personne du singulier du présent de l'indicatif interrogatif : 1° **sous la forme affirmative ;** 2° **sous la forme négative.**

tourner	attacher	traîner	lancer	arrêter	amuser
se sauver	s'attacher	se courber	se lancer	s'arrêter	s'amuser

20. **Mettez la terminaison convenable du présent de l'impératif ou du présent de l'indicatif interrogatif. Mettez la ponctuation qui convient.**

    Calm…-toi, ce n'est rien, le docteur l'a assuré – Allons, te calm…-tu à présent – Ne te lanc… pas dans cette affaire – Ne lanc…-tu pas la balle – Lanc…-toi et attrap… la corde – Coup…-toi une tartine – Coup… ce fil – Pourquoi coup…-tu ce chardon – Te coup…-tu un morceau de fromage – Va… à la fontaine, press…-toi – Y va…-tu

21. **Mettez les verbes en italique à la personne du singulier du présent de l'impératif ou du présent de l'indicatif.**

    Appliquer-toi à bien faire plus encore qu'à faire vite. (J. Jaurès) – *Garder*-toi, tant que tu vivras, de juger des gens sur la mine. (La Fontaine) – Comment la *trouver*-tu, François ? demanda mon père. (A. France) – *Reculer*-toi, lui dit M. Lepic, tu es trop près. (J. Renard) – *Attendre.* Ne m'*emporter*-tu rien ? (Molière) – Papillon du soir, voltige à la brune, *se poser* sur les grands murs que la lune éclaire, *se défier* des lampes que les hommes allument. (C. Delon) – *Se retirer* d'ici. (Corneille) – Je voudrais dire comme Faust, à la minute qui passe : «Tu es si belle ! *s'arrêter.*» (A. Gide)

22. **Construisez : 1° trois phrases avec un verbe au présent de l'impératif ; 2° trois phrases avec un verbe au présent de l'indicatif interrogatif.**

Exercices de révision

523. Mettez les verbes en italique au temps qui convient. Indiquez ce temps entre parenthèses.

Je regrette les voyages ; je *vouloir* encore pouvoir parcourir le monde. – Si son père en était averti, il *payer* cher le plaisir de cette escapade. – Je te rejoins ; j' *trouver* une explication pour ma famille. – Si j'étais musicien, je *composer* pour les enfants. Je ne sais si j'*avoir* assez de talent, mais cette entreprise ne me *faire* pas peur. – Vous *pouvoir* essuyer vos pieds avant d'entrer. – Yves était inquiet espérait que le professeur ne l'*interroger* pas, ne l'*envoyer* pas au tableau. – Vou *savoir* me dire où trouver une pharmacie ouverte à cette heure-ci ? – Il avait le larmes aux yeux... Ah ! il *s'en souvenir* de son dernier match. – J'*ignorer* tou jours, je le sais bien, le plaisir d'être actrice. – Si le mareyeur nous livre de huîtres, nous vous en *garder* deux douzaines. – Si le libraire détenait cette édi tion rare, il vous la *réserver.*

524. Mettez les verbes entre parenthèses au conditionnel passé.

Si François Villon avait été marin, il nous *(donner, 1ʳᵉ f.)* les plus beaux poème de la mer. (A. GERBAULT) – Le loup, comme s'il *(avoir, 2ᵉ f.)* les cinq cents diable à ses trousses, part, traînant le tonneau. (F. MISTRAL) – Florent piquait une note su le clavier. Si les notes de Florent avaient pu *vivre*, elles *(germer, 1ʳᵉ f.)* dans l chambre en forêt épineuse. (D. ROLIN) – S'il n'*(craindre, 2ᵉ f.)* de paraître peti garçon, il *(imiter, 1ʳᵉ f.)* Alexandre en jetant sa propre cigarette. (R. PEYREFITTE) - Sous l'avion menacé *(naître, 1ʳᵉ f.)* le rivage des plaines. La terre tranquill *(porter, 1ʳᵉ f.)* ses fermes endormies et ses troupeaux et ses collines. Toutes le épaves qui roulaient dans l'ombre *(devenir, 1ʳᵉ f.)* inoffensives. (SAINT-EXUPÉRY) – Marie n'avait pas précisément son franc-parler, maman ne l'*(tolérer, 2ᵉ f.)* point elle s'en tenait aux boutades. (A. GIDE) – Averti, j'*(couper, 1ʳᵉ f.)* court au danger (P. BOURGET) – Quand il *(terminer, 1ʳᵉ f.)* la construction de sa demeure, il plante rait un chêne solide. (E. RHODES)

525. Mettez les verbes en italique au temps qui convient.

Conseils : *marcher* deux heures tous les jours, *dormir* sept heures toutes le nuits. *Se coucher* dès que tu auras envie de dormir ; *se lever* dès que tu *s'éveiller travailler* dès que tu es levé. Ne *manger* qu'à ta faim, ne *boire* qu'à ta soif, e toujours lentement. Ne *parler* que lorsqu'il le faut ; n'*écrire* que ce que tu peux signer, ne *faire* que ce que tu peux dire. N'*estimer* l'argent ni plus ni moins qu'i ne vaut : c'est un bon serviteur et un mauvais maître. *Pardonner* d'avance à tou le monde, pour plus de sûreté. Ne *mépriser* pas les hommes, ne les *haïr* pa davantage, et ne *rire* pas d'eux outre mesure, *plaindre*-les. Quand tu souffriras beaucoup, *regarder* ta douleur en face.

(ALEXANDRE DUMAS FILS : *Entractes*, Calmann-Lévy.

Présent du subjonctif

Il faut *que nous coupions* le pain.
Je ne veux point qu'on me plaise, répondit le voyageur, je veux
qu'on *m'instruise.*   (VOLTAIRE)

couper		plier		remplir		tendre	
que je	coupe	que je	plie	que je	remplisse	que je	tende
ue tu	coupes	que tu	plies	que tu	remplisses	que tu	tendes
u' il/elle	coupe	qu' il/elle	plie	qu' il/elle	remplisse	qu' il/elle	tende
ue ns	coupions	que ns	pliions	que ns	remplissions	que ns	tendions
ue vs	coupiez	que vs	pliiez	que vs	remplissiez	que vs	tendiez
u' ils/elles	coupent	qu' ils/elles	plient	qu' ils/elles	remplissent	qu' ils/elles	tendent

courir		cueillir		s'asseoir		voir	
ue je	coure	que je	cueille	que je	m'asseye	que je	voie
ue ns	courions	que ns	cueillions	que ns ns	asseyions	que ns	voyions

avoir				être			
ue j'	aie	que ns	ayons	que je	sois	que ns	soyons
ue tu	aies	que vs	ayez	que tu	sois	que vs	soyez
u' il/elle	ait	qu' ils/elles	aient	qu' il/elle	soit	qu' ils/elles	soient

RÈGLES

Le **subjonctif** exprime généralement un **désir,** un **souhait,** un **ordre,**
un **doute,** un **regret,** un **conseil,** une **supposition…**

Les personnes du subjonctif sont précédées de la conjonction de
subordination **que.**

Au présent du subjonctif, **tous les verbes prennent les même terminaisons : *-e, -es, -e, -ions, -iez, -ent.***

que je mange – que je finisse – que je joigne – que je prévoie

Exceptions : avoir et **être.**

Le **subjonctif** dépend généralement d'un verbe principal, aussi
s'emploie-t-il dans la proposition subordonnée.

Lorsque le verbe de la subordonnée est au présent du subjonctif, le
verbe de la principale est au présent de l'indicatif, au futur ou au présent de l'impératif.

proposition principale :	proposition subordonnée :
Il faut, il faudra	**que nous payions le repas.**
prés. futur	*présent du subjonctif*
de l'ind.	
Venez	**que nous rangions les livres.**
présent de l'impératif	*présent du subjonctif*

Remarques

1. Le **subjonctif** s'emploie avec ou sans *que :*
– **dans la proposition indépendante.**
Vienne l'hiver !
Vive la France !
Vivent les vacances !
Que le pain coupé remplisse les corbeilles !   (A. Samain)
Adieu, dis-je, à la fleur et à l'abeille. Adieu. Puissé-je vivre encore le
temps de deviner le secret de vos harmonies !   (A. France)
– **dans la proposition principale.**
Tombe sur moi le ciel pourvu que je me venge !   (Corneille)
Que béni soit le ciel qui te rend à mes voeux !   (Racine)

2. Certaines **locutions conjonctives** sont toujours **suivies du subjonctif**
à condition que, avant que, afin que, bien que, de manière que, de peur
que, en attendant que, pour peu que, pourvu que, quoique, quoi que,
quel que, soit que...

Attention

Écrivons *ayons, ayez* et *soyons, soyez,* sans **i** ; et *sois,* sans **e**.

EXERCICES

526. Conjuguez au présent du subjonctif.
écrire à ses amis – se souvenir de leur adresse – poster la lettre – être attentif –
savoir observer – avoir confiance en ses capacités

527. Écrivez à la deuxième personne du singulier et aux premières et troisième
personnes du pluriel du présent du subjonctif les verbes suivants.

peindre	bâtir	faire	boire	vouloir	conquérir
peigner	battre	résoudre	croire	croître	mouvoir

528. Mettez les verbes en italique au présent du subjonctif.
Mon enfant, dit-elle, conduis-moi sur la terrasse que je *voir* encore mon pays.
(Balzac) – Oui, je suis sûr de moi et sûr de ton bonheur que je ferai, que tu le
vouloir ou non. (J. Anouilh) – En attendant que l'hiver *fuir,* je reste au coin du feu.
(T. Gautier) – La mère nourrira les petits par les barreaux, jusqu'à ce qu'ils
n'*avoir* plus besoin d'elle. (J. Renard) – Il faut que je te *dire* aussi que la grande
habitante de notre maison, c'était l'ombre. (J. Giono) – C'est vous-même qui
venez de me dicter ces paroles et je regrette qu'elles vous *avoir* offensées. (G.
Bernanos) – Vous veillerez sur elle, qu'elle ne *courir* pas trop. (E. Pérochon)

529. Construisez trois phrases dans lesquelles le verbe de la principale sera :
1° au présent de l'indicatif ; 2° au futur ; 3° au présent de l'impératif ; et le
verbe de la subordonnée au présent du subjonctif.

Présent de l'indicatif ou du subjonctif ?

Qu'une abeille *coure* un danger, la ruche *accourt,* l'essaim *hausse* son bourdonnement.

(COLETTE)

Pour ne pas confondre le **présent de l'indicatif** avec le **présent du subjonctif**, il faut se rapporter au **sens** de l'action ; on peut aussi **penser** à la **première personne** du pluriel ou **remplacer** le verbe employé par un autre verbe comme **finir, sentir, prendre, venir, aller...** dont les formes au présent de l'indicatif et du subjonctif sont différentes à l'oreille.

Je ne crois *pas*	*qu'il* voie *clairement le danger qu'il court.*
nous ne croyons *pas*	*que nous* voyions
nous ne pensons *pas*	*que nous* apercevions, saisissions
je ne prétends *pas*	*qu'il* présente, conçoive

indicatif présent : je crois   subjonctif présent : il voie

Attention

Aux deux premières personnes du pluriel du subjonctif présent, n'oublions pas l'i de la terminaison des verbes en *-yer, -ier, -iller* et *-gner.*

Subjonctif : *nous payions, nous triions, nous brillions, nous saignions.*

Indicatif : *nous payons, nous trions, nous brillons, nous saignons.*

EXERCICES

530. Écrivez aux première et troisième personnes du singulier et à la première personne du pluriel du présent de l'indicatif et du présent du subjonctif les verbes suivants.

fuir	bâtir	sourire	confire	croître	peindre
se noyer	avoir	sautiller	confier	croire	peigner

531. Mettez les verbes en italique au temps convenable (présent du subjonctif ou présent de l'indicatif), indiquez le nom du temps.

Je ne peux pas dire que je me *sentir* allégé ni content ; au contraire, ça m'écrase. (J.-P. SARTRE) – Ma mère me disait : «Quel malheur que tu n'*avoir* pas les bras, car tu *avoir* le cœur de ton père.» (LAMARTINE) – Ma petite enfant, je t'assure que j'*avoir* encore de l'espoir. (R. BAZIN) – Je vais vous dire ce que je *voir* quand je traverse le Luxembourg. (A. FRANCE) – Il n'est pas tolérable qu'un homme *mourir* de faim à côté du superflu des autres hommes. (L. BOURGEOIS)

Imparfait du subjonctif

• Il fallait *que je coupasse* le pain.
• La matinée lui *parut* longue et son travail irritant bien qu'il l'*aimât*.

(G. Duhamel)

couper	finir	lire	tenir

Rappel : *Passé simple*

il coupa	il finit	il lut	il tint

Imparfait du subjonctif

q. je	coupasse	q. je	finisse	q.je	lusse	q.je	tinsse
q. tu	coupasses	q. tu	finisses	q.tu	lusses	q.tu	tinsses
q. il/elle	coupât	q. il/elle	finît	q.il/elle	lût	q. il/elle	tînt
q. ns	coupassions	q. ns	finissions	q.ns	lussions	q.ns	tinssions
q. vs	coupassiez	q. vs	finissiez	q.vs	lussiez	q. vs	tinssiez
q. ils/elles	coupassent	q. ils/elles	finissent	q.ils/elles	lussent	q. ils/elles	tinssent

Rappel :
Passé simple du verbe avoir : *j'*eus.
Imparfait du subjonctif du verbe avoir : *que j'*eusse.
Passé simple du verbe être : *je* fus.
Imparfait du subjonctif du verbe être : *que je* fusse.

RÈGLES

L'imparfait du subjonctif se forme à l'image du passé simple. Pour que le verbe de la proposition subordonnée soit à l'imparfait du subjonctif, il faut que le verbe de la principale soit à l'imparfait, à un passé ou au conditionnel[1].
La nuit tombée, on craignait *qu'il ne* s'égarât *dans le bois.*
Le professeur exigea *de lui qu'il* finît *son travail avant de sortir.*
Il aurait fallu *que tu* courusses *vite pour leur échapper.*

EXERCICES

532. Conjuguez au passé simple et à l'imparfait du subjonctif.

essayer un veston	atteindre le but	maintenir son effort
vernir un meuble	recevoir un avis	parcourir le journal
se lever tôt	rendre service	paraître satisfait

533. Conjuguez au présent et à l'imparfait du subjonctif.

ralentir sa course	bâtir un projet	verdir de peur
moudre le café	exclure la violence	mourir de faim
acquérir de l'expérience	tenir sa droite	produire un film

---

1. Après le conditionnel présent dans la principale, on tolérera le verbe de la subordonnée au présent du subjonctif au lieu de l'imparfait. (Arrêté du 28 décembre 1976.)

534. Mettez les verbes en italique à l'imparfait du subjonctif.

Elle dansait, elle dansait et il semblait qu'elle ne *devoir* point s'arrêter. – Il avait suffi que le sirocco *se lever* pour que toute trace de vie *disparaître*. – Quand la pâte s'épaississait, il fallait que l'apprenti *forcer* le feu pour que le souffleur *cueillir* un verre plus fluide. – Le représentant souhaitait que l'on *garder* de lui une bonne impression. – Mais ce qui n'était pas tolérable, c'est qu'il ne *répondre* pas à nos nombreuses lettres. – Il fallait que grand-père *vivre* jusqu'à cet âge pour voir la réussite de ses enfants. – Isabelle craignait que les piles de son poste ne *faiblir* et qu'elle ne *pouvoir* ainsi écouter ses chanteurs préférés. – Elle répartissait ses trésors d'enfant dans mille cachettes de peur que ses grands frères ne les lui *prendre*.

535. Mettez les verbes en italique à l'imparfait du subjonctif.

Il arrivait que les rossignols «du quartier» *se taire* un moment tous ensemble. (COLETTE) – J'attendis patiemment que les circonstances *venir* m'imposer une solution. (J. PERRET) – J'aurais voulu que, du moins, il *marquer* un peu de regret de m'avoir causé tant de peine. (A. GIDE) – Il était impossible de rencontrer deux figures qui *offrir* autant de contrastes. (BALZAC) – Car, soit qu'il *être formé* par mon épouvante, soit qu'il *sortir* réellement des ténèbres, un vrai visage commençait à apparaître. (H. BOSCO) – Il eût été bien naturel que Gustave *accourir* embrasser son père. (A. GIDE) – Tout en me souhaitant du génie, ma mère se réjouissait que je *être* sans esprit. (A. FRANCE) – Il m'expliqua que son fils aîné se trouvait chez lui et que je n'*avoir* pas à me froisser de sa brusquerie. (P. BOURGET)

536. Accordez les verbes en italique. Indiquez leur temps.

Jamais dans sa montagne où tout le monde s'aimait, il n'avait pensé qu'il *pouvoir* exister des êtres aussi malfaisants. (R. ESCUDIÉ) – Il croit naïvement que l'on *conquérir* un enfant par des dons. (COLETTE) – C'était une de ces heures où le temps coule comme un fleuve tranquille. Il semble qu'on le *voir* couler. (A. FRANCE) – Il semblait qu'il *attacher* plus de prix à l'apparence de la vertu qu'à la vertu même. (A. GIDE) – Mon histoire est vraie en tout point, quelque invraisemblable qu'elle *paraître*. (MAUPASSANT) – J'attendais seulement que quelqu'un *venir* s'asseoir ici. (Y. NAVARRE) – Il veut qu'on l'*écouter*. Il veut qu'on le *comprendre*. (R. DELANGE) – Il fallait un homme de confiance qui *être* son mentor, son instructeur dans le métier militaire, qui l'*aider*. (G. DUBY)

537. Faites trois phrases où le verbe de la subordonnée sera : 1° au présent de l'indicatif ; 2° au présent du subjonctif ; 3° à l'imparfait du subjonctif.

538. Faites quatre phrases où le verbe de la principale sera : 1° à l'imparfait de l'indicatif ; 2° à un passé ; 3° au présent du conditionnel ; 4° à un conditionnel passé.

Passé simple
ou imparfait du subjonctif ?

- Christophe était fier qu'on le *traitât* en homme.   (R. ROLLAND)
- Christophe était si réfléchi qu'on le *traita* en homme.

Pour ne pas confondre la **troisième personne du singulier du passé simple** avec la même personne de l'**imparfait du subjonctif** qui prend un **accent circonflexe**, il faut se rapporter au **sens** de l'action : l'on peut aussi penser à la personne **correspondante** du pluriel.

Il exposait avec tant de précision que la foule le crut *sur-le-champ.*
Il exposait... que les gens le crurent. (Passé simple : pas d'accent.)
Elle était heureuse qu'on la considérât *comme une vedette.*
Elle était heureuse qu'ils la considérassent... (Subjonctif imparfait : accent.)

EXERCICES

539. **Mettez aux première et troisième personnes du singulier et à la troisième personne du pluriel du passé simple et de l'imparfait du subjonctif les verbes suivants.**

égayer   boire   mourir   nourrir   prendre   parvenir   retenir

540. **Mettez les verbes en italique au temps convenable (passé simple ou imparfait du subjonctif).**

Ah ! pourquoi fallait-il qu'à la joie *se mêler* cette peine ? (P. GAMARRA) – Il monta de la terre un souffle si brûlant *que* l'on *sentir* tout défaillir. (A. GIDE) – Les enfants restaient derrière à jouer entre eux sans qu'on les *voir*. (G. FLAUBERT) – Mais quand il *voir* la tête du chien et qu'il l'*entendre* gronder, il *cesser* de se frotter les mains. (M. AYMÉ) – Ensuite il demanda qu'on lui *attacher* les mains. (P. MÉRIMÉE) – Elle fit une première compresse *qu'*elle *attacher* avec une boucle de ses cheveux. (CHATEAUBRIAND) – Je prenais mes sabots à la main pour *qu'*on ne m'*entendre* pas. (LAMARTINE) – On apporta quelques tambours *que* l'on *couvrir* d'un manteau. (P. MÉRIMÉE) – Bien que ces pieuses gens *être* pressées et *tenir* à observer l'itinéraire le plus strict, ils *suivre* néanmoins les Pédauques dans l'invraisemblable labyrinthe du pays brionnais. (H. VINCENOT) – On admirait *que*, n'ayant pas un bras vaillant et pas une jambe d'aplomb, il *garder* figure de fauteuil. (A. FRANCE)

541. **Analysez les *que* en italique de l'exercice précédent.**

542. **Construisez des subordonnées : deux avec un verbe au passé simple ;**

Les temps composés du mode subjonctif

• Je viens de parcourir treize mille kilomètres sans que le moteur *ait toussé* une fois, sans qu'un écrou *se soit desserré*. (A. DE SAINT-EXUPÉRY)
• Il fallait que j'*eusse coupé* le pain avant le repas.

Mode subjonctif

auxiliaire avoir

Présent	**Imparfait**
que j' aie	que j' eusse
que nous ayons	que nous eussions

couper

Passé	**Plus-que-parfait**
que j' aie coupé	que j' eusse coupé
que nous ayons coupé	que nous eussions coupé

auxiliaire être

Présent	**Imparfait**
que je sois	que je fusse
que nous soyons	que nous fussions

tomber

Passé	**Plus-que-parfait**
que je sois tombé	que je fusse tombé
que nous soyons tombés	que nous fussions tombés

RÈGLES

1. Le **passé du subjonctif** est formé du **présent du subjonctif** de l'auxiliaire **avoir** ou **être** et du participe passé du verbe conjugué.
que j'aie cassé – que tu sois partie

2. Le **plus-que-parfait du subjonctif** est formé de l'**imparfait du subjonctif** de l'auxiliaire **avoir** ou **être** et du participe passé du verbe conjugué.
qu'il eût avalé – que nous fussions entrés

Remarque

Pour que le verbe de la **subordonnée** soit :

– au **passé du subjonctif**, il faut que le verbe de la principale soit au présent de l'indicatif, au futur ou au présent de l'impératif.

Il faut que j'aie *mis le couvert avant son arrivée.*

*Il t'*hébergera *à condition* que tu sois rentré *à l'heure.*

Attends que nous soyons sortis *pour éteindre.*

– au **plus-que-parfait du subjonctif**, il faut que le verbe de la principale soit à l'imparfait de l'indicatif, à un passé ou au conditionnel.

Il voulait que vous eussiez lavé *la voiture avant midi.*

Il faudrait qu'il fût allé *chez le médecin immédiatement.*

EXERCICES

543. Conjuguez au passé et au plus-que-parfait du subjonctif.

secouer la carpette	perdre la clé	partir pour les champs
s'atteler au travail	émettre un avis	rester indifférent

544. Mettez les verbes en italique au passé du subjonctif.

En admettant qu'il *sortir* tard et qu'il *rater* son train, il est cependant bien en retard. – Est-il possible que de la passerelle le pilote *ne pas voir* l'écueil qui émergeait ? – Avant qu'on *apercevoir* le lion en chasse, on entend déjà ses rugissements. – Il leur tarde de repartir, bien qu'elles ne *arriver* que depuis deux jours. – Je ne pense pas que regards et visages *exprimer* jamais autant de cruauté. – Le gardien fermera à condition que nous *signaler* notre départ. – Restez jusqu'à ce que le médecin *voir* la gravité de sa blessure.

545. Mettez les verbes en italique au plus-que-parfait du subjonctif.

Son compagnon attendit galamment qu'elle *franchir* la porte qu'il tenait ouverte. – Marthe se précipitait dans sa loge, et vite, avant que le rideau *se lever*, vérifiait son maquillage. – Il faudrait qu'il *faire* plusieurs essais avant d'engager la voiture dans la course. – Le chauffeur du car attendait que les touristes *terminer* leur visite. – De crainte que bébé ne *se réveiller*, elle n'a plus bougé.

546. Mettez les verbes en italique au temps convenable (passé ou plus-que-parfait du subjonctif).

Il ne faut jamais vendre la peau de l'ours qu'on ne l'*mettre* par terre. (La Fontaine) – Un chaudron bouillonnait soudain au-dessus de moi, sans qu'on *avoir* besoin de le prévenir qu'on venait de soulever le couvercle. (J. Gracq) – Il n'y avait pas de rats dans la maison. Il fallait donc qu'on *apporter* celui-ci du dehors. (A. Camus) – Est-il vrai que j'*voir* ce policier et qu'il m'*parler* ainsi ? (V. Hugo) – Avant qu'il *revenir* de son étourdissement, je lui avais tiré ses bottes. (A. Dumas) – Je crois que je l'aurais fait pour peu qu'il *insister*. (P. Hériat)

Indicatif, conditionnel ou subjonctif ?

- Encore un joli coin que j'*ai trouvé* là pour rêver... (A. DAUDET)
- Un beau livre est le meilleur compagnon que j'*aie trouvé* dans cet humain voyage. (MONTAIGNE)
- Quand il *eut fini,* il était midi. (G. ARNAUD)
- Ce nom banal entre tous, il ne l'*eût* pas *changé* contre ceux de Turenne et de Condé réunis. (E. ABOUT)
- Bien qu'il *eût dépassé* la soixantaine, sa barbe était noire. (J. KESSEL)

1. Il faut écrire **aie** avec un **e** quand le pluriel est **ayons,** c'est le **présent** ou le **passé du subjonctif.** Si **ai** fait **avons,** c'est le **présent de l'indicatif** ou le **passé composé.**

   *Le vase que j'*ai *cassé était un souvenir de grand-mère.*
   Le vase que nous avons *cassé était un souvenir de grand-mère.*
   *La vendeuse attend que j'*aie *choisi un livre.*
   La vendeuse attend que nous ayons *choisi un livre.*

2. Il faut écrire **eut** et **fut, sans accent,** quand le pluriel est **eurent** et **furent** ; c'est le **passé simple** ou le **passé antérieur. Eût** et **fût sont accentués** quand le pluriel est **eussent** ou **fussent.** C'est le **conditionnel passé 2e forme** ou le **subjonctif imparfait** ou **plus-que-parfait.**

   Quand il eut *mangé, il se coucha.*
   Quand ils eurent *mangé, ils se couchèrent.*
   Lorsqu'il fut *malade, il cessa son travail.*
   Lorsqu'ils furent *malades, il cessèrent leur travail.*
   *Ce vieux cheval, son compagnon, il ne l'*eût *pas cédé contre une fortune.*
   *Ce vieux cheval, son compagnon, il ne l'*aurait *pas cédé contre une fortune.*
   À supposer qu'il fût *expert, il n'avait pas découvert ce tableau de maître.*
   À supposer qu'ils fussent *experts, ils n'avaient pas découvert...*

3. Il est facile de reconnaître si **eût** et **fût** sont au **conditionnel** ou au **subjonctif. Eût** et **fût,** au **conditionnel,** peuvent être remplacés par **aurait** ou **serait,** parfois par **avait** ou **était.** Au **subjonctif, eût** peut être remplacé par **ait,** et **fût** par **soit.**

   Si l'on eût (avait) *tenu les portes fermées, jamais le peuple ne* fût (serait) *entré dans la forteresse.* (CHATEAUBRIAND)
   Il ne se plaignait jamais quoiqu'il eût (ait) *de perpétuels sujets de plainte.* (A. FRANCE)

   Encore eussions-nous *admis que le fautif* fût (soit) *puni, mais moins sévèrement.*

EXERCICES

547. Complétez avec *ai* ou *aie*. Indiquez le temps du verbe.

Ce pur-sang est le plus rapide que j'… connu ; c'est celui que j'… le plus monté. – J'… espéré ta venue toute la journée. – L'aérogare de Roissy est la plus fonctionnelle que j'… vue. – Il est dommage que, pour quelques étourderies, j'… raté mon examen. – Voyez que je n'… pas abîmé votre perceuse malgré que je l'… utilisée intensément. – Tu crains que je n'… pas fermé la porte à clé. Rassure-toi. J'… vérifié avant de partir. – Je n'… jamais dit que je passerai te voir dans la soirée. – Pour peu que j'… deux heures de loisir, j'irai voir ce film. – Quoique j'… des douleurs dans les jambes, j'… décidé de participer à ce match de football.

548. Mettez les verbes en italique au temps convenable.

Il était presque blanc : le plus grand nocturne que j'*voir* ; un grand-duc plus haut qu'un chien de chasse. (Colette) – Il serait inexact de dire que j'*être* tout à fait un mauvais élève, inégal plutôt. (P. Loti) – La pensée que j'*avoir* dans l'âme ressemble au ciel que j'*avoir* sur la tête. (V. Hugo) – La pluie arrive sans que j'*avoir* le temps de chercher un abri. (J.-M.-G. Le Clézio) – Nous sommes tellement amis que j'*renoncer* à tous mes anciens camarades. (M. Achard)

549. Écrivez *eut* ou *eût*, *fut* ou *fût*. Indiquez le temps du verbe.

Je lui répétais mes conseils sans qu'il … l'air de comprendre. – Elle était contrariée que le metteur en scène n'… pas pensé à elle pour ce rôle. – Si modeste que … sa fortune, il participait toujours aux œuvres de bienfaisance. – Dès que le styliste l'… inspirée, Béatrice modifia son modèle de robe. – Quand tout … repeint et que je regardai la pièce, j'avais changé de chambre. – Si Julien … perdu des clients, s'il … appris les succès de son concurrent, il … alors trouvé la profession bien ingrate. – Que de recherches ! Que d'appels ! Il semblait qu'il n'y … plus d'espoir de retrouver le chat disparu.

550. Mettez les verbes en italique au temps convenable. Indiquez ce temps entre parenthèses.

Il y *avoir* un orage effroyable à la tombée de la nuit. Il tonnait comme si on *tirer* des salves d'artillerie. (P. Loti) – Quand l'ouvrier *finir*, il s'appuya une seconde sur son râteau. (L. Bertrand) – Avant que la foule *avoir* le temps de jeter un cri, il était sous la voiture. (V. Hugo) – Il fallait bien que le Roussard *s'envoler* vers le ciel. Lisée trembla. (L. Pergaud) – Bien qu'on *être* en été, il faisait froid. (C. Gonnet) – Or un jour, comme à souhait, une lettre arriva qui *être* tout un événement dans la maison. (P. Loti) – La merveille, c'était le jardin. Le plus récalcitrant y *devenir* jardinier. (J. Cressot) – On avait recommandé à ma mère d'éviter soigneusement tout ce qui m'*coûter* quelque effort. (A. Gide) – Comment diantre se trouvait-il que Tartarin de Tarascon n'*quitter* jamais Tarascon ! (A. Daudet)

La voix passive

• **Des légions de petits personnages, nymphes, fées, génies,** *furent habillés* **par nos mains.**   (P. Loti)
• **Les champs** *étaient couverts* **de criquets énormes.**   (A. Daudet)

Présent	**Imparfait**	**Passé simple**	**Passé composé**
je suis habillé	j' étais habillé	je fus habillé	j' ai été habillé

1. Un verbe est à la **voix passive** quand le sujet **subit** l'action. Le **complément d'objet direct** du verbe actif devient le **sujet** du verbe passif.
Le **sujet** de l'actif devient le complément **d'agent** du passif.
L'**agent** désigne l'être ou la chose qui fait l'action, qui **agit**.
Le complément d'agent est généralement introduit par les prépositions **par** ou **de**.
Des vagues *énormes battaient la* digue.
La digue *était battue par des* vagues *énormes.*
De larges chapeaux *coiffaient les* paysans *éparpillés dans la rizière.*
Les paysans *éparpillés dans la rizière étaient coiffés de larges chapeaux.*

2. En général, il n'y a que les verbes transitifs directs qui puissent être employés à la voix passive.
Obéir et **pardonner,** bien que transitifs indirects, peuvent être passifs.

3. Le verbe pronominal peut avoir le sens passif.
Pendant la période des soldes, certaines robes se vendent *à moitié prix.*

4. La conjugaison d'un verbe passif est la conjugaison du verbe **être** suivi du **participe passé du verbe** conjugué.
Être :   *présent* : je **suis** ;   *passé composé* : j'**ai été.**
Être félicité : *présent* : je **suis félicité** ;   *passé composé* : j'**ai été félicité.**

Remarques

1. Les verbes comme *tomber, arriver,* dont la conjugaison se fait toujours avec l'auxiliaire **être,** ne sont jamais passifs.

2. Il ne faut pas confondre le verbe **passif** avec le verbe **être** suivi d'un participe passé, attribut du sujet, marquant l'état.
La branche est brisée, est vermoulue. *(Vermoulue et brisée marquent l'état.)*
La branche est brisée *par le vent. (Le complément d'agent fait l'action : verbe passif* être brisé.)
Le vent souffle, la branche est brisée. *(Est brisée : verbe passif* être brisé.)

EXERCICES

551. Conjuguez à l'imparfait de l'indicatif et au passé antérieur.

être gagné par la crainte   être entouré d'amis

552. Mettez aux personnes du pluriel du futur antérieur.

se lever   lever   être levé   être pris   prendre   se prendre

553. Mettez les phrases suivantes à la voix passive. Mettez les compléments d'agent entre crochets.

Un architecte a tracé le plan de la maison, un carrier a éventré la terre pour prendre les moellons, un tuilier a moulé les tuiles, un bûcheron a coupé les arbres. (E. About) – Les dettes ravageaient l'oncle Arthur. (L.-F. Céline) – Un beau rayon de soleil buvait les vapeurs matinales. (E. Quinet) – A-t-on apporté la pâtée dans l'écuelle ? (G. Ponsot) – Les convives complimentèrent la pâtissière et demandèrent la recette. (A. Theuriet) – Fabrizio hissa une vigie dans le mât d'avant. (J. Gracq)

554. Mettez les phrases suivantes à la voix active.

Nous sommes entourés d'une foule hurlante et menaçante. – Ces pans de falaise avaient été détachés puis roulés par la mer démontée. – Les murs du hall d'entrée sont ornés de statuettes et de masques exotiques. – Avant la fin de l'hiver, les tilleuls étaient élagués, les rosiers taillés, les plates-bandes retournées par un vieux jardinier du château. – Les éclats de leur dispute furent couverts par le bruit de la télévision. – En quelques instants, toutes les affaires seront rangées. – Vous serez abrités par cette grotte, nourris par ces arbres, bercés par le vent et la mer, protégés par le chien. Enfants, êtes-vous séduits par de telles vacances ?

555. Écrivez entre parenthèses l'infinitif des verbes et leur voix.

Je suis allé chercher du travail de ville en ville. (Walz) – Les haies s'étaient pavoisées. (E. Pérochon) – Voici le jeune printemps, il est né, le soleil revient. (G. Geoffroy) – Les appuis des balcons furent bientôt garnis d'un long cordon de têtes noires. (A. Theuriet) – La profonde chanson était chantée par les oiseaux nés d'hier. (V. Hugo)

556. Relevez les verbes pronominaux qui ont un sens passif.

Les lézards verts se levaient sous les pas et se glissaient entre les pierres. (J. Peyré) – L'autobus se vida de ses occupants. – Le trou se creusait toujours, il en avait jusqu'aux épaules. (G. Sand) – On serra les bêtes ; les hommes se blottirent contre elles. (Frison-Roche)

557. Dites si les mots en italique sont participes passés d'un verbe passif ou adjectifs attributs.

La rafale agite la forêt. Les arbres sont *dénudés*. – Les arbres sont *dénudés*. Les enfants ramassent les feuilles. – L'assiette est *cassée*. – Le maladroit trébuche, l'assiette est *cassée*.

La forme impersonnelle

- Il *neigeait.* On était vaincu par sa conquête.   (V. Hugo)
- Même *il m'est arrivé* quelquefois de manger le berger. (La Fontaine)

Présent	Imparfait	Passé simple	Futur simple
il neige	il neigeait	il neigea	il neigera

RÈGLE

Un verbe impersonnel est un verbe dont **le sujet ne représente ni une personne, ni un animal, ni une chose définie.**

Les verbes impersonnels ne se conjuguent qu'à la **troisième personne du singulier**, avec le sujet **il, du genre neutre.**

Il y a des verbes **essentiellement** impersonnels comme **neiger, grêler, bruiner, brumer, falloir...** Certains verbes peuvent être **accidentellement** impersonnels comme **arriver, convenir, pouvoir...**

Remarques

1. *Quand la terre a bien bu,* il *se forme* de petites mares.   (A. de Musset)
    Quand la terre a bien bu, de petites mares *se forment.*
    Comparons : en réalité ce sont *de petites mares* qui se forment et non pas *il.*
    Dans une telle tournure impersonnelle, *il* est le *sujet apparent,* et le *complément d'objet* est le *sujet réel* avec lequel le verbe ne s'accorde pas.

2. Le verbe impersonnel peut avoir quelquefois un véritable sujet.
    Mille autres injures pleuvaient...   (V. Hugo)

EXERCICES

558. Conjuguez aux temps du mode indicatif.
   pleuvoir à verse   bruiner sans arrêt   venter avec violence

559. Mettez, si c'est possible, les phrases suivantes à la forme active.
   Il faisait très chaud, très calme, d'innombrables grillons chantaient. (P. Loti) – Il avait neigé et la neige était restée sur la terre. (R. Bazin) – Une marmite chantait, il s'en exhalait un savoureux fumet. (J.-H. Fabre) – Il sortait des rondins humides une petite chanson plaintive. (C. Vildrac) – Il se formait au-dessus du lait une écume qui prenait des teintes changeantes. (M. Audoux) – Qu'il vente et qu'il grêle, je me moque de tout. (Scarron) – Les vitres se sont mises à grincer, il tombait de la grêle. (J. Vallès) – S'il pleuvait, s'il ventait, c'était que je n'avais pas de frère. (A. France)

560. Dans le n° 559, analysez *il* et les *sujets réels,* s'il y a lieu.

Sachons employer le verbe *s'en aller*

Présent	Imparfait	Passé simple	Futur simple
je m'en vais	je m'en allais	je m'en allai	je m'en irai
ns ns en allons	ns ns en allions	ns ns en allâmes	ns ns en irons
ils/elles s'en vont	ils/elles s'en allaient	ils/elles s'en allèrent	ils/elles s'en iront
Passé composé	**Plus-que-parfait**	**Passé antérieur**	**Futur antérieur**
je m'en suis allé(e)	je m'en étais allé(e)	je m'en fus allé(e)	je m'en serai allé(e)
ns ns en sommes allé(e)s	ns ns étions allé(e)s	ns ns fûmes allé(e)s	ns ns en serons allé(e)s
ils/elles s'en sont allé(e)s	vs vs en étiez allé(e)s	ils/elles s'en furent allé(e)s	ils/elles s'en seront allé(e)s
Conditionnel présent	**Conditionnel passé 1ʳᵉ forme**	**Conditionnel passé 2ᵉ forme**	**Impératif présent**
je m'en irais	je m'en serais allé(e)	je m'en fusse allé(e)	va-t-en
ns ns en irions	ns ns en serions allé(e)s	ns ns en fussions allé(e)s	allons-nous-en
ils/elles s'en iraient	vs vs en seriez allé(e)s	ils/elles s'en fussent allé(e)s	allez-vous-en
Subjonctif présent	**Subjonctif imparfait**	**Subjonctif passé**	**Subj. plus-que-parfait**
q. je m'en aille	q. je m'en allasse	q. je m'en sois allé(e)	q. je m'en fusse allé(e)
q. ns ns en allions	q. ns ns en allassions	q. ns ns en soyons allé(e)s	q. ns ns en fussions allé(e)s
qu'ils/elles s'en aillent	qu'ils/elles s'en allassent	qu'ils/elles s'en soient allé(e)s	qu'ils/elles s'en fussent allé(e)s
Infinitif présent	**Infinitif passé**	**Participe présent**	**Participe passé**
s'en aller	s'en être allé	s'en allant	s'en étant allé, en allé

S'en aller se conjugue comme **s'en repentir, s'en moquer, s'en sortir ; en** reste toujours placé près du pronom réfléchi.

je m'en *vais / je* m'en *suis allé – ils* s'en *allaient / ils* s'en *étaient allés*
je m'en *repens / je* m'en *suis repenti – ils* s'en *repentaient / ils* s'en *sont repentis*

Dans **s'en aller, en** est adverbe, il fait partie du verbe et ne s'analyse pas.

EXERCICES

561. Conjuguez au présent, au passé composé et au plus-que-parfait.
s'en moquer – s'en réjouir – s'en aller – s'en féliciter – s'en retourner – s'en défaire

562. Écrivez le verbe *s'en aller* aux temps indiqués.
Barbe-Baille ferma la porte, reprit sa faux et *(passé simple)*. (J. GIONO) – Dès qu'un rayon de soleil a rendu la neige toute rose, les oiseaux *(passé composé)*. (É. ZOLA) – Je me souviens des heures *(participe passé)* ; pieds nus sur les dalles, j'appuyais mon front au fer rouillé du balcon. (A. GIDE) – Tous les fétiches du foyer, ses lares et ses dieux domestiques *(plus-que-parfait)*. (A. FRANCE) – Tout cela *(passé composé)*, si là-haut dans le clocher les heures tintent toujours, le presbytère est vide. (J. CRESSOT)

Un verbe capricieux : *asseoir*

Présent de l'indicatif

j'	assieds	j'	assois
tu	assieds	tu	assois
il/elle	assied	il/elle	assoit
ns	asseyons	ns	assoyons
vs	asseyez	vs	assoyez
ils/elles	asseyent	ils/elles	assoient

Imparfait de l'indicatif

j'	asseyais	j'	assoyais
tu	asseyais	tu	assoyais
il/elle	asseyait	il/elle	assoyait
ns	asseyions	ns	assoyions
vs	asseyiez	vs	assoyiez
ils/elles	asseyaient	ils/elles	assoyaient

Passé simple

j'	assis
tu	assis
il/elle	assit
ns	assîmes
vs	assîtes
ils/elles	assirent

Futur simple

j'	assiérai	j'	assoirai
tu	assiéras	tu	assoiras
il/elle	assiéra	il/elle	assoira
ns	assiérons	ns	assoirons
vs	assiérez	vs	assoirez
ils/elles	assiéront	ils/elles	assoiront

Passé composé

j'	ai	assis

Plus-que-parfait

j'	avais	assis
ns	avions	assis

Passé antérieur

j'	eus	assis

Futur antérieur

j'	aurai	assis
ns	aurons	assis

Conditionnel présent

j'	assiérais	j'	assoirais
tu	assiérais	tu	assoirais
il/elle	assiérait	il/elle	assoirait
ns	assiérions	ns	assoirions
vs	assiériez	vs	assoiriez
ils/elles	assiéraient	ils/elles	assoiraient

Cond. passé 1re f.

j'	aurais	assis
ns	aurions	assis

Cond. passé 2e f.

j'	eusse	assis
ns	eussions	assis

Impératif présent

assieds	assois
asseyons	assoyons
asseyez	assoyez

Impératif passé

aie assis

Subjonctif présent

que j'	asseye	que j'	assoie
que tu	asseyes	que tu	assoies
qu' il/elle	asseye	qu' il/elle	assoie
que ns	asseyions	que ns	assoyions
que vs	asseyiez	que vs	assoyiez
qu' ils/elles	asseyent	qu' ils/elles	assoient

Subjonctif imparfait

que j'	assisse
que tu	assisses
qu' il/elle	assît
que ns	assissions
que vs	assissiez
qu' ils/elles	assissent

Subjonctif passé

que j' aie assis

Subjonctif plus-que-parfait

que j' eusse assis

Infinitif présent
asseoir

Infinitif passé
avoir assis

Participe présent
asseyant, assoyant

Participe passé
assis, ayant assis

Le verbe **asseoir** se conjugue de deux manières aux temps simples, sauf au passé simple de l'indicatif et à l'imparfait du subjonctif.

La forme en **e, j'assieds, j'asseyais, j'assiérai, que j'asseye,** s'emploie plus couramment que la forme en «oi» : j'assois...

Lorsqu'il s'agit du pronominal **s'asseoir,** il faut remplacer **avoir** par **être** aux temps composés : **je me suis assis, je m'étais assis...**

Rasseoir et **surseoir** se conjuguent comme **asseoir.**

Mais **surseoir** n'a que la forme en «oi» : **je sursois, je sursoyais...**

Surseoir au futur et au conditionnel conserve l'e intercalé : **je surseoirai, je surseoirais.**

Conjugaison du verbe *être*

INDICATIF

Présent		Passé composé			Futur		Futur antérieur		
je	suis	j'	ai	été	je	serai	j'	aurai	été
tu	es	tu	as	été	tu	seras	tu	auras	été
il/elle	est	il/elle	a	été	il/elle	sera	il/elle	aura	été
ns	sommes	ns	avons	été	ns	serons	ns	aurons	été
vs	êtes	vs	avez	été	vs	serez	vs	aurez	été
ils/elles	sont	ils/elles	ont	été	ils/elles	seront	ils/elles	auront	été

Imparfait		Plus-que-parfait			Passé simple		Passé antérieur		
j'	étais	j'	avais	été	je	fus	j'	eus	été
tu	étais	tu	avais	été	tu	fus	tu	eus	été
il/elle	était	il/elle	avait	été	il/elle	fut	il/elle	eut	été
ns	étions	ns	avions	été	ns	fûmes	ns	eûmes	été
vs	étiez	vs	aviez	été	vs	fûtes	vs	eûtes	été
ils/elles	étaient	ils/elles	avaient	été	ils/elles	furent	ils/elles	eurent	été

SUBJONCTIF

Présent		Passé		
que je	sois	que j'	aie	été
que tu	sois	que tu	aies	été
qu' il/elle	soit	qu' il/elle	ait	été
que ns	soyons	que ns	ayons	été
que vs	soyez	que vs	ayez	été
qu' ils/elles	soient	qu' ils/elles	aient	été

Imparfait		Plus-que-parfait		
que je	fusse	que j'	eusse	été
que tu	fusses	que tu	eusses	été
qu' il/elle	fût	qu' il/elle	eût	été
que ns	fussions	que ns	eussions	été
que vs	fussiez	que vs	eussiez	été
qu' ils/elles	fussent	qu' ils/elles	eussent	été

CONDITIONNEL

Présent		Passé		
je	serais	j'	aurais	été
tu	serais	tu	aurais	été
il/elle	serait	il/elle	aurait	été
ns	serions	ns	aurions	été
vs	seriez	vs	auriez	été
ils/elles	seraient	ils/elles	auraient	été

PARTICIPE

Présent	Passé
étant	ayant été

IMPÉRATIF

Présent	Passé	
sois	aie	été
soyons	ayons	été
soyez	ayez	été

INFINITIF

Présent	Passé
être	avoir été

Conjugaison du verbe *avoir*

INDICATIF

Présent		Passé composé			Futur		Futur antérieur		
j'	ai	j'	ai	eu	j'	aurai	j'	aurai	eu
tu	as	tu	as	eu	tu	auras	tu	auras	eu
il/elle	a	il/elle	a	eu	il/elle	aura	il/elle	aura	eu
ns	avons	ns	avons	eu	ns	aurons	ns	aurons	eu
vs	avez	vs	avez	eu	vs	aurez	vs	aurez	eu
ils/elles	ont	ils/elles	ont	eu	ils/elles	auront	ils/elles	auront	eu

Imparfait		Plus-que-parfait			Passé simple		Passé antérieur		
j'	avais	j'	avais	eu	j'	eus	j'	eus	eu
tu	avais	tu	avais	eu	tu	eus	tu	eus	eu
il/elle	avait	il/elle	avait	eu	il/elle	eut	il/elle	eut	eu
ns	avions	ns	avions	eu	ns	eûmes	ns	eûmes	eu
vs	aviez	vs	aviez	eu	vs	eûtes	vs	eûtes	eu
ils/elles	avaient	ils/elles	avaient	eu	ils/elles	eurent	ils/elles	eurent	eu

SUBJONCTIF

Présent		Passé		
que j'	aie	que j'	aie	eu
que tu	aies	que tu	aies	eu
que il/elle	ait	qu' il/elle	ait	eu
que ns	ayons	que ns	ayons	eu
que vs	ayez	que vs	ayez	eu
qu' ils/elles	aient	qu' ils/elles	aient	eu

Imparfait		Plus-que-parfait		
que j'	eusse	que j'	eusse	eu
que tu	eusses	que tu	eusses	eu
que il/elle	eût	qu' il/elle	eût	eu
que ns	eussions	que ns	eussions	eu
que vs	eussiez	que vs	eussiez	eu
qu' ils/elles	eussent	qu' ils/elles	eussent	eu

CONDITIONNEL

Présent		Passé		
j'	aurais	j'	aurais	eu
tu	aurais	tu	aurais	eu
il/elle	aurait	il/elle	aurait	eu
ns	aurions	ns	aurions	eu
vs	auriez	vs	auriez	eu
ils/elles	auraient	ils/elles	auraient	eu

PARTICIPE

Présent	Passé
ayant	ayant eu

IMPÉRATIF

Présent	Passé	
aie	aie	eu
ayons	ayons	eu
ayez	ayez	eu

INFINITIF

Présent	Passé
avoir	avoir eu

Verbes

Infinitif	Indicatif			
Présent	**Présent**	**Imparfait**	**Passé simple**	**Futur**
aller	*voir s'en aller p. 198*			
envoyer	j' envoie tu envoies ns envoyons ils/elles envoient	j' envoyais ns envoyions	j' envoyai ns envoyâmes	j' enverrai ns enverrons
acquérir	j' acquiers ns acquérons ils/elles acquièrent	j' acquérais ns acquérions	j' acquis ns acquîmes	j' acquerrai ns acquerrons
assaillir	j' assaille ns assaillons	j' assaillais ns assaillions	j' assaillis ns assaillîmes	j' assaillirai ns assaillirons
bouillir	je bous ns bouillons	je bouillais ns bouillions	je bouillis ns bouillîmes	je bouillirai ns bouillirons
courir	je cours ns courons	je courais ns courions	je courus ns courûmes	je courrai ns courrons
cueillir	je cueille ns cueillons	je cueillais ns cueillions	je cueillis ns cueillîmes	je cueillerai ns cueillerons
dormir	je dors ns dormons	je dormais ns dormions	je dormis ns dormîmes	je dormirai ns dormirons
fuir	je fuis ns fuyons ils/elles fuient	je fuyais ns fuyions	je fuis ns fuîmes	je fuirai ns fuirons
haïr	je hais ns haïssons ils/elles haïssent	je haïssais ns haïssions	je haïs ns haïmes	je haïrai ns haïrons
mourir	je meurs ns mourons	je mourais ns mourions	je mourus ns mourûmes	je mourrai ns mourrons
offrir	j' offre ns offrons	j' offrais ns offrions	j' offris ns offrîmes	j' offrirai ns offrirons
partir	je pars ns partons	je partais ns partions	je partis ns partîmes	je partirai ns partirons
servir	je sers ns servons	je servais ns servions	je servis ns servîmes	je servirai ns servirons
tenir	je tiens ns tenons	je tenais ns tenions	je tins ns tînmes	je tiendrai ns tiendrons
venir	je viens ns venons	je venais ns venions	je vins ns vînmes	je viendrai ns viendrons
vêtir *(peu usité)*	je vêts il/elle vêt ns vêtons ils/elles vêtent	je vêtais ns vêtions	je vêtis ns vêtîmes	je vêtirai ns vêtirons

irréguliers en *-er* et en *-ir*

Conditionnel Présent	Subjonctif Présent		Imparfait	Impératif Présent	Participe Présent	Passé
j' enverrais	que j' envoie		que j' envoyasse	envoie	envoyant	envoyé
ns enverrions	que ns envoyions		que ns envoyassions	envoyons		
j' acquerrais	que j' acquière		que j' acquisse	acquiers	acquérant	acquis
ns acquerrions	que ns acquérions		que ns acquissions	acquérons		
j' assaillirais	que j' assaille		que j' assaillisse	assaille	assaillant	assailli
ns assaillirions	que ns assaillions		que ns assaillissions	assaillons		
je bouillirais	que je bouille		que je bouillisse	bous	bouillant	bouilli
ns bouillirions	que ns bouillions		que ns bouillissions	bouillons		
je courrais	que je coure		que je courusse	cours	courant	couru
ns courrions	que ns courions		que ns courussions	courons		
je cueillerais	que je cueille		que je cueillisse	cueille	cueillant	cueilli
ns cueillerions	que ns cueillions		que ns cueillissions	cueillons		
je dormirais	que je dorme		que je dormisse	dors	dormant	dormi
ns dormirions	que ns dormions		que ns dormissions	dormons		
je fuirais	que je fuie		que je fuisse	fuis	fuyant	fui
ns fuirions	que ns fuyions		que ns fuissions	fuyons		
je haïrais	que je haïsse		que je haïsse	hais	haïssant	haï
ns haïrions	qu' il/elle haïsse		qu' il/elle haït	haïssons		
	que ns haïssions		que ns haïssions			
je mourrais	que je meure		que je mourusse	meurs	mourant	mort
ns mourrions	que ns mourions		que ns mourussions	mourons		
j' offrirais	que j' offre		que j' offrisse	offre	offrant	offert
ns offririons	que ns offrions		que ns offrissions	offrons		
je partirais	que je parte		que je partisse	pars	partant	parti
ns partirions	que ns partions		que ns partissions	partons		
je servirais	que je serve		que je servisse	sers	servant	servi
ns servirions	que ns servions		que ns servissions	servons		
je tiendrais	que je tienne		que je tinsse	tiens	tenant	tenu
ns tiendrions	que ns tenions		que ns tinssions	tenons		
je viendrais	que je vienne		que je vinsse	viens	venant	venu
ns viendrions	que ns venions		que ns vinssions	venons		
je vêtirais	que je vête		que je vêtisse	vêts	vêtant	vêtu
ns vêtirions	que ns vêtions		que ns vêtissions	vêtons		

Verbes

Infinitif Présent	Indicatif			
	Présent	Imparfait	Passé simple	Futur
asseoir	*voir p. 199*			
devoir	je dois ns devons ils/elles doivent	je devais ns devions	je dus ns dûmes	je devrai ns devrons
mouvoir	je meus ns mouvons ils/elles meuvent	je mouvais ns mouvions	je mus ns mûmes	je mouvrai ns mouvrons
pourvoir	je pourvois ns pourvoyons	je pourvoyais ns pourvoyions	je pourvus ns pourvûmes	je pourvoirai ns pourvoirons
pouvoir	je peux/je puis tu peux il/elle peut ns pouvons ils/elles peuvent	je pouvais ns pouvions	je pus ns pûmes	je pourrai ns pourrons
prévaloir	je prévaux ns prévalons	je prévalais ns prévalions	je prévalus ns prévalûmes	je prévaudrai ns prévaudrons
prévoir	je prévois ns prévoyons	je prévoyais ns prévoyions	je prévis ns prévîmes	je prévoirai ns prévoirons
recevoir	je reçois ns recevons	je recevais ns recevions	je reçus ns reçûmes	je recevrai ns recevrons
savoir	je sais ns savons	je savais ns savions	je sus ns sûmes	je saurai ns saurons
surseoir	je sursois ns sursoyons	je sursoyais ns sursoyions	je sursis ns sursîmes	je surseoirai ns surseoirons
valoir	je vaux ns valons	je valais ns valions	je valus ns valûmes	je vaudrai ns vaudrons
voir	je vois ns voyons ils/elles voient	je voyais ns voyions	je vis ns vîmes	je verrai ns verrons
vouloir	je veux ns voulons ils/elles veulent	je voulais ns voulions	je voulus ns voulûmes	je voudrai ns voudrons

irréguliers en *-oir*

Conditionnel Présent	Subjonctif Présent	Imparfait	Impératif Présent	Participe Présent	Passé
je devrais ns devrions	que je doive que ns devions	que je dusse que ns dussions	dois devons *(peu usité)*	devant	dû, due dus, dues
je mouvrais ns mouvrions	que je meuve que ns mouvions	que je musse que ns mussions *(peu usité)*	meus mouvons *(peu usité)*	mouvant	mû, mue mus, mues
je pourvoirais ns pourvoirions	que je pourvoie que ns pourvoyons	que je pourvusse que ns pourvussions	pourvois pourvoyons	pourvoyant	pourvu
je pourrais ns pourrions	que je puisse que ns puissions	que je pusse que ns pussions	*(inusité)*	pouvant	pu
je prévaudrais ns prévaudrions	que je prévale que tu prévales que ns prévalions qu'ils/elles prévalent	que je prévalusse que ns prévalussions	*(peu usité)*	prévalant	prévalu
je prévoirais ns prévoirions	que je prévoie que ns prévoyions	que je prévisse que ns prévissions	prévois prévoyons	prévoyant	prévu
je recevrais ns recevrions	que je reçoive que ns recevions	que je reçusse que ns reçussions	reçois recevons	recevant	reçu
je saurais ns saurions	que je sache que ns sachions	que je susse que ns sussions	sache sachons	sachant	su
je surseoirais ns surseoirions	que je sursoie que ns sursoyons	que je sursisse que ns sursissions	sursois sursoyons	sursoyant	sursis
je vaudrais ns vaudrions	que je vaille que tu vailles que ns valions qu' ils/elles vaillent	que je valusse que ns valussions	vaux valons *(peu usité)*	valant	valu
je verrais ns verrions	que je voie que ns voyions	que je visse que ns vissions	vois voyons	voyant	vu
je voudrais ns voudrions	que je veuille que ns voulions qu' ils/elle veuillent	que je voulusse que ns voulussions	veux voulons voulez ou veuille veuillons veuillez	voulant	voulu

Verbes

Infinitif Présent	Indicatif			
	Présent	Imparfait	Passé simple	Futur
battre	je bats, il/elle bat ns battons ils/elles battent	je battais ns battions	je battis ns battîmes	je battrai ns battrons
boire	je bois, il/elle boit ns buvons ils/elles boivent	je buvais ns buvions	je bus ns bûmes	je boirai ns boirons
conclure	je conclus ns concluons ils/elles concluent	je concluais ns concluions	je conclus ns conclûmes	je conclurai ns conclurons
conduire	je conduis ns conduisons	je conduisais ns conduisions	je conduisis ns conduisîmes	je conduirai ns conduirons
confire	je confis ns confisons	je confisais ns confisions	je confis ns confîmes	je confirai ns confirons
connaître	je connais ns connaissons	je connaissais ns connaissions	je connus ns connûmes	je connaîtrai ns connaîtrons
coudre	je couds, il/elle coud ns cousons	je cousais ns cousions	je cousis ns cousîmes	je coudrai ns coudrons
craindre	je crains, il/elle craint ns craignons	je craignais ns craignions	je craignis ns craignîmes	je craindrai ns craindrons
croire	je crois ns croyons ils/elles croient	je croyais ns croyions	je crus ns crûmes	je croirai ns croirons
croître	je croîs tu croîs il/elle croît ns croissons	je croissais ns croissions	je crûs ns crûmes	je croîtrai ns croîtrons
cuire	je cuis, il/elle cuit ns cuisons	je cuisais ns cuisions	je cuisis ns cuisîmes	je cuirai ns cuirons
dire	je dis ns disons vs dites ils/elles disent	je disais ns disions	je dis ns dîmes	je dirai ns dirons
écrire	j' écris ns écrivons ils/elles écrivent	j' écrivais ns écrivions	j' écrivis ns écrivîmes	j' écrirai ns écrirons
faire	je fais ns faisons vs faites ils/elles font	je faisais ns faisions	je fis ns fîmes	je ferai ns ferons
lire	je lis ns lisons ils/elles lisent	je lisais ns lisions	je lus ns lûmes	je lirai ns lirons

irréguliers en -re

Conditionnel Présent	Subjonctif Présent	Imparfait	Impératif Présent	Participe Présent	Passé
je battrais ns battrions	que je batte que ns battions	que je battisse que ns battissions	bats battons	battant	battu
je boirais ns boirions	que je boive que ns buvions	que je busse que ns bussions	bois buvons	buvant	bu
je conclurais ns conclurions	que je conclue que ns concluions	que je conclusse que ns conclussions	conclus concluons	concluant	conclu
je conduirais ns conduirions	que je conduise que ns conduisions	que je conduisisse que ns conduisissions	conduis conduisons	conduisant	conduit
je confirais ns confirions	que je confise que ns confisions	que je confisse que ns confissions	confis confisons	confisant	confit
je connaîtrais ns connaîtrions	que je connaisse que ns connaissions	que je connusse que ns connussions	connais connaissons	connaissant	connu
je coudrais ns coudrions	que je couse que ns cousions	que je cousisse que ns cousissions	couds cousons	cousant	cousu
je craindrais ns caindrions	que je craigne que ns craignions	que je craignisse que ns craignissions	crains craignons	craignant	craint
je croirais ns croirions	que je croie que ns croyions	que je crusse que ns crussions	crois croyons	croyant	cru
je croîtrais ns croîtrions	que je croisse que ns croissions	que je crûsse que ns crûssions	croîs croissons	croissant	crû crue crus crues
je cuirais ns cuirions	que je cuise que ns cuisions	que je cuisisse que ns cuisissions	cuis cuisons	cuisant	cuit
je dirais ns dirions	que je dise que ns disions	que je disse que ns dissions	dis disons dites	disant	dit
j' écrirais ns écririons	que j' écrive que ns écrivions	que j' écrivisse que ns écrivissions	écris écrivons	écrivant	écrit
je ferais ns ferions	que je fasse que ns fassions	que je fisse que ns fissions	fais faisons faites	faisant	fait
je lirais ns lirions	que je lise que ns lisions	que je lusse que ns lussions	lis lisons	lisant	lu

Verbes

Infinitif Présent	Présent	Indicatif		
		Imparfait	Passé simple	Futur
maudire	je maudis ns maudissons vs maudissez	je maudissais ns maudissions	je maudis ns maudîmes	je maudirai ns maudirons
médire	je médis vs médisez	*comme dire*	*comme dire*	*comme dire*
mettre	je mets ns mettons ils/elles mettent	je mettais ns mettions	je mis ns mîmes	je mettrai ns mettrons
moudre	je mouds ns moulons	je moulais ns moulions	je moulus ns moulûmes	je moudrai ns moudrons
naître	je nais ns naissons ils/elles naissent	je naissais ns naissions	je naquis ns naquîmes	je naîtrai ns naîtrons
nuire	je nuis ns nuisons	je nuisais ns nuisions	je nuisis ns nuisîmes	je nuirai ns nuirons
plaire	je plais, il/elle plait ns plaisons	je plaisais ns plaisions	je plus ns plûmes	je plairai ns plairons
prendre	je prends il/elle prend ns prenons ils/elles prennent	je prenais ns prenions	je pris ns prîmes	je prendrai ns prendrons
rendre	je rends ns rendons	je rendais ns rendions	je rendis ns rendîmes	je rendrai ns rendrons
résoudre	je résous ns résolvons	je résolvais ns résolvions	je résolus ns résolûmes	je résoudrai ns résoudrons
rire	je ris ns rions	je riais ns riions	je ris ns rîmes	je rirai ns rirons
rompre	je romps il/elle rompt ns rompons	je rompais ns rompions	je rompis ns rompîmes	je romprai ns romprons
suffire	je suffis ns suffisons	je suffisais ns suffisions	je suffis ns suffîmes	je suffirai ns suffirons
suivre	je suis ns suivons	je suivais ns suivions	je suivis ns suivîmes	je suivrai ns suivrons
taire	je tais ns taisons	je taisais ns taisions	je tus ns tûmes	je tairai ns tairons
vaincre	je vaincs il/elle vainc ns vainquons	je vainquais ns vainquions	je vainquis ns vainquîmes	je vaincrai ns vaincrons
vivre	je vis ns vivons ils/elles vivent	je vivais ns vivions	je vécus ns vécûmes	je vivrai ns vivrons

irréguliers en *-re*

Conditionnel Présent	Subjonctif Présent	Subjonctif Imparfait	Impératif Présent	Participe Présent	Participe Passé
je maudirais ns maudirions	que je maudisse que ns maudissions	que je maudisse que ns maudissions	maudis maudissons maudissez	maudissant	maudit
comme dire	*comme dire*	*comme dire*	médis médisons médisez	*c. dire*	*c. dire*
je mettrais ns mettrions	que je mette que ns mettions	que je misse que ns missions	mets mettons mettez	mettant	mis
je moudrais ns moudrions	que je moule que ns moulions	que je moulusse que ns moulussions	mouds moulons moulez	moulant	moulu
je naîtrais ns naîtrions	que je naisse que ns naissions	que je naquisse que ns naquissions	nais naissons naissez *(peu usité)*	naissant	né
je nuirais ns nuirions	que je nuise que ns nuisions	que je nuisisse que ns nuisissions	nuis, nuisons nuisez	nuisant	nui
je plairais ns plairions	que je plaise que ns plaisions	que je plusse que ns plussions	plais plaisons	plaisant	plu
je prendrais ns prendrions	que je prenne que ns prenions	que je prisse que ns prissions	prends prenons	prenant	pris
je rendrais ns rendrions	que je rende que ns rendions	que je rendisse que ns rendissions	rends rendons	rendant	rendu
je résoudrais ns résoudrions	que je résolve que ns résolvions	que je résolusse que ns résolussions	résous résolvons	résolvant	résolu
je rirais ns ririons	que je rie que ns riions	que je risse que ns rissions	ris rions	riant	ri
je romprais ns romprions	que je rompe que ns rompions	que je rompisse que ns rompissions	romps rompons	rompant	rompu
je suffirais ns suffirions	que je suffise que ns suffisions	que je suffisse que ns suffissions	suffis suffisons	suffisant	suffi
je suivrais ns suivrions	que je suive que ns suivions	que je suivisse que ns suivissions	suis suivons	suivant	suivi
je tairais ns tairions	que je taise que ns taisions	que je tusse que ns tussions	tais taisons	taisant	tu
je vaincrais ns vaincrions	que je vainque que ns vainquions	que je vainquisse que ns vainquissions	vaincs vainquons	vainquant	vaincu
je vivrais ns vivrions	que je vive que ns vivions	que je vécusse que ns vécussions	vis vivons	vivant	vécu

Verbes irréguliers et verbes difficiles

(Le verbe en italique sert de modèle et figure dans les tableaux de conjugaison.)

abattre	: *battre*	dépendre	: *rendre*	mentir	: *partir*
abstraire	: *traire*	déplaire	: *plaire*	messeoir	: *seoir*
accourir	: *courir*	désapprendre	: *prendre*	mévendre	: *rendre*
accueillir	: *cueillir*	descendre	: *rendre*	mordre	: *rendre*
adjoindre	: *craindre*	desservir	: *servir*	obtenir	: *tenir*
admettre	: *mettre*	déteindre	: *craindre*	omettre	: *mettre*
apercevoir	: *recevoir*	détendre	: *rendre*	ouvrir	: *offrir*
apparaître	: *connaître*	détenir	: *tenir*	paraître	: *connaître*
appartenir	: *tenir*	détordre	: *rendre*	parcourir	: *courir*
apprendre	: *rendre*	détruire	: *conduire*	parvenir	: *venir*
asservir	: *finir*	devenir	: *venir*	peindre	: *craindre*
assortir	: *finir*	dévêtir	: *vêtir*	pendre	: *rendre*
astreindre	: *craindre*	disconvenir	: *venir*	percevoir	: *recevoir*
atteindre	: *craindre*	discourir	: *courir*	perdre	: *rendre*
attendre	: *prendre*	disjoindre	: *craindre*	permettre	: *mettre*
bruiner	: *neiger*	disparaître	: *connaître*	plaindre	: *craindre*
brumer	: *neiger*	dissoudre	: *absoudre*	pondre	: *rendre*
ceindre	: *craindre*	distendre	: *rendre*	pourfendre	: *rendre*
circonscrire	: *écrire*	distraire	: *traire*	poursuivre	: *suivre*
circonvenir	: *venir*	éclore	: *clore*	prédire	: *médire*
combattre	: *battre*	élire	: *lire*	pressentir	: *partir*
commettre	: *mettre*	émettre	: *mettre*	prétendre	: *rendre*
comparaître	: *connaître*	empreindre	: *craindre*	prévenir	: *venir*
complaire	: *plaire*	enceindre	: *craindre*	produire	: *conduire*
comprendre	: *prendre*	enclore	: *clore*	promettre	: *mettre*
compromettre	: *mettre*	encourir	: *courir*	proscrire	: *écrire*
concevoir	: *recevoir*	endormir	: *dormir*	provenir	: *venir*
concourir	: *courir*	enduire	: *conduire*	rabattre	: *battre*
condescendre	: *rendre*	enfreindre	: *craindre*	réapparaître	: *connaître*
confondre	: *rendre*	entendre	: *rendre*	reconnaître	: *connaître*
conjoindre	: *craindre*	entreprendre	: *prendre*	reconstruire	: *conduire*
conquérir	: *acquérir*	entretenir	: *tenir*	recoudre	: *coudre*
consentir	: *partir*	entrevoir	: *voir*	recourir	: *courir*
construire	: *conduire*	entrouvrir	: *offrir*	recouvrir	: *offrir*
contenir	: *tenir*	épandre	: *rendre*	récrire	: *écrire*
contraindre	: *craindre*	épreindre	: *craindre*	recroître	: *croître*
contredire	: *médire*	équivaloir	: *valoir*	recueillir	: *cueillir*
contrefaire	: *faire*	éteindre	: *craindre*	recuire	: *cuire*
contrevenir	: *venir*	étendre	: *rendre*	redescendre	: *rendre*
convaincre	: *vaincre*	étreindre	: *craindre*	redevenir	: *venir*
convenir	: *venir*	exclure	: *conclure*	redevoir	: *devoir*
correspondre	: *rendre*	extraire	: *traire*	redire	: *dire*
corrompre	: *rompre*	feindre	: *craindre*	réduire	: *conduire*
couvrir	: *offrir*	fendre	: *rendre*	refaire	: *faire*
débattre	: *battre*	fondre	: *rendre*	refendre	: *rendre*
décevoir	: *recevoir*	geindre	: *craindre*	refondre	: *rendre*
découdre	: *coudre*	geler	: *neiger*	rejoindre	: *craindre*
découvrir	: *offrir*	grêler	: *neiger*	relire	: *lire*
décrire	: *écrire*	impartir	: *finir*	remettre	: *mettre*
dédire	: *médire*	inscrire	: *écrire*	remordre	: *rendre*
déduire	: *conduire*	instruire	: *conduire*	rendormir	: *dormir*
défaillir	: *assaillir*	interdire	: *médire*	renvoyer	: *envoyer*
défaire	: *faire*	interrompre	: *rompre*	repaître	: *connaître*
déjoindre	: *craindre*	intervenir	: *venir*	répandre	: *rendre*
démentir	: *partir*	introduire	: *conduire*	repartir	: *partir*
démettre	: *mettre*	investir	: *finir*	répartir	: *finir*
démordre	: *mordre*	joindre	: *craindre*		
départir	: *partir*	maintenir	: *tenir*		
dépeindre	: *craindre*	méconnaître	: *connaître*		

repeindre	: *craindre*	rouvrir	: *offrir*	soustraire	: *traire*
rependre	: *rendre*	s'abstenir	: *tenir*	soutenir	: *tenir*
reperdre	: *rendre*	satisfaire	: *faire*	subvenir	: *venir*
répondre	: *rendre*	s'ébattre	: *battre*	surfaire	: *faire*
reprendre	: *prendre*	secourir	: *courir*	surprendre	: *prendre*
reproduire	: *conduire*	séduire	: *conduire*	survenir	: *venir*
requérir	: *acquérir*	se méprendre	: *prendre*	survivre	: *vivre*
ressentir	: *partir*	se morfondre	: *rendre*	suspendre	: *rendre*
resservir	: *servir*	s'enfuir	: *fuir*	teindre	: *craindre*
ressortir	: *partir*	s'enquérir	: *acquérir*	tendre	: *rendre*
ressortir	: *finir*	sentir	: *partir*	tondre	: *rendre*
(terme judiciaire)		s'entremettre	: *mettre*	tonner	: *neiger*
restreindre	: *craindre*	s'éprendre	: *prendre*	tordre	: *rendre*
reteindre	: *craindre*	se repentir	: *partir*	traduire	: *conduire*
retendre	: *rendre*	se ressouvenir	: *venir*	transcrire	: *écrire*
retenir	: *tenir*	se souvenir	: *venir*	transmettre	: *mettre*
retordre	: *vendre*	sortir	: *partir*	transparaître	: *connaître*
revêtir	: *vêtir*	souffrir	: *offrir*	travestir	: *finir*
revendre	: *rendre*	soumettre	: *mettre*	tressaillir	: *assaillir*
revivre	: *vivre*	sourire	: *rire*	vendre	: *rendre*
revoir	: *voir*	souscrire	: *écrire*	venter	: *neiger*

Verbes irréguliers ayant des particularités
(Le verbe en italique sert de modèle et figure dans les tableaux de conjugaison.)

accroître : *croître*
Participe : accru, sans accent.

circoncire : *suffire*
Participe : circoncis, en s.

décroître : *croître*
Participe : décru, sans accent.

émouvoir : *mouvoir*
Participe : ému, sans accent.

fleurir : *fait* **florissait, florissant,** dans le sens de splendeur.

forfaire : *faire*
Usité à l'infinitif et aux temps composés.

importer : *neiger*
Impersonnel dans le sens d'être important.

luire : *conduire*
Passé simple et plus-que-parfait inusités.

parfaire : *faire*
Usité à l'infinitif et aux temps composés.

promouvoir : *mouvoir*
Usité à l'infinitif, aux participes : **promouvant, promu** et aux temps composés.

reluire : *luire*

renaître : *naître*
Pas de participe passé, pas de temps composés.

revaloir : *valoir*
Usité au futur et au conditionnel.

saillir : (dans le sens de sortir)
Se conjugue comme *finir*.

saillir : (dans le sens d'être en saillie, s'avancer au-dehors, déborder) *cueillir*
S'emploie à l'infinitif et aux 3es personnes seulement (rare).

s'agir : *finir*
Impersonnel.

s'ensuivre : *suivre*
À l'infinitif et aux 3es personnes de chaque temps.

Verbes défectifs peu usités
(Employés seulement aux temps indiqués et dans des formes figées.)

accroire, à l'infinitif.

apparoir, dans : **il appert** = il est évident.

bayer, dans : **bayer aux corneilles.**

bienvenir, à l'infinitif.

chaloir, dans : **peu me chaut** = peu m'importe.

choir (tomber), à l'infinitif, au participe : **chu** ; au futur : **cherra.**

déclore, à l'infinitif.

déconfire, au participe : **déconfit.**

écloper, au participe : **éclopé.**

émoudre, au participe : **émoulu.**
Être frais **émoulu** du collège.

ester, dans : **ester en justice**

férir (frapper), dans : **sans coup férir** ; au participe : **féru.**
Être **féru** d'histoire.

forclore, à l'inf., au part. : **forclos** = avoir perdu ses droits.

imboire, au participe : **imbu** = pénétré de.

inclure, à l'infinitif, au participe : **inclus.**

issir, au participe : **issu** (sorti d'une race), issu d'une famille...

mécroire, à l'infinitif.

oindre, au futur : **oindra** ; à l'impératif : **oignez** ; au part. : **oint.**

ouïr, à l'infinitif et dans : **ouï-dire.**

perclure, au participe : **perclus.**

poindre, dans : **le jour point, poindra.**

quérir, à l'infinitif.

ravoir, à l'infinitif.

reclure, à l'infinitif, au participe : **reclus.**

sourdre, à l'infinitif et dans : **l'eau sourd.**

tistre (tisser) au participe : **tissu.**
Une vie **tissue** de joies.

transir (pénétré, engourdi de froid) dans : **la pluie me transit ; je suis, tu es transi...**

EXERCICES

563. Écrivez aux première et troisième personnes du singulier du présent de l'indicatif les verbes suivants.

requérir   mouvoir   pouvoir   souffrir   résoudre   vaincre

564. Écrivez aux troisièmes personnes du passé simple les verbes suivants.

boire   croire   savoir   naître   résoudre   pourvoir
devoir   croître   coudre   taire   mourir   complaire

565. Écrivez aux troisièmes personnes du futur simple les verbes suivants.

acquérir   recueillir   mouvoir   refaire   convenir   équivaloir
assaillir   pouvoir   savoir   courir   concevoir   prévoir

566. Écrivez aux premières personnes du présent du subjonctif les verbes suivants.

craindre   fuir   voir   envoyer   moudre   satisfaire
croître   rire   croire   conclure   transcrire   soustraire

567. Mettez les verbes entre parenthèses aux temps indiqués.

Nous (avoir, *imparfait*) beaucoup d'envie pour celles qui (porter, *imparfait*) ces petites vitres sur le nez. Ma sœur (avoir, *imparfait*) cette chance. Je (mettre, *imparfait*) ses lunettes parfois et, malgré une image qui me (donner, *imparfait*) le vertige, je … bien (sortir, *conditionnel passé, 1re forme*) ainsi dans la rue si – à cause de leur prix – elles n'(être, *plus-que-parfait du subjonctif*) des objets quasiment sacrés. Impossible d'y toucher. Elles (être, *imparfait*), pour celle qui les (porter, *imparfait*), un réel pouvoir. Elle (ne pas pouvoir, *imparfait*) faire ceci ou cela. Pas courir – pas trop. Il (ne pas falloir, *imparfait*) la bousculer, la brutaliser. Avant même qu'on l'(toucher, *conditionnel passé*), elle (crier, *imparfait*) : «Attention à mes lunettes.» Ma sœur (échapper, *imparfait*) ainsi à un certain nombre de claques maternelles. (Marie Rouanet : *Nous les Filles*, Payot.)

568. Mettez les verbes entre parenthèses aux temps indiqués.

S'il (s'agir, *imparfait*) ici de le faire empereur, je (pouvoir, *conditionnel présent*) lui laisser mon nom. (Corneille) – Les marquis tantôt se lèveront, tantôt (s'asseoir, *futur simple*), suivant leur inquiétude naturelle. (Molière) – Loin de l'aspect des rois, qu'il s'écarte, qu'il (fuir, *subjonctif présent*). (Racine) – Héraclius (mourir, *futur simple*), comme (vivre, *passé composé*) Léonce. (Corneille) – Il se tenait au pied de la chaire, face aux élèves, comme il (seoir, *présent*). (A. Gide) – Il (s'ensuivre, *présent*) que de simples clartés ne (pouvoir, *futur simple*) être données à tous que par des auteurs de choix. (F. Durieux) – Il (vouloir, *plus-que-parfait*) un chat pour se distraire et le matou passait des journées entières sur le lit. (J. Mitterrand) – Cent fois, ils (croire, *plus-que-parfait*) qu'il rouleraient à la mer. (R. Vercel) – Mes yeux (savoir, *futur simple*) le voir sans verser une larme. (Corneille) – Godefroid (s'enquérir, *passé simple*) si la maison était habitée par des gens tranquilles. (Balzac) – Leurs voix (monter, *passé simple*), (éclater, *passé simple*), (devenir, *passé simple*) terribles, puis d'un seul coup (se taire, *passé simple*). (Flaubert) – Je (refaire, *passé simple*) mon lit dans le château, je (s'endormir, *passé simple*). (Maupassant) – Elle (appeler, *conditionnel présent*) Louis et elle (trouver, *conditionnel présent*) des mots pour le convaincre. (P. Gamarra)

Exercices de révision

569. Mettez les verbes en italique au temps qui convient. Indiquez ce temps entre parenthèses.

Vous permettez que je *prendre* cette chaise pour me reposer ? – Henriette, bien qu'elle ne *connaître* pas la musique, *chanter* très bien les chansons à la mode, car elle écoute la radio toute la journée. – Allume la lampe, que nous y *voir* clair. – Pour qu'il *connaître* la maison et s'y *trouver* à l'aise, nous laissâmes le petit chat errer partout. – Parce que vous êtes riches, vous *se croire* tout permis. – On verra la meilleure solution, soit qu'il *falloir* abandonner le projet, soit que nous le *réviser* pour en diminuer le coût. – Je lui jetai le ballon si fort qu'il en *tomber* par terre. – Comment il arriva que mon brave chien me *mordre*, je n'en sais rien. – Allumez la lampe, vous n'y *voir* plus rien. – Tous renseignements seront donnés à qui les *demander*. – J'étais irrité qu'ils *oser* répondre insolemment et qu'on les *écouter* sans les rappeler à l'ordre. – J'ai demandé que vous *repeindre* cette chambre en blanc pour éclaircir la pièce. – Nous insistions pour qu'il *venir* à notre soirée en y apportant ses disques les plus récents. – Le bambin maniait si mal le marteau qu'il *se frapper* sur les doigts et *se mettre* à pleurer. – Qu'il *s'être* compromis dans ces chapardages, je ne le *penser* pas, car je le *savoir* très honnête.

570. Mettez les verbes en italique au temps composé qui convient. Indiquez ce temps entre parenthèses.

L'auto démarra à grand bruit. Olympe la suivit du regard jusqu'à ce qu'elle *tourner* le coin de la rue. (D. ROLIN) – De sa poche, il tira une flûte, un simple pipeau qu'il *tailler* lui-même dans une branche de sureau. (R. ESCUDIÉ) – Elle resta assise, sans bouger, jusqu'à ce qu'Auguste Yquelon *se rendormir*. (D. ROLIN) – Dès qu'elle *vider* son écuelle et *boire* l'eau à la gourde, Louise se blottit contre les jambes de son père. (B. CLAVEL) – J'avais pris aux poètes, dès le collège, un goût que j'*garder* heureusement. (A. FRANCE) – Mais je crois que j'*entendre* le grelot de la porte du jardin. (M. PROUST) – Une vieille dame s'approcha de moi sans que j'*entendre* la porte s'ouvrir. (P. LOTI) – Quand il *doubler* plusieurs coudes de ce couloir, il écouta encore. (V. HUGO) – Pour rien au monde elle n' *bouger* de sa cachette. (F. DESCHAMPS) – À dix-huit ans, quand j' *finir* mes premières études, l'esprit las de travail, je partis sur les routes, sans but. (A. GIDE)

571. L'accent circonflexe a parfois été oublié sur *eut* ou *fut*. Rétablissez l'ortho-graphe correcte si nécessaire. Indiquez entre parenthèses l'infinitif et le temps.

Si petit qu'il fut, mon frère allait avoir vingt ans. Ma mère le voyait comme s'il en avait toujours quinze et elle eut voulu qu'il n'en eut jamais davantage. Quand il nous eut quittés, j'attendis qu'elle se fut remise de ses inquiétudes pour lui faire part de mes projets.

Dès qu'il eut avalé son café, Rodolphe se leva et sortit. Quand il fut parti, le patron de l'auberge dit que c'était un étrange personnage. Jamais il n'eut la possibilité de savoir d'où il venait. Je trouvais d'ailleurs étonnant qu'un repas eut suffi pour lier connaissance. Le voyageur montrait beaucoup de réserve et il se fut aisément passé de tant de curiosité.

Les signes orthographiques
Les accents

Premier cas où l'on ne double pas la consonne.

On ne double pas la consonne qui suit une voyelle accentuée (sauf dans **châssis** et les mots de sa famille). Ainsi, on écrit : **bâtir, hérisson, prophète.**
Les accents tiennent parfois la place d'une lettre disparue, le plus souvent d'un **s** ou d'un **e**.
forêt / forestier – gaîté / gaieté

Remarque
Lever immédiatement la plume pour mettre l'accent sur la voyelle, avant d'écrire la consonne qui suit. Ainsi, dans *bâtir,* si l'on met **immédiatement** l'accent circonflexe sur la lettre **â,** on sait qu'il ne faut qu'un **t.**

affût	bélître	brûler	dîner	flûte	mûrir	surcroît
appât	boîte	chaîne	faîte	gîte	piqûre	voûte

Attention
On écrit *abîme* et *cime, jeûner* et *déjeuner, fût* et *futaie.*
Dans une même famille, une même voyelle peut être accentuée dans certains mots et ne pas l'être dans d'autres. La prononciation renseigne assez souvent.
pôle / polaire – grâce / gracieux

Deuxième cas où l'on ne double pas la consonne.

Après une consonne, on ne double pas la consonne qui suit sauf à l'imparfait du subjonctif des verbes **tenir, venir** et de leurs composés. Ainsi on écrit : **gonflement, insecte, antenne, angoisse...**
Mais : que je **tinsse,** que tu **tinsses,** (qu'il **tînt**) ; que je **convinsse...**

antipode	artisan	confluent	infection	intention
antiquaire	concourir	dimension	infirmité	inversion

Par contre, la **consonne qui suit une voyelle** peut être simple ou double selon l'usage et la prononciation.

atome	attente	soufre	souffle	colonne

EXERCICES

572. Conjuguez au passé simple et à l'imparfait du subjonctif.

revenir de la plage   retenir son chien

573. Conjuguez au présent de l'indicatif.

1° souffrir du froid   soufrer la vigne

2° traverser la lande   gonfler le ballon

574. À la place des points, mettez :

- f ou ff.

dé...ormer, ron...ler, con...orter, sou...lerie, ga...e, agra...e, dé...ense, o...ense, sou...rer, sou...rir.

- t ou tt.

en...endre, a...endre, pré...endre, con...redire, a...elier, a...errissage, a...ermoiement, a...elage.

- c ou cc.

a...ourir, con...ourir, en...lencher, a...roc, con...ret, dé...lamer, a...lamer.

- p ou pp.

a...ercevoir, dé...orter, a...latir, ra...ort, re...ort, com...ortement, a...aisement, ra...el, a...ostrophe.

575. Écrivez les verbes à l'imparfait du subjonctif.

Mes amis, j'aimerais que vous vous *tenir* près de moi. – Pour que la biche ne se sauve pas, il aurait fallu que nous *retenir* notre souffle. – Il serait souhaitable que tu *venir* de bonne heure pour profiter d'une bonne journée à la campagne. – Il conviendrait qu'ils me *prévenir* de leur arrivée pour que j'*aller* les chercher à la gare. – Pour qu'ils *se souvenir* d'elle, la grand-mère leur racontait son enfance.

Le tréma

On met un **tréma** sur une voyelle pour indiquer qu'elle se détache de celle qui la précède. Les voyelles **e, i** et **u** peuvent être surmontées du tréma.

ciguë – faïence – capharnaüm

Dans **ciguë, aiguë,** etc., le tréma sur l'**e** indique que ces mots doivent être prononcés autrement que **figue, digue** où la lettre **u** est placée pour donner au **g** une articulation dure.

aïeul	caïque	caraïbe	héroïne	mosaïque	païen
baïonnette	camaïeu	celluloïd	laïc	naïade	stoïcisme
caïman	canoë	égoïsme	maïs	oïdium	thébaïde

Remarque

Dans quelques noms propres, le tréma sur l'**e** indique que cette lettre ne se prononce pas (*Mme de Staël*).

La cédille

La **cédille** se place sous le **c** devant **a, o** et **u** quand le **c** doit **conserver** le son [s].
Français – glaçon – gerçure

aperçu	charançon	étançon	forçat	poinçon	séneçon
arçon	curaçao	fiançailles	pinçon	rançon	soupçon

Attention

Dans le mot *douceâtre,* l'**e** après le **c** est la survivance d'un vieil usage.

EXERCICES

576. Donnez un ou deux mots qui ont conservé l's, de la famille des mots suivants.

goût   vêpres   ancêtre   maraîcher   intérêt   prêt   ci-gît

577. Donner un mot où *a, o* et *u* n'est pas accentué, de la famille des mots suivants.

côte   diplôme   infâme   tâter   sûr   fût   arôme   fantôme

578. Doit-on mettre *un* ou *deux t* dans 1°, *un* ou *deux n* dans 2°, *un* ou *deux r* dans 3°, *un* ou *deux l* dans 4°, *un c* ou *deux s* dans 5° ?

1° bâ…iment   pâ…eux   aigre…e   athlè…e   silhoue…e   diè…e
2° phalè…e   re…e   frê…e   pê…e   pe…e   rê…e
3° hé…isson   taniè…e   te…asse   é…aflure   inté…essant   fougè…e
4° parce…e   hé…ice   goé…ette   clientè…e   gaze…e   zè…e
5° pré…ipice   pré…ieux   ré…ent   pre…ion   care…e   espè…e

579. Employez avec un nom les adjectifs comprenant une lettre portant le tréma de la famille des noms suivants.

œuf   trapèze   héros   paganisme   hébreu   naître   hélice   haine

580. Donnez la qualité exprimée par : *ambigu, contigu, exigu.*

581. L'accentuation a été oubliée, rétablissez-la.

Les invites decouvraient le parc du chateau. Une allee de mosaiques, bordee de faiences fleuries, traversait les pelouses. Ici des massifs de rosiers tachaient le gazon, la des glaieuls dressaient leurs feuilles aigues. Lorsqu'on penetrait sous la futaie, la lumiere d'ete rayonnait au faite des hetres et des chataigniers. Un chene centenaire s'etalait au milieu d'une clairiere. La quietude des lieux etait quelquefois troublee par un ecureuil d'une inouie legerete qui grimpait vers les cimes ou quelque lapin se hatant vers son gite.

582. Remplacez les points par *c* ou *ç*.

aper…evoir   fa…on   grima…ant   ger…ure   su…ette   gla…ier
commer…ant   fa…ade   ré…itation   pin…eau   ré…if   gla…on

M devant *m, b, p*

Devant **m, b, p,** il faut écrire **m** au lieu de **n.**
emmêler – déambuler – un crampon – la jambe

Exceptions : bonbon, bonbonne, bonbonnière, embonpoint, néanmoins, mainmise et les formes verbales en **-înmes** (nous tînmes...)

emmailloter	ambulance	symbole	crampon	pamphlet	symphonie
emmancher	embarras	tambour	hampe	pompon	symptôme
emmitoufler	embryon	camphre	nymphe	sympathie	triomphe

Noms en *-eur* [œr]

Les noms en *-eur* s'écrivent «**eur**», sauf : le **beurre**, la **demeure**, l'**heure**, un **leurre**, un **heurt** (heurter). Ainsi, on écrit : la **liqueur,** la **splendeur**, le **dompteur**...

ampleur	chœur	frayeur	minceur	odeur	rumeur
ardeur	cœur	horreur	mœurs	rancœur	sœur
chaleur	douleur	humeur	noirceur	rigueur	vigueur

Noms en *-eau, -au, -aud, -aut, -aux* [o]

La plupart des noms terminés par le son [o] s'écrivent «**eau**».
Quelques-uns se terminent par *-au, -aud, -aut, -aux.*
Lorsque le son final [o] s'écrit «**au**» et est suivi d'une consonne, il ne prend jamais de **e.**

anneau	faisceau	manteau	étau	badaud	ressaut
drapeau	lambeau	pinceau	fléau	crapaud	chaux
escabeau	lionceau	rouleau	tuyau	artichaut	taux

Noms en *-ot, -oc, -op, -os, -o* [o]

Un certain nombre de noms se terminent par *-ot, -oc, -op, -os.* Il est **souvent** facile de trouver la **terminaison** convenable à l'aide d'un mot de la **même famille** : *cahot* (cahoter).
Quelques noms terminés par le son [o] s'écrivent «**o**».

cachalot	goulot	magot	dos	croc	lasso
chariot	hublot	manchot	héros	brasero	mémento
ergot	javelot	pavot	broc	cargo	sirocco

EXERCICES

583. Donnez le contraire des mots suivants.

mangeable	émerger	émigrer	moral	débusquer	perfectible
déblayer	dégager	déballer	modeste	débarquer	pitoyable

584. Donnez le verbe qui correspond aux expressions suivantes.

Mettre dans un sac, en pile, en broche, dans sa poche, en grange, en bouteilles, en paquet – donner de la beauté – serrer dans ses bras – orner d'un ruban – couvrir de pierres, de buée, de neige – enduire de glu – rendre laid – poudrer de farine

585. Mettez la lettre qui convient.

a.ple	e.ja.ber	co.te.pler	co.péte.t	e.mener	la.pée
aplo.b	e.co.brer	co.co.bre	pri.te.ps	e.mêler	i.patient

586. Donnez les noms exprimant la même qualité que les adjectifs suivants.

frais	tiède	ample	mince	ardent	splendide
hideux	sapide	horrible	aigre	torpide	stupide

587. Avec un mot de la même famille, justifiez la dernière lettre.

sabot	maillot	grelot	calot	sanglot	galop
linot	ballot	tricot	repos	complot	propos
croc	bibelot	dos	trot	sirop	accroc

588. Justifiez la lettre en italique dans les noms suivants.

cer*c*eau   ar*c*eau   badau*d*   échafau*d*   réchau*d*   tau*x*   soubresau*t*

589. Donnez un dérivé en -*ot* des noms suivants.

char   cage   gueule   coq   île

590. Placez comme il convient : *vanneau, ormeau, odeur, hampe, cymbale, étourneau, anneau, enjambée.*

Dans les fentes des vieux … de la place, des mésanges bâtissaient leurs nids. (POUVILLON) – Des peupliers s'échappent des vols d'… et de … (G. PONSOT) – Les cheveux ondulés étaient teints et d'immenses … de cuivre pendaient aux oreilles de Rita. (C. RIHOIT) – Le drapeau se dressait fièrement sur sa … (E. MOSELLY) – Il se trouva bientôt pris dans un tourbillon de bruits, d'… et de couleurs qui le remplit de joie. (R. ESCUDIÉ) – Une dizaine d'… lui suffirent pour traverser la pâture où ne paissait plus depuis longtemps nul animal. (P.-J. HÉLIAS) – Un paillasse tapait sur une grosse caisse avec accompagnement de … (E. LE ROY)

591. Placez comme il convient : *pinceau, escabeau, réchaud, taux, rouleau, faisceau, ressaut, étau, défaut.*

Il dirigeait le … de sa lampe vers le sol pour éclairer le chemin. – Le mécanicien limait consciencieusement la pièce de fer bien serrée dans les mâchoires de l'… – Juché sur un …, Henri essayait d'atteindre les livres rangés sur l'armoire. – Le carrossier passait sa main sur la tôle redressée pour voir s'il ne subsistait pas quelque … – Grand-mère cuisait son repas sur un vieux … à gaz. – Il est préférable de peindre les murs avec un … plutôt qu'avec un … – En France, le … d'alcoolémie pour les conducteurs doit être inférieur à 0,80 g par litre de sang. – Dans son escalade, l'alpiniste utilisait le moindre … pour reprendre des forces.

Noms en *-ail, -eil, -euil* et en *-aille, -eille, -euille*

Les noms **masculins** terminés par *-ail, -eil, -euil* ne prennent qu'un **l** et les noms **féminins** font «**lle**».
*le berc*ail – *le rév*eil – *le bouvr*euil – *l'accu*eil – *l'orgu*eil – *la ferr*aille – *la corn*eille – *la f*euille

Remarque

Chèvrefeuille, portefeuille, millefeuille, formés de *feuille*, s'écrivent «**lle**», mais il faut écrire *cerfeuil*. On écrit «**ueil**» pour «**euil**» derrière un **g** ou un **c**.

détail	appareil	fauteuil	écueil	broussaille	corbeille
émail	éveil	seuil	œil	écaille	oseille
portail	orteil	treuil	recueil	volaille	treille

Noms en *-et, -ai, -aie*

Les noms **masculins** terminés par le son [ɛ] **(è)** s'écrivent générale-ment «**et**» (le **budget**, un **archet**) et les noms **féminins** terminés par le son [ɛ] s'écrivent «**aie**» , (une **plaie**), sauf la **paix** et la **forêt**.

Remarques

1.   Les noms masculins en [ɛ] qui appartiennent à la famille d'un verbe en ***-ayer*** s'écrivent «**ai**».
un étai (étayer) – *le balai* (balayer)

2.   Certains noms féminins en ***-aie*** désignent un lieu planté d'arbres d'une même espèce.
une olivaie – une roseraie

alphabet	budget	hochet	claie	legs	portrait	faix
archet	corselet	jarret	laie	mets	souhait	geai
beignet	flageolet	muguet	maie	abcès	dais	quai
bourrelet	gantelet	pistolet	raie	cyprès	marais	jockey
bracelet	guichet	ticket	taie	aspect	relais	poney

Noms en *-oir* et en *-oire*

Les noms **masculins** terminés par le son [w a ʀ] **(oir)** s'écrivent géné-ralement «**oir**» (le **comptoir**, le **trottoir**). Les noms **féminins** terminés par ce son s'écrivent **toujours** «**oire**» (la **victoire**, la **nageoire**).

masculin				féminin	
boudoir	dressoir	loir	ostensoir	mâchoire	poire
boutoir	encensoir	manoir	peignoir	mémoire	trajectoire

Noms masculins en *-oire* :

accessoire	conservatoire	infusoire	laboratoire	prétoire	répertoire
auditoire	déboire	interrogatoire	observatoire	promontoire	réquisitoire
ciboire	grimoire	ivoire	oratoire	réfectoire	territoire

EXERCICES

592. Donnez le nom d'un lieu planté de :

châtaigniers	pommiers	ronces	palmiers	cerisiers	hêtres
osiers	chênes	saules	peupliers	pins	noisetiers
pruniers	bouleaux	ormes	platanes	aulnes	frênes

593. Par un mot de la même famille, justifiez la partie en italique.

rembl*ai*	ess*ai*	miner*ai*	harn*ais*	congr*ès*	exc*ès*
débl*ai*	rel*ais*	dél*ai*	p*aix*	engr*ais*	acc*ès*
progr*ès*	respe*ct*	bi*ais*	méf*ait*	portr*ait*	tr*ait*

594. Qu'est-ce qu'une *effraie*, une *orfraie* ?

595. Donnez le nom en *-oir* ou en *-oire* correspondant aux verbes suivants.

écheniller	amorcer	heurter	cueillir	dévider	entonner
promener	accouder	sarcler	racler	bouillir	laminer
agenouiller	accoter	buter	larder	manger	rôtir

596. Cherchez quelques autres mots en *-oir* ou en *-oire*.

597. Écrivez la troisième personne du singulier du présent de l'indicatif, puis le nom homonyme des verbes suivants.

sommeiller	recueillir	conseiller	travailler	batailler	détailler
accueillir	appareiller	écailler	émailler	réveiller	éveiller

598. Donnez le diminutif des noms suivants.

os	bâton	gant	tonneau	agneau	manteau	cordon
roi	coussin	mule	oiseau	anneau	château	wagon

599. Dans les phrases suivantes, placez comme il convient les mots suivants :

1° *dressoir, perchoir, auditoire, grimoire, observatoire, mémoire.*

Un … d'astronomie a été installé au pic du Midi de Bigorre. – Dès ses premiers mots, l'… devint attentif et tomba sous le charme de ses paroles. – Le siège du président de l'Assemblée Nationale est familièrement appelé le… – Penché sur son …, le sorcier cherchait en vain à déchiffrer quelque formule magique. – Les pièces de vaisselle étaient placées sur un … au milieu de la grande salle. – Le représentant de l'association donna le … de ses dépenses au trésorier.

2° *quinquet, dais, maie, paix.*

Un jour de la fin de l'hiver, la … de la colline fut troublée par un bruit insolite. (P.-J. Hélias) – Le trône du sultan est placé sous un … rouge et or. (P. Loti) – Deux … allumés devant la porte de la baraque ondulaient au vent. (Alain-Fournier) – L'horloge éparpille la poussière du temps sur les chaises de bois et sur la … où l'on pétrit le pain. (E. Moselly)

Noms masculins en *-er, -é*

Les noms **masculins** terminés par le son [e] (**é**) s'écrivent le plus souvent «**er**».
le coucher – le quartier
Parmi les noms en **é**, certains dérivent de **participes passés** et s'écrivent **é**.
un blessé – l'invité

balancier	déjeuner	hôtelier	romancier	autodafé	degré
baudrier	dîner	joaillier	routier	canapé	fossé
bûcher	geôlier	maraîcher	rucher	chimpanzé	fourré
cellier	goûter	métier	sanglier	cliché	gué

Noms féminins en *-é, -ée*

Les noms **féminins** terminés par le son [e] (**é**) et qui ne se terminent pas par les syllabes *-té* ou *-tié* s'écrivent «**ée**».
une azalée – une orchidée – une simagrée
Exceptions : psyché, acné, clé.

chaussée	embardée	fricassée	mosquée	panerée	ruée
chevauchée	enjambée	huée	odyssée	pharmacopée	saignée
denrée	équipée	jonchée	onomatopée	pincée	tombée
échauffourée	flambée	lampée	orée	randonnée	traînée

Remarque
Clé s'écrit aussi *clef*. En vieux français, on écrivait *une clef, des clés*.

Noms féminins en *-té* ou en *-tié*

Les noms **féminins** terminés par les sons [t e] (**té**) ou [t j e] (**tié**) s'écrivent plutôt «**é**».
la cité – l'humidité – une anfractuosité – la pitié
Exceptions :
1. Les noms exprimant le **contenu** d'une chose.
la charretée (contenu de la **charrette**)
2. Les six noms usuels suivants.
la butée – la dictée – la jetée – la montée – la pâtée – la portée

acuité	dextérité	hérédité	magnanimité	pusillanimité	spontanéité
aménité	ébriété	humilité	partialité	sagacité	velléité
aspérité	étanchéité	indemnité	promiscuité	satiété	amitié

EXERCICES

600. Donnez le nom en -*té* qui correspond aux adjectifs suivants.

bref	pieux	malin	affable	obséquieux	subtil
fier	habile	lucide	crédule	immense	intègre
naïf	gai	hilare	énorme	nécessaire	inique
faux	assidu	vénal	téméraire	majestueux	austère

601. Donnez l'adjectif qui correspond aux noms suivants.

sûreté	aménité	sinuosité	impétuosité	monstruosité	annuité
âcreté	ténuité	cupidité	perpétuité	perspicacité	loquacité
âpreté	frivolité	futilité	solidarité	multiplicité	précocité

602. Donnez le nom exprimant le contenu (ou la quantité) correspondant aux noms suivants ; ajoutez un complément.

pot	pince	plat	chaudron	ruche	nuit
nid	panier	maison	aiguille	râteau	cuillère
bol	table	charrette	truelle	fourche	poêle
bras	four	hotte	assiette	brouette	pelle

603. Mettez la terminaison convenable (*é* ou *ée*).

hilarit…	lit…	chert…	hott…	équit…	majest…
fourchett…	nif…	pot…	but…	suavit…	pellet…
adversit…	cit…	port…	joint…	félicit…	jatt…

604. Mettez la terminaison convenable.

Les subtilit… d'un texte. – Des pellet… de sable. – Les anfractuosit… du rocher. – Les cavit… du cœur. – Des indemnit… de logement. – Des sant… de fer. – Des sociét… de transport. – Des amiti… de longue date.

605. Dans les phrases suivantes, placez comme il convient les mots suivants :

1° *randonnée, ondée, inimitié, aspérité, cité, hilarité, opacité.*

Le territoire de la France est traversé par des sentiers de grande … – Une maigre végétation s'accroche aux … de la roche. – Dès qu'il apparaissait, son accoutrement ridicule déclenchait l'… générale. – Dans les bidonvilles des régions tropicales, les … sont l'occasion de faire sa toilette. – Les deux bandes nourrissaient depuis longtemps une … tenace. – L'… des vitres dépolies nous protégeait des curieux. – La … ouvrière alignait ses maisons uniformes où les familles vivaient à l'étroit.

2° *orée, lancer, groseillier, instantanéité, excentricité, odyssée.*

Le taureau ne fit aucune des … que se permettent les jeunes taureaux. (P. Fisson) – Avec une prodigieuse …, d'un bout à l'autre de Paris, la nouvelle se répand. (J. d'Esme) – Je voudrais vivre à l'… d'un bois. (A. France) – Les lisières avaient leurs … blancs et rouges. (J. Cressot) – Magneux regardait son ami. Il admirait sa précision dans le … du lourd marteau. (H. Poulaille) – Philosophie, romans, voyages, théories morales, relations d'… lui découvraient des horizons. (P. Audiat)

Noms en *-i*

Les noms **féminins** terminés par le son [i] **(i)** s'écrivent «**ie**» (**la bon-homie, une prophétie, une ortie, la zizanie**), sauf : **souris, brebis, perdrix, fourmi et nuit.**

hégémonie	bizarrerie	théorie	calvitie	sympathie
insomnie	forfanterie	hypocrisie	facétie	dynastie
parcimonie	intempérie	phtisie	péripétie	éclaircie
tyrannie	orfèvrerie	autopsie	suprématie	apoplexie
myopie	sorcellerie	argutie	antipathie	asphyxie

Remarque

Merci, masculin ou féminin, s'écrit «**i**» : *un grand merci, à la merci.*

Noms en *-u*

Les noms **féminins** terminés par le son [y] **(u)** s'écrivent «**ue**» (**sang-sue, cohue, ciguë, battue**), sauf : **bru, glu, tribu** et **vertu.**

féminin			masculin		
bévue	grue	mue	fichu	jus	bahut
cornue	issue	verrue	tissu	talus	flux

Noms en *-ure* et en *-ule*

1. Les noms terminés par le son [yʀ] **(ure)** s'écrivent «**ure**» (**une ra-yure, le mercure**).
Exceptions : mur, fémur, azur, futur.
2. Les noms terminés par le son [yl] **(ule)** s'écrivent «**ule**» (**la mandi-bule, un véhicule**).
Exceptions : calcul, recul, consul.
Bulle et **tulle** s'écrivent avec deux **l**.

un augure	une gageure	le, la pédicure	la campanule	la renoncule
une envergure	une miniature	la sculpture	un opuscule	un tentacule

Noms en *-ou*

Les noms **féminins** terminés par le son [u] **(ou)** s'écrivent «**oue**» (**la houe, la proue**). **Exception : la toux.**
Les noms **masculins** se terminent généralement par «**ou**» (**le biniou, le cou**).

la boue	l'acajou	le courroux	le caoutchouc	le ragoût

Noms en *-oi*

1. Les noms **masculins** terminés par le son [w a] **(oi)** s'écrivent assez souvent «**oi**», et les noms **féminins** «**oie**».

l'emploi – l'émoi – la courroie – la lamproie

2. On trouve par ailleurs d'autres terminaisons.

le bois – le foie – la paroi – la voix…

un aboi	la foi	la courroie	la soie	le pois
un émoi	la loi	une joie	la voie	le choix
un envoi	le tournoi	une proie	le poids	la croix

EXERCICES

606. 1° Trouvez les noms en *-ure* dérivés de chacun des verbes suivants.

rogner	écorcher	mordre	gercer	rompre	ceindre
flétrir	meurtrir	sculpter	geler	gager	teindre

2° À votre tour, trouvez quelques autres noms en *-ure*.

607. Par un mot de la même famille, justifiez la dernière lettre.

flux	bahut	fût	affût	chalut	substitut
bout	persil	crédit	coût	dégoût	égout

608. Faites la différence entre *tribu* et *tribut, ru* et *rue, cru* et *crue, rebut* et *rébus*, en les employant chacun dans une phrase.

609. Comparez *à l'envi* et *envie* ; employez-les dans une phrase.

610. Donnez des homonymes de : *foi, voie, pois, mou, cou, joue, houe,* et employez-les chacun dans une courte phrase.

611. Justifiez la terminaison des adjectifs suivants en les employant avec un nom féminin.

cossu	pointu	obtus	exclu	diffus	reclus
moussu	pansu	camus	inclus	confus	joufflu
assidu	émoulu	imbu	perclus	infus	ardu

612. Placez comme il convient : *insomnie, hémiplégie, à l'envi, conciliabule, paroi, théorie.*

C'était une … qui, en paralysant tout le côté droit, lui avait aussi envahi la face. (É. Zola) – Les géologues rejettent maintenant la … du feu au centre de la terre. (P. Rochard) – L'… quotidienne rallumait la lampe, rouvrait le livre de chevet de ma mère. (Colette) – Quinze, vingt personnages, tous intensément ranimés, viennent comme … superposer leurs images. (M. Genevoix) – Si les microbes m'épouvantaient, ni les gouffres de la rivière, ni les … de rochers de la montagne ne me faisaient peur. (A. Chamson) – Les hirondelles sur le toit tiennent des … (T. Gautier)

ill ou *y*

> Quand le son [j] s'écrit «**ill**», la lettre **i** est **inséparable** des deux **l** et **ne se lie pas** avec le son de la voyelle qui précède.
> *ra iller – ra ille rie*
> Au contraire, quand l'**y** a la valeur de deux **i**, **l'un se lie avec la voyelle, qui précède** et **l'autre avec la voyelle qui suit.**
> *rayer* = **rai ier** – *rayure* = **rai iure**
> Dans **bayadère** (ba-yadère), cacaoyer (cacao-yer), etc., l'**y** a la valeur

Remarques

1. Dans *ville, village… tranquille, tranquillité… bille, fille, quille, vrille…* le son «**ill**» se prononce différemment.
2. Dans les **noms, ill** est **rarement** suivi d'un **i.**

   Exceptions :
   Deux l mouillées : *quincaillier, groseillier, marguillier, joaillier.*
   Deux l non mouillées : *millier, million, milliard, billion, trillion…*
3. Dans les noms, l'**y** n'est **jamais** suivi d'un **i,** sauf dans *essayiste.*
4. Dans les verbes à l'imparfait de l'indicatif et au présent du subjonctif, le son «**ill**» et l'**y** peuvent être suivis d'un **i.**
   je cueillais / nous cueillions – que j'essuie / que nous essuyions

bâillon	paillasson	brailler	noyade	plaidoyer
haillon	paillette	écailler	balayure	layette
maillon	saillant	piailler	écuyer	mitoyen
paillon	crémaillère	poulailler	métayer	moyen

EXERCICES

613. Donnez l'adjectif qualificatif renfermant un *y* correspondant aux noms suivants.

     joie   roi   loi   effroi   soie   pitié   craie   paie   monnaie   ennui   gibier

614. Employez avec un nom les adjectifs verbaux correspondant aux verbes suivants.

     flamboyer   défaillir   verdoyer   payer   bruire   seoir
     ondoyer   valoir   chatoyer   fuir   prévoir   voir

615. Remplacez les points par *ill* ou *y*.

     Les mare…eurs achetaient le poisson à la criée. – Le troupeau s'éga…ait sur les pentes herbeuses. – Boute-en-train, Jacques essa…ait d'éga…er l'assemblée. – Débra…ez, changez de vitesse et embra…ez. – Ma grande sœur ra…ait impito…ablement mes maladresses. – À patiner sur le lac gelé, il risque la no…ade.

C ou *qu* – *g* ou *gu*

Les verbes en **guer** et en **quer** conservent l'**u** dans toute leur conjugaison, pour avoir toujours le même radical.

*nous vog*u*ons / il vog*u*ait – nous fabri*qu*ons / il fabri*qu*a*

Dans les autres mots :

1. pour conserver le son [g] devant **e** et **i**, on écrit «**gue**», «**gui**».

*la gue*n*on – la gui*t*are – l'écorce ru*gue*u*se*

2. devant **a** et **o**, on écrit plutôt **g** ou **c** que **gu** ou **qu**.

Le participe présent forme verbale a donc un **u,** alors que le même mot, nom ou adjectif, n'en n'a pas. Ainsi on écrit : fabri**qu**ant (part. pr.), le fabri**c**ant (nom) ; intri**gu**ant (part. pr.) un intri**g**ant (nom), un homme intri**g**ant (adj.).

			Quelques exceptions :	
convocation	suffocation	flocon		
démarcation	débarcadère	ligoter	attaquable	reliquaire
dislocation	embuscade	picoter	critiquable	choquant
divagation	infatigable	gondole	remarquable	clinquant
éducation	praticable	langage	liquoreux	croquant
embarcation	cargaison	pacotille	quartier	piquant
indication	dragon	prodigalité	quotidien	trafiquant

EXERCICES

616. Donnez la première personne du singulier de l'imparfait de l'indicatif, le participe présent et un mot de la famille contenant *ga* ou *ca.*

carguer   éduquer   fatiguer   revendiquer   prodiguer   intriguer
tanguer   indiquer   naviguer   démarquer   débarquer   suffoquer

617. Mettez un *u* s'il y a lieu dans 1°, *c* ou *qu* dans 2°.

1° Ce lang…age divag…ant l'avait déconcerté. (M. Genevoix) – La cigale et l'alouette agitent leurs ailes infatig…ables. (H. Gréville) – Les cailloux crissaient, la caisse tang…ait, les essieux gémissaient. (J. Camp) – Le petit sentier zigzag…ait entre les bois et les champs. (A. Theuriet) – Lumières non seulement fixes mais mobiles, tournantes, zigzag…antes. (P. Morand) – Le paquebot navig…ant dans la brume fait retentir sa sirène. – Le bonhomme bégayait d'une manière fatig…ante. (Balzac)

2° L'araignée retourna à son embus…ade. (A. Karr) – L'air retombait immobile, la chaleur était suffo…ante. (E. Moselly) – Les chaloupes continuaient leur navette entre l'embar…adère et la Méduse. (R. Christophe) – Ses mains empoignaient cent herbes pi…antes et rêches. (J. Cressot) – Ne prends pas pour de l'or tout le clin…ant qui luit. (Gomberville)

Les préfixes *in-, dés-, en-, re-...*

> Pour bien écrire un **mot** dans lequel entre un **préfixe** comme *in-, dés-, en-, re-*, il faut penser au radical.

• Les branches croisées des chênes formaient un ciel *inaccessible.*   (A. DAUDET)
(*Inaccessible*, formé du mot *accessible* et du préfixe *in-*, s'écrit avec **un n.**)

• L'amour du passé est *inné* chez l'homme.   (A. FRANCE)
(*Inné*, formé du mot *né* et du préfixe *in-*, s'écrit avec **deux n.**)

• Il régnait là, durant l'été, une fraîcheur qui m'*enivrait.*   (F. CARCO)
(*S'enivrer*, formé du mot *ivre* et du préfixe *en-*, s'écrit avec **un n.**)

• Les peupliers semblaient *s'ennuager* de jeunes feuilles.   (M. GENEVOIX)
(*S'ennuager*, formé du mot *nuage* et du préfixe *en-*, s'écrit avec **deux n.**)

• Depuis deux ans qu'elle *déshabillait* sa poupée et la *rhabillait,* la tête s'était écorchée.   (É. ZOLA)
(*Déshabiller* et *rhabiller*, formés du mot *habiller* et du préfixe *dés-* et *r- (re)*, s'écrivent avec **un h.**)

EXERCICES

618. À l'aide du préfixe *in-* ou *im-*, formez le contraire des mots suivants.

médiat	habité	exprimable	attendu	matériel	amical
partial	mémorable	hospitalier	buvable	opportun	habituel
actuel	nombrable	nommable	battable	amovible	palpable

619. À l'aide du préfixe *dés-* ou *il-*, formez le contraire des mots suivants.

affecter	sceller	habituer	honorer	hydrater	saisir
arrimer	aimanter	hériter	huiler	orienter	serrer
légal	légitime	licite	logique	limité	lettré

620. Mettez *un* ou *deux n* ou *m* à la place des points.

Des flots i...interrompus inondèrent les bas quartiers. – Ces insectes sont i...offensifs. – D'i...ombrables moucherons avaient envahi le jardin. – Une odeur i...ommable se dégageait du dépotoir. – Après cette course, je fus saisi d'une soif i...extinguible. – Il bredouille une réponse i...intelligible. – Sa disparition laissa l'œuvre i...achevée. – Il se montra i...ovateur dans ses pratiques commerciales. – Il restait i...obile, il lui était i...possible d'avaler cette potion i...buvable. – Cette maison est i...habitée depuis longtemps. – Son penchant i...odéré pour l'alcool l'a conduit à la folie. – Plein d'i...décision, il ne sut saisir sa chance.

Mots commençant par un *h* muet

1. L'**h muet** veut l'apostrophe au singulier, la liaison au pluriel.
*l'*habit / *les* habits
2. L'**h aspiré** exige l'emploi de **le** ou de **la** au singulier et empêche la liaison au pluriel.
le hanneton / *les* hannetons – *la* harpe / *les* harpes

habitat	hélicoptère	héréditaire	homicide	*h*achoir	*h*éros
haleine	hélice	hérétique	hiverner	*h*aine	*h*être
hallali	héliotrope	hermétique	holocauste	*h*alètement	*h*eurt
haltère	hélium	héroïne	hommage	*h*alo	*h*ibou
harmonica	helléniste	hétérogène	honneur	*h*ammam	Hongrois
héberger	hémicycle	hibernant	horoscope	*h*anche	*h*oquet
hébétude	hémiplégie	hiérarchie	horreur	*h*andicap	*h*orde
hécatombe	hémisphère	hémoglobine	hostilité	*h*areng	*h*ousse

Remarque

On trouve aussi l'*h* muet à la fin de certains mots comme dans : *aurochs, feldspath, fellah, mammouth, bismuth, almanach, varech.*

EXERCICES

621. Cherchez dans un dictionnaire le sens des mots suivants.

hégire	hétérogène	holocauste	hiératique	héliogravure
hallali	hétéroclite	helléniste	histrion	hagiographe

622. Quelle différence existe-t-il entre : *hiverner* et *hiberner ; habilité* et *habileté ?* Faites entrer chacun de ces mots dans une phrase.

623. Donnez les adjectifs de la famille des noms suivants.

hippodrome	hercule	horreur	homme	hilarité	hiver
hiérarchie	habitude	horizon	héros	honneur	hexagone

624. Relevez dans le dictionnaire dix autres mots commençant pas un *h* aspiré.

625. Dans les phrases suivantes, utilisez convenablement : *hérisson, heurtoir, hermine, hymne, horoscope, théâtre, herse, havre.*

Quelqu'un appelait et frappait durement la porte avec le … – Combien de personnes consultent leur … avant d'entreprendre ? – L'… des magistrats tranchait sur leur robe austère. – L'… national montait sous les voûtes de l'Arc de Triomphe. – Des cintres du …, une … électrique très perfectionnée jetait des lumières variables sur la scène. – Le sommet du mur était garni de … pour décourager les marauders. – Cette maisonnette, retirée, au calme, était un … de paix qui lui faisait oublier ses misères.

-tion, -tia, -tie

• le pétiole – la minutie – la suprématie – l'éruption

abbatial	partial	facétie	gentiane	lilliputien	patience
impartial	balbutier	impéritie	initiale	minutieux	pénitentiaire
martial	initier	inertie	initiative	partiel	rationnel
nuptial	calvitie	péripétie	insatiable	torrentiel	satiété

1. La terminaison en **-entiel** s'écrit plutôt avec un **t**.
   Exceptions : révérenciel et circonstanciel.

2. La terminaison en **-iciel** s'écrit avec un **c**.
   officiel – artificiel…

3. Plusieurs centaines de noms ont la terminaison **-tion.**
   exhortation – incantation…
   Quelques exceptions : dissension, appréhension, contorsion, inflexion…

4. On écrira : **minutie, minutieux ; silence, silencieux.**

sc

• **phosphorescent – ressusciter – sciemment – susceptible**

sceau	schiste	s'immiscer	faisceau	plébiscite	dégénérescence
sceller	sciatique	crescendo	fascicule	adolescent	inflorescence
scénario	scion	desceller	fasciner	convalescent	recrudescence
sceptique	scission	discerner	irascible	effervescent	réminiscence
schéma	acquiescer	disciple	osciller	incandescent	imputrescible

qu, ch, k

• le reli**qu**aire – le **ch**rysanthème – auto**ch**tone – le joc**k**ey

quadrille	carquois	quiproquo	chronologie	orchestre	kiosque
quantième	éloquence	chaos	chronomètre	orchidée	klaxon
quémandeur	équarrir	chlore	chrysalide	kangourou	kyste
quinte	laquais	chœur	archaïque	kaolin	ankylose
aqueux	maroquin	choléra	archéologue	kermesse	nickel
antiquaire	narquois	chorale	ecchymose	kimono	ticket

Le son [f] s'écrit ph

• l'am**ph**ithéâtre – la métamor**ph**ose – le **ph**onogra**ph**e

asphalte	diphtérie	phalange	phonétique	amphore	aphone
asphyxie	éphémère	phalène	phosphore	symphonie	téléphone
atrophie	graphite	pharaon	physionomie	autographe	atmosphère
bibliophile	nénuphar	pharmacie	prophète	triomphe	hémisphère
blasphème	œsophage	pharynx	raphia	typhon	strophe

EXERCICES

626. Par un mot de la même famille, justifiez la lettre *c* et la lettre *t*.

prétentieux	ambitieux	superstitieux	spacieux	facétieux
sentencieux	séditieux	disgracieux	minutieux	avaricieux
silencieux	capricieux	astucieux	malicieux	infectieux

627. Donnez l'adjectif qualificatif en *-iel* correspondant aux noms suivants.

préférence	circonstance	cicatrice	providence	pestilence
artifice	susbtance	présidence	préjudice	office
essence	résidence	confidence	différence	superficie

628. Donnez les noms en *-tion* correspondant aux verbes suivants.

éteindre	convaincre	distinguer	décevoir	maudire
décrire	corrompre	restreindre	séduire	détruire

629. Relevez des noms ayant le suffixe *-sphère, -phone, -graphe*.

630. Donnez l'adjectif qualificatif correspondant aux noms suivants.

philantrope	blasphème	prophète	symphonie	euphonie
phénomène	périphérie	emphase	diphtérie	triomphe

631. Donnez un mot de la famille des mots suivants.

antiquaire	équarrir	orchestre	archéologie	klaxon
moustique	maroquin	technique	chronomètre	nickel

632. Donnez un mot de la famille des verbes suivants.

fasciner	osciller	sceller	schématiser	acquiescer
discerner	descendre	scier	scintiller	couper

633. Dans les phrases suivantes, placez comme il convient :

1° *malicieux, effervescent, facétie, sentencieux, crescendo, emphatique, porphyre, sciatique.*

Pour soigner sa …, il prenait régulièrement des comprimés … au moment des repas. – Le nouveau était la cible de quelques …, mais leurs … le laissaient indifférent. – Le cortège des manifestants avançait lentement et le bruit allait … – Le surveillant, … et … dans ses observations, rappelait les indisciplinés au respect du règlement. – Des colonnes de … soutenaient le fronton du temple.

2° *sarcophage, adolescent, phosphorescent, balbutiant, chronomètre, amphithéâtre, discerner.*

Des petits yeux … apparurent, je … une lionne. (J.-H. Rosny Aîné) – Trois sapins … luisaient au bord d'un pré. (J. Giono) – Toute droite contre le mur, pareille à un … trop étroit, l'horloge était dans notre demeure comme un personnage. (L. Guilloux) – La rivière murmure pour elle seule une petite chanson … (M. Genevoix) – Les montagnes sont rangées en …, comme un conseil d'êtres immobiles et éternels. (Taine) – J'ai, chez moi, une vieille horloge à poids qui marche comme un … (Alain)

Les lettres muettes intercalées

La lettre *h*

abhorrer	inhalation	absinthe	enthousiasme
adhérent	inhérent	améthyste	éther
adhérer	exhiber	anthracite	gothique
adhésion	exhorter	antipathie	jacinthe
ahaner	méhariste	apathie	labyrinthe
annihiler	menhir	sympathie	léthargie
appréhender	mythe	apothéose	lithographie
préhension	rhabiller	apothicaire	luthier
compréhensif	rhétorique	amphithéâtre	méthode
bohémien	rhinite	athlète	panthéon
bonhomme	rhinocéros	authentique	panthère
bonhomie	rhododendron	cathédrale	pathétique
brouhaha	rhubarbe	hypothèse	plinthe
cahot	rhum	misanthrope	posthume
cohérent	rhume	philanthrope	térébenthine
cohésion	rhumatisme	anthropophage	théière
incohérent	silhouette	anthologie	thème
dahlia	souhait	bibliothèque	théorie
exhaler	véhément	discothèque	thuya

Remarques

1. Dans : *bahut, envahir, prohiber, cohue, cohorte*, etc., la lettre **h** joue le rôle du **tréma.**

2. Dans : *Borghèse, ghetto, narghilé,* la lettre **h** a la valeur d'un **u.**

La lettre *e*

balbutiement	dévouement	éternuement	pépiement	gaieté
bégaiement	enjouement	flamboiement	poudroiement	rouerie
dénuement	enrouement	paiement	zézaiement	tuerie

Remarques

1. Certains noms dérivant des verbes en **-ier, -ouer, -uer** et **-yer** ont un **e muet intercalé.**

2. On écrit aussi *dévoûment, gaîté, payement, gréement* ou *grément.*

3. Si l'on écrit *soierie* de *soie* avec un **e,** il faut écrire *voirie,* sans e, bien que de la famille de *voie.*

4. Attention à l'orthographe de *châtiment* et *agrément.*

La lettre *p*

sculpteur	dompteur	compte	comptoir	exempter	baptême
sculpture	indompté	mécompte	comptable	prompt	baptiser

La lettre *m*

condamner	condamnable	condamnatoire	damné	damnation
condamnation	condamné	damner	damnable	automne

EXERCICES

634. À l'aide d'un mot de la même famille, justifiez l'*h* muet.

préhistoire	exhaler	rhabiller	cohéritier	exhausser	désherber
inhumain	inhaler	cohabiter	exhumer	inhabituel	déshabituer

635. Donnez le sens des mots suivants.

orthopédie	hydrothérapie	discothèque	aérolithe	misanthrope
pathétique	anthropométrie	cinémathèque	monolithe	philanthrope

636. Donnez un mot de la famille des mots suivants.

authentique	enthousiasme	exhiber	luthier	apathie	souhait
sympathie	rhétorique	exhorter	théorie	véhicule	athlète

637. Écrivez à côté du verbe le dérivé renfermant un *e* muet.

zézayer	larmoyer	pépier	tournoyer	scier	dénouer
balbutier	tutoyer	échouer	égayer	tuer	dénuer
nettoyer	congédier	rapatrier	engouer	rouer	aboyer

638. Écrivez les verbes suivants au futur simple, puis le nom dérivé renfermant un *e* muet.

remercier – déblayer – bégayer – rallier – éternuer

639. Remplacez le point, s'il y a lieu, par une lettre muette.

r.ume	lut.erie	acom.te	mécom.te	déploi.ment
soi.rie	men.ir	philant.rope	auto.ne	exem.ter
fé.rie	se.tième	châti.ment	t.éière	conda.ner
voi.rie	plint.e	chatoi.ment	dom.table	ba.tismal
gai.té	da.né	agré.ment	scul.ture	sil.ouette

640. Dans les phrases suivantes, placez comme il convient :

1° *enthousiasme, tournoiement, authenticité, philanthrope, indomptable.*

L'antiquaire m'a certifié l'… de ces deux gravures du XVIIIᵉ siècle que je viens d'acheter. – En voyant tout à coup le moniteur s'étaler sur la neige, un rire … saisit toute la famille. – C'est avec … qu'il parlait de ses lointains voyages et des gens qu'il avait rencontrés dans les Îles. – …, il participait avec conviction à toutes les campagnes contre la pauvreté ou le racisme. – Les gauchos savaient que le … des vautours les alerterait si quelque bête tombait dans un ravin.

2° *flamboiement, prompt, mécomptes, chorégraphique, chatoiements.*

Au bec le plus …, le jabot le mieux rempli. (C. Sainte-Soline) – Robinson travaille, invincible aux difficultés, aux … (Taine) – Le ciel bougea ; le bleu de ses profondeurs s'accentua, puis se mua en un véritable … d'or. (D. Rolin) – La prairie a des … d'une étoffe verte, glacée de lilas. (A. Theuriet) – Tu rêvais tellement d'aller en Inde étudier la gestuelle … (F. Groult)

La lettre finale d'un nom

• courtau*d* (courtaude) – coin*g* (cognassier) – essai*m* (essaimer)

Pour trouver la lettre finale d'un nom, il faut en général **former le fémi-nin ou chercher un de ses dérivés.**

Quelques difficultés : **abri, brin, favori, chaos, étain, dépôt.**

Noms singuliers terminés par *s* ou *x*

• le corp*s* – un met*s* – un talu*s* – du velour*s* – un portefai*x*

brebis	paradis	canevas	verglas	puits	discours
cambouis	parvis	chasselas	harnais	chaos	tiers
châssis	pilotis	coutelas	laquais	héros	perdrix
croquis	salsifis	fatras	marais	poids	faix
débris	taudis	frimas	palais	remords	faux
glacis	torchis	glas	relais	pois	taux
machicoulis	torticolis	lilas	cyprès	jus	croix
maquis	treillis	plâtras	décès	remous	poix
mépris	cabas	taffetas	legs	cours	houx

Noms masculins terminés par -*ée* ou -*ie*

• le cam*ée* – le scarab*ée* – l'incend*ie* – le gén*ie* – le fo*ie*

apogée	caducée	hyménée	mausolée	pygmée	incendie
athée	coryphée	lycée	musée	trophée	parapluie
athénée	gynécée	macchabée	prytanée	amphibie	sosie

Finale sonore : -*um* [ɔm] (ome)

aérium	critérium	géranium	mémorandum	rhum
album	erratum	harmonium	minimum	sanatorium
aquarium	factotum	linoléum	muséum	vade-mecum
capharnaüm	forum	maximum	post-scriptum	velum

Finales sonores : *n, r, s*

abdomen	lichen	magister	volubilis	chorus	omnibus
cyclamen	pollen	ibis	oasis	eucalyptus	papyrus
dolmen	cuiller	iris	tournevis	hiatus	prospectus
gluten	éther	lis	cactus	humus	rictus

EXERCICES

641. Trouvez cinq noms singuliers ayant la finale : 1° *-oux*, 2° *-oix*.

642. Nommez six métaux ayant le son final [ɔm] (ome).

643. Donnez le sens des mots suivants.

sosie	coryphée	mausolée	factotum	vélum
coolie	caducée	prytanée	mémorandum	vade-mecum

644. À l'aide d'une phrase, expliquez le sens de *acquis* et de *acquit*.

645. Justifiez la dernière lettre, en donnant un dérivé.

brigand	art	parfum	jonc	sang
gant	dard	estomac	sort	drap
excès	cigare	surplomb	essor	cahot
encens	poing	affront	accord	amas
envers	croc	sirop	chalut	flux

646. Trouvez le nom en *-is* dérivé de chacun des verbes suivants.

clapoter	rouler	gazouiller	vernir	tailler
glacer	ébouler	gargouiller	semer	ramasser
loger	cliqueter	gribouiller	colorier	lambrisser
hacher	fouiller	laver	briser	caillouter
gâcher	surseoir	acquérir	tamiser	abattre

647. Mettez la terminaison convenable.

fatra…	parvi…	taffeta…	velour…	parcour…
crapau…	hasar…	faubour…	musé…	univer…
chao…	trophé…	mausolé…	lycé…	camboui…
dai…	géni…	harnai…	abri…	remor…

648. Dans les phrases suivantes, placez comme il convient :

1° *univers, embarras, coolie, capharnaüm, jais.*

Le bazar accaparait les visiteurs qui n'avaient que l'… du choix. Sur de petits éventaires, des vendeurs offraient aux touristes des colliers aux perles de bois, de … ou d'ambre. Une boutique, qui se voulait moderne, étalait l'… de l'audiovisuel, du simple disque au magnétoscope. Mais ce … plaisait, autant par les affaires à réaliser que par la vie qui l'agitait. Une procession de …, les ballots posés sur la tête, approvisionnait les arrière-boutiques.

2° *génie, legs, plomb, afflux, étain, ajonc, torchis.*

Il désirait lui laisser ce … avant de partir pour son long et dernier voyage. (P. LOTI) – Les … et les bruyères, les orties et les ronces, prospéraient à nouveau sur les flancs de la colline. (P.-J. HÉLIAS) – Le montagnard élevait la lampe à bout de bras et les ombres dansaient comme des … sur les parois de la cave. (G. DUHAMEL) – Un brouillard, une pesante muraille de … et d'… enchaperonne la montagne. (L. TAILHADE) – La maison était bâtie en bois, en brique et en … (E. LE ROY) – La colère précipitait dans sa bouche un … de paroles. (E. MOSELLY)

La lettre *x*

• l'e**x**amen – l'inde**x** – l'e**x**cès – le thora**x** – la prophyla**x**ie

annexer	proximité	réflexe	exactitude	exigence	excéder
dextérité	saxophone	bombyx	exagérer	exiguïté	excellence
immixtion	syntaxe	onyx	exalter	exode	excentricité
inexorable	équinoxe	phénix	exaspérer	exorbitant	exception
inflexion	orthodoxe	anxiété	exaucer	exotique	excessif
juxtaposer	paradoxe	larynx	exemption	expansif	exciter
luxuriant	apoplexie	lynx	exhausser	expulsion	exclamation
paroxysme	connexe	sphinx	exhorter	exubérant	excursion
perplexité	convexe	flux	exhumer	exulter	xénophobe

1. Dans les mots commençant par -*ex,* l'**x** se prononce [gz], s'il est suivi d'une voyelle ou d'un **h**.

   exécrer [εgzəkre] – *exhaler* [εgzale]

2. Il faut mettre un **c** après *ex-* si l'**x** se prononce [k].

   excès [εksε] – *excellent* [εkselã]

La lettre *y*, valeur d'un *i*

• le chr**y**santème – l'enc**y**clopédie – l'hiérogl**y**phe – la l**y**re

amphitryon	cymbale	geyser	martyr	phylloxera	symétrie
anonyme	cynique	glycine	myriade	polygone	symphonie
baryton	cyprès	gypse	mystère	porphyre	symptôme
cataclysme	dynamo	hémicycle	mythe	presbytère	syncope
chrysalide	dynastie	hyène	mythologie	psychologue	système
crypte	dysenterie	hymne	nymphe	pyjama	tympan
cyclamen	élytre	hyperbole	odyssée	pylône	typhon
cyclone	embryon	hypocrisie	olympiade	pyramide	tyran
cygne	étymologie	labyrinthe	paralysie	rythme	yacht
cylindre	eucalyptus	lycée	péristyle	symbole	yole

Attention

Dans *abbaye, y* = deux *i* ; dans *papyrus, y* = un *i*.

La lettre *z*

• le ba**z**ar – la ri**z**ière – le ne**z** – le **z**ébu – le **z**énith – le **z**innia

alizé	bronze	gazette	trapèze	zigzag
amazone	byzantin	horizon	zèle	zinc
azote	chimpanzé	lézard	zéphyr	zinguer
bizarre	colza	quartz	zeste	zone
bonze	gazelle	topaze	zézayer	zoologie

Attention à l'orthographe de *dizaine, dixième, bazar.*

EXERCICES

649. Écrivez les noms suivants au singulier, puis au pluriel. Formulez une règle de grammaire.

talus	phlox	châssis	taudis	rez-de-chaussée	portefaix
onyx	gaz	phénix	lépreux	raz de marée	mâchicoulis

650. Mettez un *c* après l'*x*, s'il y a lieu.

ex.horter	ex.essif	ex.entrer	ex.eller	ex.éder	ex.empter
ex.user	ex.écrer	ex.ode	ex.ercice	ex.ubérant	ex.écuter
ex.iler	ex.humer	ex.iter	ex.actitude	ex.ipient	ex.ister

651. Mettez la lettre qui convient : *i* ou *y*.

.ode	r.thme	histr.on	p.lastre	c.thare	d.lemme
.ole	m.te	embr.on	p.lône	c.mbale	dith.rambe
r.me	m.the	m.tre	m.rte	c.terne	c.lindre

652. Mettez la lettre qui convient : *s* ou *z*.

lu.erne	ha.e	mélè.e	a.uré	ga.on	ga.ouillis
ca.erne	i.ard	malai.e	u.ure	bi.on	by.antin
ga.e	ba.ar	alè.e	ma.ure	hori.zon	mi.aine
topa.e	lé.ard	trapè.e	cé.ure	bla.on	dou.aine

653. Donnez un mot de la famille des mots suivants.

exhaler	anxiété	exhorter	exorbiter	annexe	proximité
rythme	eczéma	symbole	anonyme	symétrie	symphonie

654. Dans les phrases suivantes, placez comme il convient :

1° *parcours, mélèze, anxiété, martyre, horizon, exhorter, dérisoire, blizzard, paralyser.*

La tempête rendait … les efforts du trappeur … par le froid. Il n'avançait guère et il lui semblait voir des ombres sous la futaie, ce qui augmentait son … Le … soulevait la neige qui l'aveuglait. Il gelait et il souffrait le … Les chiens cependant connaissaient le … et cela le rassurait. Une éclaircie lui permit d'entrevoir à l'… la rangée de … qui conduisait à la cabane. Reprenant courage, il … ses compagnons à un dernier effort et le traîneau reprit une allure plus vive.

2° *s'exercer, excellence, anxiété, lynx, flux, excès, reflux, labyrinthe.*

Oulé pendait aux arbres les dépouilles des …, des chats-tigres. (R. Guillot) – La pluie tombe. Les plantes endurent l'… de ce qu'elles ont tant souhaité. (G. Duhamel) – Le … les apporta, le … les remporte. (Corneille) – Depuis longtemps déjà les oies sauvages … à de longs périples où elles trompaient leur … de partir. (Montherlant) – L'oiseau des champs par …, l'oiseau du laboureur, c'est l'alouette. (Michelet) – Le chasseur les avait guidés à travers le … de pierre. (Frison-Roche)

Les familles de mots

• in*ci*nérer (*ce*ndre) – médite*rr*anée (te*rr*e)

Pour trouver **l'orthographe d'un mot**, il suffit souvent de **rechercher** un autre mot de la **même famille**.

Lampée, de la famille de **laper,** s'écrit avec un **a.**

Pouls, de la famille de **pulsation,** s'écrit avec un **l** et un **s.**

Immense, de la famille de **mesure,** s'écrit avec un **e** et un **s.**

Épancher, de la famille d'**épandre,** s'écrit avec un **a.**

Pencher, de la famille de **pendre,** s'écrit avec un **e.**

Ascension, de la famille d'**escalier,** s'écrit avec un **s** et un **c.**

EXERCICES

655. À l'aide d'un mot de la même famille, justifiez la lettre en italique dans les mots suivants.

acroba*t*ie	ma*j*estueux	par*t*iel	contr*a*ire	éc*or*ce	fr*ein*
diploma*t*ie	insul*air*e	respe*c*t	import*un*	cor*s*et	r*ein*
démocra*t*ie	popul*air*e	miner*ai*	numér*air*e	re*t*s	ser*ein*
*ch*andelier	b*ai*gnade	se*ing*	dés*h*erber	v*ain*	ess*or*

656. Justifiez la partie en italique dans les mots suivants.

corp*s*	ex*pans*if	é*tang*	*pen*deloque	bienf*ai*teur	*cerc*eau
temp*s*	in*cess*ant	h*ai*ne	*den*telle	appr*en*ti	*cyc*lone
doi*gt*	*sang*sue	t*ein*te	*cen*taurée	*présen*tation	*man*che

657. Donnez quelques mots de la famille des mots suivants.

main	bois	descendre	habit	flamme	immense

658. Donnez les noms en *-ance* ou en *-ence* dérivés des adjectifs suivants.

fréquent	ascendant	nonchalant	excellent	insouciant	absent
strident	corpulent	somnolent	innocent	indigent	vacant
plaisant	fulgurant	prévenant	influent	attirant	urgent

659. Donnez un verbe de la famille des noms suivants.

extincteur	suspension	fente	indépendant	expansion	étreinte
préhension	empreinte	tente	contrainte	descente	atteinte

660. Donnez trois mots de la famille des verbes suivants.

teindre	plaindre	peindre	prétendre	tendre	attendre
ceindre	craindre	défendre	épandre	pendre	apprendre

661. Donnez un mot de la famille des mots suivants.

manger	démanger	déranger	arranger	venger	losange
ranger	vendanger	engranger	rechanger	ange	orange

Les homonymes

• une *raie* (trait, ligne, sillon…) / une *raie* (poisson de mer) / je *raie* (verbe rayer) / un *rai* (rayon) / un *rets* (filet)

RÈGLE

Les **homonymes** sont des mots qui ont la **même prononciation** mais le plus souvent une **orthographe différente**. Il faut donc **chercher le sens** de la phrase pour écrire le mot correctement. Lorsque des homonymes ont la **même orthographe,** on les appelle des **homographes.**

une **raie** (ligne…) / une **raie** (poisson) / je **raie** (v. rayer)

En courant vers *le carosse, Cendrillon perdit sa pantoufle de* vair.

Sous le châssis de verre, *les semis dressaient le* vert *tendre des jeunes feuilles.*

Laborieusement, vers *après* vers, *il mémorisait le texte du poème.*

Cent *mètres plus loin, la meute reprend la piste. Elle* sent *que le caribou est proche,* sans *défense. Il a perdu beaucoup de* sang. *Viendra le dernier assaut et il ne* s'en *remettra pas. C'en* sera fini.

EXERCICES

662. Donnez le sens des noms suivants et faites-les entrer dans une courte phrase.

1° ancre / encre – balai / ballet – faix / fait – pousse / pouce
2° palais / palet – écho / écot – houx / houe – forêt / foret

663. Donnez les homographes des noms suivants. Faites-les entrer dans une courte phrase.

vase   pièce   air   livre   trait   rayon   pavillon   bouc

664. Donnez tous les homonymes possibles des mots suivants et faites-les entrer dans une courte phrase.

1° a) mai   b) eau   c) pain   d) quand   e) tant   f) joue
2° a) chant   b) cou   c) cour   d) conte   e) main   f) signe
3° a) cher   b) tante   c) lait   d) flan   e) mort   f) cœur

665. Faites connaître le sens des mots suivants en les faisant entrer chacun dans une phrase.

censé / sensé – chat / chas – cession / session

666. Dites à quel temps les verbes suivants sont homonymes. Choisissez pour chacun d'eux une personne et faites une phrase.

dorer   partir   serrer   lier   confier   peindre
dormir   parer   servir   lire   confire   peigner

667. Remplacez les points par l'un des mots suivants : *tain, thym, teint, tint, tînt, teint – chaos, cahot – repaire, repère.*

Dans les chemins, on entendait des … de charrettes. (G. Maurière) – De belles avenues s'ouvrent dans le somptueux … de la nature. (J. des Gachons) – Aucun … ne s'offrait plus au conducteur. (Frison-Roche) – La caravane remontait vers le maquis et les … du Tichoukt. (J. Peyré) – Une glace en perdant son … semblait ne plus vouloir mirer l'âpre visage. (A. Cahuet) – Son …, ses yeux bleus, ses lèvres de rose, ses longs cheveux blonds contrastaient par leur douceur avec sa démarche fière. (Chateaubriand) – Le … capiteux passe sa tête grise entre les pierres disjointes. (Maeterlinck) – Maître Renard, par l'odeur alléché, lui … à peu près ce langage. (La Fontaine) – J'étais douloureusement vexé qu'on me … les doigts quand j'écrivais. (C. Péguy) – Mon père observait de loin, amusé comme moi, leur va-et-vient fleuri, leur vol … de rouge sang et de jaune soufre. (J. Renard)

668. Employez convenablement l'un des deux homonymes proposés : *dés, dès – goûter, goutter – tribut, tribu – plinthe, plainte – dessin, dessein – panse, pense – résonne, raisonne – chaume, chôme – descelle, décèle – pose, pause.*

La base du mur était protégée par une … de bois, peinte en blanc. – Gérard d'Aboville a réalisé son … : traverser l'océan Pacifique à la rame. – Marie coupait les carottes en petits … pour qu'elles cuisent mieux. – Delphine avait pris la …, croyant qu'elle serait ainsi plus belle sur la photo. – Il paya le chef de la … qui lui avait prêté quelques chameaux pour désensabler sa voiture. – Le robinet n'arrête pas de … ; il faudra le remplacer. – Devant la difficulté de la réparation, son esprit ne … pas, mais la solution est difficile à trouver. – Patiemment, l'archéologue … de sa gangue la statuette récemment mise au jour. – L'appel désespéré du jeune enfant pris de panique … encore dans sa tête et le tient éveillé la nuit. – Après réflexion, le chirurgien … sa blessure ; il n'envisage pas d'opération.

669. Remplacez les points par l'un des mots suivants : *haie, ait – pêne, penne – sein, seing – jet, jais, geai – renne, rênes – cellier, sellier.*

Les … d'eau se sont tus dans les marbres taris. (Leconte de Lisle) – La fève ouvre ses yeux de … dans son feuillage pâle. (Maeterlinck) – Un … s'envola faisant un éclair bleu. (R. de Gourmont) – Le … n'a d'autre ennemi que l'ours blanc. (C. Martins) – L'homme serrait dans son poing droit toutes les … de l'attelage. (J. Giono) – Et que du … des monts, le marbre soit tiré. (Racine) – Le … était seul encore un peu visible et, lettre à lettre, le baron déchiffra ces mots : «Raymond de Sigognac». (T. Gautier) – Le … rouillé grince dans la serrure. – Deux … de coq adornaient grotesquement son feutre gris. (T. Gautier) – Le … répare un licol. – La France est le verger des meilleurs fruits, le … des meilleurs vins. (O. Reclus) – Il ne semblait pas qu'il … parlé de cet achat à sa femme avant de le faire. (J. Montupet) – Elle s'arrêtait pour examiner la … hérissée de bourgeons. (D. Rolin)

Quelques noms d'origine étrangère

Noms d'origine anglaise :

baby	dancing	jazz	pull-over	standard
ballast	dandy	jeep	puzzle	star
barbecue	dock	jockey	rallye	starter
barmaid	docker	jogging	recordman	steak
barman	express	knock-out	reporter	steamer
basket-ball	far-west	lady	rock	steeple-chase
bifteck	fashion	leader	round	steward
blazer	ferry-boat	living-room	rugby	stock
boy-scout	football	lunch	sandwich	stock-car
break	footing	magazine	scoop	sweater
bulldozer	fuel	match	score	ticket
bungalow	garden-party	meeting	senior	toast
business	gentleman	melting-pot	shampooing	training
cake	gin	miss	shoot	tramway
camping	globe-trotter	moto-cross	short	trolley
camping-car	goal	paddock	sketch	tweed
chip	grog	parking	sleeping-car	volley-ball
clown	groom	pickpocket	slogan	wagon
club	hall	pick-up	smoking	week-end
cocktail	hamburger	pipe-line	snack-bar	western
cow-boy	handicap	policeman	speaker	whisky
cross-country	herd-book	poney	square	yacht

1. Dans les noms composés anglais, c'est le mot principal, générale-ment le second, qui prend la marque du pluriel.
un boy-scout / des boy-scouts – un cow-boy / des cow-boys…
Five-o'clock est invariable.

2. Les noms terminés par **-man** font leur pluriel en **-men.**
un barman / des barmen – un policeman / des policemen
Il y a un pluriel français : **des barmans, des policemans.**

3. Les noms terminés par -**y**, quand l'**y** est précédé d'une consonne, font leur pluriel en **-ies.**
un baby / des babies – une lady / des ladies
Il y a un pluriel français : **des babys, des ladys.**

Noms d'origine italienne :

brocoli	confetti	graffiti	macaroni	pizza
cicerone	contralto	imbroglio	maestro	scénario
concerto	crescendo	larghetto	mezzanine	soprano
condottiere	dilettante	lazzi	mezzo-soprano	spaghetti

La finale **i** marque le pluriel des noms masculins italiens.
Il faut donc écrire : **des confetti, des graffiti, des lazzi, des spaghetti.**

Noms d'origines diverses :

atoll	dey	fellah	kirsch	patio
blockhaus	douar	hidalgo	merguez	picador
bock	embargo	jungle	muezzin	saynète

EXERCICES

670. Relevez page 242 les noms qui concernent : *1° le sport, 2° l'habillement, 3°. la navigation, 4° le théâtre, la musique.*

671. Mettez au pluriel les noms composés anglais suivants.

boy-scout	week-end	pick-up	starting-block
sweat-shirt	ferry-boat	milk-bar	play-back
tee-shirt	blue-jean	pull-over	garden-party
plum-pudding	globe-trotter	pipe-line	snack-bar
fox-terrier	living-room	water-closet	camping-car

672. Mettez au pluriel les noms anglais suivants, selon la règle.

barman	recordman	yachtman	baby	policeman
gentleman	wattman	clubman	lady	sportsman

673. Mettez au pluriel les noms anglais suivants.

clown	short	interview	hall	blazer	jockey
club	square	cocktail	grog	groom	meeting
wagon	tramway	gadget	star	poney	sponsor
sweater	building	pudding	toast	round	break

674. Mettez au pluriel les noms étrangers suivants.

alguazil	maestro	imbroglio	bock	hidalgo	toréador
blockhaus	muezzin	mezzanine	douar	picador	atoll

675. Remplacez les points par l'un des mots suivants : *interview, pull-over, show, jean, smoking, hit-parade, star, rock, reporter, jazz.*

Depuis deux mois en tête du …, notre vedette avait terminé son … sous une salve d'applaudissements et de sifflets, après trois rappels. Devenue la … préférée d'un public fervent de … et de …, elle restait cependant simple dans ses relations, craignait quelque peu les … sans cesse à ses trousses pour obtenir une … ou même une réponse rapide à des questions parfois indiscrètes. Les soirées mondaines en robe et … l'intéressaient moins que les réunions entre amis, où on se retrouvait en … et …

676. Remplacez les points par l'un des mots suivants : *yachtmen, douar, steward, slogan, magazine, dock, bulldozer, spot.*

Il n'y a ni …, ni pelles mécaniques pour travailler. Tout se fait à la main. (B. SOLET) – Sur la droite, les … comme autant de rues maritimes, arrivent de travers, dégorgeant ou emmagasinant les navires. (TAINE) – Toutes les tribus montagnardes regagnaient leurs … élevés, leurs kasbas, leurs greniers laissés durant l'hiver à la garde des malades et des vieillards. (J. PEYRÉ) – J'ai lu un de ces … où la littérature, la science et la philosophie sont réduites à des … publicitaires. (L. WERTH) – Les … américains me traitèrent comme un frère. (A. GERBAULT) – Kupérus connaissait le capitaine, les officiers, les … (SIMENON) – Elle n'était plus demandée pour les … publicitaires. (C. RIHOIT)

Difficultés orthographiques

abri
abriter
absous (p. passé m.)
absoute (p. passé f.)
accoler
coller
adhérant (p. prés.)
adhérent (adj. / n.)
adhérence
affluant (p. prés.)
affluent (n.)
affluence
affoler
affolement
follement
folle
Afrique
Africain
alléger
alourdir
annuler
annulation
nullité
nullement
attraper
attrape
trappe
trappeur
barrique
baril
basilic (le) (n. m.)
basilique (la) (n. f.)
bonasse
bonifier
bonne
débonnaire
bonbonne
bonhomme
bonhomie
bracelet
brassard

cahute
hutte
cantonnier
cantonal
ceindre
cintrer
chaos
chaotique
chaton
chatte
charrette
charroi
chariot
colonne
colonnade
colonel
confidence
confidentiel
cône
conique
consonne
consonance
combattant
combatif
côte
côté
coteau
courir
courrier
concurrent
concurrence
cuisseau (bouch.)
cuissot (gibier)
déposer
dépôt
déshonneur
déshonorer
déshonorant
détoner (exploser)
détonner (chanter)
détonation

tonner
tonnerre
diffamer
infamant
différant (p. prés.)
différent (adj.)
différence
différentiel
discuter
discussion
dissoner
dissonance
dissous (adj. m.)
dissoute (adj. f.)
dixième
dizaine
donner
donneur
donation
donataire
égoutter
égoutier
émerger
immerger
époumoner
éperonner
équivalant (p. prés.)
équivalent (adj. / n.)
équivalence
essence
essentiel
étain
étamer
excellant (p. prés.)
excellent (adj.)
exigeant
exigence
fabrique
fabricant
famille
familial

familier
fatigant (adj.)
fatiguant (p. prés.)
infatigable
favori (adj. m. / n.)
favorite (adj. f. / n.)
fourmiller (v.)
fourmilier (n.)
fourmilière
fusilier (n.)
fusiller
fusillade (n.)
fût
futaie
grâce
gracieux
jeûner
déjeuner
honneur
honorer
honorable
honoraire (adj.)
homme
homicide
imbécile
imbécillité
immiscer
immixtion
intrigant (adj. / n.)
intriguant (p. prés.)
infâme
infamant
invaincu
invincible
jus
juteux
mamelle
mamelon
mammaire
millionnaire
millionième

monnaie
monétaire
musique
musical
négligeant (p. prés.)
négligent (adj.)
négligence
nommer
nommément
nominal
nomination
nourrice
nourricier
nourrisson
nourrissant
patte
pattu
patronner

patronnesse
patronal
patronage
pestilence
pestilentiel
pic (le) (n. m.)
pique (la) (n. f.)
pôle
polaire
précédant (p. prés.)
précédent (adj. / n.)
préférence
préférentiel
présidant (p. prés.)
président (n.)
présidence
présidentiel
providence

providentiel
rationnel
rationalité
réflecteur
réflexion
résidant (p. prés.)
résident (n.)
résidence
rubaner
rubanerie
enrubanner
salon
salle
siffler
persifler
sonner
sonnette
sonnerie

sonore
sonorité
résonance
souffrir
soufrer
souffler
essouffler
essoufflement
boursoufler
substance
substantiel
tâter
tâtonner
tatillon
teinture
tinctorial
vermisseau
vermicelle

Mots invariables
dont la connaissance est indispensable

alors
lors
lorsque
dès lors
hors
dehors
tôt
sitôt
aussitôt
bientôt
tantôt
pendant
cependant
durant
maintenant
avant
auparavant
dorénavant
devant
davantage
tant (un tantinet)

pourtant
autant
mieux
tant mieux
tant pis
longtemps
(temps)
moins
néanmoins
plus (plusieurs)
ailleurs
puis
depuis
près
après
auprès
très
exprès
dès que
ainsi
aussi

parmi
assez
chez
mais
désormais
jamais
beaucoup
trop
combien
guère
naguère
jadis
gré
malgré
fois
autrefois
toutefois
parfois
quelquefois
toujours
aujourd'hui

hier
demain
d'abord
quand
vers
envers
travers
volontiers
certes
sus
dessus
au-dessus
par-dessus
sous
dessous
au-dessous
sans
dans (dedans)
selon
loin
nulle part

EXERCICES

677. Complètez comme il convient.

En France, les do…eurs de sang sont bénévoles. – La do…ation de cet immeuble a permis de mieux installer les pensionnaires de l'hospice. – Ce généreux do…ateur a enrichi la collection du musée. – Il ne réagissait jamais au persi…lage dont il était l'objet. – Un si…lement d'admiration saluait le passage des jeunes filles. – Sa nourri…e tendait le biberon et bébé criait de joie. – Ce nourri…on prend des plumes. (CHATEAUBRIAND) – Le grain nou…icier s'empilait dans les granges. (L. HÉMON) – Et le combat cessa faute de comba…ants. (CORNEILLE) – Saïd ne se distinguait des autres garçons de la vallée que par son caractère comba…if. (J. PEYRÉ) – La mésange découvre autour des branches ces bra…elets d'œufs que les papillons y déposent. (A. THEURIET) – Encore une bra…ée de feuilles mortes et les petits ouvriers prendront la route du village. (A. FRANCE) – Il devrait suffire que votre premier roi fût débo…aire et doux. (LA FONTAINE) – Ils ont grimé son visage en cette face bo…asse de bon père. (N. SARRAUTE)

678. Complétez comme il convient.

Mon agent d'ass…rance m'a demandé de poser des serrures de s…reté. – On déje…nait et on dî…nait sommairement comme on pouvait. (J. GAUTIER) – Par quels je…nes cruels son corps s'est-il usé ? (C. DELAVIGNE) – La couvée bruyante, exige…nte et criante, appelle la proie par dix, quinze ou vingt becs. (MICHELET) – Nous parlions de nos épreuves et de nos joies, et surtout de nos exige…nces, du matériel qu'il nous fallait. (G. DE BÉNOUVILLE) – Ce bonho…e avait l'âme la plus magnanime, et sa petite redingote enveloppait le dernier des chevaliers. (A. FRANCE) – Il fallait endurer la maladroite bonho…ie de ma tante. (A. GIDE) – Capi commença à faire le tour de l'ho…orable société. (H. MALOT) – Combattre pour l'ho…eur, cela seul est digne d'un homme (A. FRANCE) – On hissa sur le pont le chameau a…ourdi par l'eau de mer. (A. DAUDET) – A…égé, le sous-marin hésita un instant, puis recommença de couler. (M. GUIERRE)

679. Complétez comme il convient.

Jean tira la so…ette, un bouton de cuivre luisant comme de l'or. (É. ZOLA) – La réso…ance de la voûte amplifiait le bruit de nos pas. – Tout était calme dans le bocage, d'un calme léger et so…ore. (R. CHARMY) – Il avait regardé la lune cou…ir dans les nuages. (A. FRANCE) – Les hommes du cou…ier, rompus à tous les périls, interrogeaient les cieux et les vents. (J. KESSEL) – Tout semblait concou…ir à le sauver. (BOSSUET) – Tous les chemins vont à Rome ; aussi nos concu…ents crurent pouvoir choisir des sentiers différents. (LA FONTAINE) – Ton bras est inv…ncu, mais non pas inv…ncible. (CORNEILLE) – Le prototype de la voiture subissait des essais aérodynamiques en sou…lerie. – Les piqûres de l'essaim avaient boursou…lé son visage ; il respirait mal. – Ses voisins l'avaient no…ément désigné comme étant l'auteur du tapage nocturne. – Enfin le président du jury fit afficher la liste no…inative des candidats admis.

Les paronymes

Évitons les confusions de sens.

- L'arbre d'un jardin *affleurait* à la fenêtre tout prêt à la franchir.   (LÉON WERTH)
- Son buste droit, rigide *n'effleure* même pas le dossier de son fauteuil.

(PALÉOLOGIE)

- Les enfants apprécient avec une parfaite *justesse* la valeur morale de leurs maîtres.   (A. FRANCE)
- Car on doit souhaiter, selon toute *justice,* que le plus coupable périsse.

(LA FONTAINE)

> Certains mots présentent une **ressemblance** plus ou moins grande par leur **forme** et leur **prononciation**. Ils ont parfois la même étymologie. Ce sont des **paronymes**. Il ne faut pas les confondre.

Paronymes les plus courants

acceptation : Action d'accepter.

acception : Égard, préférence, sens qu'on donne à un mot.

affleurer : Mettre de niveau deux choses contiguës, être au niveau de.

effleurer : Toucher, examiner légèrement.

allocation : Action d'allouer une somme, une indemnité. La somme elle-même.

allocution : Discours de peu d'étendue.

allusion : Mot, phrase qui fait penser à une chose, à une personne sans qu'on en parle.

illusion : Erreur des sens ou de l'esprit qui fait prendre l'apparence pour la réalité.

anoblir : Donner un titre de noblesse.

ennoblir : Donner de la noblesse morale, de la dignité.

amnistie : Pardon collectif accordé par le pouvoir législatif.

armistice : Suspension d'armes.

astrologue : Personne qui prétend prédire les événements d'après l'inspection des astres.

astronome : Savant qui étudie les mouvements, la constitution des astres.

avènement : Venue, arrivée, élévation à une dignité suprême.

événement : Issue, fait, incident remarquable.

collision : Choc, combat.

collusion : Entente secrète entre deux parties, deux personnes pour tromper un tiers.

colorer : Donner de la couleur.
Le soleil colore les fruits.
Le froid colore les joues.
Présenter sous un jour favorable.
Colorer un mensonge, une injure.

colorier : Appliquer des couleurs sur un objet.
Colorier une carte, un dessin.

conjecture : Supposition, opinion établie sur des probabilités.
Faire des conjectures, se livrer aux conjectures, se perdre en conjectures.

conjoncture : Concours de circonstances, occasion.

consommer : Détruire par l'usage, achever, accomplir.
Consommer du pain.
Consommer un sacrifice.

consumer : Détruire, purement et simplement, faire dépérir.
L'incendie consume la forêt.
Le chagrin consume la santé.

déchirure : Rupture faite en déchirant.

déchirement : Action de déchirer, grand chagrin, discorde.

écharde : Petit corps qui est entré dans la chair.

écharpe : Bande d'étoffe qui se porte sur les épaules ou à la ceinture.

éclaircir : Rendre clair.
Éclaircir la voix, une sauce, une forêt.
Éclaircir un fait, une question, un mystère…

éclairer : Répandre la lumière sur…
Éclairer la terre, la conscience, la raison…

effraction : Fracture des clôtures d'un lieu habité.

infraction : Violation d'une loi, d'un ordre, d'un traité ; action d'enfreindre.

éminent : Qui s'élève. Qui est plus haut que le reste.
Un lieu éminent, un homme éminent.

imminent : Qui menace. Très prochain.
Un péril imminent, un départ imminent.

éruption : Sortie instantanée et violente.
Éruption volcanique, éruption de dents, de boutons.

irruption : Entrée soudaine d'ennemis dans un pays , de gens dans un lieu ; débordement des eaux.
L'irruption des Barbares, de la foule, de l'océan…

gradation : Accroissement ou décroissement progressif.
La gradation des difficultés.

graduation : Action de graduer, état de ce qui est gradué.
La graduation d'un thermomètre.

habileté : Qualité de celui qui est habile.

habilité : Qualité qui rend apte à…

inanité : État de ce qui est inutile et vain.

inanition : Épuisement par défaut de nourriture.

inclinaison : État de ce qui est incliné.
L'inclinaison d'un toit, d'un terrain.

inclination : Action de pencher la tête ou le corps en signe d'acquiescement ou de respect. Affection.

inculper : Accuser quelqu'un d'une faute.

inculquer : Faire entrer une chose dans l'esprit de quelqu'un.

infecter : Gâter, corrompre, contaminer.

infester : Ravager, tourmenter par des brigandages. Se dit des animaux nuisibles qui abondent en un lieu.

justesse : Qualité de ce qui est approprié, juste, exact.
La justesse d'une vis, d'un raisonnement.

justice : Bon droit.

papillonner : Voltiger, passer d'objet en objet comme un papillon.

papilloter : Se dit d'un mouvement continuel des yeux qui les empêche de se fixer.

percepteur : Fonctionnaire qui perçoit les impôts directs.

précepteur : Celui qui enseigne.

prescription : Précepte, ordre formel.
Les prescriptions du médecin, de la loi.

proscription : Mesure violente contre les personnes, condamnation, bannissement. Abolition.
Proscription d'un usage.

prolongation : Accroissement dans le temps.
Prolongation d'un match, d'un congé.

prolongement : Accroissement dans l'espace.
Prolongement d'un mur, d'un chemin.

raisonner : Faire usage de sa raison.

résonner : Renvoyer le son, retentir.

recouvrer : Rentrer en possession de ce qu'on a perdu.

recouvrir : Couvrir de nouveau.

souscription : Engagement pris par écrit ou par simple signature.

suscription : Adresse écrite sur l'extérieur d'un pli.

suggestion : Action sur l'esprit pour imposer une pensée.

sujétion : Domination qui subjugue.
État de celui qui est sujet d'un chef.
Assiduité gênante.
Mettre sous sa sujétion.
Tenir en sujétion.

tendresse : Sentiment d'amour, d'amitié, témoignage d'affection.

tendreté : Qualité de ce qui est tendre en parlant des viandes, des légumes …

EXERCICES

680. Donnez un paronyme à chacun des mots suivants, puis faites entrer chaque mot dans une phrase.

1° évasion   excursion   coasser   stalactite   pédale
2° épancher   affluence   écorcer   précéder   excès

681. Cherchez le sens des paronymes suivants dans un dictionnaire et faites-les entrer chacun dans une phrase.

1° affilé   incident   lagune   continuité   risque
    effilé   accident   lacune   continuation   rixe
2° égaler   contester   enduire   vénéneux   émerger
    égaliser   constater   induire   venimeux   immerger

682. Remplacez les points par : *gradation, graduation – prolongement, prolongation – inclinaison, inclination – tendresse, tendreté – prescription, proscription – justesse, justice.*

La ... de Saint Louis. – La ... d'une observation. – La ... des exercices. – La ... d'une éprouvette. – La ... d'un gigot. – La ... d'une mère. – La ... d'une permission. – Le ... d'une avenue. – Une ... du buste. – L' ... du toit. – Les ... de la morale. – La ... d'un usage.

683. Remplacez les points par : *anoblir, ennoblir – raisonner, résonner – consommer, consumer – cimeterre, cimetière – habilité, habileté.*

La voix de M. Chotard ... encore à mon oreille. (A. FRANCE) – Dans une nation libre, il est très indifférent que les particuliers ... bien ou mal, il suffit qu'ils ... (MONTESQUIEU) – Les guerriers cosaques serraient leur ... sur leur riche pelisse. (E.-M. DE VOGÜÉ) – Les tombes du ... avaient été nettoyées et fleuries. – C'était une affaire délicate qui demandait de l'... – La secrétaire était ... à signer les chèques à sa place. – M\ue Danglars vous enrichira et vous l'... (A. DUMAS) – J'oubliais, c'est vrai, de vous dire que la mer limite, continue, prolonge, ..., enchante cette parcelle d'un lumineux rivage. (COLETTE) – Tu veux donc jusqu'au bout ... ta fureur ? (VOLTAIRE) – Fuis, la nature est vide et le soleil ... (LECONTE DE LISLE)

684. Remplacez les points par : *conjoncture, conjecture – coassement, croassement – colorier, colorer – déchirure, déchirement.*

L'imagination des Arabes grossit et ... tout. (LAMARTINE) – Nous avions le droit de puiser à notre guise dans la bibliothèque, de dessiner et de ... des oiseaux, des paysages. (J. CRESSOT) – Ulysse était trop fin pour ne pas profiter d'une pareille ... (LA FONTAINE) – Il se perdait en ... sur la conduite à tenir. – Le sang lui brûlait les veines, il ressentait d'affreux ... de poitrine. (A. HOUSSAYE) – La ... s'agrandit et un beau ciel pur se développe sur le monde. (G. DE MAUPASSANT) – Le ... interrompu des grenouilles répond au cri des corneilles qui tournoient. (COLETTE) – On distingue les ... lugubres d'une bande de corbeaux qui luttent contre la tempête. (G. DROZ)

Remarques sur quelques noms

acquis : De la famille d'*acquisition,* d'*acquérir,* signifie : instruction acquise, savoir, expérience. *On dit : avoir de l'acquis ; cette personne a beaucoup d'acquis.*

acquit : De la famille de *quittance,* d'*acquitter.* Terme de finance, décharge. *Donner un acquit, pour acquit.* **Retenez** ces expressions : *par acquit de conscience ; pour l'acquit de sa conscience.*

affaire : *Avoir affaire à quelqu'un* ou *avec quelqu'un,* c'est avoir à lui parler, à débattre avec lui une affaire. *Avoir affaire,* c'est être occupé par un travail, par une affaire. Dans ces expressions, *affaire* s'écrit en un seul mot.
Mais **on écrira** en employant le verbe *faire :*
J'ai un travail, un devoir, une démarche à faire (parce que l'on fait un travail, un devoir, une démarche).

alternative : Succession de deux choses qui reviennent tout à tour. Option entre deux choses, deux propositions. **Ne dites pas** : *une double alternative*, puisque l'*alternative* comprend deux termes. **Dites** : *être placé devant une alternative, être en face d'une alternative* ou *avoir le choix entre deux solutions.*

amphitryon : Celui chez qui l'on dîne.

hôte : C'est un mot curieux. Il désigne : 1° celui qui donne l'hospitalité par amitié ; 2° celui qui reçoit l'hospitalité. Le sens général de la phrase permet de faire la distinction. *Hôte* a également le sens d'habitant, de voyageur.

avatar : Dans la religion indienne, descente d'un dieu sur la terre.
Avatar n'a jamais le sens d'aventure, d'ennui, d'avarie. **On peut dire** : *les avatars d'un comédien, d'un politicien.* **On doit dire** : *nous avons eu des aventures, des ennuis pendant notre voyage.*

aveuglement : Privation de la vue, cécité ; également, obscurcissement de la raison.

aveuglément : C'est un adverbe qui signifie : agir comme un aveugle, sans discernement, sans discussion, sans examen, sans réflexion.

but : Point où l'on vise, fin qu'on se propose, intention qu'on a. En principe, un but étant fixe, il est incorrect de dire : *poursuivre un but.* **On ne dit pas** non plus : *remplir, réaliser un but.*
Dites : se proposer, atteindre un but, courir, parvenir au but.

décade : Période de dix jours.

décennie : Période de dix ans.

dentition : Époque de l'apparition des dents.

denture : Ensemble, aspect des dents. Il ne faut pas confondre ces deux mots.
Dites : la première dentition, une dentition précoce et *une belle denture, une denture éclatante.*

escalier : **Dites** : *monter l'escalier ; **et non** : monter les escaliers.*

faute : **Ne dites pas** : *c'est de ma faute.* **Dites** : *c'est ma faute.*

filtre : Étoffe, papier, linge, corps poreux à travers lequel on fait passer un liquide pour le clarifier. Passoire.

philtre : Breuvage ayant un pouvoir magique.

fond : Ce qu'il y a de plus bas dans une cavité, dans une chose creuse ou profonde : *le fond d'un vase, d'un sac, d'un abîme.*
La partie la plus profonde, la plus reculée, la plus cachée : *le fond de la forêt, le fond du coeur, le fond de l'âme.*
Le *fond* d'une chose est aussi la matière par opposition à la forme.

fonds : Sol d'un champ, domaine, capital par opposition au revenu : *cultiver un fonds, dissiper le fonds et le revenu. Un fonds de commerce, un fonds d'épicier. Être en fonds* = avoir de l'argent. Ensemble de qualités : *un fonds de savoir, de probité. Littré* dit que l'on peut écrire, indifféremment, un *fond(s)* de savoir. En résumé, *fonds* s'écrit avec un **s** dans le sens de capital, terres, argent, richesse. On écrit aussi le *tréfonds.*

fonts : Bassin qui contient l'eau du baptême : *les fonts baptismaux.*

for : *Son for intérieur* = sa conscience.

franquette : Vient de franc et signifie : franchement, loyalement, sans façon. Usité seulement dans l'expression familière : *à la bonne franquette,* qu'il convient de ne pas déformer.

lacs : *Écrivez : tomber dans le lac,* si cette expression a le sens de tomber à l'eau, mais *écrivez lacs* avec un **s** si ce mot a le sens de piège, d'embarras. *Tomber dans le lacs, être dans le lacs* = tomber, être dans l'embarras. Du reste, dans ce sens, *lacs* se prononce : [lɑ].

martyr(e) : Celui, celle qui a souffert la mort pour sa religion ou ses opinions. Personne qui souffre.

martyre : Supplice enduré, grande souffrance du corps ou de l'esprit. *Souffrir le martyre.*

midi : Étant du masculin, **dites, écrivez :** *midi précis, midi sonné.*

panacée : Remède universel contre tous les maux. **Ne dites pas :** *panacée universelle,* puisque l'idée d'universel est contenu dans *panacée.*

partisan : Pris comme nom, n'a pas de féminin. **Ne dites** ni *partisane,* ni *partisante.* L'adjectif *partisane* est correct.

périple : Étymologiquement : naviguer autour. Voyage en bateau autour d'une mer, des côtes d'un pays. *Périple* ne peut s'employer en parlant d'un voyage à l'intérieur d'un pays.

pied : *Écrivez : pied* au singulier dans *perdre pied, lâcher pied, être sur pied. Aller, voyager à pied* (par opposition à cheval, etc.)...
Au pied des monts, des arbres (chaque montagne, chaque arbre n'a qu'une base, qu'un pied). Mais on écrira : *se jeter aux pieds de quelqu'un.* **Retenez** ces deux expressions : *pied-bot* et *plain-pied.*

publication : Il faut préférer *publication* à *parution,* c'est plus correct. **Dites** *: la publication d'un livre.*

Remarques sur quelques adjectifs

achalandé : Vient de *chaland* (client). Un magasin *achalandé* n'est pas celui qui forcément regorge de marchandises mais celui qui a de nombreux *chalands,* c'est-à-dire de nombreux clients.

bénit, béni : Ce sont les participes passés de *bénir. Bénit* avec un **t** se dit des choses et des personnes sur lesquelles le prêtre a donné la bénédiction : *du pain bénit, de l'eau bénite. Béni* est le participe normal de bénir : *j'ai béni, tu as béni.*

capable : On est *capable* de donner et de faire. *Capable* a un sens actif.

susceptible : On est *susceptible* de recevoir certaines qualités, de prendre, d'éprouver, de subir. *Susceptible* a un sens passif.
Le verre est susceptible d'être travaillé. Le maître verrier est capable de lui donner les formes les plus variées.
Ces paroles sont capables de le chagriner.
Susceptible veut dire, également, d'une sensibilité très vive.

conséquent : Qui suit ou qui se suit, logique, qui juge bien, qui raisonne bien. Conforme à, en parlant des personnes et des choses. *Conséquent* n'a jamais le sens d'important, ni de considérable. **Ne dites pas :** *un travail conséquent, une maison conséquente.* **Dites :** *un travail important, une maison importante, un esprit conséquent, être conséquent avec soi-même, avoir une conduite conséquente à ses convictions.*

courbatu : **Ne dites pas :** *je suis courbaturé.* **Dites :** *je suis courbatu.*

difficile : Qui n'est pas facile, qui est pénible.

difficultueux : Qui est enclin à élever ou à faire des difficultés à tout propos. Se dit seulement des personnes. **Ne dites pas :** *une tâche difficultueuse.* **Dites :** *un homme, un esprit difficultueux. Difficile* convient aux personnes et aux choses. Employez-le, vous serez toujours correct. **On peut dire :** *un travail, un parcours difficile ; un homme, un caractère difficile.*

ennuyant : Qui cause de l'ennui par occasion.

ennuyeux : Qui cause de l'ennui d'une manière constante.

fortuné : Ne doit pas être employé pour *riche,* c'est une faute qui provient de ce que *fortune,* entre autres significations, a celle de richesse. Un homme *fortuné* est celui qui est favorisé par le sort.
Un homme *riche* est celui qui possède de grands biens.

grand : **Ne dites pas :** *de gros progrès, de gros efforts.* **Dites plutôt :** *de grands progrès, de grands efforts.*

hibernant : Se dit des animaux tels que le loir et la marmotte qui restent engourdis pendant l'hiver.

hivernant : Se dit des personnes qui passent l'hiver dans les régions où le climat est chaud.

impoli : Qui n'est pas poli (*mal poli* n'existe pas). **Dites :** *un enfant impoli.*

matinal : Qui appartient au matin, qui s'est levé matin. *La brise matinale, la rosée matinale.*

matineux : Qui a l'habitude de se lever matin.
Matinal et *matineux* sont synonymes dans le sens : qui se lève matin. **On peut dire :** *le coq matineux* ou *le coq matinal.*

notable : Digne d'être noté, considérable, grand, remarquable, qui occupe un rang considérable. Se dit des choses et des personnes.
Dites : *un intérêt notable, un écrivain notable.*

notoire : Qui est à la connaissance du public. Se dit seulement des choses. **Dites :** *un fait notoire, une probité notoire.*

ombragé : Placé sous un ombrage : *un chemin ombragé.*

ombrageux : Qui a peur de son ombre : *un cheval ombrageux.* Qui est soupçonneux : *un esprit ombrageux.*

ombreux : Qui fait de l'ombre. *La forêt ombreuse.*

passager : Qui ne s'arrête pas, qui de dure pas : *un oiseau passager, un malaise passager.*

passant : Où il passe beaucoup de monde : *un lieu passant.* **Ne dites pas :** *une rue passagère.* **Dites :** *une rue passante.*

pécuniaire : Qui a rapport à l'argent : *embarras pécuniaire, perte pécuniaire.* **N'employez pas :** *pécunier,* ce mot n'existe pas.

pire : Comparatif de l'adjectif *mauvais.* Il accompagne le nom. *Il n'est pire eau que l'eau qui dort. Les pires sottises.*

pis : Comparatif de l'adverbe *mal. Pis* peut être adverbe ou adjectif, il ne s'emploie jamais avec un nom. Il s'emploie après les verbes *avoir, être, aller, faire. Pis* et *pire* peuvent s'employer comme noms. *Il ne peut pas faire pis. Aller de mal en pis. C'est pis, tant pis, au pis aller, de pis en pis.*
En mettant les choses au pis. Il n'est point de degrés du médiocre au pire. (Boileau)

populaire : Qui appartient au peuple, qui est du peuple, qui concerne le peuple : *une opinion populaire, un homme populaire, une joie populaire, un quartier populaire.*

populeux : Très peuplé : *une rue populeuse, un quartier populeux.*

possible : Reste généralement invariable après une locution comme *le plus, le moins, le mieux, le meilleur. Relisez votre travail pour faire le moins de fautes possible.* Il est variable quand il se rapporte à un nom. *Cherchez toutes les acceptions possibles de ce mot.*

rebattu : **Ne dites pas :** *avoir les oreilles rabattues par les mêmes discours.* **Dites :** *avoir les oreilles rebattues par les mêmes discours.*

somptuaire : Qui restreint les dépenses. Il est donc incorrect de dire : *des dépenses somptuaires.* **Dites :** *une loi, une réforme somptuaire.*

stupéfait : C'est un adjectif : *je suis stupéfait, une personne stupéfaite.* **Ne confondez pas** *stupéfait* avec *stupéfié,* participe de *stupéfier. Stupéfié* s'emploie avec le verbe *avoir* ou dans la phrase passive. *Cette réponse l'a stupéfié, je suis stupéfié par…*

subi : C'est le participe passé de *subir : un malheur subi avec courage.*

subit : Adjectif. Soudain, qui survient tout à coup : *un ouragan subit.*

EXERCICES

685. Écrivez *pied* **précédé d'un article ou d'une préposition.**

Un matin, je gravissais ... les contreforts qui dominent la vallée de Munster. (A. Theuriet) – ... d'Héraclius, je mettrai sa couronne. (Corneille) – La mousse épaisse et verte abonde ... des chênes. (V. Hugo) – Pour faire voir que la paresse n'était pas mon vice, je fus ... dès la pointe du jour. (Lesage)

686. Remplacez les points par : *aveuglément, aveuglement – acquis, acquit – martyre, martyr – fonds, fond.*

Le ... des chameaux commença. L'un d'eux s'arrêta au milieu d'une pente. (Frison-Roche) – Songe au moins, songe au sang qui coule dans tes veines ! C'est le sang des ... (Voltaire) – Vous pouvez juger du ... que souffre son orgueil. (Mme de Sévigné) – Dans son ..., pensez-vous qu'il persiste ? (Corneille) – Il aime ... sa patrie et son père. (Voltaire) – J'ai porté mon courroux, ma honte et mes regrets dans les sables mouvants et le ... des forêts. (Voltaire) – Travaillez, prenez la peine, c'est le ... qui manque le moins. (La Fontaine) – Faire quelque chose pour l'... de sa conscience. – L'... de notre expérience est l'éducation des choses. (J.-J. Rousseau)

687. Remplacez les points par : *avatar, fortune, affaire, notable.*

Le préfet avait réuni les ... du canton pour étudier les possibilités de développement touristique. – Rien qu'à voir le loriot, on juge qu'on a ... à un gourmand. (A. Theuriet) – Combien ont disparu, dure et triste ... ! Dans une mer sans fond. (V. Hugo) – Ce que j'envie le plus aux dieux monstrueux et bizarres de l'Inde, ce sont leurs perpétuels ... (T. Gautier) – Il croyait encore avoir ... à un enfant irréfléchi et craintif. (G. Sand)

688. Mettez la terminaison qui convient.

Le dommage sub... sera difficilement réparé. – Les Carthaginois les regardèrent passer, tout stupéf... (G. Flaubert) – Il neigeait, puis un dégel sub... emportait la neige. (Fromentin) – Je suis encore tout stupéf... de votre intrépidité. (Voltaire) – À midi, très préci..., toute la famille était réunie au salon. (A. Daudet)

689. Mettez *pis* **ou** *pire* **à la place des points.**

Au cœur des ... dangers, tu n'éprouves pas le besoin, avant de les affronter, de tourner en dérision tes adversaires. (Saint-Exupéry) – Au ... aller, il restera encore deux heures sur l'eau. (L. Durtain) – Mais l'excellent homme n'y voulut point toucher de peur de faire ... (A. France) – Pierre, laisse cet animal tranquille. Tu sais ce qu'il t'est déjà arrivé avec lui. Crois-m'en : il t'arrivera ... si tu continues. (A. France) – Souvent la peur d'un mal nous conduit dans un... (Boileau) – Les ... gredins sont ceux auxquels d'abord les sourires affectueux ont manqué. (A. Gide)

Remarques sur quelques pronoms

Celui, celle(s), ceux : Ils doivent être complétés et ne peuvent être employés, dit *Littré* qu'avec la préposition *de* ou les pronoms relatifs *qui, que, dont ;* il en résulte qu'ils ne peuvent être suivis d'un adjectif ou d'un participe passé.
Ne dites pas : Les albums sont édités ; ceux reçus sont bien illustrés. **Dites** *: Les albums sont édités ; ceux que nous avons reçus sont bien illustrés. Ceux qui nous ont été livrés sont bien illustrés. – De toutes les voitures de mon quartier, celle de mon voisin est la plus puissante.*

chacun : *Ne dites pas : Ces livres valent cinq cents francs chaque.*
Dites : Ces livres valent cinq cents francs chacun.

dites-le-moi : Lorsque le verbe est suivi de deux pronoms compléments, le pronom complément direct se place le plus près du verbe. **Dites** *: rendez-les-moi, dites-le-moi.*

dont : Pronom relatif, équivalent de : *de qui, de quoi, duquel, de laquelle, desquels,* etc, s'applique aux personnes et aux choses.
J'aime ma mère dont le sourire est si bon.
Voici la forêt dont je connais tous les sentiers.
Dont peut être complément d'un verbe, d'un nom, d'un adjectif.
Le nom qui doit être complété par *dont* ne peut être précédé ni d'un adjectif possessif, ni d'une préposition. **Ne dites pas** *: Ce chirurgien dont nous admirons sa compétence l'a sauvé. La maison dont à la façade grimpe un rosier est historique.* **Dites :** *Ce chirurgien dont nous admirons la compétence l'a sauvé. La maison à la façade de laquelle grimpe un rosier est historique.*

d'où : On emploie *d'où* à la place de *dont* quand il faut marquer le lieu.
La ville dont j'admire les monuments est un centre culturel. La ville d'où je viens a de riches musées.

qui : La construction la plus correcte et la plus claire veut que le pronom sujet *qui* ne soit pas séparé de son antécédent. **Ne dites pas** *: J'ai vu des canards dans la mare qui barbotaient.* **Dites** *: J'ai vu des canards qui barbotaient dans la mare.*
Qui peut être séparé de son antécédent dans certains cas, mais il faut qu'il n'y ait pas d'équivoque.
Voici mon père, je l'entends qui monte l'escalier.
Qui précédé d'une préposition, *à, de, sur,* etc., est complément et ne s'emploie pas en parlant des choses.
Ne dites pas : le livre de qui vous parlez… le voyage à qui je pense…
Dites : le livre dont vous parlez… le voyage auquel je pense…

auquel : S'applique indifféremment aux personnes et aux choses.

à qui : Ne s'emploie que pour les personnes.
Ne dites pas : le film à qui je pense…
Dites : le film auquel je pense… l'enfant à qui (ou auquel) je pense…
Toutefois *à qui* s'emploie en parlant de choses personnifiées.
Village à qui j'adresse ma tendresse…

Remarques sur quelques verbes

aller : *Dites* : *aller au marché ; aller aux champs, à Paris, en Suède, au garage ; aller chez le coiffeur, chez le notaire, chez le mécanicien.*

partir : *Ne dites pas* : *partir au marché... Dites* : *partir pour le marché, pour les champs ; partir pour Paris, pour la Suède. Dites également : je prépare mon départ pour Paris, pour la Suède.*

amener : Mener vers, conduire. Se dit plutôt des êtres. *On amène* quelqu'un *à* dîner. On dit aussi : *amener l'eau dans une ville, amener la maladie, le bonheur.*

apporter : Porter au lieu où est une personne. Se dit des choses. *Dites* : *apporter le potage, les fruits, le courrier.*

bâiller : Respirer en ouvrant convulsivement la bouche : *je bâille*. Être entrouvert, mal joint : *la porte bâille.*

bayer : Tenir la bouche ouverte en regardant quelque chose. Se retrouve seulement dans la forme figée : *bayer aux corneilles.* Autre forme de bayer : *béer* qu'on retrouve dans *bouche bée,* dans *béant.*

causer : S'entretenir familièrement : on cause de quelque chose avec quelqu'un. *Ne dites pas* : *je cause à mon frère* ou *je lui cause. Dites* : *je cause avec mon frère* ou *je cause avec lui. On peut dire* aussi : *causer sport, politique, art, littérature...*

parler : On parle à quelqu'un. *Dites* : *je parle à mon frère, je lui parle* ou *je cause avec mon frère, je cause avec lui.*
Ne dites pas : *j'ai entendu parler que, je vous ai parlé que. Dites* : *j'ai entendu parler de, je vous ai parlé de* ou *j'ai entendu dire que, je vous ai dit que.*

changer : Céder une chose pour une autre, remplacer un objet.

échanger : Donner une chose contre une autre, donner ou recevoir par échange. Ces deux verbes sont parfois assez proches l'un de l'autre. *Dites* : *on change de linge, de cravate ; on change la couverture de son livre, un pneu de son auto, ses habitudes. On échange des marchandises, des timbres avec un ami, quelques propos avec quelqu'un.*

couper : *Ne dites pas* : *couper quelqu'un. Dites* : *couper la parole à quelqu'un* ou *interrompre quelqu'un.*

disputer : Examiner, débattre, avoir une vive discussion sur une chose. On *dispute de quelque chose* comme on dirait on *discute.* Faire de quelque chose l'objet d'une lutte avec quelqu'un. *Ce coureur a disputé la première place. Les Hollandais disputent la terre avec la mer.*
Ne dites pas : *disputer quelqu'un. Dites* : *gronder, quereller quelqu'un, se quereller. Se disputer,* au sens de *se quereller,* tend à passer dans l'usage courant.

émouvoir : Préférez *émouvoir* à *émotionner*. *Ne dites pas : je suis émotionné, c'est émotionnant. Dites : je suis ému, c'est émouvant.*

entrer : Passer du dehors au dedans : *entrer dans la boutique, dans l'ascenseur.*

rentrer : Entrer après être sorti, entrer de nouveau : *rentrer chez soi, la rentrée des classes, la rentrée des facultés.*

éviter : Se détourner des personnes ou des objets. On évite quelque chose (pour soi). *On évite un ennui, un danger, quelqu'un.* On n'évite pas quelque chose à quelqu'un. *Ne dites donc pas : éviter quelque chose à quelqu'un ; je vous ai évité cette peine.*

épargner : Mais on épargne quelque chose à quelqu'un. *Dites : épargner un ennui à quelqu'un ; je vous ai épargné cette peine.*

excuser : *Excusez-moi, vous m'excuserez, je vous prie de m'excuser* sont des formules de civilité. *Je m'excuse* est correct, mais ne marque pas de nuance de déférence, de politesse.

faire : *Ne dites pas : percer ses dents. Dites : faire ses dents.*
Ne dites pas : faire ses chaussures. Dites : cirer ses chaussures.
Ne dites pas : se faire une entorse. Dites : se donner une entorse.

former : C'est concevoir en parlant des idées, des sentiments. *Dites : former des vœux, des soupçons, des craintes, des projets.*

formuler : C'est énoncer avec la précision d'une formule.
Dites : formuler sa pensée, des griefs.

fréquenter : Aller souvent chez quelqu'un ou dans un lieu.
On dit : fréquenter quelqu'un ou *fréquenter chez quelqu'un.*
Les bois où fréquentent les sangliers sont épais.

habiter : *Ne dites pas : il reste rue Éblé. Dites : il habite, il demeure rue Éblé.*
Ne dites pas : habiter en face l'église. Dites : habiter en face de l'église ou *vis-à-vis de l'église.* On peut dire : *habiter près de l'église,* ou *près l'église.*

ignorer : *Ne dites pas : tu n'es pas sans ignorer. Dites : tu n'es pas sans savoir* ou, plus simplement, *tu n'ignores pas.*

invectiver : Dire des paroles amères, violentes, injurieuses contre quelqu'un ou contre quelque chose. *Invectiver* est un verbe intransitif. *Ne dites pas : invectiver quelqu'un. Dites : invectiver contre quelqu'un.*

insulter : Offenser par des outrages en actes ou en paroles. *Dites : insulter quelqu'un.* Dites aussi : *insulter à la misère, à la douleur.*

jouir : Tirer du plaisir. *Jouir* impliquant une satisfaction, une idée de joie, ne se dit pas des choses mauvaises. *Ne dites pas : il jouit d'une mauvaise santé, d'une mauvaise réputation. Dites : il a une mauvaise santé, une mauvaise réputation* ou *il ne jouit pas d'une bonne santé, d'une bonne réputation.*

marmotter : Parler confusément entre ses dents.

marmonner : A un sens proche de *marmotter,* mais appartient au langage familier.

pallier : Couvrir d'un déguisement, d'une excuse comme d'un manteau. *Pallier* est un verbe transitif. ***Ne dites pas :*** *pallier à un défaut, à un inconvénient.* ***Dites :*** *pallier un défaut, un inconvénient.*

remédier : Apporter remède, obvier. *Remédier* est un verbe intransitif. ***On dit :*** *remédier à un inconvénient, à un abus, à un mal.*

pardonner : ***Ne dites pas :*** *pardonner quelqu'un.* ***Dites :*** *pardonner quelque chose à quelqu'un, pardonner à quelqu'un. Je lui pardonne. Je leur pardonne.*

résoudre : ***Ne dites pas :*** *solutionner une question, un problème.* ***Dites :*** *résoudre une question, un problème.*

risquer : ***Ne dites pas :*** *il risque de gagner, d'être le premier.* ***Dites :*** *il risque de perdre, il risque d'être le dernier* ou *il a des chances de gagner, d'être le premier.*

s'avérer : Donner la certitude qu'une chose est vraie.
Ne dites pas : *cette nouvelle s'avère fausse.* ***Dites*** simplement *: cette nouvelle est fausse.*

se défier : Se fier moins.

se méfier : Se fier mal.
Ces deux verbes ont des sens très proches. La nuance qui les sépare est très petite. L'usage les confond.

se rappeler : Est assez proche par le sens de *se souvenir.* ***Ne dites pas :*** *je me rappelle d'une chose, je m'en rappelle, je me rappelle de vous.* ***Dites :*** *je me rappelle une affaire, je me la rappelle. Je m'en rappelle les détails.* On ne peut employer *s'en rappeler* que si le verbe est suivi d'un complément d'objet direct.

se souvenir : ***Dites :*** *je me souviens de cette affaire, je me souviens de tous les détails de cette affaire, je m'en souviens. Je me souviens de vous.* ***Dites bien :*** *je me souviens que tu as dit... Je ne me souviens pas que tu aies dit...*

souvenir : Suivi de *que,* dans une phrase affirmative ou interrogative, veut l'indicatif ; dans une phrase négative, veut le subjonctif *(Littré).*

sortir : ***On dit :*** *sortir un enfant, un malade, un vieillard,* cela suppose qu'on prend un enfant, un malade, un vieillard par la main ou par le bras. ***Ne dites donc pas :*** *sortir son chien.* Au sens de *se promener,* ***dites :*** *je suis sorti avec mon frère, avec mon chien.*

traverser : ***Ne dites pas :*** *traverser le pont.*
Dites : *traverser la chaussée, passer le pont.*

EXERCICES

690. Remplacez les points par *à qui* ou par *auquel, à laquelle, auxquels*, etc, et tournez la phrase à votre gré.

l'homme…	le chien…	la maison…	les enfants…
la personne…	le village…	les poules…	la vache…

691. Même exercice avec *sur qui* et *sur lequel*, etc.

le bâton…	l'amitié…	la personne…	le bateau…
mon frère…	la branche…	le carnet…	le camarade…

692. Remplacez les points par : *pallier, disputer, marmotter.*
Ainsi … le docteur et ma mère. (A. France) – L'excellence des sentiments … les défaillances oratoires. (A. Gide) – Non seulement on …, mais on se querella et on se sépara sans avoir trop envie de se revoir. (Racine) – La sagesse … les défauts du corps, ennoblit l'esprit. (Pascal) – Monsieur Molinier n'avait pour tout bien que son traitement, traitement dérisoire et hors de proportion avec la haute situation qu'il occupait avec une dignité d'autant plus grande qu'elle … sa médiocrité. (A. Gide) – Il gèlera cette nuit, … Jérôme, un peu dégrisé par le froid. (D. Rolin)

693. Remplacez les points par : *se rappeler, se souvenir.*
Je me … d'une femme qui avait toujours des coiffes blanches. (J. Giono) – La figure du vieux Geldern m'en … une autre. (A. France) – Cette petite Antoinette était née aux colonies, elle s'en … à peine. (P. Loti) – Je me … surtout certains petits ornements des murs que j'avais pris en abomination. (P. Loti) – Et votre voix, de surcroît, m'en … une autre, celle d'un philosophe qui, lui, fut un sage. (M. Laville) – Je me … le soir où je découvris tout à coup la vraie manière de sauter. (P. Loti) – Je me … des temps anciens et je pleure. (Verlaine)

694. Remplacez les points par : *parler, causer.*
Les plus âgés … des récoltes, pendant que les jeunes … avec Martine. (M. Audoux) – Et depuis quand un livre est-il donc autre chose qu'un ami qu'on aborde, avec lequel on … ? (A. de Musset) – Nous … de nos épreuves, et de nos joies, et de nos larmes, et de notre fraternité, et de nos espérances. (G. de Bénouville) – Il a l'air très intelligent, votre frère. Je voudrais … avec lui. (A. Gide) – Nous … de Paris, de nos amis, de notre enfance, de notre vie passée. (A. Gheerbrant)

695. Remplacez les points par : *aller, partir.*
On ne … plus pour les Indes chercher des épices rares. (M. Herzog) – Je descendis retrouver mes petits amis et nous … ensemble pour les vignes et pour les bois. (P. Loti) – Légère et court vêtue, elle … à grands pas. (La Fontaine) – Ma tante, au moment où je … pour l'école, avait l'habitude de me bourrer les poches de chocolat. (Simenon) – Saint-Exupéry veut, sur place, mesurer la puissance du danger et … pour l'Allemagne. (R. Delange)

Remarques sur quelques prépositions

à bicyclette : *Ne dites pas* : *en bicyclette.* **Dites** : *aller, monter à bicyclette, à moto, à cheval, en voiture, en auto, en avion.*

à bon marché : *Dites* : *acheter, vendre à bon marché* ou *acheter, vendre bon marché.* Il semble plus correct de dire : *à bon marché*, comme on dit *à bon compte, à vil prix.*

clé : *Ne dites pas* : *la clé est après l'armoire.* **Dites** : *la clé est à l'armoire.*

être à court de : On dit indifféremment : *être à court de* ou *être court de. Être à court d'idées, d'argent. Être court d'idées, d'argent.*

jusqu'à aujourd'hui, jusqu'aujourd'hui : Ces deux constructions sont également correctes.

à nouveau : À refaire de façon complètement différente, d'une autre manière.

de nouveau : Une nouvelle fois, de la même manière. *De nouveau* marque seulement la répétition.
«La Marseillaise» *retentit de nouveau.*
L'élève a mal conduit son raisonnement, il fait à nouveau son problème.

quant à : *Ne dites pas* : *tant qu'à moi, tant qu'à faire.*
L'expression *tant qu'à* n'est pas correcte.
Dites : *quant à moi, quant à faire.*

sauter à bas de : *Ne dites pas* : *sauter bas son lit.* **Dites** : *sauter à bas de son lit, à bas de son cheval.*

à ou bien *ou* entre deux nombres marquant une approximation :

On emploie *ou* si les deux nombres sont consécutifs et se rapportent à des êtres ou à des choses qui ne peuvent se diviser en fractions.
Trois ou quatre enfants, cinq ou six moineaux ; quatre ou cinq albums, huit ou neuf canards.
On emploie généralement *à* dans les autres cas, c'est-à-dire si les nombres ne sont pas consécutifs ou si, étant consécutifs, ils se rapportent à des choses qui peuvent se diviser en fractions.
Quatorze à dix-huit francs, cinq à sept personnes, deux à trois heures, trente à quarante , sept à huit cents enfants.
Mais on peut très bien écrire : *trente ou quarante, sept ou huit cents.*
Si, en pensée, l'on choisit comme unité la dizaine ou la centaine, les nombres deviennent alors consécutifs et peuvent être liés par *ou.*

avec : Il faut éviter de terminer une phrase par la préposition *avec*.

aller chez : *Ne dites pas : aller au dentiste.* **Dites :** *aller chez le dentiste*, comme vous dites *aller chez le fruitier, chez le libraire.*
On va *chez* quelqu'un.
Vous pouvez dire : *aller à l'épicerie, aller au pain, aller à la pêche.*

à travers, au travers de : Ces deux expressions ont le même sens.
À travers s'emploie sans *de* ; *au travers* s'emploie toujours avec *de*.
À travers les nuages. Au travers de la tempête.

furieux contre : *Ne dites pas : furieux après quelqu'un.* **Dites :** *furieux contre quelqu'un.*

le livre de : *Ne dites pas : le livre à Jean-Paul.* **Dites :** *le livre de Jean-Paul, la montre de Pierre, la maison de mon oncle…*

dans un fauteuil : *Ne dites pas : sur un fauteuil.* **Dites :** *dans un fauteuil, sur une chaise, sur un divan, sur un canapé.*

dans le journal : *Ne dites pas : lire sur le journal.* **Dites :** *lire dans le journal, dans un livre, dans un magazine ;* mais **dites :** *lire sur une affiche.*

en skis : On dit aussi *à skis*. Il semble préférable de dire *en skis,* comme on dit *en sandales, en bottes.*

vis-à-vis : Cette locution prépositive signifie *en face de*. Elle ne remplace jamais *envers* ou *à l'égard de*. *Ne dites pas : il est insolent vis-à-vis de moi.* **Dites :** *il est insolent envers moi* ou *à mon égard.*

voici : Se rapporte à ce qui va être dit, ou présente des êtres ou des choses proches.
Voici ce qui vous plaira : des pêches et des poires.
Voici notre professeur qui entre en classe.

voilà : Se rapporte à ce qui vient d'être dit, ou présente des êtres ou des choses éloignés.
Bonté, franchise, droiture, voilà ses qualités.
L'avion sort des nuages, le voilà qui descend.
a) Pour les autres sens, *voici* et *voilà* se pénètrent. *Littré* dit : «Dans les cas où l'on peut les employer l'un pour l'autre, on peut dire *voilà* pour *voici,* mais on ne dit pas également *voici* pour *voilà. Voilà* tend de plus en plus à éliminer *voici*.»
b) Devant l'infinitif du verbe *venir,* employez *voici*.
Voici venir le printemps.
c) *Ne dites pas : le voilà qu'il vient* ou *le voici qu'il vient*. **Dites :** *le voilà qui vient, le voici qui vient,* ou *voilà qu'il vient, voici qu'il vient.*

à l'envi de : Dans cette locution prépositive ou dans *à l'envi* (locution adverbiale), *retenez* bien l'orthographe de *envi*, sans *e*.

Le verbe et la préposition

1. Certains verbes se construisent indifféremment avec *à* ou *de* devant un infinitif complément. Il n'y a aucune nuance de sens entre **commencer à** et **commencer de, continuer à** et **continuer de, contraindre à** et **contraindre de, forcer à** et **forcer de, obliger à** et **obliger de.** On peut dire : *le vent continue à souffler* ou *de souffler*.
En revanche, certains verbes appellent *à* ou *de* devant l'infinitif complément quand ils veulent marquer un sens différent.
s'occuper à : C'est travailler matériellement à une chose.
s'occuper de : C'est penser à une chose, c'est se livrer à une opération intellectuelle.

2. Quand le complément est un nom, certains verbes peuvent également, sans nuance de sens, se construire avec des prépositions différentes. On dit indifféremment : **se fiancer à** ou **avec quelqu'un...** En revanche, le sens peut commander un changement de préposition.
rêver de : C'est voir pendant le sommeil.
rêver à : C'est méditer à l'état de vieille, songer à...
rire à quelqu'un : C'est lui sourire avec bienveillance.
rire de quelqu'un : C'est se moquer de lui.

Remarques sur quelques conjonctions

de façon que : *Prenez le chemin habituel de façon à ne pas vous égarer. De façon à* est correct, *mais de façon à ce que* est incorrect. **Ne dites pas :** *Il étudie de façon à ce qu'il puisse réussir.* **Dites :** *Il étudie de façon qu'il puisse réussir.*

de manière que : *Ne dites pas : de manière à ce que.* **Dites :** *de manière que.*

aimer que : *Ne dites pas : aimer à ce que.* **Dites :** *aimer que.* **Dites aussi :** *consentir que, demander que, prendre garde que, s'attendre que, informer que, se rendre compte que, se plaindre que.* Mais **ne dites pas :** *veiller que.* **Dites :** *veiller à ce que.*

bien que : *Ne dites pas : Malgré qu'il fût fatigué, il termina la course.* **Dites :** *Bien qu'il fût fatigué... Malgré que* n'est pas correct. Employez : *bien que* ou *quoique*.

car et **en effet :** Ils sont généralement synonymes. C'est une faute de les employer ensemble. **Ne dites pas :** *Rentrons, car en effet la nuit tombe.* **Dites :** *Rentrons car la nuit tombe* ou *Rentrons, en effet la nuit tombe.*

d'autant plus que : *Ne dites pas : Ce voyage par chemin de fer nous parut long surtout que nous étions debout.* **Dites :** *d'autant plus que nous étions debout.*

Remarques
sur quelques adverbes

bien : L'usage fait synonymes les expressions : *bien vouloir* et *vouloir bien*. Il semble pourtant que *bien vouloir* laisse entrevoir une nuance de respect et doit être employé par un subordonné s'adressant à un supérieur et que *vouloir bien* renferme l'idée d'un ordre donné par un supérieur à un subordonné.

jadis : Signifie : il y a fort longtemps ; marque un passé lointain.

naguère : Signifie : il y a peu de temps, il n'y a guère de temps ; marque un passé récent et doit s'employer au sens de *récemment*.
Naguère s'oppose à jadis, à autrefois. ***Ne dites pas :*** *Paris, naguère, s'appelait Lutèce.*
Dites : *Paris, jadis, s'appelait Lutèce.*
Ces arbres naguère chargés de fleurs sont maintenant dénudés.
Rappelons que *antan* (qui est un nom peu usité aujourd'hui) signifie : l'année qui précède celle qui court.

il y a longtemps que : ***Ne dites pas :*** *Il y a longtemps que je ne l'ai rencontré.* La négation *ne* est inutile. ***Dites :*** *Il y a longtemps que je l'ai rencontré, que je l'ai vu, que je lui ai parlé.*

si, très : *Si* et *très* ne doivent modifier que des adjectifs ou des adverbes : *un enfant si raisonnable... Il est tombé si maladroitement... Il est très intelligent. Il a répondu très aimablement.*
Ne dites pas : *j'ai si mal, j'ai si peur, j'ai si faim, j'ai si envie de...*
Dites : *j'ai bien mal, j'ai fort mal, j'ai tellement peur, j'ai bien faim, j'ai grand faim, j'ai fort envie de lire cet ouvrage.*

de suite : Signifie : l'un après l'autre, sans interruption.

tout de suite : Signifie : sans délai, sur-le-champ, sans attendre.
Ne dites pas : *il revient de suite.*
Dites : *il revient tout de suite. On m'appelle. J'y vais tout de suite. J'ai écrit trois lettres de suite. J'ai lu plusieurs heures de suite.*

tout à coup : Signifie : soudainement, à l'improviste.

tout d'un coup : Signifie : qui se fait d'une seule fois.
Dites : *Tout à coup, on entendit une détonation.*
Le malheur s'abattit sur lui, il perdit sa fortune tout d'un coup.

trop : ***Ne dites pas :*** *il mange de trop ; il parle de trop.*
Dites : *il mange trop; il parle trop.*

voire : Avec un *e*, a généralement le sens de *même*.
Cet élève est excellent, voire brillant.
Voire se joint quelquefois à *même*.
Ce remède est inutile, voire même pernicieux (Académie).

Évitez les pléonasmes

Les pléonasmes sont des figures de grammaire qui consistent à employer des termes superflus pour donner plus de force à l'idée exprimée.

• Je l'ai *vu*, dis-je, *vu*, de *mes propres yeux vu.*   (MOLIÈRE)
• Ne l'avait-il pas *vu*, de *ses yeux vu*, ce matin… ?   (A. GIDE)

Mais ces termes superflus sont bien souvent inutiles, ils n'ajoutent rien à l'idée exprimée. Le pléonasme est alors grave faute de langage.

Évitez les expressions comme celles-ci :
monter en haut, descendre en bas, marcher à pied, voler dans l'air, nager dans l'eau, entendre de ses oreilles, voir de ses yeux, trois heures d'horloge ou de temps, fausse perruque, puis ensuite, construire une maison neuve, préparer d'avance, prévoir avant, collaborer ensemble, comparer ensemble, se réunir ensemble, s'entraider mutuellement, reculer en arrière, suivre derrière…

Quelques mots dont l'orthographe et la prononciation diffèrent

femme	secondaire	quadriennal	monsieur
solennel	parasol	quadrige	messieurs
solennité	tournesol	quadrilatéral	gars
solennellement	vraisemblable	quadrilatère	examen
ardemment	vraisemblance	quadrupède	album
évidemment	Alsace	quadrupler	géranium
excellemment	Alsacien	quaternaire	muséum
innocemment	aquarelle	quatuor	préventorium
intelligemment	aquarelliste	in-quarto	rhum
patiemment	aquarium	square	sanatorium
prudemment	aquatique	poêle	sérum
récemment	équateur	poêlée	ns. faisons
violemment…	équatorial	poêlon	je faisais
automne	équation	poêlier	tu faisais
condamner	loquace	faon	il faisait
second	loquacité	paon	ns. faisions
seconde	quadragénaire	taon	vs. faisiez
seconder	quadrangulaire	asthme	ils faisaient

Dites bien : *caparaçon* (qui n'a rien à voir avec *carapace*) ; *dégingander* [deʒɛ̄gɑ̂de] comme **gin**givite ; **hyp**notiser, **prestidigitateur** (de *preste* et de *doigt*), **rému**nérer, ras-**séré**ner (de *serein*) ; **évé**nement (se prononce [evɛnmɑ̂]) ; *automne* (l'm ne se prononce pas), *automnal* (autom-nal, l'm se prononce) ; *enivrer* [ɑ̃nivre] ; *cheptel* ([ʃɑtɛl] ou [ʃɛptɛl]) ; *entrelacs* (le c et le s ne se prononcent pas) ; *jungle* (avec [œ̃] ou [ɔ̃]).

EXERCICES

696. Mettez la préposition qui convient.
Monter ... cheval. – Partir ... Paris. – Aller ... le médecin. – Aller ... bicyclette. – Monter ... avion. – Aller ... l'épicerie. – Partir ... les champs. – Aller
... bois. – Circuler ... skis. – Lire ... le journal. – Lire ... un livre. – Lire ... une
affiche. – Parler ... un ami. – Causer ... un camarade. – Fréquenter ...
quelqu'un. – S'asseoir ... le fauteuil. – S'asseoir ... une chaise. – Vendre ... vil
prix.

697. Remplacez les points par : *jadis, antan, naguère.*
Je traîne mes pas sur l'herbe mouillée, sans autre but que de repasser sur la trace
des êtres chéris qui marchaient ... devant moi, derrière moi ou à côté de moi,
dans ces mêmes allées. (LAMARTINE) – N'est-ce pas cette même Agrippine que mon
père épousa ... pour ma ruine ? (RACINE) – Il me montre son livret de matelot, usé,
sordide sur lequel je retrouve mes signatures d' ... (P. LOTI)

**698. Remplacez les points par : *tout à coup, tout d'un coup, de suite, tout de
suite.***
Un homme parut ... sur la scène. (C. PLISNIER) – ... la bécasse s'aplatit immobile.
Elle m'avait éventé. (G. CHÉRAU) – Souvenez-vous comme il s'est dressé ... lui qui
d'ordinaire restait le nez sur son assiette. (A. GIDE) – La Russie a été gouvernée
par cinq femmes ... (VOLTAIRE) – Un mouton qui manque sur trente, cela se
connaît ... (G. NIGREMONT) – Elle s'est rapprochée de moi ... pour me demander de
l'emmener au théâtre, ce soir. (ALAIN-FOURNIER)

699. Remplacez les points par *à* ou par *ou*.
Son pied indécis imprima deux ... trois mouvements de faible amplitude à
l'accélérateur. (G. ARNAUD) – Je songe à ces mille petits remords qui, de ma
sixième ... ma huitième année, ont jeté du froid sur mon enfance. (P. LOTI) – La
Grenadière est un de ces vieux logis âgés de deux ... trois cents ans qui se ren-
contrent en Touraine. (BALZAC) – Le chef du contentieux, un homme de trente-
cinq ... quarante ans, le visage congestionné, avait tiré un calepin de sa poche.
(G. ARNAUD) – Je lisais *Télémaque* à très petites doses ; trois ... quatre pages suffi-
saient à ma curiosité. (P. LOTI) – Après avoir monté quatre ... cinq cents marches,
nous nous trouvâmes dans une petite cour. (LAMARTINE)

**700. Faites la différence entre : *se fâcher avec* et *se fâcher contre* ; *sourire à* et
sourire de, en faisant entrer ces expressions dans une phrase.**

**701. Faites entrer dans une phrase : *de façon à, de façon que* ; *de manière à, de
manière que.***

702. Même exercice avec : *notoire, notable ; susceptible, capable.*

703. Construisez quelques phrases avec *voici* et *voilà*.

704. Construisez deux phrases avec *à* et *où* comme dans l'exercice 699.

Applications

Pour retrouver la règle ou la remarque, reportez-vous aux leçons indiquées par les numéros, les lettres renvoyant aux différentes parties du manuel.

G : pour les leçons d'orthographe grammaticale.

C : pour les leçons de conjugaison.

U : pour les leçons d'orthographe d'usage et les remarques sur le langage.

p. : renvoie à la page.

AU GRENIER

Puis en rôdant par tous (G 37) les coins de cette demeure (U 2) qu'elle allait abandonner (G 26), Jeanne monta, un jour, dans le grenier. Elle demeura saisie (G 25-27) d'étonnement ; c'était (G 43) un fouillis (U 12) d'objets (G 16) de toute nature (G 37), les uns brisés (G 25-26), les autres salis (G 25-27) seulement, les autres montés (G 25-26) là (G 69) on (G 54) ne sait pourquoi, parce qu'ils ne plaisaient plus, parce qu'ils avaient été remplacés (G 55). Elle apercevait mille bibelots (U 2) connus (G 25) jadis, et disparus (G 25) tout à coup sans qu'elle y eût songé (C 51), des riens qu'elle avait maniés (G 57), ces (G 41) vieux petits objets insignifiants qui avaient traîné (G 56) quinze ans à côté d'elle, qu'elle avait vus (G 57) chaque jour (G 40) sans les remarquer (G 26-45) et qui, tout à (G 7) coup, retrouvés (G 25-26) là (G 69) dans ce (G 42) grenier, à (G 7) côté d'autres plus anciens dont elle se (G 42) rappelait (C 15) parfaitement les places aux premiers temps de son arrivée, prenaient une importance soudaine de témoins oubliés (G 25-26), d'amis retrouvés (G 25-26). Ils lui faisaient l'effet de ces gens qu'on a fréquentés (G 57) longtemps sans qu'ils se soient jamais révélés (G 61) et qui, soudain, un soir, à (G 7) propos de rien se (G 42) mettent à (G 7) bavarder (G 26) sans fin, à (G 7) raconter (G 26) toute (G 37) leur âme qu'on (G 54) ne soupçonnait (C 13) pas. Jeanne les touchait (G 52), les retournait (G 52), marquant ses (G 41) doigts dans la poussière accumulée (G 25-26) ; et elle demeurait là (G 69), au milieu de ces (G 41) vieilleries (U 5), sous le jour terne qui tombait par quelques (G 39) petits carreaux (G 12) de verre (G 16) encastrés (G 25-26) dans la toiture.

(GUY DE MAUPASSANT : *Une vie*, Albin Michel.)

BRIC-À-BRAC

Au premier coup (U 5) d'œil, les magasins lui offrirent un tableau confus (G 24) dans lequel toutes (G 37) les oeuvres humaines et divines se (G 42) heurtaient. Un vase de Sèvres se (G 42) trouvait auprès d'un sphinx (U 13) dédié (G 25-26) à Sésostris (G 6). Le commencement du monde et les événements d'hier se (G 42) mariaient avec une grotesque bonhomie (p. 244). Un tournebroche était posé (G 55) sur un ostensoir (U 3), un sabre républicain (U 7) sur une arquebuse du Moyen Âge. Les instruments de mort (G 16), poignards, pistolets curieux, armes à (G 7) secret (G 16), étaient jetés (G 31) pêle-mêle (G 67) avec des instruments de vie (G 16) : soupières en porcelaine (G 16), assiettes de Saxe (G 6), tasses diaphanes (U 10) venues (G 25) de Chine, salières antiques, drageoirs féodaux.

Plusieurs portraits d'échevins français (G 33), de bourgmestres hollandais (G 33), insensibles, comme pendant leur vie, s'élevaient au-dessus de ce chaos (G 12) d'antiquités (G 16) en y lançant (C 19) un regard pâle et froid.

Tous (G 37) les pays de la terre semblaient avoir apporté (G 56) là (G 69) quelques (G 39) débris de leurs sciences (G 16), un échantillon de leurs arts (G 16). Il y avait jusqu'à (G 7) la blague à (G 7) tabac du soldat, jusqu'au ciboire (U 3) du prêtre, jusqu'aux plumes d'un trône. Ces monstrueux tableaux étaient encore assujettis (G 55) à (G 7) mille accidents de lumière (G 16) par la bizarrerie d'une multitude de reflets (G 16) dus (G 30) à la confusion des nuances, à (G 7) la brusque opposition des jours et des noirs. L'oreille croyait entendre des cris interrompus, l'esprit saisir (G 45) des drames inachevés (G 25), l'oeil apercevoir des lueurs mal étouffées (G 25).

Enfin, une poussière obstinée (G 25) avait jeté (G 56-57) son léger voile sur tous (G 37) ces (G 41) objets, dont les angles multipliés (G 25) et les sinuosités (U 4) nombreuses produisaient les effets les plus pittoresques.

(HONORÉ DE BALZAC : *La Peau de chagrin.*)

L'HORLOGE

L'horloge nous venait d'une grand-mère paysanne. Pour cette raison, elle se (G 42) revêtait pour nous d'une vertu (U 5) exceptionnelle. Toute droite contre le mur, pareille (G 32) à (G 7) un sarcophage (U 10) trop étroit, avec ses poids rouillés (G 25-26) et le soleil de son battant de cuivre ; elle était dans notre demeure (U 2) comme un personnage. Et si, par occasion, il lui fût arrivé (C 42-43-51 - G 55) de s'arrêter, il n'est pas douteux que nous eussions tous frémi (C 42 - G 57), comme à (G 7) l'annonce d'un malheur. Et mon grand-père plus que les autres.

Mon grand-père était un homme d'ordre et de méthode (U 11), et son premier soin de la journée était de remonter l'horloge pendant que réchauffait (G 47) sa soupe.

Une fois tous les quinze (G 36) jours, il en graissait les chaînes avec du suif. Chaque matin (G 40), il passait un chiffon sur le bois de la vieille caisse, avec une tendresse dont, par exception (U 13), il ne songeait (C 20) pas à (G 7) rougir, car il ne croyait pas qu'on le comprît (C 48-49). N'était-il pas naturel qu'il voulût (C 48-49) tenir en état un meuble qui, après tout, était le plus beau que nous ayons (C 46) et qui valait son prix ? Il tenait à (G 7) son horloge et c'est au point que ma mère avait à (G 7) peine le droit d'y toucher (G 26), comme s'il eût pensé (C 41-43-51 - G 57) sacrilège qu'un autre que lui en approchât (C 48-49). Avec quelle (G 66) piété (U 4) il la caressait ! Cela se voyait à (G 7) ses mains qui frémissaient (G 50) au contact de ce vieux bois, de ce vieux fer si tendrement soignés (G 31) avant lui par les mains depuis longtemps inertes de sa mère.

Il y avait pour lui comme une sécurité (U 4) et peut-être comme une approbation dans cette voix qu'il avait toujours entendue (G 58) bourdonner (G 26) à (G 7) son oreille depuis sa plus lointaine enfance. Et il n'aurait pas pu s'en (G 64) passer.

(LOUIS GUILLOUX : *Le Pain des Rêves*, Gallimard.)

L'INFUSION DE TILLEUL

Si ma tante se (G 42) sentait agitée (G 25-26), elle demandait sa tisane et c'était (G 43) moi qui étais (G 50) chargé (G 55) de faire tomber (G 26) du sac de pharmacie (U 5-10) dans une assiette la quantité (U 4) de tilleul qu'il fallait mettre ensuite dans l'eau bouillante. Le dessèchement des tiges les avait incurvées (G 57) en un capricieux treillage dans les entrelacs[1] (p. 264) duquel s'ouvraient (G 47) les fleurs pâles, comme si un peintre les eût (C 43) arrangées (G 57 - C 42), les eût (C 43) fait (G 58 - C 42) poser (G 26) de la façon la plus ornementale (G 21). Les feuillages, ayant perdu (G 57) ou (G 69) changé (G 57) leur

---

1. Attention *entrelacs* se prononce : [ãtrəla].

aspect (U 3), avaient l'air des choses les plus disparates, d'une aile transparente de mouche, de l'envers (U 12) blanc d'une étiquette, d'un pétale de rose, mais qui eussent été empilées (G55 - C 52), concassées (G 55 - C 52), ou (G 69) tressées (G 55 - C 52) comme dans la confection d'un nid. Mille petits détails inutiles (G 20) – charmante prodigalité (U 4) du pharmacien – qu'on eût (C 43) supprimés (G 57 - C 42) dans une préparation factice, me donnaient (G 46), comme un livre où (G 69) on s'émerveille (G 49) de rencontrer (G 26) le nom d'une personne de connaissance, le plaisir de comprendre que c'était (G 43) bien des tiges de vrais tilleuls, comme ceux que je voyais, Avenue de la Gare (G 6), modifiées (G 32), justement parce que c'étaient (G 44) non des doubles mais elles-mêmes (G 38) et qu'elles avaient vieilli (G 57). Cette flamme rose de cierge, c'était (G 43) leur couleur encore, mais à demi éteinte (G 35) et assoupie (G 25-27) dans cette vie diminuée (G 25) qu'était (C 47) la leur maintenant (p. 245) et qui est comme le crépuscule (U 5) des fleurs.

(MARCEL PROUST : *À la Recherche du Temps perdu*.)

PORTRAIT D'UNE VIEILLE DAME

Il revoyait sous la suspension (U 10), le petit front jaune entre les bandeaux (G 12) gris, les petites mains d'ivoire (U 3) qui tremblotaient (G 50) sur la nappe, les petits yeux effarouchés (G 25-26)... Tout l'effrayait (G 51) ! Une souris (U 5) dans un placard, un roulement lointain de tonnerre, autant qu'un cas de peste découvert (G 24) à (G 7) Marseille (G 6) ou (G 69) qu'une secousse sismique enregistrée (G 25-26) en Sicile (G 6). Le claquement d'une porte, un coup de sonnette (p. 245) un peu (G 71) brusque, la faisaient (G 52) sursauter (G 26), et elle croisait anxieusement (U 13) ses (G 41) bras menus (G 25) sous la courte pèlerine de soie noire qu'elle (G 66) nommait sa «capuche» (G 5). Et son rire. Car elle riait souvent et toujours (p. 245) pour peu (G 71) de chose, d'un rire de fillette, perlé (G 25-26), candide...
Elle avait dû (G 57-30) être charmante dans sa jeunesse. On l'imaginait (G 49) si bien jouant aux grâces dans la cour de quelque (G 39) pensionnat, avec un ruban de velours (U 12) noir (G 20) au cou et les nattes roulées (G 25-26) dans une résille !... Quelle (G 66) avait pu (G 57) être sa jeunesse ? Elle n'en parlait jamais. On ne la questionnait (G 49) pas. Savait-on seulement son prénom ? Personne au monde ne l'appelait plus par son prénom. On ne l'appelait (G 49) même pas par son nom. On la désignait (G 49) par sa fonction : on disait (G 49) : «la concierge» (G 5) comme on disait (G 49) «l'ascenseur» (G 5 - U 10)... Vingt ans de suite, elle avait vécu (G 57) avec une dévotieuse (U 10) terreur, sous la tyrannie (U 13) de M. Thibault. Vingt ans de suite effacée (G 25-26), silencieuse, infatigable (U 7), elle avait été la cheville ouvrière de la maison, sans que nul songeât (C 48-49) à (G 7) lui savoir gré (p. 245) de sa ponctualité (U 4), de ses (G 41) prévenances. Toute (G 37) une existence (U 13) impersonnelle (G 21) de dévouement (G 16 - U 11), d'abnégation (G 16 - U 10), de don (G 16) de soi, de modestie (G 16 - U 5), de tendresse (G 16) bornée (G 25-26) et discrète (G 19) qui ne lui avait guère (p. 245) été rendue (G 55).

(ROGER MARTIN DU GARD : *Les Thibault*, Gallimard.)

M. BONNARD (G 6) PART POUR LA SICILE (G 6)

Ma résolution étant prise et mes arrangements faits (G 25-29), il ne me restait (G 46) plus qu'à (G 7) avertir ma gouvernante. J'avoue (C 3) que j'hésitai (C 17-18) longtemps (p. 245) à (G 7) lui annoncer (G 26) mon départ. Je craignais ses (G 41) remontrances, ses (G 41) railleries (U 5-6), ses (G 41) objurgations (U 10), ses (G 41) larmes. «C'est (G 43) une brave fille, me disais-je ; elle m'est attachée (G 55) ; elle voudra me retenir, et Dieu sait que, quand (G 72) elle veut quelque chose (G 39), les paroles, les gestes et les cris lui coûtent (G 46) peu (G 71). En cette circonstance, elle appellera (C 29) à (G 7) son aide la concierge, le frotteur, la cardeuse de matelas et les sept (G 36) fils du fruitier ; ils se mettront tous à (G 7) genoux (G 12-16), en rond (G 16), à (G 7) mes pieds ; ils pleureront et ils seront si laids (G 25) que je leur (G 53) céderai (C 10-40) pour ne plus les voir (G 45).»

Tels (G 40) étaient les affreuses images, les songes de malade que la peur assemblait dans mon imagination... Mais il fallait bien annoncer (G 26) mon départ à (G 7) Thérèse. Elle vint dans la bibliothèque (U 11) avec une brassée (U 4) de bois pour allumer (G 26) un petit feu, une «flambée» (G 5 - U 4) disait-elle, car les matinées (U 4) sont fraîches. Je l'observais (G 52) du coin de l'œil, tandis qu'elle était accroupie (G 55), la tête sous le tablier de la cheminée (U 4). Je ne sais d'où (G 69) me vint (C 22) alors mon courage, mais je n'hésitai (C 17-18) pas. Je me levai (C 17-18), et me promenant de long en large dans la chambre : «À propos, dis-je d'un ton léger, avec cette crânerie (U 5) particulière aux poltrons, à (G 7) propos, Thérèse, je pars (C 9) pour la Sicile (G 6).»

Ayant parlé, j'attendis, fort inquiet. Thérèse ne répondait pas. Sa tête et son vaste bonnet restaient (G 46) enfouis (G 25-27) dans la cheminée, et rien dans sa personne que j'observais, ne trahissait (G 51 - U 11) la moindre émotion. Elle fourrait du petit bois sous les bûches, voilà tout. Enfin, je revis son visage ; il était calme, si calme que je m'en irritai (C 17-18).

Vraiment (G 67), pensais-je (C 17-18), cette vieille fille n'a guère de coeur. Elle me laisse partir sans seulement dire «Ah !» Est-ce donc si peu (G 71) pour elle l'absence de son vieux maître ? «Allez (C 44), monsieur, me dit-elle enfin, mais revenez (C 44) à (G 7) six heures (G 36). Nous avons aujourd'hui (p. 245) à (G 7) dîner (C 1) un plat qui n'attend pas.»

(ANATOLE FRANCE : *Le Crime de Sylvestre Bonnard*, Calmann-Lévy.)

MA MÈRE

Ma mère était de taille moyenne. Ses (G 41) maternités (U 4) l'avaient (G 52) légèrement alourdie (G 57) sans lui retirer (G 26) sa grâce. Sensible à (G 7) la poésie des choses, son visage s'empreignait (C 7-16) d'une douceur mélancolique. Ses (G 41) yeux d'un marron velouté qu'une myopie (U 5) prononcée (G 25) adoucissait (G 46) encore, vous caressaient (G 46). Elle ne portait pas de lunettes (G 16), elle rapprochait très près (G 70) de ses (G 41) yeux, l'ouvrage qu'elle cousait ou (G 69) le livre qu'elle lisait.

Elle était la bonté (U 4) même. Tous (G 37) ceux qui l'approchaient (G 46) ne pouvaient (G 46) que l'estimer (G 26) ou (G 69) l'aimer (G 26). Je ne l'ai jamais entendue (G 57) médire de quiconque. Elle ne prenait jamais parti (G 9) dans les différends (U 15) ou (G 69) les querelles ; elle ne voulait qu'apaiser (G 26). Elle aurait préféré (G 56) souffrir d'une injustice plutôt (G 70) que d'en provoquer (G 26) une.

Elle s'occupait de ses (G 41) enfants, ne vivait que pour eux et par eux, attentive à (G 7) tout ce (G 42) qui les touchait (G 50), attristée (G 32) de leurs (G 53) peines, heureuse de leurs (G 53) joies. Ses (G 41) nièces, ses (G 41) neveux (G 12), nos amis l'appelaient (G 52) «Maman Henriette». C'est (G 43) sous ce (G 42) nom que mes enfants et mes petits-enfants qui ne l'ont pas connue (G 57) parlent d'elle. Elle est présente dans nos pensées. Elle était l'âme d'une vie familiale faite d'émotions partagées (G 25).

C'est (G 43) souvent dans son jardin que je la revois (G 52), pinçant (C 19) un gourmand de fraisier, émondant des fleurs fanées (G 25) ou (G 69) des rameaux superflus (G 25) ou (G 69) cousant dans un fauteuil bien protégé (G 32) par une ombre légère.

(ÉDOUARD BLED : *Mes écoles*, Robert Laffont.)

MA FONTAINE

Sous l'unique fenêtre à (G 7) petits carreaux (G 22) de la vieille masure, des tournesols, l'été, ouvraient leur (G 53) cœur jaune et noir aux abeilles et au soleil. Quelle (G 66) paix ! Et, je me souviens, il y avait encore un grand noyer qui avait poussé (G 56) dans la haie et qui versait (G 50) son ombre (U 2) sur la cour, et encore, au bas du verger, sous une couronne de saules (G 16) une fontaine. Ma nourrice m'avait bien recommandé (G 57) de n'en jamais troubler (G 26) l'eau, si je voulais barboter (G 26) je n'avais qu'à aller (G 26) un peu (G 71) plus bas dans la prairie où (G 69) coulaient (G 47) des ruisseaux. Mais la fontaine était sacrée (G 55). Elle m'est encore l'image des choses dont on ne peut (G 71) épuiser (G 26) la beauté (U 4). Souvent il m'est arrivé de penser (G 26) à (G 7) elle, en lisant des vers de Racine, quand (G 72) par-delà les mots et leur sens immédiat, on entrevoit, comme d'autres paysages, telle parole reprise de Virgile (G 6) ou (G 69) d'Homère (G 6), les remparts d'Argos (G 6) ou (G 69) de Troie (G 6). Que d'heures (G 16) j'ai passées (G 57) penché (G 32) sur ma fontaine. Je m'amusais au jeu des libellules, des glissades de ces (G 41) insectes qu'on appelait (G 49) des «moulins à (G 7) vent», sur l'eau lisse et brillante. Dans un cadre de cresson, dans les reflets des feuilles, des nuages et du ciel, grimaçait (G 47) mon visage. Par-delà à (G 7) divers étages, ondulaient (G 47) des herbes et des mousses. Par-delà encore sur le fond de sable, gisaient (G 47) des brindilles et des feuilles mortes. Parfois des têtards traversaient comme des vibrions, ces (G 41) espaces tranquilles. Je les obligeais (G 52) à (G 7) repartir toujours, comme j'ai appris depuis que faisait Poséidon (G 6) au malheureux Ulysse (G 6). J'étais véritablement le dieu de ces (G 41) têtards, et je regardais dans l'eau profonde et noire comme dans ma création.

Selon mes souvenirs, il fait toujours soleil dans ce canton de l'univers où (G 69) j'ai grandi (G 56). Le temps n'y (G 63) passe pas et la vie y est sans problèmes (G 16). C'est (G 43) comme un juillet éternel.

(JEAN GUÉHENNO : *Changer la Vie*, Grasset.)

DÎNER SUR LA TERRASSE

L'éclairage était assuré (G 55) par des lampes (U 2) à (G 7) pétrole, et quelques (G 39) bougies de secours (U 12). Mais, comme nous prenions tous (G 37) nos repas sur la terrasse, sous le figuier, il y avait surtout la lampe tempête.

Prodigieuse lampe tempête ! Mon père la sortit un soir d'une grande boîte (G 7) en carton, la garnit (G 52 - C 18) de pétrole et alluma la mèche ; il en jaillit une flamme plate en forme d'amande (U 15) qu'il coiffa d'un «verre de lampe» ordinaire. Puis, il enferma le tout dans un globe ovoïde (U 1), que protégeait (G 47) un grillage nickelé (U 10) surmonté d'un couvercle de métal : ce couvercle était un piège à (G 7) vent. Il était percé (G 55) de trous (G 16) qui accueillaient (G 50) la brise nocturne, l'enroulaient (G 50) sur elle-même et la poussaient (G 50) inerte, vers la flamme impassible (U 2) qui la dévorait (G 50). Lorsque je la vis (G 52) suspendue (G 31) à (G 7) une branche de figuier, brûler (G 26) brillante, avec la sérénité (U 4) d'une lampe d'autel (U 15), j'en oubliai (C 18) ma soupe au fromage et je décidai (C 18) de consacrer (G 26) ma vie à la science… Cette amande scintillante (U 10) éclaire encore mon enfance, et j'ai été moins étonné (G 55) dix ans plus tard, lorsque je visitai (C 18) le phare (U 10) de Planier.

D'ailleurs (U 15) tout comme Planier, séducteur de cailles (G 16) et de vanneaux (G 16), elle attirait tous (G 37) les insectes de la nuit. Dès qu'on (G 49) la suspendait à (G 7) sa branche, elle était entourée (G 55) d'un vol de papillons (G 16) charnus, dont les ombres (U 2) dansaient sur la nappe : brûlés (G 32) d'un impossible amour, ils tombaient tout (G 37) cuits (G 32) dans nos assiettes.

Il y avait aussi d'énormes guêpes (U 7), des capricornes et les lucanes qui arrivaient (G 50) de la nuit comme lancés (G 32) par une fronde et qui faisaient (G 50) tinter (G 26) la lampe avant de plonger dans la soupière.

(Marcel Pagnol : *La Gloire de mon Père*, Pastorelly.)

PLAISIRS D'ENFANTS (G 16)

Notre plus grand amusement était de nous lancer (G 26) à (G 7) travers bois, dédaigneux des chemins tracés (G 25-26), ravis (G 25) au contraire lorsque l'épaisseur des taillis nous obligeait (G 46 - C 20) à (G 7) avancer (G 26) péniblement sur les genoux (G 12) et sur les mains, voire (p. 263) à (G 7) plat ventre, car nous tenions à (G 7) déshonneur (U 8) de biaiser (G 26). Nous passions les après-midi (G 15) du dimanche à (G 7) Blancmesnil ; c'étaient (G 44) alors d'épiques parties de cache-cache (G 15), fécondes (G 25) en péripéties (U 10), car elles se jouaient dans la grande ferme, à travers granges (G 16), remises (G 16) et n'importe quels (G 66) bâtiments… Blandine allait avec Armand, et je restais avec Lionel ; les uns cherchant (G 62), les autres se cachant (G 62) sous les fagots, sous les bottes de foin (G 16), dans la paille ; on grimpait (G 49) sur les toits, on passait (G 49) par tous (G 37) les pertuis, toutes (G 37) les trappes (p. 244), et par ce (G 42) trou dangereux, au-dessus (p. 245) du pressoir (U 3), par où (G 69) l'on fait crouler (G 26) les pommes, on inventait (G 49), poursuivi (G 25-27), mainte acrobatie (U 10)… Mais si passionnante que fût (C 49-51) la poursuite, peut-être le contact avec les biens de la terre, les plongeons dans l'épaisseur (U 2) des récoltes, et les bains d'odeurs (G 16 - U 2) variées (G 25-26) faisaient (C 16)-ils le plus vrai du plaisir. Ô parfum (G 16) des luzernes (U 13) séchées (G 25-26), âcres senteurs (G 16 - U 2) de la bauge aux pourceaux, de l'écurie ou (G 69) de l'étable, effluves capiteux du pressoir, et là (G 69), plus loin, entre les tonnes, ces (G 41) courants d'air glacé (G 25-26) où (G 69) se (G 42) mêle (G 47) aux relents des futailles (U 3) une petite pointe de moisi. Oui, j'ai connu (G 57) plus tard l'enivrante (p. 264) vapeur des vendanges, mais, pareil à (G 7) la Sulamite qui demandait (G 50) qu'on la soutînt (C 48-49) avec des pommes, c'est (G 43) l'éther (U 11) exquis de celles-ci que je respire, de préférence à (G 7) la douceur exquise du moût. Lionel et moi, devant l'énorme tas (U 12) de blé (G 16) d'or qui s'effondrait (G 50) en pentes (G 16) molles sur le plancher net du grenier, nous mettions bas nos vestes, puis, les manches haut (G 67) relevées (G 25-26), nous enfoncions (C 19) nos bras jusqu'à (G 7) l'épaule et sentions entre nos doigts ouverts (G 25) glisser (G 26) les menus (G 25) grains frais.

(André Gide : *Si le Grain ne meurt*, Gallimard.)

LES MÉSANGES

Quand j'attachai (C 17-18), à (G 7) deux poteaux de roseraie (U 3) deux nids, creusés (G 25-26) à (G 7) même deux rondins de bouleau (G 16), je les nommai (C 17-18), en moi-même, ex-voto (G 15), offrande superstitieuse (U 10)… Le vœu ne connaît (C 8) qu'un chemin : il monte ; le mien atteignit (C 23) deux rossignols de muraille. Ils vinrent, gris roux, plus foncés (G 25-26) que la musaraigne, comme elle, fureteurs (G 32)… Je me fis discrète (G 19), d'autant que l'autre nid appartenait, dans le même moment, à (G 7) la mésange bleue (G 19).
Celle-ci, princesse des oiseaux sauvages, ne saurait (C 41) rien faire sans éclat. Où (G 69) elle règne (C 10), on ne voit qu'elle (G 66), son dos bleu comme l'élytre (U 13) métallique du bousier, le dessous (p. 245) vert saule de son aile, sa hardiesse (U 9) à (G 7) nous solliciter (G 26), sa prestesse à (G 7) nous fuir (G 45 - C 4). Elle est rieuse, et guerrière et gloutonne comme pas

une… Entre l'éclosion des œufs et l'essor (U 14) des oisillons, la tâche d'un couple de mésanges confond (C 5) l'observateur. Deux éclairs bleus (G 22), multipliés (G 25-26) par leur hâte (U 9) sans repos, illuminaient (G 46) chez moi le petit enclos bourgeonnant. Mâle et femelle, au moment de s'engouffrer (G 26) dans la lucarne du tronc creux, prenaient (G 46) pied (p. 251) un instant sur l'extrémité (U 4) d'un tuteur en bambou et s'y (G 63) balançaient (C 19) comme une fleur ; la nichée (U 4) gavée (G 25-26), un bruit d'éventail (U 3), un trait de feu bleu et jaune rejaillissaient (G 46) du nid, et l'attente haussait d'un ton le pépiement (U 11) des petits invisibles, qui ressemble (G 50) au gazouillement (U 13) d'un baiser.

La plus insolente, la plus active, la petite femelle, je l'ai vue (G 58) plonger sous la basse jungle (p. 242 - 264) des jeunes bégonias serrés (G 25-26), elle pénétrait (C 10) par un bout de la plate-bande, courant agilement sur ses (G 41) merveilleuses petites serres (U 15) ; elle surgissait à (G 7) l'autre extrémité (U 4), arrogante, la tête levée (G 25-26), une chenille en banderole toute vivante au bec, ou bien moustachue (G 25) de deux ailes d'insecte (G 16).

(COLETTE : La Paix chez les Bêtes, Fayard.)

MARCHÉ CHINOIS (G 33)

Je veux (C 3-11) revoir la ville chinoise (G 33) et je traverse les rues pouilleuses qu'ennoblissent (G 47) les oriflammes et les devises et où (G 69) tant de beauté se marie (C 3) à (G 7) tant de misère. Le marché est là (G 69). J'y pénètre (C 10). On (G 54) y trouve tout : (G 5) des boucheries, un théâtre (U 11) en plein vent, des marchands de coquillages (G 16), d'épices (G 16), de jouets (G 16), de fromages (G 16), des comptoirs (U 2-11) de soieries (G 16), de tapis, des cuisines qui sont des restaurants, des cordonneries, des coiffeurs, d'étranges pharmacies (U 5-10) avec des recettes millénaires, des talismans et des philtres (p. 251) magiques. Il y a des librairies, des miroitiers, des fleuristes, un combat de coqs (G 16), des poissonniers et un garage d'oiseaux (G 16).

Une grande toile abrite le marché, et des pistes, entre les échoppes, s'entrecroisent, encombrées (G 25-26-32) de porteurs (G 16), de dames (G 16), d'enfants (G 16), de chiens (G 16) crasseux, de grosses commères qu'escorte (G 47) une marmaille (U 3) accrochée (G 25-26) à (G 7) leurs pantalons.

Toute (G 37) cette foule joue (C 3) de l'éventail (U 3), piaille, se coudoie (C 6) sans se bousculer (G 26), glisse à (G 7) pas indolents, marchande et, des heures durant (p. 245), s'attarde chez les libraires ou (G 69) aux cuisines. Délaissant (G 62) leurs comptoirs, les commerçants se font visite et s'installent. Des rais (U 15) de soleil (G 16) éclairent la cohue (U 5-11) bleue (G 19) et blanche, accrochent un jade, font rutiler (G 26) dans l'ombre d'une échoppe des grenouilles de quartz (U 13), des arbres de corail, des poissons de cristal, des jonques d'émail, des fruits de verre, ou (G 69) encore, sur un paravent à (G 7) fond crème, une oie sauvage qui, le bec dardé (G 25-26) et les ailes droites (G 19), plonge entre deux rocailles (U 3) dans un étang lunaire.

Une grâce, une politesse universelle (G 21), une urbanité (U 4) séculaire règnent (C 10) dans cette cité (U 4) nonchalante et laborieuse où (G 69) jamais personne ne s'affaire.

(FRANCIS DE CROISSET : Le Dragon blessé, Grasset.)

LA MORT DE LA VIPÈRE

Cette vipère dormait. Elle dormait trop affaiblie (G 25-27) par l'âge ou (G 69) fatiguée (G 25-26) par une indigestion de crapauds (U 2). Hercule au berceau étouffant les reptiles : voilà le mythe (U 13) expliqué (G 25-26). Je fis comme il a dû (G 30) faire. Je saisis la vipère par le cou, exactement au-dessus (p. 245) de la tête, et je serrai (C 17-18) voilà tout.

Cette détente brusque, en ressort de montre qui saute hors (p. 245) du boîtier – et le boîtier, pour ma vipère, s'appelait la vie, – ce réflexe désespéré pour la première et pour la dernière fois en retard d'une seconde, ces (G 41) enroulements, ces (G 41) déroulements, ces (G 41) enroulements froids autour de mon poignet, rien ne me fit (C 49) lâcher (G 25) prise. Par bonheur, une tête de vipère, c'est (G 43) triangulaire et monté (G 25) sur cou mince, où (G 69) la main peut se caler (G 25). Par bonheur, une peau de vipère, c'est (G 43) rugueux (U 7), sec d'écailles (G 16), privé (G 25) de la viscosité (U 4) défensive de l'anguille. Je serrais (C 17-18) de plus en plus fort, nullement inquiet, mais intrigué (G 25-26) par ce frénétique réveil (U 3) d'un objet apparemment (G 67) si calme, si digne de figurer (G 25) parmi (p. 245) les jouets de tout repos. Je serrais (C 17-18). Une poigne rose de bambin (U 2) vaut un étau (U 2). Je rapprochais (C 17-18) la vipère de mon nez, très près (G 70), tout près (G 70), mais rassurez-vous, à un nombre de millimètres (G 16) suffisant pour que fût (C 51) refusée (G 55) leur dernière chance à (G 7) des crochets tout (G 37) suintant (G 62) de rage.

Elle avait de jolis yeux, vous savez, cette vipère, non pas des yeux de saphir (U 10) comme les vipères de bracelets (p. 244), je le répète, mais des yeux de topaze (U 13) brûlée (G 25), piqués (G 25-26) noir (G 34) au centre et tout pétillants (G 62) d'une lumière que je saurai (C 30-40) plus tard s'appeler (G 25) la haine (U 9). Elle avait aussi de minuscules trous (G 12) de nez, ma vipère, une gueule étonnante, béante, en corolle d'orchidée (U 10), avec, au centre, la fameuse langue bifide.

Je serrais (C 17-18), je vous le redis. Les topazes (U 13) s'éteignirent (C 18), à (G 7) moitié (U 4) recouvertes (G 25) par deux morceaux de taffetas (U 12) bleuâtres. La vipère, ma vipère était morte, ou (G 69) plus exactement (U 13), pour moi, l'enfant, elle était retournée (G 55) à (G 7) l'état de bronze (U 13) où (G 69) je l'avais trouvée (G 56) quelques (G 39) minutes auparavant (p. 245).

(HERVÉ BAZIN : Vipère au Poing, Grasset.)

PIERRES VIVANTES

Ceux des édifices qui ne parlent (G 50) ni (G 63) ne chantent (G 50) ne méritent (G 50) que le dédain ; ce (G 44) sont choses mortes, inférieures dans la hiérarchie (U 9) à (G 7) ces (G 41) tas de moellons que vomissent (G 47) les chariots (U 2 - p. 244) des entrepreneurs, et qui amusent (G 50) du moins l'œil sagace par l'ordre accidentel qu'ils empruntent de leur chute... Quant (G 72) aux monuments qui se bornent (G 50) à (G 7) parler (G 26), s'ils parlent clair (G 67), je les estime (G 52). Ici, disent-ils, se réunissent (G 47) les marchands. Ici, les juges délibèrent (C 10). Ici, gémissent (G 47) des captifs... Ces (G 41) loges mercantiles, ces (G 41) tribunaux (G 12) et ces (G 41) prisons, quand (G 72) ceux qui les construisent (G 50) savent s'y (G 63) prendre, tiennent le langage (U 7) le plus net. Les uns aspirent visiblement une foule active et sans cesse renouvelée (G 25) ; ils lui offrent (G 52) des péristyles (U 13) et des portiques ; ils l'invitent (G 52) par bien des portes et par de faciles escaliers à venir dans leurs (G 53) salles vastes et bien éclairées (G 25), former (G 26) des groupes, se livrer (G 26) à (G 7) la fermentation des affaires... Mais les demeures (U 2) de la justice doivent parler (G 26) aux yeux de la rigueur (U 2-7) et de l'équité (U 4) de nos lois (U 5). La majesté (U 4) leur sied (C 11) des masses toutes (G 37) nues (G 35) et la plénitude effrayante des murailles. Les silences de ces (G 41) parements déserts sont à (G 7) peine rompus (G 25) de loin en loin, par la menace d'une porte mystérieuse (U 13), ou (G 69) par les tristes signes que font (G 47) sur les ténèbres d'une étroite fenêtre, les gros fers dont elle est barrée (G 55). Tout ici rend des arrêts, et parle de peine. La pierre prononce gravement ce (G 42) qu'elle renferme ; et cette oeuvre, si conforme à (G 7) la vérité (U 4) déclare fortement sa destination sévère...

(PAUL VALÉRY : Eupalinos ou l'Architecte, Gallimard.)

L'AVION ET LA PLANÈTE

L'avion est une machine sans doute, mais quel (G 39) instrument d'analyse ! Cet instrument nous a fait (G 58) découvrir le vrai visage de la terre. Les routes, en effet, durant (p. 245) des siècles nous ont trompés (G 57). Nous ressemblions à (G 7) cette souveraine qui désira (C 18) visiter ses (G 41) sujets et connaître s'ils se réjouissaient de son règne. Ses (G 41) courtisans, afin de l'abuser (G 26), dressèrent (C 18) sur son chemin quelques (G 39) heureux décors et payèrent (C 18) des figurants pour y danser (G 26). Hors (p. 245) du mince fil conducteur, elle n'entrevit (C 18-49) rien de son royaume, et ne sut (C 18-49) point qu'au large des campagnes ceux qui mouraient (C 29-41) de faim la maudissaient (G 52). Ainsi (p. 245) cheminons-nous le long des routes sinueuses. Elles évitent les terres stériles, les rocs, les sables, elles épousent les besoins de l'homme et vont de fontaine en fontaine (G 16) ; elles conduisent les campagnards de leurs (G 53) granges aux terres à (G 7) blé, reçoivent (C 19) au seuil (U 3) des étables le bétail (U 3) encore endormi (G 25-27) et le versent (G 52), dans l'aube, aux luzernes (U 13). Elles joignent ce village à (G 7) cet autre village, car de l'un à (G 7) l'autre on (G 49) se marie (C 3). Et si l'une d'elles s'aventure à (G 7) franchir un désert, la voilà qui fait vingt détours pour se réjouir des oasis.

Ainsi, trompés (G 32) par leurs (G 53) inflexions (U 13) comme par autant (p. 245) d'indulgents mensonges, ayant longé (G 57) au cours (U 12) de nos vacances tant de terres (G 16) bien arrosées (G 25), tant de vergers (G 16), tant de prairies (G 16), nous avons longtemps (p. 245) embelli (G 57) l'image de notre prison. Cette planète, nous l'avons crue (G 57) humide et tendre. Mais notre vue s'est aiguisée (G 61) et nous avons fait (G 57) un progrès cruel. Avec l'avion nous avons appris (G 57) la ligne droite. À peine avons-nous décollé (G 57), nous lâchons ces (G 41) chemins qui s'inclinent vers les abreuvoirs (U 3) et les étables, ou (G 69) serpentent de ville en ville (G 16). Affranchis (G 32) désormais (p. 245) des servitudes bien aimées (G 25), délivrés (G 25-32) du besoin des fontaines, nous mettons le cap sur nos buts lointains. Alors (p. 245) seulement, du haut de nos trajectoires (U 3) rectilignes, nous découvrons le soubassement essentiel (U 10), l'assise de rocs, de sable et de sel, où (G 69) la vie quelquefois (p. 245) comme un peu (G 71) de mousse au creux des ruines, ici et là (G 69) se hasarde à (G 7) fleurir.

(SAINT-EXUPÉRY : *Terre des Hommes*, Gallimard.)

Nous donnons, à titre de curiosité, le texte que Prosper Mérimée dicta un jour, à la cour impériale, à Compiègne.

Pour parler (G 26) sans ambiguïté (U 1-4), ce dîner (U 1) à (G 7) Sainte-Adresse, près du Havre, malgré (p. 245) les effluves (G 11) embaumés (G 25-26) de la mer, malgré les vins de très bons crus, les cuisseaux (p. 244) de veau et les cuissots (p. 244) de chevreuil prodigués (G 25-26) par l'amphitryon (U 13 - p. 250), fut (C 43) un vrai guêpier.

Quelles que (G 39) soient et quelque (G 39) exiguës (G 19-32) qu'aient pu (G 47-60 - C 50) paraître, à (G 7) côté de la somme due (G 25-30), les arrhes (G 17) qu'étaient (G 47) censés (G 25 - U 15) avoir données (G 57) à (G 7) maint et maint fusilier (p. 244) subtil (G 20) la douairière et le marguillier (U 6), bien que lui ou (G 69) elle soit censée (G 25 - U 15) les avoir refusées (G 57) et s'en (G 64) soit repentie (G 61), va-t'en (C 54) les réclamer (G 26-45) pour telle (G 40) ou (G 69) telle bru (U 5) jolie par qui tu les diras redemandées (G 25-32), quoiqu'il (G 73) ne te siée (p. 210) pas de dire qu'elle se les est laissé (G 61) arracher par l'adresse des dits (G 29) fusiliers et qu'on les leur (G 53) aurait suppléées (G 57) dans toute (G 37) autre circonstance ou pour des motifs de toutes (G 37) sortes.

Il était infâme (p. 244) d'en (G 64) vouloir pour cela à (G 7) ces fusiliers mal bâtis (G 25-27) et de leur (G 53) infliger (G 26) une raclée (U 4), alors qu'ils ne songeaient qu'à (G 7) prendre des rafraîchissements avec leurs coreligionnaires. Quoi qu'il (G 73) en soit, c'est (G 43) bien à (G 7) tort que la douairière, par un contresens exorbitant (U 13), s'est laissé (G 61) entraîner à (G 7) prendre un râteau et qu'elle s'est crue (G 61) obligée (G 25-26) de frapper (G 26) l'exigeant (p. 244) marguillier (U 6) sur son omoplate (G 10) vieillie (G 25-27). Deux alvéoles (G 11) furent brisées (G 55), une dysenterie (U 13) se déclara, suivie (G 25-27) d'une phtisie (U 5).

«Par saint Martin, quelle (G 66) hémorragie (U 9) !» s'écria ce bélître (U 1). À cet événement (p. 264), saisissant son goupillon, ridicule excédent (U 13) de bagage, il la poursuivit dans l'église tout (G 37) entière*.

(PROSPER MÉRIMÉE.)

* «Peut-on mettre au rang des amusements de la Cour la dictée, si fameuse, si souvent rappelée, que Mérimée y fit faire un jour ? Ce fut plutôt une épreuve, et qui dut être cruelle à plusieurs. Le texte n'avait, à vrai dire, pas de sens, mais Mérimée y avait rassemblé beaucoup de difficultés orthographiques. Voici, dans l'ordre décroissant, le nombre de fautes des principaux concurrents : l'Empereur, 75 fautes ; l'Impératrice 62 ; la princesse de Metternich, 42 ; Alexandre Dumas fils, 24 ; Octave Feuillet, de l'Académie française, 19 ; le prince de Metternich, ambassadeur d'Autriche, 3 seulement.»

(MAURICE ALLEM : La Vie quotidienne sous le Second Empire, Hachette.)

TOLÉRANCES GRAMMATICALES OU ORTHOGRAPHIQUES
Arrêté du 28 décembre 1976 (Extraits).

I. VERBE

1. **La joie, l'allégresse *s'empara (s'emparèrent)* de tous les spectateurs.**
   L'usage veut que, dans ce cas, le verbe soit au singulier. *On admettra l'accord au pluriel.*

2a. **Le père comme le fils *mangeaient* de bon appétit.**
   Le père comme le fils *mangeait* de bon appétit.
   L'usage admet, selon l'intention, l'accord au pluriel ou au singulier. *On admettra l'un et l'autre accord dans tous les cas.*

2b. **Ni l'heure ni la saison ne *conviennent* pour cette excursion.**
   Ni l'heure ni la saison ne *convient* pour cette excursion.
   L'usage admet, selon l'intention, l'accord au pluriel ou au singulier. *On admettra l'un et l'autre accord dans tous les cas.*

3. **À mon approche, une bande de moineaux *s'envola.***
   À mon approche, une bande de moineaux *s'envolèrent.*
   L'usage admet, selon l'intention, l'accord avec le mot collectif ou avec le complément. *On admettra l'un et l'autre accord dans tous les cas.*

4. **Plus d'un de ces hommes m'*était* inconnu.**
   Plus d'un de ces hommes m'*étaient* inconnus.
   L'usage admet, selon l'intention, l'accord au pluriel ou au singulier. *On admettra l'un et l'autre accord dans tous les cas.*

5. **«La Belle au bois dormant» est un des contes qui *charment* les enfants.**
   «La Belle au bois dormant» est un des contes qui *charme* les enfants.
   L'usage admet, selon l'intention, l'accord au pluriel ou au singulier. *On admettra l'un et l'autre accord dans tous les cas.*

6. **Ce *sont* là de beaux résultats. – C'*est* là de beaux résultats.**
   C'*étaient* ceux que nous attendions. – C'*était* ceux que nous attendions.
   L'usage admet l'accord au pluriel ou au singulier.

7. **J'avais souhaité qu'il** *vînt* **(qu'il** *vienne***) sans tarder.**
J'aimerais qu'il *fût* **(qu'il** *soit***) avec moi.**
Dans une proposition subordonnée au subjonctif dépendant d'une proposition dont le verbe est à un temps du passé ou au conditionnel, on admettra que le verbe de la subordonnée soit au présent quand la concordance stricte demanderait l'imparfait, au passé quand elle demanderait le plus-que-parfait.

8. **La fillette,** *obéissant* **à sa mère, alla se coucher.**
La fillette, *obéissante* **à sa mère, alla se coucher.**
L'usage admet que, selon l'intention, la forme en -ant puisse être employée sans accord comme forme du participe ou avec accord comme forme de l'adjectif qui lui correspond. *On admettra l'un et l'autre emploi dans tous les cas.*

9. **On est** *resté (restés)* **bons amis.**
L'usage veut que le participe passé se rapportant au pronom *on* se mette au masculin singulier. *On admettra que ce participe prenne la marque du genre et du nombre lorsqu'on désigne une femme ou plusieurs personnes.*

10. **Les musiciens que j'ai** *entendus (entendu)* **jouer…**
Les airs que j'ai *entendu (entendus)* **jouer…**
L'usage veut que le participe s'accorde lorsque le complément d'objet se rapporte à la forme conjuguée et qu'il reste invariable lorsque le complément d'objet direct se rapporte à l'infinitif. *On admettra l'absence d'accord dans le premier cas. On admettra l'accord dans le second cas, sauf en ce qui concerne le participe passé du verbe faire.*

11. **J'ai laissé sur l'arbre plus de cerises que je n'en ai** *cueilli (cueillies)***.**
L'usage admet l'un et l'autre accord.

12. **Je ne parle pas des sommes que ces travaux m'ont** *coûté (coûtées)***.**
J'oublierai vite les peines que ce travail m'a coûtées *(coûté)***.**
L'usage admet que ces verbes normalement intransitifs (sans accord du participe passé) puissent s'employer transitivement (avec accord) dans certains cas. *On admettra l'un et l'autre emploi dans tous les cas.*

13a. **J'aime tous les sports,** *excepté* **la boxe** *(exceptée* **la boxe***).*
J'aime tous les sports, la boxe *exceptée (***la boxe** *excepté).*
L'usage veut que *compris (y compris, non compris), excepté, ôté,* restent invariables quand ils sont placés avant le nom avec lequel ils sont en relation et qu'ils varient quand ils sont placés après le nom. *On admettra l'accord dans le premier cas et l'absence d'accord dans le second.*

13b. **Étant données les circonstances… – Étant** *donné* **les circonstances…**
L'usage admet l'accord aussi bien que l'absence d'accord.

13c. *Ci-inclus (ci-incluse)* **la pièce demandée.**
Vous trouverez *ci-inclus (ci-incluse)* **copie de la pièce demandée.**
Vous trouverez cette lettre *ci-incluse (ci-inclus)***.**
L'usage veut que *ci-inclus, ci-joint* soient : invariables en tête d'une phrase ou s'ils précèdent un nom sans déterminant ; variables ou invariables, selon l'intention, dans les autres cas. *On admettra l'accord ou l'absence d'accord dans tous les cas.*

II. LE NOM

14a. **De la gelée de** *groseille (groseilles)***. – Des pommiers en** *fleur (fleurs)***.**
L'usage admet le singulier et le pluriel.

14b. **Ils ont ôté** *leur chapeau (leurs chapeaux)***.**
L'usage admet, selon l'intention, le singulier et le pluriel. *On admettra l'un et l'autre nombre dans tous les cas.*

15. *Instruits (instruites)* **par l'expérience, les vieilles gens sont très** *prudents (prudentes)***.**
L'usage donne au mot *gens* le genre masculin, sauf dans des expressions telles que : *les bonnes gens, les vieilles gens, de petites gens.* Lorsqu'un adjectif ou un participe se rapporte à l'une de ces expressions ou lorsqu'un pronom la reprend, on admettra que cet adjectif, ce participe, ce pronom soient, eux aussi, au féminin.

16. **Le français nous est enseigné par une dame. Nous aimons beaucoup ce professeur.**
Mais *il (elle)* **va nous quitter.**
Précédé ou non de *Madame,* les noms masculins de titres ou de professions appliqués à des femmes conservent le genre masculin ainsi que leurs déterminants et les adjectifs qui les accompagnent. *Quand ils sont repris par un pronom, on admettra pour ce pronom le genre féminin.*

17a. Les *Dupont (Duponts).*
On admettra que les noms propres de personnes prennent la marque du pluriel.

17b. Des *maxima* (des *maximums*). Des *sandwiches* (des *sandwichs*).
On admettra que, dans tous les cas, le pluriel des noms empruntés à d'autres langues soit formé selon la règle générale du français.

III. L'ARTICLE

18. Les idées qui paraissent *les plus (le plus)* justes sont souvent discutables.
Dans les groupes formés d'un article défini suivi de *plus, moins, mieux* et d'un adjectif ou d'un participe, l'usage admet que, selon l'intention, l'article varie ou reste invariable. *On admettra que l'article varie ou reste invariable dans tous les cas.*

IV. L'ADJECTIF NUMÉRAL

19. *Quatre-vingt-dix (quatre-vingts dix)* ans. – *Six cent trente-quatre (six cents trente quatre)* hommes. En *mil neuf cent soixante-dix-sept (mille neuf cents soixante dix sept)*.
On admettra que vingt et cent, précédés d'un adjectif numéral à valeur de multiplicateur, prennent la marque du pluriel même lorsqu'ils sont suivis d'un autre adjectif numéral. – Dans la désignation d'un millésime, on admettra la graphie mille dans tous les cas. L'usage place un trait d'union entre les éléments d'un adjectif numéral qui forment un ensemble inférieur à cent. *On admettra l'omission du trait d'union.*

V. L'ADJECTIF QUALIFICATIF

20. Elle courait *nu-pieds (nus pieds).* – Une *demi-heure (demie heure)* s'écoula.
L'usage veut que *nu* et *demi* restent invariables quand ils précèdent un nom auquel ils sont reliés par un trait d'union. *On admettra l'accord.*

21. Des *grand-mères.* – Des *grands-mères.*
L'usage admet l'une et l'autre graphie.

22. Elle se font *fort (fortes)* de réussir.
On admettra l'accord de l'adjectif.

23. Elle a l'air *doux.* Elle a l'air *douce.*
L'usage admet que, selon l'intention, l'adjectif s'accorde avec le mot *air* ou avec le sujet du verbe avoir. *On admettra l'un et l'autre accord dans tous les cas.*

VI. LES INDÉFINIS

24a. J'ai consulté l'un et l'autre *document (documents).*
L'un et l'autre document m'*a paru intéressant (ont paru intéressants).*
L'usage admet que, selon l'intention, le nom précédé de *l'un et l'autre* se mette au singulier ou au pluriel. *On admettra l'un et l'autre nombre dans tous les cas.* Avec le nom au singulier, l'usage admet que le verbe se mette au singulier ou au pluriel.

24b. L'un et l'autre se *taisait (taisaient).*
L'usage admet que, selon l'intention, le verbe précédé de *l'un et l'autre* employé comme pronom se mette au singulier ou au pluriel. *On admettra l'un et l'autre nombre dans tous les cas.*

25a. L'un ou l'autre projet me *convient (conviennent).*
Ni l'une ni l'autre idée ne m'*inquiète (inquiètent).*
L'usage veut que le nom précédé de *l'un ou l'autre* ou de *ni l'un ni l'autre* se mette au singulier. *On admettra pour le verbe le singulier ou le pluriel.*

25b. De ces deux projets, l'un ou l'autre me *convient (conviennent).*
De ces deux idées, ni l'une ni l'autre ne m'*inquiète (inquiètent).*
L'usage admet que, selon l'intention, le verbe précédé de *l'un ou l'autre* ou de *ni l'un ni l'autre* employés comme pronom se mette au singulier ou au pluriel. *On admettra l'un et l'autre nombre dans tous les cas.*

26. Remets ces livres chacun à *sa (leur)* place.
Lorsque *chacun*, reprenant un nom (ou un pronom de la 3e personne) au pluriel, est suivi d'un possessif, l'usage admet que, selon l'intention, le possessif renvoie à *chacun* ou au mot repris par *chacun*. *On admettra l'un et l'autre dans tous les cas.*

VII. *MÊME* ET *TOUT*

27. Dans les fables, les bêtes *mêmes (même)* parlent.

Après un nom ou un pronom au pluriel, l'usage admet que *même,* selon l'intention, prenne ou non l'accord. *On admettra l'une ou l'autre graphie dans tous les cas.*

28a. Les proverbes sont de *tout (tous)* temps et de *tout (tous)* pays.

L'usage admet, selon l'intention, le singulier ou le pluriel.

28b. Elle est *toute (tout)* à sa lecture.

Dans l'expression être tout à…, on admettra que tout, se rapportant à un nom féminin, reste invariable.

28c. Elle se montra *tout (toute)* étonnée.

L'usage veut que *tout,* employé comme adverbe, prenne la marque du genre et du nombre devant un nom féminin commençant par une consonne ou un *h* aspiré et reste invariable dans tous les autres cas. *On admettra qu'il prenne la marque du genre et du nombre devant un nom féminin commençant par un voyelle ou un h muet.*

VIII. L'ADVERBE *NE* DIT EXPLÉTIF

29. Je crains qu'il *ne pleuve.* – Je crains qu'*il pleuve.*

L'année a été meilleure qu'on *ne l'espérait.* – L'année a été meilleure qu'on l'*espérait.*

L'usage n'impose pas l'emploi de *ne* dit explétif.

IX. ACCENTS

30. assener (asséner). – referendum (référendum).

Dans certains mots, la lettre *e,* sans accent aigu, est prononcée [e] (é) à la fin d'une syllabe. *On admettra qu'elle prenne cet accent – même s'il s'agit de mots d'origine étrangère – sauf dans les noms propres.*

31. événement (évènement). – je céderai (cèderai).

Dans certains mots, la lettre *e* avec un accent aigu est généralement prononcée [ɛ] (è) à la fin d'une syllabe. *On admettra l'emploi de l'accent grave à la place de l'accent aigu.*

32. crâne (crane). – épître (épitre). – crûment (crument).

On admettra l'omission de l'accent circonflexe sur les voyelles a, e, i, o, u dans les mots où ces voyelles comportent normalement cet accent, sauf lorsque cette tolérance entraînerait une confusion entre deux mots, en les rendant homographes (ex. : tâche / tache…).

X. TRAIT D'UNION

33. arc-en-ciel (arc en ciel). – crois-tu ? (crois tu ?)…

Dans tous les cas, on admettra l'omission du trait d'union, sauf lorsque sa présence évite une ambiguïté (petite-fille / petite fille) ou lorsqu'il doit être placé avant et après le t euphonique intercalé à la 3e personne du singulier entre une forme verbale et un pronom sujet postposé (viendra-t-il ?).

INDEX ALPHABÉTIQUE

(Les numéros renvoient aux pages.)

TABLE DES MATIÈRES

ORTHOGRAPHE GRAMMATICALE

CONJUGAISON

ORTHOGRAPHE D'USAGE

ORTHOGRAPHE ET LANGAGE

Imprimé en ITALIE, par LITHO 800 - MILAN
Dépôt légal N° 5673 - 05/96 - Collection 14 - Edition N° 06 - 12/4955/6